I0876635

Kohlhammer

Der Autor: Prof. em. Dr. Manfred Köhnlein, Pfarrer der Württembergischen Landeskirche, studierte Evangelische Theologie in Tübingen, Zürich, Erlangen, war Vikar in Stuttgart-Kaltental, Repetent am Tübinger Stift, Gasthörer an der Jesuitenfakultät in Innsbruck. Er promovierte in Erlangen über „Wort und Sakrament bei Gerhard Ebeling und Karl Rahner". Von 1970-2001 lehrte er Evangelische Theologie/Religionspädagogik an der Pädagogischen Hochschule Schwäbisch Gmünd. Als Studentenseelsorger, Kirchengemeinderat, Mitglied der Offenen Kirche, Betreuer im Frauengefängnis Gotteszell, Adoptionsberater bei Terre des Hommes, Leiter der Gmünder Asylantenhilfe, Gemeinde- und Kreisrat der Grünen, Gründer der Stiftung Sterntaler der Gmünder Lebenshilfe, Initiator der Hochschulpartnerschaft mit dem Levinsky College of Education in Tel Aviv, versuchte der Autor, Glauben, Lehre und Leben in Übereinstimmung zu bringen. Geboren 1936, aufgewachsen im Trümmerfeld der Stuttgarter Innenstadt war Köhnlein einer der Sprecher der Gmünder Friedensbewegung angesichts der Mutlanger Stationierung atomarer Massenvernichtungswaffen. Zusammen mit seiner Familie unterhielt er unter dem „offenen Himmel" ein „offenes Haus", in dem einheimische Bedürftige und Flüchtlinge „aus aller Herren Länder" oft über längere Zeit mitwohnten. An der Hochschule versuchte der Autor in gemeinsamen Seminaren mit Kollegen anderer Fächer Theologie im Horizont der Erwachsenenbildung als alltagsrelevant zu erfassen. Zu den Zielgruppen seiner „Jesusbücher" gehören kirchliche Mitarbeiter wie kirchenferne Zeitgenossen, die sich eine Übersetzung der Theologie ins gelebte Dasein wünschen.

Der Künstler: Der international hoch geschätzte jüdische Maler und Zeichner Jehuda Bacon wurde 1929 in Ostrava/Mährisch Ostrau geboren. Er durchlitt ab 1942 die vier Konzentrationslager Theresienstadt, Auschwitz-Birkenau, Mauthausen, Gunskirchen mit ihren Krematorien, Meldeappellen, Todesmärschen, Hungerzeiten. Er verlor durch die Grausamkeit des Rassenwahns seine Eltern, seine Schwester, seine Freunde. Doch erzogen im chassidischen Glauben und nach seiner Befreiung im Mai 1945 von dem tschechischen Pädagogen Premysl Pitter aufgefangen, versuchte Bacon jedem Hass abzusagen und nach dem Motto zu leben: „Wer in der Hölle war, weiß, dass es zum Guten keine Alternative gibt". 1946 wanderte der junge Mann nach Jerusalem aus, wo er großen Gestalten wie Martin Buber, Gershom Scholem, H. G. Adler, Leo Baeck begegnete, an der Bezaleel-Kunstakademie studierte und dort auch 1959 zum Professor berufen wurde. Er unterstützt bis heute die Aktion Sühnezeichen und interessierte sich sehr für das Kinderhilfswerk Terre des Hommes, über das er mit dem Autor zusammentraf. Es ist ein Wunder der Versöhnung, dass der sensible Künstler, der im Jerusalemer Eichmann-Prozess wie im Frankfurter Auschwitz-Prozess einer der wichtigsten Augenzeugen war, für ein christliches Buch „Szenen aus dem Leben Jesu" in filigranen Lineamenten zeichnet.

Manfred Köhnlein

Passion und Auferstehung Jesu

Dimensionen des Leidens und der Hoffnung

Mit Zeichnungen von Jehuda Bacon

Verlag W. Kohlhammer

1. Auflage 2015

Reproduktionsvorlage: Andrea Siebert, Neuendettelsau
Gesamtherstellung: W. Kohlhammer GmbH, Stuttgart

Print:
ISBN 978-3-17-023393-5

E-Book-Formate:
pdf: ISBN 978-3-17-023455-0
epub: ISBN 978-3-17-029619-0
mobi: ISBN 978-3-17-029618-3

Inhalt

Vorwort

Das Feld ist bestellt! Die Reihe „Szenen aus dem Leben Jesu“ ist abgeschlossen. Es sind 6 Jesusbücher geworden. Der Autor ist mit ihnen gealtert. Schon von Kind an habe ich die biblischen Geschichten geliebt und mich dann von ihnen später in meinen Lehrgesprächen mit „gläubigen“ und „ungläubigen“ Studierenden an der Hochschule bereichern lassen. „Lasst uns aufsehen zu Jesus, dem Anfänger und Vollender des Glaubens“ (Hebr 12,2) ist mein Lebensmotto geworden. Impulse von dem Prediger aus Nazaret empfangen, der Standhaftigkeit des „Gottessohnes“ im eigenen Leben nachfolgen, über den Schwund der kirchlichen Traditionen nicht jammern, sondern den Glauben immer wieder auffrischen, die Theologie mit Sozialarbeit verbinden, sind mir auch im Ruhestand die Aufgaben meines Lebens geblieben.

„Ecce homo – Seht, der Mensch!“ hieß die Reihe ursprünglich. Meine Absicht war, Phänomene des heutigen Lebens in den Erfahrungen Jesu gespiegelt zu sehen. Ich wollte die großen Felder der Religionslehrpläne abdecken: Die galiläischen Anfänge Jesu, sein Risiko der Liebe, seine Bergpredigt, seine Gleichnisse, seine Wunder und nun sein Leiden und seine Auferweckung. Das waren die Themen der Bücher, die 1999 im Kaufmann-Verlag begannen und ab 2005 im Verlag Kohlhammer fortgeführt wurden. Sie bieten der Lehrerschaft keine fertigen Stundenbilder und der Pfarrerschaft keine unmittelbaren Predigtvorlagen. Sie wollen nur zum eigenen Nachdenken und Kreativwerden anregen. Sie mögen als „Tertiärliteratur“ die „Sekundärliteratur“ der Universitätstheologie dem „Laienverständnis“ ein wenig zugänglich machen. Besonders hilfreich dabei war mir das sehr gelehrte, engagierte Kommentarwerk von Ulrich Luz „Das Evangelium nach Matthäus“ (EKK I/1–I/4).

Der angekündigte Erscheinungstermin dieses letzten Teilbandes zum Leben Jesu hat sich durch eine Erkrankung verzögert, was aber meiner Selbsterfahrung nicht geschadet hat. Sie ließ mich den ursprünglich vorgesehenen Untertitel des Buches „Zum Sinn des Leidens“ in „Dimensionen des Leidens und der Hoffnung“ neutralisieren. Die herkömmlichen Sinngebungen wie Strafe, Buße, Läuterung, Erziehung konnte ich nicht mehr übernehmen. Sie erschienen mir als kalt und höhnisch angesichts der Weltnachrichten, Krankenbetten und Trauerfeiern, die ich während des Schreibens erfahren musste.

Der Sinn des Leidens kann nur von den Leidenden selbst oder nie gefunden werden. Der Künstler Jehuda Bacon und mein Freund und Korrektor Ingo Wiesenfarth können von ihren Schicksalen her dazu mehr sagen als ich. Die Geduld des Kohlhammer-Lektors Jürgen Schneider war ein Geschenk. Ich hoffe nur, dass mir meine Frau mein ständiges Verschwinden im Studierzimmer verzeiht.

Schwäbisch Gmünd, Januar 2015 *Manfred Köhnlein*

Einleitung

Leiden hat viele Gesichter. Keiner leidet gleich. Leiden kann gesellschaftlich bedingt, persönlich verschuldet, ein kurzer oder ein langer Prozess sein. Es gibt körperliches, seelisches, soziales Leiden – Leiden an Krieg, an Hunger, an Katastrophen, an Krebs, am Verlust von Angehörigen, an Strukturen, an Schuld, an Gott, am Schicksal, an Mitmenschen, an sich selbst. Leiden wird verursacht, überfällt, quält. Es lässt sich vielleicht lindern, verdrängen, vermeiden, aber nicht allgemein gültig beschreiben. Darum fällt auch die Sinngebung von Leiden und Leid so schwer. Die wahren Sachkundigen des Leidens sind die Leidenden selbst, auch wenn sie ihre Leidenserfahrungen nur bedingt ausdrücken können.

Allein schon sprachlich lässt sich Leiden mit den unterschiedlichsten Präpositionen verbinden. So gibt es Leiden vor, nach, an, über, unter, wegen, trotz. Der Antrieb des Leidens ist der Schmerz und die Hoffnungslosigkeit seine Qual. Auch das Gegenteil von Leiden ist nicht klar bestimmbar. Wenn die Liebe den Hass, der Mut die Angst, der Frieden den Krieg als Gegenbegriffe haben, so kann der leidfreie Zustand ganz verschieden die Gesundheit sein, die Stärke, das Glück, die Hoffnung, der Trost. Der Verlust eines Kindes, eine sich dahin ziehende unheilbare Krankheit, ein unverschuldeter Unfalltod schmerzen die Hinterbliebenen besonders, weil kein Beileid, kein Trost die Frage nach dem Warum stillen kann. Mancher Leidende kennt sich selbst nicht mehr. Er spürt, dass ihm die Zeit davonläuft. Er will Unfertiges noch vollenden, Versäumtes, Verschuldetes wieder gutmachen. Doch es ist zu spät. Seine Glieder, seine inneren Organe verselbständigen sich und beginnen, über sein ganzes Dasein zu verfügen. Sein Gemüt irrt in Wechselstimmungen umher. Der Leidende ruft nach Ärzten, Schmerzmitteln, Therapien. Er verstummt oder wird bitter. Er ist dankbar für jeden Händedruck, jede einfühlsame Pflege. Er kann aber auch zum Tyrann werden, der sich an seinen Nächsten abreagiert. Er verliert den Glauben oder findet doch noch einen letzten Halt an ihm. Schwer leiden kann in der Hinnahme oder in der Aufbäumung enden. Vertrauen und Verzweiflung vereinen sich zum Schrei, der durch die Weltgeschichte hallt: „Mein Gott, mein Gott, warum hast du mich verlassen!?" (Mk 15,34; Mt 27,46).

Psychisch ist die Hoffnung das wichtigste Medikament im Leiden, solange der „Patient" noch auf Wenden und Wunder setzt. Die Hoffnung mobilisiert Kräfte, hält sich an Beispiele gelungener Genesung, setzt auf den Fortschritt der Medizin, tröstet die Angehörigen und Freunde, denen das Mitleiden weh tut. Wer noch hoffen kann, gibt sich nicht auf. Er lässt die Selbstbemitleidung nicht zu. Er glaubt an eine höhere Macht und will nicht akzeptieren, dass ausgerechnet er nicht verschont werden soll. Wer hofft, ist überzeugt, dass das

Sterben nur ein Durchgang ist zu einem friedlicheren und schöneren, „seligen“ Sein in der Nähe Gottes. Er fühlt sich geborgen in Gottes Hand. Der Tod ist für ihn keine Bedrohung, sondern eine Erlösung im doppelten Sinn: eine „Weg-Erlösung“ von Leid und Elend und eine „Hinein-Erlösung“ in die Ewigkeit.

Die christliche Tradition verweist die Leidenden an den „schmerzensreichen“ Christus. Sie preist den gekreuzigten Jesus als unüberbietbares Identifikationsangebot und verkündet den „Sohn Gottes“ als Urbild des verlassenen und verzweifelten, aber dann doch erlösten Opfers. Die Passion Christi gilt in der Geschichte des Christentums als Grundmuster aller Qualen, in die ein Leidender geraten kann. Am leidenden Christus konnten seit eh und je die verschiedenen Dimensionen[1] des Leidens betrachtet werden. Eine *erste Dimension* ist die *geistige Enttäuschung*, der Ärger, der intellektuelle Zorn. Jesus reibt sich an verkrusteten Traditionen auf. Er leidet an der Herzenshärte der Machthabenden (Mt 19,3), an ihrer Sturheit und Gefühllosigkeit. So wagt er es, die akute Hilfe für einen Not leidenden Mitmenschen über die strikte Einhaltung des Arbeitsverbots am Sabbat zu stellen: „Der Sabbat ist um des Menschen willen gemacht und nicht der Mensch um des Sabbats willen“ (Mk 2,27). Er vertreibt in großer Erregung vom Tempelgelände die Händler (Mt 21,12–17), die aus der Religion einen Wirtschaftsbetrieb machen. Eine *zweite Dimension* des Leidens ist der *psychische Kummer*. Jesus wird verkannt, verraten, verhöhnt, beschuldigt. Eine *dritte Dimension* des Leidens ist der *physische Schmerz*. Der gefangen genommene Jesus wird gefesselt, geschlagen, ans Kreuz genagelt. Eine *vierte Dimension* ist die *soziale Vereinsamung*. Die Verwandten ziehen sich zurück, die Freunde melden sich nicht mehr. Jesus wird selbst von Anhängern verleugnet, im Stich gelassen. Eine *fünfte Dimension* schließlich ist die *religiöse Anfechtung*. Jesus schreit am Kreuz in letzter Verzweiflung nach dem anscheinend an seinem Schicksal desinteressierten Gott Abba.

Die so schematisierten Leidensdimensionen müssen nicht unbedingt in der aufgezählten Reihenfolge eintreffen. Sie können ihren Platz tauschen, über sich selbst nicht hinauskommen, ineinander übergehen. Solange das Leiden erst in einer oder in zwei Dimensionen verweilt, mag man ihm vielleicht noch entrinnen. Breitet es sich aber darüber hinaus in mehreren Dimensionen aus, wird es zum *Unheil* und endet schließlich im *Zusammenbruch*. Den Evangelien zufolge gerät Jesus in seinen letzten Tagen in Jerusalem nach und nach in die völlige Mehrdimensionalität des Leidens. Er erfährt Ärger, Schmerz, Verhöhnung, Verrat, Vereinsamung, Verzweiflung – alle Leidensphänomene brechen über ihn in der *einen* Karwoche herein.

Damit gehören die Passionsgeschichten der Evangelien zu den existenziell dichtesten Dramen der Weltliteratur. Sie gewähren Einblicke in Ursachen

---

[1] Lat.: dimensio, Ausmaß, Ausdehnung. Verwendung des Begriffs angeregt von D. Sölle, Leiden, 1980, 21–25.

und Abläufe des Leidenmüssens. Sie werfen wie kein anderes „Schauspiel“ die Schuldfrage auf: Wer war schuld am Tod dieses „Gerechten“[2]? Das Volk, der Hohe Rat, Judas, Pilatus, Jesus selbst, Gott? Die Antwort liegt nicht so klar und eindeutig auf der Hand, wie frühere Generationen meinten. Wir nähern uns ihr nur, wenn wir sorgfältig Schicht um Schicht der Evangelien untersuchen und uns zuallererst hermeneutisch[3] vergewissern, mit welchem Vorverständnis wir überhaupt den religionsgeschichtlichen „Kriminalfall Jesus von Nazaret“ betrachten.

Was ist die Eigenart der Evangelien, die uns über die letzten Tage Jesu in Jerusalem Auskunft geben wollen? Es ist schwierig, den tatsächlichen Verlauf der Passionswoche aus ihnen zu erheben, weil die Evangelisten immer beides in ihrer Berichterstattung miteinander verweben: die Ereignisse und ihre persönliche Betroffenheit. Vor allem die Frage, wer nun eigentlich die Verantwortung für das Leiden und die Kreuzigung Jesu trägt, kann unter verschiedenen Blickwinkeln gestellt werden. Da ist zuerst die *historische* Sicht. Wer war damals überhaupt an der Gefangennahme, Verurteilung und Hinrichtung Jesu beteiligt? Wer gab letztlich den Ausschlag für sein Scheitern? War Jesus selbst an seinem tragischen Ende schuld, weil er seine Umgebung mit seiner manchmal scharfen Kritik von Gewohnheiten und Gesetzen provozierte? Hat er seinen „Opfergang“ nach Jerusalem bewusst selbst inszeniert? Oder ist die Schuld an seinem Tod dem ganzen jüdischen Volk beziehungsweise dessen Führern zuzurechnen, wie es die christlichen Prediger traditionell jahrhundertelang behaupteten? Waren es nicht eher die Römer, die Jesus kaltherzig „liquidierten“, weil nur sie als Besatzungsmacht das Recht zur Verhängung der Todesstrafe hatten? Ist vielleicht in einer zweiten Perspektive die Festnahme Jesu *psychologisch* der „Hinterlist“ des „Verräters“ Judas Ischariot und der „Feigheit“ seiner Freunde zuzuschreiben, die ihn am Ende schmählich verließen? Oder ist nicht sogar Gott selbst in dritter Hinsicht *dogmatisch* für das grausame Ende Jesu haftbar zu machen, weil er als der Allmächtige den Tod seines „Sohnes“ nicht verhinderte, sondern ihn nach seinem höheren Ratschluss „dahingab“ um der Erlösung der Sünder willen, wie die Apostel später immer wieder betonten (Röm 4,25; 8,32)? Schließlich ließe sich auch *existenzialtheologisch* argumentieren, dass im übertragenen Sinn überhaupt jeder Mensch die Schuld am Tod Jesu „mitträgt“, sobald er einen anderen Mitmenschen „kreuzigt“, quält, verlässt, verrät.

---

[2] Mt 27,24; Apg 3,14; 1 Petr 3,18.

[3] Hermeneutik (griech.), Lehre vom Auslegen und Verstehen und Prüfung der meist unbewussten Denkvorurteile.

Der Schwund der Tradition

Das Rätsel um das, was damals in Jerusalem wirklich geschah, ist groß, die Überlieferung vielschichtig und die historische Entfernung weit. Die schreckliche Judenvernichtung im Holocaust des 20. Jahrhunderts verbietet uns heute jede Deutung des Todes Jesu, die auch nur andeutungsweise einen antisemitischen Ton anschlägt. Der Karfreitag als Todestag Jesu hat im nachchristlichen Abendland gesellschaftlich erheblich an Beachtung und Bedeutung verloren. Er gilt zwar immer noch offiziell als hoher kirchlicher Feiertag, aber praktisch spricht seine Botschaft die heutigen Zeitgenossen kaum noch an. Es sei denn, sie wären kunstgeschichtlich an den Passionsgemälden der Gotik, musikalisch an der barocken Matthäus- oder Johannespassion von Johann Sebastian Bach oder an den volkstümlichen Oberammergauer Passionsspielen interessiert. Der Kirchgang am Karfreitag ist zum Traditionsrest verkümmert und Ostern hat sich in ein Frühlings- und Freizeitfest verwandelt. Das Kreuzchen an der goldenen Halskette ist bloßer Schmuck und das Plastik-Kruzifix, das am Innenspiegel der Autos baumelt, nichts anderes als ein Amulett. An den Feldwegkreuzen bleibt kaum noch jemand stehen. Passion, Tod und Auferstehung Jesu als Sinngebung des Leidens, als ewiger Widerspruch gegen Tötung und Tod sind zumindest in den westlichen Gesellschaften kein allgemeines Kulturgut mehr.

Warum ist es so weit gekommen? Warum verblasst die christliche Tradition mehr und mehr? Lag und liegt es an der trockenen, dogmatischen Darstellung der Passion Jesu in Predigt und Unterricht, an der allgemeinen Verdrängung von Tod und Trauer, an der Übersättigung durch die alltäglichen Schreckensbilder der modernen Medien? Muss das Kreuz Christi überhaupt das Überkreuz über allem Leid und Elend der Welt sein? Steht es vielmehr nicht nur als eine der vielen Kreuzigungen in der Weltgeschichte gleich groß zwischen Millionen anderer Opferschicksale? Nicht die Einmaligkeit und Einzigartigkeit, sondern die „Normalität“ des Leidenmüssens sollte heute an der Passion Jesu demonstriert werden. Jesus von Nazaret war eben nicht der, der „ein für allemal“ als Letzter „ungerecht“ gelitten hat (1 Petr 3,18), sondern nur ein besonders prominentes Glied in der langen, unüberschaubaren Kette der unschuldig Umgebrachten, die sich durch die Jahrtausende zieht. Die Menschheit hat trotz der vielen Karfreitagspredigten nicht aufgehört, Unschuldige und Schwache mit ihren Aggressionen zu terrorisieren. Sollen wir also das Atypische oder das Typische von Leid und Grausamkeit betonen, wenn wir versuchen, uns der Passion Jesu zu nähern? Was wissen wir überhaupt Verlässliches über die letzten Tage Jesu?

Zum Charakter der Passionsgeschichten

Die christliche Geschichtsschreibung hat alles getan, den Zugang zu den „wahren" Geschehnissen in jener *einen* Passionswoche Jesu um das Jahr 30 (n. Chr.) in Jerusalem zu erschweren; wobei mit dem schillernden Begriff „wahr" sowohl das faktisch Passierte, wie auch das existenziell Berührende gemeint sein kann. Jesus selbst hat keine Notizen von eigener Hand hinterlassen. Seine relativ kurze Wirksamkeit gab ihm für Memoiren keine Zeit. Und wie steht es mit anderen Berichterstattern? Die damaligen „heidnischen", römischen oder griechischen Schriftsteller hatten kein besonderes Augenmerk für das, was in einer der hintersten Ecken des römischen Weltreichs unter Kaiser Tiberius[4] geschah. Nur aus dem Beginn des 2. Jahrhunderts n. Chr. findet sich bei dem römischen Historiker Tacitus im Zusammenhang seiner Darstellung des Brands von Rom, den Nero den Christen in die Schuhe geschoben haben soll, die Notiz, der Name „Christen" stamme von „Christus, den der Prokurator Pontius Pilatus unter der Herrschaft des Tiberius zum Tode verurteilt hatte"[5]. Mehr schreibt der Römer Tacitus nicht über das Schicksal des Stifters des seiner Ansicht nach „abscheulichen Aberglaubens" der Christen. Hingegen würde man eigentlich mehr Informationen über Leben und Tod Jesu von dem jüdischen Schriftsteller Flavius Josephus[6] erwarten können, der sich zwar in seinem breiten Geschichtswerk „Jüdische Altertümer" auch mit Johannes dem Täufer befasst, aber den Namen „Jesus" nur beiläufig erwähnt, als er auf Prozess und Steinigung des „Jakobus, des Bruders Jesu, der Christus genannt wird". zu sprechen kommt.[7] Damit ist durch außerchristliche Schriftsteller nur belegt, dass es einen „Jesus von Nazaret" gab, aber bei der Frage nach dessen Passion und deren Bedeutung sind wir ganz und gar auf innerchristliche Autoren, auf die Apostel und Evangelisten, angewiesen.

Aber auch sie, die so genannten „Urchristen", waren keine direkten Augenzeugen des Hochverratsprozesses Jesu, sondern erst spätere Sammler der ihnen überlieferten mündlichen Berichte über Leiden und Tod Jesu. Sie waren subjektiv voreingenommene „Prediger" des „Evangeliums von Jesus Christus, dem Sohn Gottes" (Mk 1,1). Sie verstanden sich nicht als objektive Strafprozessreporter. Die Apostel, besonders Paulus und seine Schüler, gaben in den ersten 20–40 Jahren nach Jesu Kreuzigung nur dogmatische Briefnotizen über die Bedeutung des Todes Jesu an ihre Gemeinden weiter. Gerade von ihnen, die Jesus zeitlich noch am nächsten standen, hätte man breite authentische Schilderungen seines Lebens erwarten können. Doch wozu hätten sie auch das Auftreten Jesu erzählerisch entfalten sollen, wo sie doch bewegt von der

---

4 Tiberius Claudius Nero, 14–37 n. Chr.

5 Publius Cornelius Tacitus, ca. 55 – nach 116 n. Chr., Annalen 15,44.

6 37 n. Chr. – ca. 100 n. Chr.

7 Antiquitates Judaicae, XX,9,1, 93–94 n. Chr.; erwähnt bei G. Bornkamm, Jesus von Nazareth, ^{2}1957, S. 24ff.

Botschaft seiner Auferstehung Jesu bereits in fünf, zehn, fünfzehn Jahren seine „Parusie“[8], seine apokalyptische Ankunft als Weltenherr auf den Wolken des Himmels, erwarteten[9], und darum nicht mehr lange auf das Leben des irdischen Jesus von Nazaret zurückschauen wollten? Doch die baldige Wiederkunft Jesu als verherrlichter Christus blieb aus. Die „Naherwartung“ verzögerte sich. Die Urchristen erkannten mehr und mehr, dass Gottes Zeitrechnung nicht die der Menschen ist. Sie mussten sich auf die Dauer unter großer Enttäuschung und unter Absage an jeden weltflüchtigen Enthusiasmus als Gemeinden „in der Welt“ einrichten (Joh 16,33b). Einige Gleichnisse erzählen noch allegorisch davon: „Als nun der Bräutigam lange ausblieb ...“ (Mt 25,5).

Neue Generationen traten in die Gemeinden ein, hochgestellte und niedrige Männer und Frauen, aber auch ganze Familien mit ihren Kindern. Besonders für den Taufunterricht brauchte man Erzählungen „von all dem, was Jesus von Anfang an tat und lehrte“ (Apg 1,1), damit er den neu Missionierten in den Ländern rund um das Mittelmeer ein „lebendiger“ Herr und Meister wurde. Es wurde gefragt, wie und warum Jesus abgelehnt und hingerichtet wurde. Gelegentliche apostolische Rundbriefe allein hielten die Gemeinden nicht zusammen. Es mussten Bücher zum Vortragen im Gottesdienst wie auch zum Erklären im „Religionsunterricht“ geschrieben werden. Ein Lesepublikum kam auf, besonders unter den gebildeten „Gottesfürchtigen“, wie die nichtjüdischen Gottesdienstbesucher genannt wurden, die von anderen Kulten herbeikamen, weil sie sich von der „edlen“ Figur des messianischen Propheten Jesus von Nazaret angezogen fühlten, aber nicht gleich zum Christentum übertreten, sondern zunächst einmal als Gäste die christlichen Zusammenkünfte beobachten und sich von der „Frohen Botschaft“ beeindrucken lassen wollten.

So kam es aus missionarischen und katechetischen Gründen zu den Evangelien als biographisch aufgezogenen Berichten über die Wanderungen Jesu, seine Heilungen, Austreibungen, Speisungen, Streitgesprächen, Gleichnissen, Reden, wobei wohl zuallererst seine Leidenstage in Jerusalem als zusammenhängender Erzählkomplex festgehalten wurden. Die Urchristen lebten ja nicht wie wir heute im weltanschaulich neutralen, mehrheitlich religiös desinteressierten Europa gesellschaftlich unangefochten, sondern gerieten bald in die Wellen der staatlichen Verfolgung, bei der ihnen immer wieder die Glaubensverleugnung oder gar das Märtyrertum aufgezwungen wurde. Der römische Kaiserkult empfand den christlichen Messiasglauben paradoxerweise als unerträgliche „Gottlosigkeit“. „Entweder Caesar oder Christus!“ lautete die Parole der römischen Besatzungsmacht. „Atheoi“, Atheisten, Götterlose, lautete das Schimpfwort der polytheistischen Zeitgenossen für die Christen, auch wenn

8 parousia (griech.) = Beginn von Anwesenheit.

9 Z. B. 1 Thess 4,15–17.

die Religionsgeschichte inzwischen diese Front umgekehrt hat. Die Urchristen, die sich um ihres Glaubens willen auspeitschen, den Löwen vorwerfen, kreuzigen ließen, suchten zu ihrer seelischen Stärkung ein Märtyrerbild, an das sie sich halten konnten. Sie deuteten ihr eigenes Leiden als „Mitleiden mit Christus", so dass es ihnen paradoxerweise zur Auszeichnung wurde: „Sind wir aber Kinder (Gottes), so sind wir auch Erben, nämlich Gottes Erben und Miterben Christi, wenn wir denn mit ihm leiden, damit wir auch zur Herrlichkeit erhoben werden".[10] Wenn aber die Erinnerungen unter den Urchristen nicht ausreichten und ihre eigenen Deutungen der Passionsereignisse um Jesus, den „Sohn Gottes", nicht befriedigten, suchten sie sich mit ergänzenden Entnahmen aus der Hebräischen Bibel in deren griechischen Übersetzung, der so genannten „Septuaginta"[11], zu helfen. Dabei wurden vor allem Sprüche aus den Psalmen[12], den Propheten Deuterojesaja[13] und Sacharja herangezogen. Die Gemeindeprediger griffen auf alte Weissagungen zurück, die die Geschehnisse um Jesus von Nazaret legitimieren und in den „Heilsplan" Gottes einordnen sollten, damit Jesu Leiden und Sterben nicht mehr nur als willkürlich von den Menschen veranstaltet wirkten: „So steht's geschrieben ..." (Lk 24,46). Das schriftstellerische Schema „Verheißung und Erfüllung" entstand: „Auf dass die Schrift erfüllt wurde ..."[14] Jesu Leiden wurde als ‚gottgewollt' betrachtet: „Musste nicht Christus dies erleiden und in seine Herrlichkeit eingehen?" fragten die frühen Christen einander (Lk 24,26.46).

So ist die Auslegung der Passionsgeschichten der Evangelien nicht nur durch die Unsicherheit der historische Faktenlage und die dogmatische Überhöhung der Texte belastet, sondern auch durch die textkritische Überlegung erschwert, wie weit die Erzählungen der Evangelisten schriftgelehrte Konstrukte sind, die sich der Anregung durch alttestamentliche Texte verdanken. Die heutige Auslegung muss Kapitel um Kapitel den wahrscheinlichen „Sitz im Leben" der Texte beachten. Mit diesem theologischen Fachbegriff ist die Forschungsfrage gemeint, wie weit die Passionsgeschichten von den eigenen Verfolgungserfahrungen der Urgemeinden „eingefärbt" wurden. Die Evangelisten konnten ja die Überlieferung nicht einfach nur in distanzierter Sachlichkeit weitergeben. Dazu waren sie viel zu sehr vom Schicksal Jesu bewegt. Sie haben Bericht und Deutung ineinander verwoben und in den Rückblick „Was geschah damals?" zugleich die Aktualisierung „Was bedeutet das für uns heute?" hineingeschrieben. Die Urchristen wollten nicht nur wissen, wie alles gekommen war. Sie hatten vor allem das seelsorgerliche Bedürfnis

---

10 Röm 8,17; Phil 1,29; 1 Petr 4,13.

11 Septuaginta (lat. „die Siebzig"), in Zahlzeichen: LXX, das griechische Alte Testament, legendär im 3. Jh. v. Chr. im ägyptischen Alexandria von 72 jüdischen Gelehrten in 72 Tagen aus dem Hebräischen ins Griechische übersetzt.

12 Besonders aus Ps 22 + 69.

13 (griech.) „Der zweite Jesaja"; vor allem aus den so genannten „Gottesknechtsliedern", Jes 42; 49; 50; 52; 53.

14 Mt 26,54.56; Lk 4,21; Joh 13,18; Apg 18.28; Röm 1,2; 1 Kor 15,3; Gal 3,22, u. a.

nach einem Beispiel, wie der Glaube auch in Leidenssituationen durchzuhalten war: „Christus hat gelitten für euch und euch ein Vorbild hinterlassen, dass ihr sollt nachfolgen seinen Fußstapfen“ (1 Petr 2,21). Die Passionsgeschichten der Evangelien berichten also nicht unbedingt objektiv den Leidensgang Jesu, sondern spiegeln in ihm zugleich subjektiv das Verhältnis der Urchristen zu den damaligen staatlichen Behörden wie zu den jüdischen Gemeinden, aus denen sie ausgetreten waren. Der „Opfertod“ Jesu wurde als Gottes Wille überhöht und das mystische „Mitsterben“[15] mit Christus als Stärkung der Widerstandsfähigkeit im eigenen Leiden verkündigt. Dennoch blieb in den Berichten der Evangelisten „unterhalb“ der dogmatischen Glaubensantworten auch die Frage nach den irdischen Tätern der Passion Jesu erhalten, wenngleich sie auch zunehmend polemisch beantwortet wurde.

Nicht zuletzt sind auch bei der Auslegung der Passionsgeschichten die in ihnen angelegten Wurzeln des späteren Antisemitismus kritisch zu würdigen. Schon Paulus schreibt in seinem frühesten Brief, „die Juden“ hätten „den Herrn Jesus getötet“[16]. Und weil der „kyrios Jesus“ als Gottes wesenseiner Sohn verehrt wurde, entstamd aus dem „Herrenmord“ der „Gottesmord“, wobei Paulus versuchte, diesen schlimmen Vorwurf auch noch zusätzlich mit Parolen des allgemeinen antiken Antijudaismus zu begründen: „... die Juden gefallen Gott nicht und sind allen Menschen feind“[17]. Gewiss stand hinter dieser Verunglimpfung der eigenen Landsleute die praktische Erfahrung des Missionars Paulus, dass ihn seine jüdischen Volksgenossen in den griechischen Städten immer wieder daran hinderten, „den Heiden zu predigen“, was ihn sehr verärgerte.[18] Es wäre unsinnig, Paulus vorzuwerfen, er sei der erste „Antisemit“ gewesen, wo er doch selbst ein Semit, ein geborener Jude, war. Er konnte aber manchmal die von ihm so empfundene „Halsstarrigkeit“ und Unbelehrbarkeit seiner Volksgenossen gegenüber seinen Missionsbemühungen einfach nicht mehr ertragen (2 Kor 11,24–26). Dennoch sind die verbalen Entgleisungen des Apostels, mit denen er seinen Landsleuten Hass gegen das Menschengeschlecht und Verworfensein durch Gott vorhielt, unentschuldbar, auch wenn er später in seinem letzten Brief, dem Römerbrief, geradezu gegenteilig schreiben konnte, die Christen seien die „Ölzweige“, die in den Ölbaum Israel eingepfropft worden seien, von dessen „Wurzel und Saft“ sie „Teil bekommen“ hätten (Röm 9,17).

Die frühen Auseinandersetzungen zwischen den Urgemeinden und den Synagogen haben sich dann auch in den Evangelien niedergeschlagen, die ein

---

[15] Röm 8,6; 2 Tim 2,11.

[16] 1 Thess 2,14–16; vgl. auch Lukas in Apg 7,52.

[17] W. Reinbold wehrt den Entschuldigungsversuch ab, diese üble Bibelstelle sei erst sehr viel später von unbekannter Hand in den paulinischen Brief eingefügt worden, um sie mit der Autorität des Apostels abzudecken, in: ders., Der Prozess Jesu, 2006, S. 129.

[18] W. Reinbold, a. a. O.

bis zwei Generationen nach Paulus verfasst wurden.[19] Dabei hat *Markus* als der älteste Evangelist sein Verhältnis zu den „Juden" noch relativ neutral gehalten. Er ließ Jesus dem Statthalter Pilatus von den Hohen Priestern nur „aus Neid überantworten" und „verklagen" (Mt 27,12f.18) und das Volk „nur" zweimal kurz schreien: „Kreuzige ihn!" (Mk 15,13f.), während die anderen Evangelisten die „Schuld" der Juden viel stärker betonten. Markus war vermutlich noch kurz vor der Zerstörung Jerusalems im Jahr 70 n. Chr. mit seiner Gemeinde in das ostjordanische Pella ausgewandert, wo nur einige wenige jüdische Kaufleute angesiedelt waren und deshalb auch der jüdisch-urchristliche Konflikt niedrig gewesen sein dürfte. *Matthäus* hingegen war mit seiner Gemeinde an einen nicht näher bekannten Ort im syrisch-palästinensischen Grenzgebiet geflohen, wo es größere jüdische Exilgemeinden gab, so dass es dort auch zu größeren Reibereien zwischen der älteren und der jüngeren Religion kam. Diese Animositäten haben sich wohl in der matthäischen Darstellung der Passion Jesu niedergeschlagen, denn der zeitlich zweite Evangelist lässt wie kein anderer das „Volk" in Jerusalem weit über das „Lass ihn kreuzigen!" hinaus blind vor Empörung schreien: „Sein Blut komme über uns und unsere Kinder!" (Mt 27,22.25). *Lukas* hingegen, der Arzt und dritte Evangelist (Kol 4,14) urteilt, obwohl er ein enger Mitarbeiter des Apostels Paulus gewesen sein soll[20], wieder etwas milder über den Anteil der "Juden" an der Hinrichtung Jesu. Er steigert zwar den Ruf des Volkes „Kreuzige ihn!" zu einem zweimaligen „großen Geschrei" (Lk 23,31), wiederholt aber nicht die schreckliche Selbstverfluchung des Volkes, wie sie im Matthäusevangelium steht und im Lauf der späteren Jahrhunderte zum titulus iuris, zum angeblichen Rechtsanspruch auf die Judenpogrome stilisiert wurde. *Johannes* gar, der vierte und jüngste Evangelist, übersteigt noch Matthäus mit dem allerschlimmsten antijudaistischen Vorwurf, wenn er Jesus auf dem Jerusalemer Tempelgelände behaupten lässt: „Ihr habt den Teufel zum Vater, und nach eures Vaters Gelüste wollt ihr tun. Der ist ein Mörder von Anfang an ..." (Joh 8,44). Dieses Zitat konnte dann später der Judenhetzer Julius Streicher in der ersten Nummer der nationalsozialistischen Parteizeitung „Der Stürmer", veröffentlicht im „Jahre des Heils, Nürnberg 1934", aufgreifen und damit seine Hetzparolen geradezu biblisch begründen.[21] Dass Johannes an anderer Stelle seines Evangeliums auch bekennen konnte: „Das Heil kommt von den Juden" (Joh 4,22) unterschlug der NS-Chefpropagandist.

So sind die Passionsgeschichten der Evangelien ein schier unentwirrbares Konglomerat aus Verkündigung, Dogmatik, Bibelkunde, Zeitgeschehen, Gemeindebedürfnis, Wirkungsgeschichte. Es können bei ihrer Auslegung nur Annäherungen an die Umstände des Prozesses Jesu und die Bedeutung seines

19 Grob geschätzt entstanden die Evangelien chronologisch im Abstand von Dekaden. So schreibt Markus etwa um 70 n. Chr., Matthäus um 80 n. Chr., Lukas um 90 n. Chr. und Johannes um 100 n. Chr.

20 Phil 24; 2 Tim 4,11.

21 Fund im Zeitschriftenarchiv der Landesbibliothek Stuttgart.

Todes und seiner Auferstehung versucht werden. Ein historischer Fixpunkt dürfte aber sein, dass Jesus von Nazaret schon nach relativ kurzem Auftreten durch „Justizirrtum“ starb und seine Anhänger seinen Tod als nach Gottes Willen “für uns“ geschehen verkündigten, wie auch immer dieses „pro nobis“[22] verstanden werden mag: als „stellvertretend“ für uns oder nur als „uns berührend, uns betreffend“. Es hängt beim Verstehen der Passion Jesu alles davon ab, welche „Hoheit“ wir dem Wanderprediger Jesus beimessen. War er der übernatürlich ausgestattete „Sohn Gottes“ und damit wie sein „Vater im Himmel“ allmächtig und allwissend, oder war er nur als „Menschensohn“ ein Mensch schlechthin und damit letztlich auch wie wir ohnmächtig und leidensfähig? Hat Jesus seine Verhaftung und Hinrichtung selbst provoziert oder wurde er von seiner Festnahme und Verurteilung überrascht? Es ist ratsam, das spätere Glaubensbekenntnis der kirchlichen Konzilien zur „Doppelnatur“ Christi „wahrer Mensch und wahrer Gott“ zunächst von der Auslegung der Passionsgeschichten fernzuhalten und nach dem Ergehen des „besonderen“ charismatischen und von Visionen und Glaubensstärke getragenen Menschen Jesus von Nazaret zu fragen. Hat Jesus seine Passion wirklich selbst angekündigt?

Es ist zuerst die Entscheidung zu treffen, welches der vier Evangelien die Grundlage unserer Auslegung der „Letzten Tage Jesu“ sein soll. Bei den früheren Bänden unserer Kommentarreihe zum Leben und Wirken Jesu haben wir uns für das Markusevangelium als die zeitlich früheste „Biographie“ Jesu zum exegetischen Leitfaden entschieden.[23] Für die Passions- und Auferstehungserzählungen greifen wir jedoch zum Matthäusevangelium als Haupttext, weil der zweite Evangelist das Ende Jesu in Jerusalem am breitesten schildert. Es ist zwar schon Markus gewesen, der die Passionstage Jesu in ein Wochenschema gebracht hat, vom Einzug Jesu in Jerusalem am Palmsonntag bis zur Entdeckung des leeren Grabes Jesu am folgenden Sonntag. Er hat auch die wichtigsten Stationen des Wochenablaufes vorgegeben. Jedoch Matthäus hat mit seinen antijüdischen Tendenzen wirkungsgeschichtlich leider am stärksten ausgestrahlt. Gerade dies in Predigt und Unterricht einzuräumen, ist eine unerlässliche Folge des Holocausts, der sich jeder Exeget stellen sollte.

---

[22] 1 Kor 15,3. Das zweideutige „für uns“ wird in der theologischen Fachterminologie in seinem lateinischen Wortlaut „pro nobis“ diskutiert.

[23] M. Köhnlein, Ecce homo – Der Ruf, 1999; Das Risiko der Liebe, 2000; Die Bergpredigt, 2005, ^{2}2011; Gleichnisse Jesu – Visionen einer besseren Welt, 2009; Wunder Jesu – Protest- und Hoffnungsgeschichten, 2010.

Teil I Die Passion Jesu

Bei der Besprechung der Passionsgeschichte nehmen wir uns allerdings die Freiheit, nicht exakt nach der chronologischen Reihenfolge der Kapitel des Matthäusevangeliums vorzugehen, sondern seine Perikopen manchmal im Vorgriff, dann wieder im Rückgriff auf bereits überblätterte Abschnitte abzurufen, weil unser Auswahlprinzip die verschiedenen Phänomene des Leidens sind, wie sie im Inhaltsverzeichnis dieses Buches aufgelistet sind und dazu mal hier und mal da exegetisches „Material" vorliegt. Die Evangelisten selbst haben in eigener freier Entscheidung für ihre Stoffe verschiedene Stellungen im Aufriss ihrer Bücher gewählt, wenn man die Evangelien miteinander synoptisch vergleicht. Der eine bringt eine Rede oder ein Gleichnis Jesu früher, der andere später im Ablauf seines „Lebens Jesu". Im Grund genommen haben alle vier Evangelisten variabel nach dem Bausteinprinzip gearbeitet und die einzelnen Traditionsstücke nur lose miteinander durch wenige Rahmenangaben zum Ort und zur Zeit der berichteten Ereignisse verbunden. Wir beginnen unsere Auslegung mit den Ahnungen und Gefühlen Jesu zu Beginn seiner letzten Tage.

Dunkle Gefühle

Es ist ungewöhnlich, von Jesu Emotionen zu reden. Der Versuch einer Einfühlung in seine Gedanken, ob er sich bewusst war, was alles ihm in Jerusalem drohen konnte, wenn er es wagte, dort in der aufgeheizten Paschastimmung zu seiner Botschaft über „mehr Gerechtigkeit" und konsequenter Gewaltlosigkeit zu stehen (Mt 3,15; 6,20), wird allzu leicht als *Psychologisierung* abgetan. Dabei wird jedoch in der herkömmlichen Darstellung der Karwoche durchaus Psychologie getrieben, wenn auch weniger bei der Berichterstattung des Leidens Jesu als vielmehr bei der Schilderung der Wirkung seiner Leiden auf die Gläubigen. Die meisten klassischen Passionspredigten und Passionslieder versenken sich geradezu ausschweifend in die Schuldgefühle der Gläubigen angesichts des Gekreuzigten, der „für uns" leiden und sterben musste. Ein Höhepunkt dieser Mystik war schon immer in den protestantischen Gemeinden das Gesangbuchlied von Paul Gerhardt „O Haupt voll Blut und Wunden"[24], ohne das es für die Evangelischen „nicht Karfreitag wird". Der Christ steht mit seinem Gewissen erschüttert unter dem Kreuz seines „Hei-

[24] Evangelisches Gesangbuch (EG), [1]1996, Nr. 85.

lands". Er erschrickt über das „schimpfierte" Angesicht Jesu[25] und bezieht das Leiden Jesu unmittelbar auf sich selbst: „Nun, was du, Herr, erduldet, ist alles meine Last; ich hab es selbst verschuldet, was du getragen hast."[26] Dabei ist es bibelkundlich durchaus gerechtfertigt, von inneren Bedenken und Befürchtungen Jesu zu reden, wenn wir die Inkarnationslehre ernst nehmen und den „Sohn Gottes" wirklich als Menschen geboren sein lassen, der weder eine bloße Ikone, noch eine kühle Statue war, sondern ein Herz und eine Seele hatte wie wir, wenn auch in größerer Tiefe und Weite.

1 Todesahnungen Jesu

Die Leidensweissagungen Mt 20,17–19 (Mk 10,32–34; Lk 18,31–33); Mt 17,22f. (Mk 9,30.32); Mt 16,21 (Mk 8,31–33; Lk 9,22)

17 Und Jesus zog hinauf nach Jerusalem und nahm die zwölf Jünger beiseite und sprach zu ihnen auf dem Wege: 18 Siehe, wir ziehen hinauf nach Jerusalem, und der Menschensohn wird den Hohenpriestern und Schriftgelehrten überantwortet werden; und sie werden ihn zum Tode verurteilen 19 und sie werden ihn den Heiden überantworten, damit sie ihn verspotten und geißeln und kreuzigen; und am dritten Tage wird er auferstehen.

Der schimpfliche Kreuzestod Jesu muss für seine Jünger und Jüngerinnen, die mit ihm nach Jerusalem „hinaufgezogen" waren[27], eine gruppendynamische und seelische Katastrophe gewesen sein[28], welche die Evangelisten zumindest für die Leserschaft ihrer Bücher abzumildern versuchten, indem sie Jesus bereits in Galiläa schon lange vor seinem Pilgerzug in die Hauptstadt Jerusalem dreimal ankündigen ließen, dass ihm dort Unheil drohe. Niemand sollte meinen, der „Sohn Gottes" sei unwissend und blind in seinen Untergang hineingestolpert. Die Evangelisten ließen Jesus dabei auch gleich die Vorhersagen seines Todes mit der Aufforderung zur Nachfolge verknüpfen, um ihren Mitchristen am Vorbild Jesu Mut zu machen, das Leidenmüssen nicht als Widerspruch zu ihrem Glauben an Jesus, sondern als einen integrativen Teil ihres eigenen christlichen Lebens zu verstehen.[29] Aber wenn wir sagen „die Evangelisten ließen ...", klingt das so, als wäre das Vorherwissen Jesu ihre eigene Konstruktion, die sie ihm in den Mund legten. Dürfen oder gar müssen wir das annehmen?

---

[25] A. a. O., Strophe 1.
[26] A. a. O., Strophe 4.
[27] Mk 10,32f.; 15,41; Mt 20,17.
[28] Mt 26,56; Mk 14,50; Lk 24,21.
[29] Mk 8,34–41; Mt 16,24–28; Lk 9,23–27.

Die zitierte letzte der drei Leidensweissagungen Jesu, die er auf seinem Pilgerweg nach Jerusalem seinen Jüngern offenbart haben soll, wird von allen drei Synoptikern überliefert. Sie ist die ausführlichste und soll deshalb auch für die beiden vorangegangenen stehen.[30] Sie liest sich wie eine Chronik der Passionswoche. Das hat viele Exegeten dazu verleitet, sie und auch die beiden vorausgehenden Weissagungen als „vaticinia ex eventu"[31], als nachträglich aus den geschehenen Ereignissen heraus konstruierte Prophezeiungen zu erklären, denn sie würden ja bereits beim irdischen Jesus ein göttliches Vorherwissen bis hin zu den Details „verspotten, geißeln, kreuzigen" und vor allem die Kenntnis seiner Auferstehung voraussetzen (V. 19). Die Mehrheit der Ausleger hält heute die Leidensweissagungen Jesu für nachträglich konstruiert. Sie seien Jesus von den Schreibern der Evangelien in den Mund gelegt worden, um seine gottgleiche Begabung der Allwissenheit hervorzuheben. Aber gerade damit hätten die Evangelisten das Menschsein Jesu geschwächt. Hätte nämlich Jesus schon im Voraus genau gewusst, welches Martyrium auf ihn zukäme, hätte er sein Leiden nur durchhalten, aber nicht wahrhaft an ihm und Gott verzweifeln müssen, wie es sein Verlassensschrei am Kreuz bezeugt (Mt 27,46). Seine Passion wäre aufgrund seiner übernatürlichen Ausstattung im strengen Sinn nur eine Scheinpassion, aber kein wirkliches Leiden gewesen. Jesus wäre sich bereits vor seiner Kreuzigung seiner Auferstehung sicher gewesen (V. 19), so wie später die Urchristen aufgrund der Verkündigung der Auferstehung Jesu ihrer eigenen Auferweckung gewiss sein durften. Wohl werden Leidende zu allen Zeiten von Todesahnungen umgetrieben. Der moderne „Kult" um die „Letztwilligen Verfügungen" macht das Sterbenmüssen nur scheinbar zu einem rational bewältigbaren notariellen Akt. Niemand weiß im Voraus, wie seine letzte Stunde aussehen und was sein Bewusstsein im Sterben alles durchmachen wird. Im Grunde genommen sprechen die Vorhersagen Jesu nur die Weisheit aus, die schon ein alttestamentlicher Psalm formulierte: „(Herr), lehre uns bedenken, dass wir sterben müssen, auf dass wir klug werden" (Ps 90,12). Wahrscheinlich wollten die Evangelisten ihrer Leserschaft mit den genauen Angaben der kommenden Passionsereignisse in Jesu Mund schon in der Mitte ihrer Bücher signalisieren, dass das tragische, schimpfliche Ende Jesu nicht willkürlich war, sondern Jesus (und hinter und über ihm Gott) durch sein Vorherwissen bis hin zum Ereignis der Auferstehung stets Herr der Lage blieb. Die irdischen Richter und Henker Jesu sollten für die Leser zu keinem Zeitpunkt über die Initiative des Geschehens verfügen.

„Und Jesus zog hinauf ..." (V. 17). Der „Rabbi" aus Nazaret hat seine galiläischen Wanderungen beendet und beschließt nun, mit seinem Anhang über das Jordantal von Jericho aus den steilen Aufstieg hinauf zur Hauptstadt Jeru-

[30] Eine vierte, kurz gehaltene Leidensankündigung, die Jesus dann noch später direkt in Jerusalem geäußert haben soll, bringt nichts Neues mehr (Mt 26,2).

[31] (lat.) wörtlich: Weissagungen aus dem Vorfall.

salem zu gehen (Mt 19,1; 20,29). Ein frommer Jude, zumal einer, der wie Jesus „Rabbi“ genannt wurde[32], sollte jährlich zumindest *eine* Wallfahrt zum Jerusalemer Tempel unternehmen; wenn möglich an Pessach (Auszug aus Ägypten) oder an einem der beiden anderen großen, traditionellen Feste Schawuot (Wochenfest) oder Sukkot (Laubhüttenfest). Entsprechend feierlich war die Stimmung der Pilger beim „Hinaufziehen“ zum geographisch hoch gelegenen Jerusalem (V. 17) - ein Anlass, miteinander unterwegs Erwartungen und Fragen auszutauschen. Topographische Angaben haben in der Symbolsprache der Bibel nicht selten einen übertragenen Sinn. So kann mit „auf dem Wege“ (V. 18) hintergründig auch das geistige Unterwegssein, das Suchen nach Wahrheit und Gewissheit angedeutet sein. Mit welchem Selbstbewusstsein trat Jesus den Gang nach Jerusalem an? Schon beim Betreten des Jordantals bei Caesarea Philippi hatte Jesus seine Jünger gefragt: „Wer sagen die Leute, dass der *Menschensohn* sei?“ (Mt 16,13), als sei er sich selbst seiner Identität und Sendung unsicher gewesen. Petrus hatte ihm dabei als Sprecher der Jünger vollmundig geantwortet: „Du bist Christus (Messias), des lebendigen Gottes Sohn“, als wäre die Selbstbezeichnung Jesus als „Menschensohn“ nicht der Rede wert gewesen,[33] woraufhin ihm Jesus die erste Leidensweissagung entgegenhielt, die aber Petrus nicht hören wollte[34], weil sie nicht in seine Vorstellung eines herrscherlichen Messias passte.

Daraufhin war ein heftiges Streitgespräch zwischen dem Meister und seinem Schüler entbrannt, bei dem Jesus Petrus vorwarf, wenn er sich das Leidenmüssen nicht als zum „Menschensohn“ gehörig vorstellen könne, sei er geradezu ein „Satan“[35] - als sei es eine der schlimmsten Versuchungen in der Nachfolge Jesu, das Leiden um jeden Preis zu scheuen. Und auch jetzt hier bei der dritten Leidensweissagung, nimmt Jesus wieder die Zwölf aus der Menge derer, die ihm nachfolgten[36], „beiseite“ (V. 17), um ihnen vertraulich seine Todesahnungen mitzuteilen. Seine weitere Anhängerschaft und vor allem das Volk brauchten sie noch nicht zu wissen, weil Jesu Leiden keine Show werden sollte und nur ein Leidender selbst - und vielleicht noch seine Angehörigen - die Tiefe seines Leidens ermessen können. Doch auch beim dritten Mal seiner Leidensahnungen nehmen ihm die „Seinen“ nicht ab, dass eine äußerste Erniedrigung zum Schicksal eines „Messias“ gehören könne, denn anschließend macht sich die Mutter des Jakobus und Jakobus während des Aufstiegs nach

[32] Mt 26,25.49; Mk 9,5; 11,21; 14,45; Joh 1,38.49; 3,2.26; 4,31; 6,25; 9,2; 11,8.

[33] Eine ausführliche Auslegung dieses so genannten Messiasbekenntnisses des Petrus bei Caesarea Philippi findet sich in: M. Köhnlein, Ecce homo - Seht der Mensch, Band 1: Der Ruf, 1999, S. 119-126.

[34] Mt 16,21-23.

[35] Mt 16,23. Es wird im heutigen Katholizismus meist verschwiegen, wie wenig „unfehlbar“, ja geradezu wie in die Irre gehend Petrus als erster „Stellvertreter Christi auf Erden“, um nicht zu sagen als erster „Papst“, bei seinen dogmatischen Aussagen in den Evangelien dargestellt wird. War es nicht schon immer eine „Sünde“, dass die Kirchen in Versuchung gerieten, sich mit Glanz und Gloria zu schmücken, anstatt niedrig und gering „auf dem Weg“ der Kreuzesnachfolge zu bleiben?

[36] Mt 19,2; 20,29.

Jerusalem an Jesus heran, um von dem „Messias“ das Versprechen von „Ministerposten“ für ihre Söhne in seiner kommenden Königsherrschaft über Israel zu erhalten (Mt 20,20–23), als ginge es auch in der Nachfolge Jesu, wie immer in der Welt, nur um Macht und Herrschaft. Es war also offensichtlich auch für die Jüngerinnen und Jünger Jesu undenkbar, dass Jesus sehenden Auges ins Leiden gehen wollte; und auch später, nach Ostern, blieb es für die Urchristen ein Schock, dass der „Menschensohn überantwortet“ worden war (V. 18f.).

Der Titel „Menschensohn“ und das Verb „überantwortet werden“ sind entscheidende Pfeiler der christlichen Passionsdogmatik. Sie bedürfen deshalb einer genaueren Betrachtung. Die Jünger und Apostel konnten das qualvolle Ende Jesu nur verkraften, indem sie es mit Gottes Willen begründeten und Jesus sein Martyrium bis in alle Einzelheiten vorherwissen ließen. Für sie war im nachösterlichen Rückblick der irdische Jesus bereits mit dem auferstandenen Christus des Glaubens identisch. Sie schrieben ihm schon als Wanderprophet übernatürliche Eigenschaften zu und sahen ihn schon zu seinen Lebzeiten mit der Glorie des himmlischen Gottessohnes versehen. Doch ist es glaubhaft, dass schon der irdische Jesus von Nazaret geradezu göttliche Wesenseigenschaften hatte? Ein Ja oder Nein entscheidet sich daran, was man unter dem seltsamen Begriff „Menschensohn“ verstehen darf. Drückte Jesus damit seine Hoheit oder seine Niedrigkeit, sein „Übermenschentum“ oder seine „Normalität“ aus? Konnte das Leidenmüssen Jesus wirklich schmerzen oder prallte es an seiner „übernatürlichen Ausstattung“ ab, falls er je eine solche besaß?

„Menschensohn“ (V. 18) ist die am häufigsten benützte Selbstbezeichnung Jesu. Sie ist innerhalb der Leidensweissagungen der einzige Anker, um vielleicht doch belegen zu können, dass Jesus sich tatsächlich seines kommenden Leidens bewusst war und die kommenden Ereignisse im internen Kreis seiner Jünger bereits auf ihrem gemeinsamen Weg nach Jerusalem angesprochen hat.[37] Die Urgemeinden haben in ihrer Verkündigung nie den Titel „Menschensohn“ für Jesus benützt bzw. ihn immer nur Jesus selbst aussprechen lassen. Der Titel „Menschensohn“ war ihnen wohl zu schlicht für einen Messias. Sie bevorzugten „Christus“, der Gesalbte, im Sinne des Königs auf dem Thron. Aber selbst dann, wenn „Menschensohn“ eine höchsteigene Selbstbezeichnung Jesu war, bleibt umstritten, was Jesus darunter verstand und welche Identität er sich mit diesem Begriff gab. Es lassen sich nämlich drei Rollenverständnisse damit verbinden, die sich am besten darstellen lassen, wenn man auf ihre sprachlichen Wurzeln zurückgeht.[38] Ein erster Gebrauch von „Men-

---

[37] M. Müller, in: RGG[4] (Lexikon für Religion in Geschichte und Gegenwart), Band 5, Sp. 1098f.; vgl. Mt 17,22.

[38] Klar dargestellt hat der jüdische Exeget Schalom Ben-Chorin die drei möglichen Interpretationen des „Menschensohns“ in seinem Taschenbuch „Bruder Jesus – Der Nazarener in jüdischer Sicht“, dtv 1253, [4]1981, S. 108–110.

schensohn“ leitet sich aus dem aramäischen Begriff Bar-Enosch ab und hebt Jesus hoch hinauf. Er bezieht sich gemäß Dan 7,13f. auf ein apokalyptisches Weltende und versteht Jesus als den künftig kommenden, auf den Wolken des Himmels thronenden Weltenrichter. Würde dieses Verständnis in die Leidensweissagungen Jesu eingetragen, entstünde das Paradox, dass gerade der Mächtigste am meisten leiden musste. Die zweite Rückübersetzung des Begriffs „Menschensohn“ geht auf die hebräische Rollenbezeichnung „Ben-Adam“ im alttestamentlichen Buch Hesekiel zurück, wo der „Menschensohn“ als prophetischer Überbringer von Gottessprüchen verstanden wird (Ez 2,1; 3,17). Eine dritte Möglichkeit ist der Bezug auf das vulgäraramäische „Barnasch“ als generelle Bezeichnung für „jedermann, irgendwer, Mensch schlechthin“, gewissermaßen als „Menschenbruder“ im existenzphilosophischen Sinn, wozu der jüdische Exeget Schalom Ben-Chorin neigt. Nach ihm hätte sich Jesus mit der Selbstbezeichnung „irgendein Mensch, jedermann“ ganz und gar unter die Menschen und nicht über sie gestellt. Er hätte damit bekannt, dass auch zu seinem Dasein Leidenserfahrungen wie Heimatlosigkeit, Hunger, Missverstanden- und Verhöhntwerden gehören konnten. Auch wir neigen zu dieser dritten Deutung.[39]

Wahrscheinlich hat Jesus überhaupt glorifizierende Hoheitstitel abgelehnt und sich solidarisch mit seinen Mitmenschen mit einfachen Anreden wie Rabbi, Heiler, Helfer, Freund, Diener begnügt; zum Beispiel, wenn er sagte: „Der Größte unter euch soll euer Diener sein. Denn wer sich selbst erhöht, der wird erniedrigt, und wer sich selbst erniedrigt, der wird erhöht“ (Mt 23,11f.). Die Leidensweissagungen wurden wohl von den Urchristen nachösterlich in der Rückschau auf Jesu Leben mit seinen Leidensstationen ausgestattet, wobei die Selbstbezeichnung „Menschensohn“ als Kern noch die „Demut“ anklingen lässt, mit der es Jesus an erster Stelle nicht um seine Person, sondern um seine Botschaft und sein Wirken ging. Wenn er mit seinen treuesten Anhängern überhaupt über das Risiko seines störenden Verhaltens sprach, dürfte er sich gewiss gewesen sein, wie sehr er die Herrschenden mit seiner Kritik an Macht und Herrlichkeit provozierte: „Es ist leichter, dass ein Kamel durch ein Nadelöhr gehe, als dass ein Reicher ins Reich Gottes komme“ (Mt 19,24). Oder: „Der Menschensohn ist nicht gekommen, dass er sich dienen lasse, sondern dass er diene ...“ (Mt 20,28). Jesus ahnte wohl bereits beim „Hinaufzug“ nach Jerusalem, dass ihm an diesem Pascha nichts Gutes bevorstand, ohne im Voraus sein Schicksal genau abzusehen. Ob er allerdings sogar mit einem todbringenden „Übergebenwerden[40] als Gotteslästerer und Revolutionär bis hin zum „Gekreuzigtwerden“ rechnete, lässt sich historisch nicht nachweisen.

---

[39] Vgl. Schalom Ben-Chorin, a. a. O., S. 110. Dabei wäre allerdings zu prüfen, wie weit Ben-Chorin als jüdischer Ausleger hermeneutisch gehindert war, Jesus als Messias oder Prophet zu sehen.

[40] Zum Verständnis dieses Begriffs vgl. unten S. 112.181.

Es bleibt offen, ob Jesus das Zusammenspiel zwischen den jüdischen und römischen Oberen in Jerusalem vorausahnen konnte, wie es in dieser dritten matthäischen Leidensweissagung beim „Hinaufstieg" in die Heilige Stadt beschrieben wird. Matthäus benennt in diesem Text die „Hohenpriester und Schriftgelehrten" als die Verantwortlichen der jüdischen Seite im Prozess gegen Jesus (V. 18). Dabei ist verwunderlich, dass die „Ältesten" aus unbekanntem Grund fehlen, die der Evangelist sonst ebenfalls zu den Gegnern Jesu zählt.[41] Sie setzten sich aus den Angehörigen des Priester- und Gutsbesitzeradels zusammen, versuchten sich mit den Römern gut zu stellen und folgten sadduzäischen Ansichten. Ebenso fehlen die Pharisäer in allen drei Leidensweissagungen. Sie werden während der Jerusalemer Passionstage Jesu nur als theologische, aber nicht auch als prozessuale Gegner erwähnt.[42] Ob sie sich während der Verhöre Jesu neutral oder gar insgeheim sympathisierend verhielten, wird noch zu erörtern sein.[43] Noch auffallender ist, wie andere nichtjüdische Beteiligte in den Leidensweissagungen aufgeführt werden. In der ersten Weissagung lassen nur die jüdischen Oberen Jesus „viel leiden", während für das „getötet werden" überhaupt keine Verursacher genannt werden (Mt 16,21). In der zweiten Leidensweissagung heißt es dann geradezu merkwürdig allgemein: „Der Menschensohn wird überantwortet werden in die Hände der *Menschen*, und sie werden ihn töten" (Mt 17,22). Die dritte Leidensweissagung zählt dann auch noch die römischen Besatzer zu den Schuldigen. Sie werden verächtlich als „Heiden" apostrophiert, denen Jesus „überantwortet wird, damit sie ihn verspotten und geißeln und kreuzigen" (V. 19). Zusammengefasst werden also in den drei Leidensweissagungen vier der eingangs genannten möglichen Schuldigen am Tod Jesu angesprochen: die jüdischen Oberen, die römische Besatzungsmacht, die Menschen überhaupt und Jesus selbst, indem er bewusst in sein Jerusalemer Leiden „hinaufzog"; nur dass Matthäus vorerst noch nicht kollektiv von der Schuld des ganzen jüdischen Volkes und auch noch nicht von Gottes Willen hinter dem Passionsgeschehen spricht.[44] Die drei Leidensweissagungen sind in ihren Details so verschieden, dass man geradezu vermuten könnte, Matthäus habe in ihnen ein Hin- und Herschwanken der Befürchtungen Jesu über sein Ende spiegeln wollen. Viel Lebenszeit hat Gott seinem „Sohn" nicht gelassen. Die öffentliche Wirksamkeit Jesu verlief beispiellos rasch, wenn man bedenkt, dass sein gesamtes Auftreten wahrscheinlich nur *ein* Jahr und seine Passion in Jerusalem nur ein paar Tage dauerten. „Gedrängter" hat keine andere bis heute wirksame Persönlichkeit der Religionsgeschichte gelebt.

---

41 Mt 16,21; 21,23; 26,3+57; 27,1; 27,12; 28,12.

42 Mt 23,2; 23,23; (Lk 11,39).

43 Vgl. unten S. 162.

44 Vgl. oben S. 19.

Das Leiden an den Verhältnissen

Alle vier Evangelisten sind sich darin einig, dass Jesus in der kurzen Zeit der „Karwoche"[45] mehrere Leidensdimensionen durchleiden musste. Dabei begann sein „Leiden" wohl schon am Palmsonntag während seines Einzugs in Jerusalem. Jesus „litt" gewissermaßen geistig. Er war nicht damit einverstanden, was um ihn herum geschah, versuchte aber zunächst, es zu ertragen. Er hörte sich den Jubel der Menge mit stummem Unbehagen. an. Er „litt" am Missverständnis des Volkes, er sei der „Sohn Davids" in der Rolle des nationalen, königlichen Thronprätendenten. Er wollte aber nur der einfache „Menschensohn" sein, der humane Mitmensch, der sich von Gott angenommen und beauftragt fühlt, die Liebe und die Gerechtigkeit zu verkündigen. Er verstand sich als Helfer der Armen und Heiler der Kranken. Dieses geistige Leiden, missdeutet zu werden, setzte sich dann noch an diesem ersten Tag in Jerusalem fort in seinem Ärger über den Missbrauch des Tempelvorhofs als Basar und entlud sich am Montagmorgen in seiner Enttäuschung über den unfruchtbaren Feigenbaum, den er als Symbol der „unfruchtbar" gewordenen Religiosität Israels ansah.

Im weiteren Verlauf des Montag bis hin zum Mittwochabend trat Jesus dann in Jerusalem als der vollmächtige „Lehrer" Israels auf (Mt 22,16). Er nahm in Gleichnissen, Streit- und Schulgesprächen Stellung zu Gesetzes- und Steuerfragen, zum Liebesgebot, zur Wachsamkeit des Glaubens, zum Schicksal Jerusalems, zur Auferstehung, zum endzeitlichen Weltgericht und anderem mehr (Mt 21,18–25,46). Und so wie die Themen rasch wechselten, lösten sich auch die Gesprächspartner Jesu einander ab, so dass nach Meinung des Matthäus keiner der Verantwortlichen Israels später sagen konnte, er habe sich kein Bild von Jesus von Nazaret machen können.

2 Das vermeintliche Spektakel

Jesu Einzug in Jerusalem

Mt 21,1–10 (Mk 11,1–10; Lk 19,28–38; Joh 12,12–19)
1 Als sie nun in die Nähe von Jerusalem kamen, nach Betfage an den Ölberg, sandte Jesus zwei Jünger voraus 2 und sprach zu ihnen: Geht hinein in das Dorf, das vor euch liegt, und gleich werdet ihr eine Eselin angebunden finden und ein Füllen bei ihr; bindet sie los und führt sie zu mir! 3 Und wenn euch jemand etwas sagen wird, so sprecht: Der Herr bedarf ihrer. Sogleich wird er sie euch überlassen. 4 Das geschah aber, damit erfüllt würde, was gesagt ist durch den Propheten, der da spricht (Sach 9,9): 5 „Sagt der Tochter Zion: Siehe, dein König kommt zu dir

[45] Zur Worterklärung von „Karwoche": Kara (ahd.) = Klage, Kummer, Trauer.

sanftmütig und reitet auf einer Eselin (!) und auf einem Fohlen, dem Jungen eines Lasttiers." 6 Die Jünger gingen hin und taten, wie ihnen Jesus befohlen hatte, 7 und brachten die Eselin und das Füllen und legten ihre Kleider darauf.
8 Aber eine sehr große Menge breitete ihre Kleider auf den Weg, andere hieben Zweige von den Bäumen und streuten sie auf den Weg. 9 Die Menge aber, die ihm voranging und nachfolgte, schrie: Hosianna dem Sohn Davids! Gelobt sei, der da kommt in dem Namen des Herrn. Hosianna in der Höhe!
10 Und als er in Jerusalem einzog, erregte sich die ganze Stadt und fragte: Wer ist der? 11 Die Menge aber sprach: Das ist Jesus, der Prophet aus Nazaret in Galiläa!

Die Passionsgeschichten[46] gelten in der Bibelwissenschaft als der älteste zusammenhängende Komplex der Evangelien. Sie umfassen im Matthäusevangelium 8 Kapitel, die Auferstehungsgeschichten miteinbezogen (Kap. 21–28). Bereits 1892 hat der Theologe Martin Kähler die Passionsgeschichten so sehr als Kern der Jesusüberlieferung angesehen, dass er die ganzen Evangelien als „Passionsgeschichten mit ausführlicher Einleitung" bezeichnete.[47] Dabei fügen die Evangelisten – vielleicht auch schon die mündliche Überlieferung vor ihnen – die letzten Tage Jesu in das Schema einer einzigen Woche ein, die dann später in der christlichen Tradition die Bezeichnung „Karwoche"[48] erhielt. Die Evangelisten setzen diese Woche nicht mehr nach jüdischer Kalenderart von einem Sabbat bis zum nächsten Sabbat an, sondern gemäß dem neuen christlichen Wochenanfang von einem ersten „Sonntag" bis zu einem zweiten „Sonntag". Wir folgen bei unseren Auslegungen diesem Wochenschema Tag für Tag, so wie Matthäus die Themen und Begegnungen in seinem Evangelium aufeinander abfolgen lässt, auch wenn wir gelegentlich aus Gründen des thematischen Bezugs auf frühere Perikopen zurückgreifen müssen.

Am ersten „Sonntag" lassen die Synoptiker den Einzug Jesu ins irdische Jerusalem stattfinden, am zweiten „Sonntag" die Auferstehung Jesu in die Welt des himmlischen Jerusalem.[49] Lukas „baut" dann allerdings als einziger Evangelist zwischen die Auferstehung und die Himmelfahrt Jesu noch eine vierzigtägige Erscheinungszeit Jesu auf Erden ein (Lk 24,51; Apg 1,19). Wollten die Evangelisten mit dem Schema der einen Woche eine zweite Schöpfungsgeschichte andeuten? So wie Gott, der Herr, nach der jüdischen Tradition die Welt in sieben Tagen erschuf, so bewirkte Jesus mit seinem

---

46 Einige der Gleichnisse und Reden Jesu, die in den Passionskomplex eingefügt worden sind, wurden vom Autor bereits in den Teilbänden „Gleichnisse Jesu – Visionen einer besseren Welt", 2009, und „Wunder Jesu – Protest- und Hoffnungsgeschichten", 2010, ausgelegt.

47 In: Der so genannte historische Jesus und der geschichtliche, biblische Christus", [4]1969, S. 60, Anm. 1.

48 Zur Worterklärung von „Karwoche" siehe oben S. 28, FN 45.

49 Eigentlich müsste die Auslegung der Passionsgeschichte bereits mit der Heilung der beiden Blinden bei Jericho als Auftakt beginnen, weil dieses „Vorspiel" zur „Passionstragödie" vom „Auftun der Augen" handelt. Die Leserschaft sollte mit ihr von vornherein auf das richtige Sehen der Ereignisse aufmerksam gemacht werden. Diese bedeutsame Blindenheilung wurde jedoch bereits in: M. Köhnlein, Wunder Jesu – Protest- und Hoffnungsgeschichten, 2010, S. 73–91, ausgelegt.

Leiden, Sterben und Auferstehen in einer Woche die Grundlegung des christlichen Glaubens an die Erlösung?

Der Einzug Jesu in Jerusalem kommt in der Predigtordnung der Evangelischen Kirche in Deutschland zweimal vor: einmal als Grundlage für den Palmsonntag, aber auch als Perikope für den 1. Advent. Das eine Mal soll erinnert werden, dass der „Herr" bereits gekommen ist, das andere Mal, dass er eines Tages wiederkommen wird. Der „Einzug in Jerusalem" war den Urchristen offensichtlich so wichtig, dass ihn alle vier Evangelisten berichten. An diesem Ereignis kam keine der Urgemeinden vorbei. Dabei gestalteten die Evangelisten die Schauplätze, die „Mitspieler", die Aktionen und Reaktionen verschieden. Auch später in der Kirchengeschichte entfaltet der Einzugsbericht in der Katechese, im Liedgut, im Brauchtum der Kirchengemeinden eine große Wirkung. Noch heute lassen sich in einigen Kirchen hölzerne oder steinerne Palmesel besichtigen, die einmal bei Psalmsonntagsprozessionen auf Brettern mit Rädern durch die Ortschaften gezogen wurden.[50] Auch gibt es noch hier und da die kirchliche Sitte, sich am Palmsonntag im Gottesdienst „Palmzweige" weihen zu lassen, die dann mit nach Hause genommen werden. Generell aber wird heute der Palmsonntag zum ersten großen, kirchenfernen Frühlingsausflug benützt. Die palmsonntägliche Erinnerung an den Einzug Jesu ist als Auftakt zur Karwoche kein besonderes religiöses Erlebnis mehr. Aus dem Einzug der Pilger in die heilige Stadt ist der Auszug der Wanderer und Fahrer in die Osterferien geworden. Sollten darum die Kirchen den heutigen Zeitgenossen die Bedeutung des Palmsonntags wieder stärker in Erinnerung rufen als Beispiel dafür, wie rasch eine Gesellschaft ihre Stimmung vom „Hosianna!" zum „Kreuzige ihn!"[51] umschlagen lassen kann? Aber kann dieser Stimmungswechsel überhaupt historisch belegt werden? Wer hat eigentlich diese Rufe erschallen lassen? War damals tatsächlich die „ganze Stadt" Jerusalem auf den Beinen (V. 10), als der Wanderprophet aus Nazaret auf einem Esel in die Stadt einritt?

„Und als er in Jerusalem einzog ..." (V. 10). Matthäus zielt in seinen Passionsgeschichten auf Kontraste ab. Vom Ölberg her reitet Jesus frei wie ein König in die Stadt ein, am Ölberg wird er im Garten Gethsemane wie ein Verbrecher in Fesseln gelegt. Anfänglich hält Jesus scharfe Reden und Streitgespräche im Tempelbezirk[52], dann aber verstummt er während seines Prozesses mehr und mehr. Dem äußeren Applaus, der ihm zunächst entgegengebracht wird, steht zunehmend der Rückzug in die Innerlichkeit entgegen. Auch die Kulissen wechseln zwischen hellen Tagen und dunklen Nächten. Den offenen Ohren der Menschen folgen taube Ohren, dem Verständnis das Unverständnis, dem

[50] Siehe Abb. 1, in: Ulrich Luz, Das Evangelium nach Matthäus, EKK I/3, 1997, S. 195.
[51] Mk 15,13f.; Mt 27,22; Lk 23,21; Joh 18,15; vgl. unten S. 33f.
[52] Mt 21,12–25,46.

Treueversprechen der „Verrat“. Der „Messias“ des Volkes wird am Ende als „Verbrecher“ ans Kreuz genagelt.

Doch wer hatte damals überhaupt Kenntnis von Jesu „Triumphzug“ auf einem Esel? Durfte diese Erzählung jahrhundertelang benutzt werden als ein vermeintlicher Beleg für eine jüdische Kollektivschuld, als Beweis für die angeblich wetterwendische Charakterlosigkeit der Juden, als Rechtsanspruch auf Austreibung und Bestrafung der Juden als Volk? Die vier Evangelisten unterscheiden sich erheblich in den Angaben, wie viele Menschen Zeugen des Einzugs Jesu waren. Je später ein Evangelist darüber schreibt, je länger er also historisch von dem Ereignis entfernt ist, desto mehr lässt er die Zahl der Begleiter und Zuschauer anwachsen. Markus als der älteste Evangelist berichtet zunächst nur von solchen, „die vorangingen und die nachfolgten“ (Mk 11,9). Matthäus steigert dann das Publikum bereits zur „sehr großen Menge ..., die ihm voranging und nachfolgte“ (V. 8f.). Lukas schränkt zwar die Anzahl wieder ein auf „die ganze Menge der Jünger“ (Lk 19,37). Johannes aber ist es dann, der die Pharisäer sagen lässt: „Siehe, alle Welt läuft ihm nach!“ (Joh 12,19). Er belastet also das ganze jüdische Volk. Heute darf man davon ausgehen, dass sich eben nicht die „ganze Stadt erregte und fragte: Wer ist der?“ (V. 10), sondern im Wesentlichen nur die Anhänger, die mit Jesus von Jericho heraufgezogen waren. Dieser kleinere Kreis der Jüngerinnen und Jünger formierte sich dann auch in der Stadt zur Prozession. Nur sie und vielleicht noch einige Festpilger, die schon zuvor in der Stadt waren und sich den Jüngern anschlossen, riefen das „Hosianna!“ (V. 9). Lukas fasst das gewisse Desinteresse der Stadt Jerusalem sogar in der Trauer Jesu über Jerusalem zusammen: „Wenn doch auch du (Jerusalem) erkenntest zu dieser Zeit, was zum Frieden dient!“ (Lk 19,42).

Man sollte sich also von der Vorstellung eines spektakulären Einzugs Jesu in Jerusalem lösen. Es kann durchaus ein relativ bescheidener Vorfall in einem Winkel des Festgeschehens in der „Weltstadt“ Jerusalem gewesen sein. Ein Triumphzug durch die heilige Stadt hätte nämlich sofort den Eingriff der römischen Besatzungskräfte bewirkt. Kleinere Aufläufe soll es hingegen in der Paschawoche in Jerusalem immer wieder gegeben haben. Festtage waren in Israel enthusiastische Tage. Es traten an ihnen nicht selten Charismatiker auf, die sich selbst für Propheten bzw. für den Messias hielten oder dafür gehalten wurden (Apg 5,36f.). Im Gegensatz zu diesen Messiasanwärtern, die die Volksstimmung mit demagogischen Reden aufwühlten, bleibt Jesus während seines Einzugs merkwürdig stumm. Es wird nicht berichtet, dass er die Hosiannarufe mit lauten Segenssprüchen oder mit majestätischen Gesten beantwortet hätte, während er doch noch kurz zuvor bei Betfage den Jüngern deutliche Anweisungen gab (V. 2f.). Konservative Ausleger interpretieren dieses Schweigen Jesu während seines Einzugs als inneres Angewidertsein von der „Wankelmütigkeit der Juden“, weil er im Voraus gewusst habe, dass sie heute „Hosianna!“ und morgen „Kreuzige ihn!“ schreien würden. Aber diese Unterstellung hat keinerlei Anhalt am Text der Einzugsgeschichte. Auch wird Jesus in den kommenden Tagen der Paschawoche noch genug öffentliche Streitgespräche, Mahn- und Scheltreden halten und Gleichnisse erzählen (Mt 21,12–25,46). Zunächst ritt er zum Tempel, ohne gleich am Eingangstor zur Stadt das Volk anzusprechen. Vermutlich scheute er die Huldigung. Es ging ihm um die Reform der Frömmigkeit seines Volkes und nicht um seine eigene Person.

Man muss allerdings nicht so weit gehen wie der renommierte Neutestamentler Rudolf Bultmann, der die ganze Einzugserzählung für eine konstruierte „Messiaslegende" der Urgemeinde hielt, die sie um das Zitat aus dem Propheten Sacharja „herumgebaut" habe (V. 4f.).[53] Für Bultmann war der Gedanke „absurd", dass Jesus selbst das Prophetenwort inszeniert habe, zumal die „Menge" (V. 8) hätte keinesfalls den Esel als messianisches Reittier erkennen können. Bei Bultmann muss jedoch berücksichtigt werden, dass er grundsätzlich kein Interesse an den Taten und am Selbstverständnis des irdischen Jesus von Nazaret hatte, sondern nur am „Kerygma"[54] der Urgemeinden, d. h. an der nachösterlichen Verkündigung Jesu als Christus. Anders hatte Albert Schweitzer vor Bultmann fest angenommen, dass Jesus seinen Einzug in Jerusalem bewusst messianisch gestaltete, um seine Gefangennahme zu provozieren und seinen „Vater im Himmel" zu zwingen, ihn der Welt als endzeitlichen „Menschensohn" zu offenbaren.[55] Noch schärfer wollte Robert Eisler in Jesus den sozialrevolutionären Zeloten[56] sehen, der mit seinem dramatischen Einzug und der nachfolgenden Tempelreinigung das Volk zum Aufruhr hinreißen wollte.[57] Doch jede konzeptionelle Interpretation der Einzugsgeschichte läuft Gefahr, sich in Spekulationen zu verlieren: die rein politische Auslegung, die Jesus als (gescheiterten) Widerstandskämpfer interpretiert; die scheinbar unpolitische Auslegung, die Jesus rein spirituell in die Herzen der Gläubigen einziehen lassen will; die historisch-kritische Exegese, die in der Einzugsgeschichte „nur" eine Legende der Urgemeinden vermutet; die historisierende Nacherzählung, welche die Unterschiede in den Darstellungen der Evangelisten unterschlägt; wie auch die individualistische Auslegung, die Jesus als „unvereinnehmbar" erklärt und vor jedem Versuch warnt, seine Motive wissen zu wollen.

Angesichts der widersprüchlichen Auslegungstradition ist es ratsam, zunächst einmal auf den so genannten Schriftbeweis und den Symbolgebrauch in den Texten zu achten. Das Schema „Weissagung und Erfüllung" bestimmt die Passionserzählungen, auch wenn die einzelnen Evangelisten den Bezug auf

---

53 R. Bultmann, Theologie des Neuen Testaments, ³1958, S. 28.
54 (griech.) Verkündigung.
55 A. Schweitzer, Geschichte der Leben-Jesu-Forschung, Siebenstern-TB Nr. 79/80, 1966, S. 447–450.
56 (griech.) Eiferer, Widerstandskämpfer.
57 Robert Eisler, Iesous basileus ou basileusas, 1929, berichtet von Martin Hengel, War Jesus Revolutionär?, in: Jesus und die Evangelien, 2007, S. 221.

das Alte Testament verschieden handhaben.[58] So baut Markus das Auffinden des Reittiers zu einer ganzen Wundergeschichte aus (Mk 11,1–6). Ihn interessiert, was hinter den Kulissen im Verborgenen geschieht. Der älteste Evangelist will seinen Lesern vermitteln, dass Jesus alles im Voraus mit übernatürlichen Kräften durchschaut. Er lässt Jesus den Fundort des Reittiers vorherwissen (Mk 11,2), den Saal für das Paschamahl, den „Verrat" des Judas, die Verleugnung des Petrus und die Himmelsaufnahme des bußbereiten Schächers. Die Vorhersagen sollen die Passion Jesu als gottgewollt entschärfen und die Leser beruhigen, dass der „Sohn Gottes" in seinen kommenden Leidenstagen das Heft des Handelns behalten wird.

Matthäus übernimmt die Episode vom Auffinden des Reittiers von Markus, und auch Lukas wird es als der dritte Evangelist später tun.[59] Offensichtlich ging es ihnen mehr darum, ihre Leser mit dem Verweis auf das wunderbare Vorherwissen Jesu zu beruhigen als dem wirklichen Ablauf des Einzugs Jesu in Jerusalem historisch gerecht zu werden. Denn dass die Evangelisten selbst das Vorspiel vom Auffinden des Reittiers entworfen haben, lässt sich allein schon daran erkennen, dass sie den Jüngern wörtlich in Auftrag geben, sie sollten dem Besitzer der Eselin (und ihres Füllens) ausrichten: „Der *Herr* bedarf ihrer" (V. 3).[60] Man könnte argumentieren, der Besitzer sei ein Sympathisant Jesu gewesen, dem dessen geheime Würde als Sohn Gottes bekannt war. „Der *Herr*", griech. kyrios, ist jedoch ein Hoheitstitel, mit dem erst später die Urgemeinden den auferstandenen Christus verehrten. Zu seinen irdischen Lebzeiten war Jesus seinen Anhängern nur als der Rabbi oder der Prophet aus Nazaret bekannt (V. 11). Das „Vorspiel" in Betfage ist also eher ein nachösterliches „Nachspiel" zum vorösterlichen „Schauspiel" des Einzugs, als dass es historisch in den letzten Tagen des irdischen Jesus geschehen sein konnte.

Markus, Lukas und auch Johannes legen Wert darauf, dass das Reittier ein (unbenütztes) Füllen war, und damit „rein" genug, den Sohn Gottes zu tragen[61], während für Matthäus das Königsprädikat in dem Sacharjazitat das Entscheidende ist. Hingegen geht er mit den anderen Hinweisen Sacharjas ziemlich flüchtig um. Das volle Zitat aus dem Sacharjabuch müsste eigentlich lauten: „Du, Tochter Zion, freue dich sehr, und du, Tochter Jerusalem, jauchze! Siehe, dein König kommt zu dir, ein Gerechter und ein Helfer, arm und reitet auf einem Esel, auf einem Füllen der Eselin." Matthäus tauscht jedoch die erste Zeile der Sacharjastelle durch Jes 62,11a aus: „Saget der Tochter Zion ...!" Er weiß, dass das Jauchzen bald aufhörte. Jerusalem hat eben beim Einzug Jesu nicht gejubelt, zumindest nicht die ganze Stadt.[62] Die Beglei-

[58] Dies wurde schon von dem Tübinger Stiftsrepetenten David Friedrich Strauß in seinem Buch „Leben Jesu. kritisch bearbeitet", 1835/36, beobachtet.

[59] Mk 11,1–7; Mt 21,1–7; Lk 19,28–35.

[60] Auch Mk 11,3; Lk 19,31+34.

[61] Mk 11,2; Lk 19,30; Joh 12,15.

[62] Gegen Mt 21,10.

ter Jesu mussten der Bevölkerung erst mitteilen, welch prominente Person das Fest besucht (V. 10). Auch bei der Erwähnung des Reittieres missversteht Matthäus den alten hebräischen parallelismus membrorum[63] des Prophetenspruchs aus Sach 9. Bei einem parallelismus membrorum (lat.) will ein zweiter Gedanke einen ersten nur anders ausdrücken, aber nichts Neues bringen. So wollte Sacharja nur sagen: „Dein König kommt auf einem Esel, der ein Füllen sein wird." Matthäus aber macht zwei Tiere aus diesem Prophetenwort, indem er Jesus unlogischerweise gleichzeitig auf einer Eselin *und* auf ihrem Fohlen[64] reiten lässt (V. 7), während Sacharja doch nur sagen wollte, der Esel sei ein bislang unberittenes, „reines" Jungtier gewesen. Auch von den drei hebräischen Königsprädikaten der Prophetenstelle „gerecht, helfend, arm" beachtet Matthäus nur das dritte, übernimmt es aber nicht direkt vom hebräischen „ani" (elend, arm), sondern im Umweg über die LXX[65] vom griechischen „praüs" (sanftmütig). Er scheint damit einen Sozialstand zu einem Tugendbegriff abwandeln zu wollen. Jesus, der selbst bewusst besitzlos war, um sich mit den Armen zu solidarisieren, wird vom Evangelisten zum „demütigen" Heiland stilisiert, was er dann auch in der kirchlichen Predigt jahrhundertelang blieb.

Damit geht bei Matthäus die Symbolik verloren, dass der „Messias" demonstrativ auf dem Lasttier der einfachen Bauern daherkam, das auch das Reittier der Frauen war, und eben nicht auf einem herrschaftlichen Schlachtross. Im Abendland mag man den Esel für dumm und störrisch halten, im Morgenland jedoch gilt er wie die Taube als besonders friedlich, weil er ganz und gar ungeeignet zum Kriegführen ist. Wer also in höchster Autorität auf einem Esel daherkommt, hat die Gerechtigkeit für die wehrlosen Armen auf sein Panier geschrieben und tritt für eine Neuordnung der Gesellschaft ein. Dass der Esel des vermeintlichen „Königs" (V. 5a) als Antisymbol zum Ross der Eroberer verstanden werden sollte[66], muss neu erinnert werden, zumal Matthäus leider nicht auf den weiteren Zusammenhang bei Sacharja eingeht: „Ich will die (Streit-)wagen wegtun aus Ephraim und die (Streit-)rosse aus Jerusalem, und der Kriegsbogen soll zerbrochen werden. Denn er wird Frieden gebieten den Völkern ..." (Sach 9,10). Hat nun Matthäus durch diesen Verzicht auf das volle Prophetenzitat das alttestamentlich-prophetische Verständnis von „shalom" (Frieden) aufgekündigt? Wohl kaum!

„Frieden" ist bei den alttestamentlichen Propheten nicht nur die Abwesenheit von Krieg, sondern ein aktives Abrüsten, ein Zerbrechen und Umschmieden der Kriegswerkzeuge (Jes 2,4). Vor allem aber ist „shalom" der

63 Zweigliedrigkeit eines Gedankens. Ein zweiter Gedanke wiederholt einen ersten, indem er ihn abwandelt.

64 Wie schon in der Septuaginta.

65 Die so genannte Septuaginta ist das der Legende nach von 72 Ältesten im 3./2. Jh. v. Chr. in Alexandrien aus dem Hebräischen ins Griechische übersetzte AT.

66 Ps 33,16f.; Jer 17,25.

Streit um mehr Gerechtigkeit, Abschaffung der „Bitternis" der Armen, Gewährung von Sättigung, Lachen, Leben (Am 2,6–8). Mal abgesehen von der Umformung von „arm" zu „sanftmütig" an dieser *einen* Stelle, hat Matthäus im Ganzen seines Evangeliums durchaus keine Verinnerlichung oder Entpolitisierung des Messiasgedankens einleiten wollen. Schon in der nachfolgenden Geschichte von der „Tempelaustreibung" handelt Jesus alles andere als „sanftmütig". Und bereits in den Seligpreisungen zu Beginn der Bergpredigt waren mit den „Sanftmütigen" (griech. pra'eis) eben nicht die *Stillen* im Land, sondern die *Stillgemachten*, die Machtlosen und Entrechteten gemeint, die wieder Land besitzen sollen[67], und deren Joch ausgetauscht werden soll (Mt 11,28f.). Dass es Jesus um eine „bessere Gerechtigkeit" ging[68], ist für Matthäus so selbstverständlich, dass er aus Sach 9,9 „ein Gerechter und ein Helfer" weglassen kann. Jesu selbst gewählte Niedrigkeit war keine demütige Selbsterniedrigung, sondern seine bewusste Solidarität mit den Erniedrigten. Dem matthäischen Jesus geht es durchaus auch um die innerweltliche Befreiung. Erst Lukas verlagert dann den Frieden ins Jenseits, wenn er die Jünger beim Einritt Jesu rufen lässt: "Friede sei im Himmel ..." (Lk 19,38). Matthäus sieht in Jesus den Verehrer der Tora, der die alte Schalomprophetie wieder zur Wirkung kommen lassen wollte und dessen Symbolhandlungen alles andere als konfliktsscheu waren.

Jesus zieht von Betfage am Ölberg her in Jerusalem ein (V. 1). Das war eine beabsichtigte symbolische Tat und nicht nur ein beliebiger Aufstieg zur Stadt. Nach Sach 14,4 wird sich Gott Adonaj am Gerichtstag auf dem Ölberg offenbaren, und auch der Messias wird in der breiten jüdischen Tradition von dorther wartet. Der Prophet Sacharja wird in den Passionsgeschichten so auffallend häufig zitiert, dass man annehmen möchte, Jesus habe diesen „kleinen Propheten" besonders geliebt und in den Jerusalemer Tagen manche Anregung von ihm entnommen.[69] An „Betfage" hingegen – zu deutsch: Feigenhausen – im Kidrontal am Ölberg gelegen, knüpft sich keine besondere symbolische Tradition, außer: Wer in Betfage angelangt ist, steht in der Entscheidung, wohin er gehen will. Er sieht von diesem Dorf aus das „Goldene Tor" in der Ostmauer der Stadt. Und auf das rechte Sehen kommt es Matthäus vor allem an. Bereits bei der vorausgehenden Blindenheilung in Jericho wurden die Fronten vertauscht (Mt 20,29–34). Die Sehenden erwiesen sich als in Wahrheit blind, und die Erblindeten durften wieder sehen. Bei der nachfolgenden Tempelaustreibung stößt Jesus die „Tische der Geldwechsler und Taubenhändler" um[70], auf denen sie die Verehrung Gottes nur vermarkten, während er hinter die Dinge sieht. Der einziehende Jesus ist nicht der rein pazifistische Heiland. Er ist vielmehr der demonstrativ zum Umdenken provo-

---

67 Mt 5,5. Vgl. M. Köhnlein, Die Bergpredigt, 2005, S. 49f.
68 Mt 5,20; 3,15; 6,33.
69 Mt 26,15; 27,5.7.9f.
70 Mt 21,12. Vgl. unten S. 41.

zierende „Friedefürst" (Jes 9,5), der gegen die gängigen Machtsymbole der Schlachtrösser und Schwerter kritische Gegenzeichen setzt. Matthäus lässt Jesus zunächst in Jerusalem ganz bewusst eine Aufsehen erregende Anerkennung finden, zumindest bei einer „sehr großen Menge" (V. 8f. u. 11). Es tauchen mehrere so genannte Hoheitstitel in seiner Erzählung vom Einzug auf und verschwinden wieder: der Kyrios (V. 3), der König (V. 5), der Davidsohn (V. 9), der Prophet (V. 11). Ihre Vielfalt zeigt, dass keine der klassischen Rollen der jüdischen Glaubensgeschichte exakt auf den Reiter des Esels zu passen schien. Die „Menge" sollte Jesus eben nicht von großen Namen, sondern von seinen Motiven und den von ihm benützten Symbolen her verstehen.

Matthäus berichtet, die „um ihn waren" hätten demonstrativ ihre „Kleider" auf den Weg und auf die beiden Reittiere gelegt, so wie beim altisraelitischen Ritual der Königskrönung die Getreuen ihre Gewänder auf den Stufen des Thrones ausbreiteten, wenn der soeben gesalbte König den Davidsthron bestieg. Die Anhänger Jesu brachen auch in den klassischen Königsjubel „Hosianna!" (V. 9) aus, zu deutsch: „Hilf doch! Rette doch!" (Ps 118,25f.), und winkten dem Reiter mit Zweigsträußen zu. Solche Feststräuße aus viererlei Pflanzen[71] wurden sonst am 7. Tag des Laubhüttenfestes geschwungen, wenn die Pilger mit Jubelrufen durch die Tempelhöfe zogen. Am Laubhüttenfest gedenken die jüdischen Gläubigen noch heute an Gott Adonaj als den „Befreier" aus der ägyptischen Knechtschaft. Deshalb ist die Freude über die Macht Gottes die Hauptemotion an diesem Festtag. Und so begrüßten also schon damals wenigstens „die ihm vorangingen und nachfolgten" (V. 9) freudig erregt den, der bezeichnenderweise „vom Ölberg her" kam, mit den passenden Messiassymbolen: Kleider ausbreiten, Sträuße schwenken und Hosiannarufen. Sie begrüßten Jesus als messianischen „Befreier", aber seine Umkehrung des Messiasverständnisses vom kriegerischen Fürsten, der die Besatzungsmacht aus dem Land treiben sollte, zum „Anwalt der Armen" erkannten sie nicht. Sie hatten ein anderes Verständnis von dem, der „im Namen des HERRN" handelt. Sie erwarteten den „Sohn Davids", den politischen Retter Israels (V. 8), der das ehemalige davidische Großreich wieder herstellen sollte, wie Markus bemerkt. Er berichtet als der älteste Evangelist, die Menge habe zwei verschiedene Preisungen gerufen. Erst: „Hosianna! Gelobt sei, *der* da kommt in dem Namen des Herrn!" (Mk 11,9) und dann: „Gelobt sei das Reich unseres Vaters David, *das* da kommt!" (Mk 11,9), also einmal auf die Person und dann wieder auf die „Nation" gerichtet. Bei Matthäus bejubeln die Akklamateure nur noch die Person (V. 9). Inzwischen haben auch die Christen nach dem Jahr 70 als der Zeit nach der Zerstörung jede Hoffung auf eine Wiederaufrichtung des davidischen Großreiches aufgegeben, was sich bei Lukas, als dem späteren Evangelisten noch deutlicher zeigt, der die „Menge der Jünger" ausdrücklich schon am Ölberg als dem Ort der erwarteten escha-

71 Von Zitrusbäumen (hebr. etrog), Palmen, Myrtensträuchern, Bachweiden.

tologischen Wiederkunft Christi nach dem „Himmelskönig" rufen lässt (Lk 19,38). Das Hosianna wurde also mit der Zeit unpolitischer und transzendenter. Noch zur Zeit des irdischen Jesus war der Hosiannaruf der Lobpreis der Möglichkeiten Gottes gegenüber aller Resignation, die Römer könnten auf „ewig" als Besatzungsmacht das Land beherrschen. Mit „Hosianna in den Höhen![72]" begrüßten auch damals die Priester neu ankommende Pilger am inneren Tempeltor. Ihr „Hosianna!" (deutsch: „Hilf doch, (Allmächtiger)!" war geradezu das Stichwort für das Winken der Pilger mit Zweigen – ähnlich dem Hochhalten der Kerzen und Fackeln bei den Montagsdemonstrationen in der zu Ende gehenden DDR als friedlichen „Kampfzeichen" gegen die diktatorische Staatsmacht; auch wenn die säkulare Protestparole „Wir sind das Volk!" in Leipzig mit dem religiösen Hilferuf der Begleiter Jesu in Jerusalem „Hilf uns, HERR!" kaum vergleichbar ist.

Wenn das Hosiannarufen eigentlich ein fester Teil der Liturgie des Laubhüttenfestes war, mutet es jedoch merkwürdig an, dass die „Menge", die Jesus begleitete, diesen Hilferuf, der zugleich ein Lobpreis war, in der Paschawoche gerufen haben soll. Das Laubhüttenfest war das dritte der jährlichen großen Erntefeste Israels. Es fand üblicherweise im Spätherbst statt. Das Paschafest aber hat seine Zeit im Frühjahr. Sollte das Matthäus, der wohl ein geborener Jude war, nicht gewusst haben? Lukas hat den Hosiannaruf weggelassen (Lk 19,37f.). Einige Kommentatoren wollen die kalendarische Unstimmigkeit aufklären, indem sie schreiben, das Kleiderausbreiten, das Winken mit Zweigen und das Hosiannarufen seien damals auch üblich gewesen, wenn hohe Persönlichkeiten eine Stadt besuchten.[73] Man könnte den zeitlichen Widerspruch aber auch als Beweis dafür ansehen, wie sehr die Evangelisten die mündliche Überlieferung des Lebens Jesu je nach ihren theologischen Ansichten verdichtet haben. So stellt Matthäus Jesus gleich am Anfang seines Evangeliums als „Sohn Davids" vor und lässt ihn damit von Beginn an die Königstradition Israels auferben (Mt 1,1), und auch jetzt soll das Volk Jesus die Königswürde bestätigen, noch bevor dessen Leiden beginnt; wenn selbst der Evangelist der „sehr großen Menge" (V. 8) bei all ihrer Begeisterung letztlich keine Deutungshoheit zuerkennt. Denn in seiner Schlussbemerkung zum Jubel des Volkes lässt Matthäus die Erregung der Menge wieder absinken zu der geringer angesetzten Behauptung: „Das ist Jesus, der Prophet aus Nazaret in Galiläa!" (V. 11). Aus dem Volkskönig der Befreiung wird nur wieder ein Provinzprophet. Die Juden mussten sich eben nach der Meinung der Urchristen um jeden Preis in Jesus geirrt haben. Die Volksstimmung, die Jesus zunächst so begeistert begrüßte, aber dann im Verlauf der Paschawoche umgekippte, sei für die „jüdischen Führer" zunächst „ein wichtiges Hindernis" ge-

72 Der griechische Text benützt den Plural und meint damit alle Stimmen des Universums, angeführt von den Engelschören des himmlischen Hofstaats Gottes.

73 So Ulrich Luz, in: Das Evangelium nach Matthäus, EKK, Band I/3, 1997, S. 183.

wesen, „ihre *Mord*pläne unmittelbar in die Tat umzusetzen“, schreibt ein führender Kommentator unserer Tage.[74] Man kann die Hinrichtung Jesu als Justizirrtum oder als aus Staatsräson geschehen bezeichnen, aber doch nicht als Mord! Wie kann man nach dem Holocaust die Einzugsperikope mit so unbedachten Worten auslegen! Zur juristischen Definition des Begriffs „Mord“ gehören der Nachweis niederer Beweggründe wie der Heimtücke oder der Lust am Töten.

Offensichtlich waren sich die Menschen damals in Jerusalem, die in der Vorfreude auf das höchste jüdische Fest begeisterungsfähig waren, über die Identität Jesu im Unklaren, wenn sie ihn einmal als davidischen Messiaskönig und dann wieder nur als galiläischen Propheten ansahen; ihnen aber damit schon als ganzem Volk eine Wankelmütigkeit zuzuschreiben und in Jesus gar den „Spalter“ Israels zu sehen, ist verwegen. Wenn es Jesus um eine Spaltung ging, dann um die zwischen den „Armen“ und den „Reichen“ seiner Zeit, zwischen denen, die um den *einen* „Denar“ für das Brot für den morgigen Tag bangen mussten (Mt 20,1–16), und jenen, bei denen die Denare nur so die Kassen füllten (Mt 21,12–17).

3 Räuberhöhle oder Bethaus?

Die Tempelreinigung

Mt 21,12–17 (Mk 11,15–19; Lk 19,45–48; Joh 2,13–16)
12 Und Jesus ging in den Tempel hinein und trieb heraus alle Verkäufer und Käufer im Tempel und stieß die Tische der Geldwechsler um und die Stände der Taubenhändler 13 und sprach zu ihnen: Es steht geschrieben (Jes 56,7): „Mein Haus soll ein Bethaus heißen“; ihr aber macht eine Räuberhöhle daraus. 14 Und es gingen zu ihm Blinde und Lahme im Tempel, und er heilte sie.
15 Als aber die Hohenpriester und Schriftgelehrten die Wunder sahen, die er tat, und die Kinder, die im Tempel schrien: Hosianna dem Sohn Davids!, entrüsteten sie sich 16 und sprachen zu ihm: Hörst du auch, was diese sagen? Jesus antwortete ihnen: Ja! Habt ihr nie gelesen (Psalm 8,3): „Aus dem Munde der Unmündigen und Säuglinge hast du dir Lob bereitet“? 17 Und er ließ sie stehen und ging zur Stadt hinaus nach Betanien und blieb dort über Nacht.

Jesus lenkt den Esel durch die Gassen der überfüllten Pilgerstadt hinauf zum Tempel: zur Schaltstelle der Macht in Israel, zum Hort der jüdischen Tradition. Was hat er vor? Was wird ihm dort geschehen? Werden die Hosiannarufe zunehmen oder verklingen? Wird er mit seinen Anhängern von der Menge der Tempelbesucher in eine Ecke gedrängt werden? Das Tempelge-

[74] Ulrich Luz, a. a. O., zu V. 10f. unter Verweis auf Mt 21,26.46.

lände ist riesig mit seinen ummauerten Außen- und Innenhöfen. Allein der „Vorhof der Heiden“ soll über 10 ha groß gewesen sein.[75] Überall herrscht reges Treiben. Opfertiere werden vorbeigetrieben. Händler preisen mit lauten Rufen ihre Waren an. Pilgerchöre singen Psalmen. Priester und Leviten eilen zu ihren Einsatzorten. Dunkler Opferrauch hängt über dem Plateau. Der Geruch von verbranntem Fleisch soll unbeschreiblich gewesen sein. Die einheimische Tempelpolizei versucht, die Besucherströme zu kanalisieren. Römische Wachsoldaten schauen teils aufmerksam, teils gelangweilt von den Zinnen der nahe gelegenen Burg Antonia auf das Festgewimmel herab. Schon manchem heidnischen Besucher der Tempelhöfe ist plötzlich das Messer der fremdenfeindlichen Sikarier[76], die im Gewimmel der Pilger untertauchen, in den Rücken gestoßen worden. Die Emotionen in der Festzeit auf dem heiligen Berg Zion reichen vom andächtigen Ergriffensein über geschäftstüchtiges Treiben bis hin zur erbitterten Wut über die Anwesenheit fremder Besatzungssoldaten.

In dieser angespannten Situation kommt es plötzlich zu der Gewalthandlung Jesu. „Er trieb heraus alle Verkäufer und Käufer und stieß die Tische der Geldwechsler um und die Stände der Taubenhändler“ (V. 12). Dem Johannesevangelium zufolge soll Jesus sogar eine Geisel geschwungen und die Händler hinausgepeitscht haben (Joh 2,15); eine äußerst verwunderliche Aktion! Der „Sohn Gottes“ soll physische Gewalt gegen Personen und Sachen geübt haben!? Der vermeintlich immer nur pazifistische Jesus, der in der Bergpredigt empfiehlt, dem Aggressor auch noch die andere Wange hinzuhalten (Mt 5,39), der die Kinder herzt (Mk 10,16), den Samariter Öl auf die blutigen Wunden des Überfallenen träufeln lässt (Lk 10,34) und in der Nacht in Gethsemane anfängt, zu zittern und zu zagen, soll mit Gewalt gegen Personen und Sachen vorgegangen sein (Mk 14,33)? Offensichtlich war der Vorfall so bekannt geworden, dass keiner der vier Evangelisten ihn verschweigen konnte. Der Mann aus Nazaret war keine hölzerne Heiligenfigur, kein bloßes Nazarenergemälde, sondern ein wirklicher Mensch aus Fleisch und Blut mit den dazu gehörigen psychischen Erregungen. Die Evangelisten berichten immer wieder von Emotionen Jesu. Wenn die Lehre von der Menschwerdung Gottes in Jesus von Nazaret ernst genommen wird, dann war der „Sohn Gottes“ nicht nur seit seiner Zeugung und Geburt ein Mensch, sondern wurde auch immer mehr Mensch – um nicht zu sagen menschlicher. Er erlebte in seiner Gefühlswelt Höhen und Tiefen – von der Freude bis zum Ärger, von der Liebe bis zur Wut. Die Frage ist nicht, ob der „Heiland“ Emotionen haben durfte, sondern wie er mit seinen Emotionen umging, wie er sie einsetzte für andere Menschen, die er aus den Klauen der Ungerechtigkeit und der Ausbeutung befreien wollte.

---

[75] So schätzt U. Luz, in: EKK I/3, 1997, S. 158; FN 68.

[76] (dt.) Dolchmänner.

Die berühmt gewordene Tempelreinigung ist so ungewöhnlich, dass sogleich Zweifel auftauchen, ob sie historisch überhaupt jemals so geschah oder nicht erst nachösterlich aus der alttestamentlichen Tradition des eifernden Propheten heraus konstruiert worden ist.[77] Aber gerade die Unerhörheit des Vorfalls spricht für seine Echtheit. Die Urchristen, denen in den Jahrzehnten nach Jesu Auftreten viel daran lag, dem römischen Staat gegenüber ihre Friedlichkeit zu beweisen, hätten gewiss diesen „Ausrutscher" ihres Religionsstifters verschwiegen, wenn das Ereignis nicht bereits zu bekannt gewesen wäre. So berichten alle vier Evangelisten diese Gewalttat Jesu, wobei sie Johannes allerdings nicht erst gegen Ende des Lebens Jesu, sondern bereits am Anfang seines öffentlichen Auftretens spielen lässt (Joh 2,13–25). Er lässt Jesus dreimal zu einem Paschafest nach Jerusalem hinaufziehen, während die Synoptiker nur eine Wallfahrt Jesu nach Jerusalem und damit auch nur ein Jahr seiner öffentlichen Wirksamkeit kennen. Johannes zählt die Tempelreinigung zu den Voraussetzungen von Jesu Tun und Lehren, bei den Synoptikern hingegen gehört sie erst zu den Konsequenzen seiner Wanderungen. Wann immer auch die „Tempelreinigung" stattfand, sie wirft in jedem Fall die zentrale Frage auf: War Jesus ein Reformer oder ein Revolutionär? Wollte er nur eine Verbesserung der bestehenden Verhältnisse oder gar deren Umsturz? Vollzog er nur eine begrenzte Symbolhandlung oder unterlag er einem unkontrollierten Wutausbruch? War die Tempelreinigung eine wirklich geschehene Tat Jesu mit einem Scheltwort als Höhepunkt?

Die Antwort muss bei der Textarbeit ansetzen. Zuerst sind die einzelnen Bausteine der dramatischen Erzählung dem synoptischen Vergleich zu unterziehen. Die Evangelisten weichen im Blick auf die Menge des Erzählten stark voneinander ab. Es mag ein historischer Kern vorliegen, aber er ist sehr verschieden ausgestaltet worden. Markus schildert zunächst den Ablauf der Gewalttat Jesu gegen Personen und Sachen (Mk 11,15) und fügt dann noch besondere Überlieferungen an. So berichtet er, Jesus habe sich auch dagegen gewandt, dass Lastenträger den Tempelvorhof zur raschen Wegabkürzung zwischen der Oberstadt und der Unterstadt Jerusalems benützten (Mk 11,16) und damit dazu beitrugen, dass der sakrale Ort „pragmatisiert" wurde. Markus erzählt auch, die „Tempelreinigung" habe dazu geführt, dass die geistliche Obrigkeit danach trachtete, „wie sie ihn umbrächten" (Mk 11,18a), wie es der Luthertext formuliert. Das lutherische „umbringen" ist allerdings eine viel zu affektive Übersetzung des griechischen Wortes „apollymi", was eigentlich zunächst nur „einen Fall aufheben, aus der Welt schaffen" bedeutet. „Umbringen" wäre Mord und setzte ungesetzliche Habgier, Rachsucht, Hinterlist voraus. Markus aber begründet den Todesbeschluss der Oberen mit der Sorge, das ganze Volk könnte Jesus zufallen und ein Aufruhr entstehen (Mk 11,18b). Lukas verkürzt die Perikope noch mehr, indem er zwar die Vertreibung der

[77] Etwa nach dem Vorbild des zornigen Mose: Ex 32,19f.

Händler knapp erwähnt, aber Jesu Vorgehen gegen sie nicht näher ausführt (Lk 19,45). Man spürt, wie peinlich dem Arzt unter den Evangelisten ein „gewalttätiger" Jesus war. Matthäus hat den Auftritt Jesu im Tempel am breitesten erzählt. Aber auch er sucht nach einer Abmilderung der Gewalttat, indem er die Aufmerksamkeit des Lesers vor allem auf die Reaktion der Umstehenden lenkt (V. 14–16). Bei ihm „entrüsten" sich zwar die „Hohenpriester und Schriftgelehrten" (V. 15) auch, aber nur über die Heilungswunder, die Jesus im Anschluss an die Tempelreinigung vollzog, und über die naive Reaktion der „Kinder", die Jesus im Tempel huldigten (V. 15). Formal fasst Matthäus die Perikope in fünf Kurzszenen: V. 12f.: der Rauswurf der Händler; V. 14: die Heilung der Kranken; V. 15b: der Jubel der Kinder; V. 15a.c.16: die Entrüstung der religiösen Führer; V. 17: Jesu Abgang aus dem Tempel.

Im Blick auf die Worte, mit denen Jesus sein Vorgehen rechtfertigt, lassen Markus, Matthäus und Lukas die Erzählung in denselben Zitaten alttestamentlicher Propheten gipfeln: „Mein Haus soll ein Bethaus heißen" (Jes 56,7), „ihr aber macht eine Räuberhöhle daraus" (Jer 7,12). Mit diesem Rückgriff auf die prophetische Tradition geben die Synoptiker der Aktion eine höhere Legitimität, als wollten sie sagen: Jeder Prophet in Israel hätte angesichts des „aus den Rudern gelaufenen" Tempelbetriebs genauso erzürnt wie Jesus gehandelt. Johannes wiederum beschreitet einen eigenen Weg (Joh 2,16), indem er Jesus von einem „Kaufhaus" statt von einer „Räuberhöhle" sprechen und die Jünger noch zusätzlich an ein Psalmzitat denken lässt: „Der Eifer um dein Haus wird mich fressen" (Ps 69,10). Die Synoptiker betonen also das Sachanliegen Jesu: Eine spirituelle Stätte wird ökonomisch missbraucht. Johannes hingegen hebt auf die Gemütsbewegung Jesu ab: Der Prediger aus Nazaret gerät in einen „heiligen" Zorn. Die drei ersten Evangelisten lassen Jesus selbst die Schrift zitieren, bei Johannes bürgen die Jünger, d. h. die Gemeinde, für die biblische Berechtigung des Wutausbruchs Jesu. Was aber ist nun grundsätzlich über das Motiv der Aggression Jesu zu sagen?

„Er trieb heraus alle Verkäufer und Käufer im Tempel ..." (V. 13b). Seit alters war der Jerusalemer Tempelkult im Wesentlichen ein Opferkult, der sorgfältig dazu ausgewählte Opfertiere und damit auch deren Vermittler auf dem Tempelgelände benötigte. Die Opfertiere hatten makellos zu sein und mussten einer vorausgehenden Beschau durch die Priester und ihrer Leviten genügen. Außerdem kamen die Pilger oft von weit her zu den Tempelfesten und konnten deshalb die Opfertiere nicht durch das Land treiben, sondern erst in den Tempelvorhöfen erwerben. Ungeprüfte Tiere von außerhalb hätten zudem „Unreinheiten" in den Tempelbezirk einschleppen können. Die Tieropfer konnten Dank-, Bitt- oder Sühnopfer sein. Im 3. Mosebuch sind die damaligen Opferbedingungen und -rituale breit ausgeführt (Lev 1–17). Art und Wert der Opfertiere war an den Vermögensverhältnissen, aber auch am Maß der Sühnebedürftigkeit der Pilger orientiert. Reiche Pilger übergaben den Altarzelebranten ein Rind, mäßig Begüterte ein Schaf, arme Schlucker ein

Täubchen[78], wobei den teureren Opfern eine größere Sühnewirkung zugeschrieben wurde. Die vollzogenen Brandopfer waren Ganz- oder Teilopfer. Häufig behielten die Priester Stücke des Opferfleisches für sich und ihre Familien zum Verzehr oder sie verkauften das Fleisch unten in der Stadt auf dem Markt (Hos 4,8). Wer ein Opfertier, von dem er sicher sein wollte, dass es koscher[79] war, auf den Vorhöfen erwarb, musste den Preis in tyrischen Münzen[80] bezahlen. Sie waren als Tempelwährung zugelassen, weil ihnen keine Abbildung von Menschen aufgeprägt war, wie etwa bei den römischen Silbermünzen, den Denaren, die das Bildnis des römischen Kaisers als Gottheit zeigten. Das war für gläubige Juden nicht mit dem Ersten Gebot des Dekalogs vereinbar. Die Viehhändler im Tempelbereich versuchten natürlich, die Preise für die Opfertiere möglichst hochzutreiben, und die Geldwechsler behielten für sich beim Umtausch eine gehörige Dividende.

Der Opferkult war aber nicht nur ein Geschäft zwischen den Gläubigen, den Geldwechslern und den Priestern. Er war zugleich auch ein vermeintlicher Handel zwischen Gott Adonaj und den Pilgern nach dem Schema „do, ut des“: „Ich gebe Dir, Gott (Wohlgeruch)“, und „Du, Gott, gibst mir dafür (Wohlergehen) zurück.“ Der ganze Opferbetrieb war tatsächlich eine „Räuberhöhle“ (V. 13), in der die Pilger nicht selten ihre letzte Barschaft drangeben mussten, um wieder zu einem getrosten Gewissen zu gelangen. Besonders die Ärmeren unter ihnen litten unter den Ansprüchen der Händler und der Priester. Es ist bezeichnend, dass Matthäus unter den umgestoßenen Tischen ausdrücklich die „Stände der Taubenhändler“ erwähnt (V. 12), bei denen die Armen ihr Opfertierchen einkaufen mussten, wobei ein „Scherflein“ für sie wohl kostbarer war als etliche Silbermünzen für die Reichen.[81] Und gerade die Armen wollte Jesus besonders schützen. Zusätzlich zum Kauf von Opfertieren konnten die Tempelbesucher auch noch Geldopfer in den so genannten „Gotteskasten“ einwerfen. Die Tempeldiener waren auch die Hüter der Tempelopferkasse und die Einzugsbeamten der Tempelsteuer. So war der „heilige Tempel“ zugleich die Zentralbank Israels. Wenn Johannes von einem „Kaufhaus“ redet, meint er den hektischen Tempelbetrieb, der für die Gebete kaum Ruhe ließ (Joh 2,16). Wenn die Synoptiker hingegen von einer „Räuberhöhle“ schreiben, heben sie auf das Raffen und Horten der Opfergelder und damit auf die Gerechtigkeitsfrage ab. Ging es bei diesem Tempelbetrieb tatsächlich noch um die Gottesbeziehung oder nicht vielmehr um die Bereicherung der Oberklassen (Hos 4,8)? Den heiligen Tempel eine „Räuberhöhle“ zu nennen, war ein ungemein provokantes Wort. Kein Wunder, dass die Tempeloberen daraufhin insgeheim den „Todesbeschluss“ fassten (Mk 11,18),

---

78 Joh 2,14; Lev 12,8; Luk 2,24.
79 „Rein“ gemäß den Gesetzen der Tora.
80 Sehr alter kanaanäischer Stadtstaat in Phönizien; heute Tyros im Südlibanon.
81 Vgl. „Das Scherflein der Witwe“, Mk 12,41–44.

wenngleich sie Jesus öffentlich zunächst nur nach der Legitimität fragten, mit der er so herausfordernd aufzutreten wagte.[82]

Wenn Jesus die „Tische der Geldwechsler umstieß", handelte er auf der Linie der kultkritischen altisraelitischen Propheten. Einige unter ihnen bestritten überhaupt die Notwendigkeit des Opferkults, andere bezweifelten nur dessen Glaubwürdigkeit. So predigte Jeremia in einer „Tempelrede" im Namen des „HERRN Zebaoth" grundsätzlich: „Ich habe euren Vätern ... nichts geboten von Brandopfern und Schlachtopfern, sondern ... wandelt ganz auf dem Wege, den ich euch gebiete ..."[83] Amos wiederum kritisierte vor allem im Namen des HERRN den Bruch zwischen Frömmigkeit und Tun: „Und wenn ihr mir auch Brandopfer und Speisopfer opfert. So habe ich kein Gefallen daran und mag auch eure fetten Dankopfer nicht ansehen ... Es ströme aber das Recht wie Wasser und die Gerechtigkeit wie ein nie versiegender Bach."[84]. Die wohlriechendsten Opfer hätten keinen Wert, solange die Reichen „den Kopf des Armen in den Staub treten" würden (Am 2,7). Stattdessen würde der HERR auf Lob- und Dankopfer warten[85]. „Gehorsam ist besser als Opfer und Aufmerken besser als das Fett von Widdern" (1 Sam 15,22), hatte schon in der vorprophetischen Zeit der Richter Samuel verkündet. In der langen Geschichte Israels neigten die Könige, die Priester und das Volk Israels zu einem Ausbau des Opferkults, während die Propheten, Prediger und Schriftgelehrten eher dessen Vergeistigung verlangten und in der Gottesbeziehung auf die Gebete, die Moral und die Glaubwürdigkeit der Gläubigen setzten.

Man könnte nun im Blick auf Jesus beide Positionen, die antikultische und die kultkritische, miteinander verbinden und den Schluss ziehen, Jesus war zwar ein beim Volk beliebter Reformer, wurde aber leider von den Oberen als Revolutionär missverstanden. Aber das Umstürzen der Tische gleicht zu sehr dem Umkehren der Werte, die Jesus in seinen Predigten forderte, wenn er zum Beispiel sagte: „Der Sabbat ist um des Menschen willen gemacht und nicht der Mensch um des Sabbats willen" (Mk 2,27). Oder: „Was zum Mund hineingeht, das macht den Menschen nicht unrein; sondern was aus dem Mund herauskommt, das macht den Menschen unrein" (Mt 15,11). Besonders in der Bergpredigt drang Jesus in seinen Empfehlungen zum Almosengeben, Beten und Fasten auf mehr Ehrlichkeit gegenüber Gott und mehr Glaubwürdigkeit den Menschen gegenüber (Mt 6.1–18). Die Scheinblüte des Religionsbetriebes ärgerte ihn. Das wird aus der nachfolgenden Verfluchung des Feigenbaums deutlich (Mt 21,19), den Jesus am andren Morgen sah und der keine Früchte bot, sondern nur Blätter trug (Mt 21,18f.). Der Feigenbaum wurde damit seiner Funktion, Früchte hervorzubringen, nicht gerecht, weshalb Jesus ihn in einer Art von Fluchwunder verdorren ließ.

---

82 Mt 21,23; Mk 11,27–33.

83 Jer 7,22f.; Hos 6,6; 1 Sam 15,22; Ps 40,7; 51,18 (Hebr 10,8).

84 Am 5,21ff.; auch Am 4,4f.; Hos 4,8f., 6,6; Mi 3,9ff.; 6,6–8; Jes 66,2f.; Jer 6,20.

85 Dtn 27,7; Ps 50,14.

Diese kleine Geschichte kann man als Gleichnis für Jesu Verhältnis zum Tempel verstehen: Seine Zeitgenossen wurden dem Tempel als „Bethaus" nicht mehr gerecht (V. 13a). Mit ihren Brandopfern suchten sie auf Gott einzuwirken, wenn nicht gar ihn zu manipulieren. Dem hielt Jesus als Gottes Meinung entgegen: „Der Tempel ist mein Haus und nicht euer Betrieb." Jesus erlebte den Tempelkult als ein „Ausräubern" der Allmacht Gottes (V. 13b), als einen Verstoß gegen die Universalität Gottes, der ein Herr über alle Völker und nicht nur der Gott Israels war, wie Markus mit seinem Hinweis auf „... ein Bethaus für alle Völker" betont (Mk 11,17). Es gab für Jesus keine Frömmigkeitsprivilegien einzelner Personen oder Völker. Wahrscheinlich hat schon zu seiner Zeit eine gewisse Rivalität zwischen dem Wortgottesdienst der Synagogen auf dem Land und dem Tempelkult in der Hauptstadt bestanden. Es wird mehrfach berichtet, dass Jesus am Sabbat „nach seiner Gewohnheit" in eine Synagoge ging.[86] Der Wortgottesdienst der Synagoge war eher seine religiöse Heimat als der Opfergottesdienst im Tempel, auch wenn er sich jetzt zum Pascha nach Jerusalem begab. Im Prozess vor dem Hohen Rat wurde Jesus dann auch vorgeworfen, er habe gesagt: „Ich kann den Tempel Gottes abbrechen."[87] Allerdings wurden die Zeugen hierfür von den Evangelisten als „falsch" bezeichnet, und Jesus selbst schwieg im Prozess zu diesem Vorwurf.[88]

Jesus hat durchaus noch in derselben Woche traditionsgemäß mit seinen Jüngern das Pascha gefeiert und dabei mit ihnen ein geschlachtetes Lamm verzehrt; aber er nahm nicht an einem Tieropfer im Altarraum des Tempels teil. Auch hat sich seine „Reinigungsaktion" nur im Tempelvorhof abgespielt. Den Innenbezirk des Tempels mit der allerheiligsten Bundeslade griff er nicht an. Ihm ging es vor allem darum, dass auch die Würde des Vorhofs der Heiden wiederhergestellt wurde. Insofern war er nur ein kritischer Reformer. Es ist möglich, dass Jesus dem Buch des Propheten Sacharja Anweisungen für sein Auftreten in Jerusalem entnahm und sie gewissermaßen inszenierte. So war es schon bei seinem Einritt in Jerusalem erfolgt, als er gemäß Sacharja einen Esel als Reittier wählte[89], und so tut sich auch jetzt ein Bezug der Tempelreinigung zu einer Sacharjastelle auf: „(Am Tag des HERRN) ... wird es keine Händler mehr geben im Hause des HERRN Zebaoth" (Sach 14,21). Jesus wollte den Tempel von ökonomischem Missbrauch gereinigt und ganz auf den „reinen", das heißt geistigen Gottesdienst konzentriert sehen. Möglicherweise hat er auch die Konsequenzen seines Ärgers während seiner spontanen Aktion nicht abgesehen. Es ging ihm um eine prophetische Zeichenhandlung. So wie dereinst Jeremia von Gott aufgefordert wurde, einen Ton-

[86] Lk 4,16; 4,31; 13,10; Mt 12,9; 13,14; Mk 1,21.
[87] Mt 26,61; Mk 14,58.
[88] Mt 26,59–63; vgl. unten S. 165.
[89] Sach 9,9; siehe oben S. 36.

krug vor den Augen der Ältesten und Priester seiner Zeit zu zerschmettern, um damit den drohenden Untergang Jerusalems zu demonstrieren (Jer 19,1.10f.), so warf Jesus die Tische der Händler um. Und wenn die „Stände der Taubenhändler" ausdrücklich erwähnt werden, so ging es Jesus vor allem auch um den Schutz der Armen vor Ausbeutung durch den Geldeinzug. Der Evangelist Johannes macht dies deutlich, indem er Jesus das Geld der Wechsler auf den Boden schütten und damit das ganze Ausmaß der „Räuberei" offenbar werden ließ (Joh 2,15).

Mit dem Rauswurf der Händler fielen die Einnahmen der Priester und Händler weg. Die Armen konnten jetzt ihr bescheidenes Einkommen anders verwenden. Wenn Jesus ferner darauf bestand, dass man immer und überall unter allen Völkern zu Adonaj beten konnte (Mk 11,17), war die Unterscheidung zwischen heilig und profan nicht mehr einhaltbar. Juden und Heiden, Reiche und Arme waren durch die Spiritualisierung und Universalisierung des Tempelkultes vor Gott religiös gleichgestellt. Das Ende des Opferkultes bedeutete aber auch das Ende der Träume, das Schicksal magisch beeinflussen zu können. Es werden deshalb nicht alle Armen, zu deren Gunsten Jesus eigentlich den Tempel „reinigte", mit seiner Tat einverstanden gewesen sein. Eine Gewalthandlung gegen die Instrumente der Macht schien für Jesus die ultima ratio, das letzte Mittel zu sein, Denk- und Gewohnheitszwänge aufzuheben. Er konzentrierte seine Zeichenhandlung bewusst auf die Schaltstelle der Macht in Jerusalem, um mit wenig viel zu erreichen. Die deutliche Abhebung auf die Schriftzitate will belegen, dass verbale, argumentative Gewalt den Vorrang vor der Hand- oder gar Faustgewalt hat. Jesus riskierte bei seiner Aktion auch bewusst die Verletzbarkeit der eigenen Person. Er delegierte seinen Einsatz nicht an die Jünger. Insgesamt war seine Zeichenhandlung zu auffällig und provokativ, um übersehen zu werden, aber auch zu begrenzt, um Unbeteiligten Schaden zuzufügen, und doch eindeutig genug, um klare Fronten zu schaffen. Sie konnte von den Oberen im Tempel nicht einfach bloß hingenommen werden. Merkwürdigerweise berichtet aber Matthäus, die Hohenpriester und Schriftgelehrten hätten sich gar nicht so sehr an Jesu „Umsturz" des Wallfahrtsgeschäftes als vielmehr an den unmittelbar nachfolgenden Ereignissen aufgehalten (V. 14–16).

„Und es gingen zu ihm Blinde und Lahme im Tempel, und er heilte sie" (V. 14), bemerkt noch Matthäus als seine Sonderüberlieferung. Auf die Zerstörung folgt die Heilung. Wollte Matthäus damit sagen, die Heilungen seien Jesu wichtigste Aufgabe gewesen und sein Angriff auf die Tempelhändler nur eine Nebensache? Oder musste der Evangelist Rücksicht nehmen auf seine Leser, die nur von einem milden Jesus hören wollten? Mit dem Angriff auf das Opfergeschäft hat Jesus den Armen Erleichterung schaffen wollen. Nun schenkt er den Blinden das Augenlicht und den Lahmen die gesunden Glieder. Alle zusammen: die Armen, die Blinden, die Lahmen sind die besonderen „Söhne Gottes". Sie gehören zur familia Dei, und bei ihnen bricht das

Reich Gottes an.[90] Ob es nun die Tempelreinigung war oder die Berührung der Kranken: jedes Mal war es ein Tabubruch, dass sich ein frommer Rabbi dazu hergab. Die Hohenpriester und Schriftgelehrten konnten nicht erkennen, dass Jesus zur Reinigung des Tempels legitimiert war, aber die „unmündigen Kinder“ sahen in ihm den „Davidsohn“ und jubeln ihm das „Hosianna“ zu (V. 14). Sie setzten das Willkommen, das Jesus zuvor auf den Straßen erhielt, in den Tempelmauern fort. Wieder geht es um die Umkehr der Werte. Nicht die Mächtigen und Besitzenden, die Ohnmächtigen und Angewiesenen erkannten in Jesus den HERRN. Doch woher hatten sie das Recht, in diesem Wanderprediger Gott zu erkennen und zu „loben“ (V. 16)? Es waren die Wunder, die sie an sich selbst erfahren hatten. Es war die Dankbarkeit, dass er ihnen die Resignation nahm, ihr trauriges Schicksal einfach nur hinnehmen zu müssen. Matthäus wollte mit der Ergänzung der Tempelreinigung durch die Heilungen und den Lobpreis der Kinder sagen: Jesus legitimierte sich selbst. Er benötigte die Anerkennung der Oberen nicht, die keine Änderungen der Traditionen und keine Wunder zulassen wollten. „Er ließ sie stehen und ging zur Stadt hinaus nach Betanien und blieb dort über Nacht“ (V. 17). Befürchtete er eine Verhaftung in der Dunkelheit? Konnte er in dieser Stadt der Recht- und Machthaber nicht gut schlafen? Oder wollte er einfach nur nach diesem aufregenden Tag bei Freunden sein?

4 Das einzige Strafwunder Jesu

Der verdorrte Feigenbaum

Mt 21,18–22 (Mk 11,12–14; Lk 13,6–9)

18 Als er aber am Morgen wieder in die Stadt ging, hungerte ihn. 19 Und er sah einen Feigenbaum an dem Wege, ging hin und fand nichts daran als Blätter und sprach zu ihm: Nun wachse auf dir niemals mehr Frucht! Und der Feigenbaum verdorrte sogleich. 20 Und als das die Jünger sahen, verwunderten sie sich und fragten: Wie ist der Feigenbaum so rasch verdorrt? 21 Jesus aber antwortete und sprach zu ihnen: Wahrlich, ich sage euch: Wenn ihr Glauben habt und nicht zweifelt, so werdet ihr nicht allein Taten wie die mit dem Feigenbaum tun, sondern wenn ihr zu diesem Berge sagt: Heb dich und wirf dich ins Meer!, so wird's geschehen. 22 Und alles, was ihr bittet im Gebet, wenn ihr glaubt, so werdet ihr's empfangen.

Nach der dramatischen Tempelaustreibung ist diese kleine Szene von der Verfluchung des Feigenbaums das zweite Ereignis der Passionswoche Jesu, das unser herkömmliches Bild vom „lieben Heiland“ stört. Der „Sohn Gottes“ verliert die Nerven? Er verflucht in aller Öffentlichkeit einen unschuldigen

[90] Mt 11,5; Lk 14,13.

Baum aus geringem Anlass bis zur Wurzel hinab und bis in alle Ewigkeit (Mk 11,14), obwohl er doch tags zuvor noch als der bejubelte, positiv gestimmte Wundertäter Blinde und Lahme geheilt und die Kinder auf das Freundlichste gelobt hat! (Mt 21,15f.). Konnte der Feigenbaum etwas dafür, dass er zu dieser frühen Jahreszeit noch keine Früchte trug? Markus entschuldigt deshalb den armen Baum ausdrücklich mit dem Kommentar: „... denn es war nicht die Zeit für Feigen“[91]. Matthäus jedoch übernimmt diese Notiz bezeichnenderweise nicht. Auch lässt er im Unterschied zu Markus den Feigenbaum „sogleich“ verdorren (V. 19). Wollte Jesus den Baum strafen, dass er ihn durch seine grünen Blätter angelockt hatte, obwohl er ihm noch keine Feigen anbieten konnte? Jesus sollte doch als einheimischer Jude wissen, dass ein Feigenbaum frühestens im Mai essbare Früchte trug. Blätter trug der Feigenbaum ja bereits viele. Er war also an sich nicht krank. Doch Matthäus ist in den Erzählungen aus dem Leben Jesu der Unbarmherzigste der vier Evangelisten. Er befürwortet immer wieder Strafen und wünscht manchem Missetäter sogar die Hölle auf den Hals.[92] Wahrscheinlich war Matthäus deshalb so streng, weil er um das Jahr 80 n. Chr. im syrischen Exil noch ganz unter dem Eindruck der ein Jahrzehnt zuvor geschehenen schrecklichen Zerstörung Jerusalems stand, was ihn hart werden ließ, obwohl doch gerade er Jesus in der Bergpredigt das Evangelium der Nichtvergeltung verkündigen lässt (Mt 5,38–38). Musste dieses Fluchwunder wirklich sein? Jesus hätte doch mit seiner „übernatürlichen“ Wunderkraft einfach anordnen können, dass der Baum plötzlich überreich mit Früchten behangen war, wie der eine oder andere Schüler im Religionsunterricht wohl meinen wird. Für pazifistisch gesinnte Christen ist allein schon die gewaltsame Tempelaustreibung Jesu befremdend – und nun auch noch dieser „Ausraster“ gegenüber einer unschuldigen Pflanze?! Passt diese Szene überhaupt ins Evangelium? Soll man sie tatsächlich in Predigt und Unterricht auslegen? Welche hermeneutischen Tricks muss der Theologe anwenden, um diese Perikope zu „retten“?

Vielleicht will diese Episode gar nicht als wirklich stattgefundenes Ereignis, sondern „nur“ als Gleichnis verstanden werden? Die meisten Ausleger wollen auch sogleich den „übertragenen Sinn“ der Erzählung herausfinden und stellen dabei fest: Der Feigenbaum kann in der Bibel – wie auch der Weinstock – ein Symbol für ganz Israel sein, und zwar in ambivalenter Weise. Trägt der Feigenbaum süße Früchte, so steht er eschatologisch als Hoffnungsbild für das Volk, das durch den Messias erlöst werden wird. Wird der Feigenbaum jedoch als unfruchtbar und verdorrt dargestellt, so benützten ihn vor allem die Propheten als Unheil ankündigendes Gerichtsbild für das vom rechten Weg abgefallene Volk und seine Führer.[93] So wie der Feigenbaum noch mit grünen

---

91 Mk 11,13. U. Luz vermerkt: Reife, essbare Feigen gibt es im Orient „erst im Mai“, also erst einige Wochen nach dem Pascha, a. a. O., S. 201, FN 25.

92 Mt 5,22.29; 10,28; 11,23: 18,9 u. a.

93 U. Luz, a. a. O., S. 201f.

Blättern auf sich aufmerksam mache, kenne Israel zwar noch Gesetze und Riten, sein Glaube aber sei insgesamt unfruchtbar geworden. Entsprechend vermuten einige Ausleger, Jesus habe mit der Verfluchung des Feigenbaums entweder auf die erstarrte Gesetzlichkeit der Pharisäer oder auf die „Verlogenheit" seines kommenden Prozesses vor dem Hohen Rat angespielt, vielleicht auch mit seiner Schelte in verhüllter Weise die römische Besatzungsmacht gemeint. Vor allem aber wurde Jesu Verfluchung des Feigenbaums jahrhundertelang für die antijüdische Polemik der Kirchen bis in die Neuzeit hinein benützt. So wie Jesus den Feigenbaum verurteilte, habe Gott Israel mit dem Verlust seiner Selbstständigkeit und mit der Vertreibung in alle Welt bestraft. Der „Hunger Jesu" (V. 18) wurde als Zorn Gottes über den Unglauben Israels gedeutet.[94] Die voreingenommene Dogmatik dominierte die Exegese.

Nun scheint es aber so, dass diese Perikope erst von den späteren Urgemeinden entwickelt wurde, um noch einmal beim Aufenthalt Jesu in Jerusalem seine übernatürliche Wunderkraft zu beweisen und noch vor dem Beginn seiner Verhaftung und seines Leidens klar herauszustellen, welche Wunderkraft er eigentlich gehabt hätte, sich selbst zu retten und rechtzeitig Unheil über seine Ankläger herab zu beschwören, wenn er nur die Ausnutzung seiner besonderen Natur als Gottessohn für sich selbst gewollt hätte. Die Demonstration der Kraft, mit der Jesus den Baum verdorren ließ, sollte Leiden und Tod Jesu im Voraus entschärfen. Die Passion wurde Jesus zwar von den Menschen bereitet, aber Gott Vater hat sie bewusst zugelassen, weil sie paradoxerweise das Zentrum seines Heilsplans für die Menschheit war. Im Übrigen konnten Markus und Matthäus an dieser Verfluchungsgeschichte in dem nachfolgenden Gespräch Jesu mit seinen Jüngern die Macht glaubensstarker Gebete demonstrieren, wie sie meinten (V. 20–22). Der Spruch vom „Berge versetzenden Glauben", mit dem sie Jesus seine Jünger belehren ließen, ist heute noch ein Sprichwort (V. 21f.). So mutet diese kleine Geschichte vom verdorrenden Feigenbaum eher wie ein katechetisches Beispiel an, das Markus und nach ihm Matthäus als Gemeindelehrer im Unterricht ihrer Urgemeinden entwarfen, als dass sie real stattfand. Zumal die Evangelisten auf den Untergang Israels zurückschauen konnten und der Feigenbaum seit alters wie auch der Weinstock als Symbol Israels galt.

Doch muss die Verfluchung des Feigenbaums tatsächlich nur als später in den Urgemeinden entstanden angesehen und als symbolisch gemeint und israelfeindlich ausgenützt gedeutet werden? Kann sie nicht auch wirklich geschehen sein? War Jesu Ärger nicht vielleicht – selbst wenn diese Deutung gewagt klingt – psychologisch eine emotionale Folge seiner am Tag zuvor erlebten Enttäuschung über die „Entweihung" des Tempelbezirks? Musste nicht auch der Mensch Jesus manchmal seinen Ärger ableiten, so wie wir von einem

[94] U. Luz, a. a. O., S. 199f.

Menschen, der außer sich ist vor Enttäuschung, gelegentlich sagen: „Er hätte Bäume ausreißen können vor Wut." Es dürfte ihn auch erschöpft haben, als Einzelner gegen die Vielen aufzutreten. Er wird in der darauf folgenden Nacht in Betanien nicht sonderlich gut zur Ruhe gekommen sein (Mt 21,17). Dabei wäre es allerdings angesichts der orientalischen Gastfreundlichkeit merkwürdig gewesen, wenn ihm seine Freunde, bei denen er übernachtet hatte, am Morgen, als er sie verließ, nichts zu essen angeboten hätten, so dass es ihn auf dem Rückweg in die Stadt „hungerte" (V. 18). Vielleicht musste Jesus aber auch erst wieder einige Zeit draußen „auf dem Weg" sein und den Kopf frei bekommen (V. 19), bevor er wieder essen konnte. Es herrscht eine „unfruchtbare" Gewohnheit der Exegeten, die Sprüche und Szenen aus dem Leben Jesu immer sofort eschatologisch oder ekklesiologisch zu deuten und Jesus damit seine „natürlichen" Regungen zu nehmen und sein Verhalten sofort auf „höhere" Sinnstufen zu bringen. Wenn wir die Menschwerdung Jesu festhalten, sollten wir auch einräumen, dass „Gottes Sohn" nicht nur im Mutterleib Mariens Mensch, sondern auch während seines Lebens und Leidens immer „menschlicher" wurde, das heißt: immer mehr an sich selbst erfuhr, was Menschen überhaupt erleben und erleiden müssen. Warum soll sich Jesus nicht auch dann und wann geärgert, getäuscht, beklagt haben? Warum soll er nicht gelegentlich erschöpft, enttäuscht gewesen, gehungert und gedürstet haben? Gerade wenn wir die Passionswoche als ganze betrachten, zeigt sich das Leidenmüssen Jesu nicht nur in seiner Angst in Gethsemane, seiner Verspottung und Geißelung, seiner Todesnot am Kreuz, sondern auch in seinem Ärger, seiner Enttäuschung, seiner Verzweiflung an Gott und der Welt. Auch der „Gottessohn" hatte Emotionen, und erst durch sie wird er ganz und gar „unser Bruder". Auch er musste sich gelegentlich abreagieren und das Bessere war, es verbal an einer Pflanze zu tun und nicht wie noch am Tag zuvor mit der Geisel in der Hand an Händlern und Kunden.

Die „Verfluchung des Feigenbaums" kann meines Erachtens historisch nur als Gemeindebildung aus der Erfahrung des Untergangs des jüdischen Staates zur Zeit der Evangelisten und der Polemik der Urgemeinden gegen die Synagoge erklärt werden. Moralisch ist diese kleine Geschichte weder auf der Kanzel, noch im Religionsunterricht positiv auslegbar. Der historische Jesus selbst hat, vom Gesamttenor seines Auftretens her gedacht, weder einen Baum, noch sonst ein Lebewesen verflucht – und auch nicht, wie von Matthäus und Lukas behauptet, mehrere galiläische Städte wegen ihres angeblichen Unglaubens. Hier hat der rückblickende Zorn der Evangelisten die Liebesbotschaft Jesu verdunkelt.[95]

Matthäus schließt an das „Fluchwunder" noch ein Lehrgespräch Jesu mit seinen Jüngern an (V. 20–22), das bereits Markus in seinem Evangelium ver-

95 Mt 11,20–24; Lk 10,13–16.

merkt hatte (Mk 11,20–25). Dabei besteht ein kleiner Unterschied zwischen beiden Evangelisten in der Wiedergabe des Gesprächs. Bei Markus wundern sich die Jünger, vertreten durch ihren Sprecher Petrus, dass der Feigenbaum bis zur Wurzel hinab verdorrt war (Mk 11,20). Bei Matthäus wollen die Jünger insgesamt nur wissen, warum das Wunder so „rasch“ geschah (V. 20). Offensichtlich hatten die frühen Christen zunächst ihre grundsätzlichen Zweifel an der Tatsächlichkeit von „Naturwundern“ Jesu, während sie ihnen später als selbstverständlich galten und nur noch die Art und Weise ihres Vollzugs fraglich war. Wie unwillkommen aber bereits den Evangelisten jeder Zweifel an ihren Wundererzählungen war, lässt sich auch daran ablesen, dass sie von den konkreten Fragen, wie der Feigenbaum überhaupt bzw. „sogleich“ verdorren konnte, in einem angehängten Lehrgespräch auf allgemeine Überlegungen zu Glauben und Gebet überwechselten. „Wenn ihr Glauben habt und nicht zweifelt ...“ (V. 21).

Die Evangelisten griffen also bereits damals schon zu der Methode, mit der heute noch in Verlegenheit gebrachte Religionslehrer versuchen, intellektuell aufmüpfige Schüler zum Schweigen zu bringen: Sie erschlugen berechtigte Zweifel mit der pauschalen Glaubensforderung und funktionierten das Fluchwunder zum Gebets- und Glaubenswunder um. So machten sie die größere Gottesfrage von der kleineren Wunderfrage abhängig im Sinne von: Wer die Wunder Jesu bezweifelt, bestreitet zugleich die Allmacht Gottes. Immer wieder waren auch schon die Evangelisten in Versuchung, einen pauschalen, bedingungslosen Glauben als Vorgabe zu verlangen, bevor die Menschen ihn aus ihrer Lebenserfahrung heraus entwickeln konnten. So verkündeten sie mehrfach das abstrakte und jeden Zweifel mundtot machende Dogma: „Bei Gott sind alle Dinge möglich ...“ Mt 19,26) oder „alle Dinge sind möglich dem, der da glaubt“ (Mk 9,23). Es kam die Rede vom Berge versetzenden Glauben auf (V. 22), so dass derjenige, der zweifeln musste, weil er beim besten Willen nicht gleich alles glauben konnte, von vornherein als „ungläubig“ dastand. Wie trügerisch kann doch die Behauptung werden: „Alles, was ihr bittet im Gebet, wenn ihr glaubt, so werdet ihr's empfangen“ (V. 22).

Wie oft schon hat ein schwer Leidender um Linderung seines Elends gebeten und wie verzweifelt haben schon seine Angehörigen Gott um Hilfe geradezu angebettelt; und die Antwort war eine Zunahme des Leidens oder der Tod. Übermäßige Anforderungen an den Glauben und das Gebet können geradezu zum völligen Verlust des Glaubens an einen Gott Vater über uns führen. Es bewahrheiten sich nicht automatisch alle biblischen Sprüche unter dem Druck harter Lebenserfahrungen. Mit diesem allzu hoch greifenden, angefügten Jüngergespräch ist die Verkündigung der Worte und Taten Jesu durch die Evangelisten über die ursprüngliche Predigt Jesu selbst, also über seine ureigenen Worte, hinausgeschossen. Jesus hat niemals seine Mitmenschen unter Glaubensdruck gesetzt und falsche Hoffnungen erweckt. Er kam, um die Gewissen zu befreien, und nicht, um sie noch mehr zu belasten. Das

Ärgernis des „Fluchwunders“ sollte weder durch Sündenangst, noch durch die Aufforderung zu Glaubens- und Gebetswundern übertüncht werden.

Der „Reigen“ der Fragesteller und Prüfer, die Jesus gegenübertreten, hatte ja schon mit den „Hohenpriestern und Schriftgelehrten“ (21,15f.) begonnen, die Jesu Auftreten im Tempelbezirk als anmaßend empfanden und ihn deshalb bei einer zweiten Begegnung, verstärkt durch die „Ältesten“ des Volkes, befragen, wer ihn denn zu einem so eigenmächtigen Tun bevollmächtigt habe (21,23). Dazwischen muss sich Jesus auch mit seinen eigenen Jüngern auseinandersetzen, die nicht damit zurechtkommen, dass Jesus den Feigenbaum „so rasch verdorren“ ließ (21,20). Um das geistige Ringen und das aneinander Leiden weiter zu führen, treten dann noch die „Pharisäer“ hinzu (21,45; 22,15+41), die Jesus auch „ihre Jünger“ samt den „Anhängern des Herodes“ schicken. (22,16). Damit nicht genug kommen schließlich noch die „Sadduzäer“ herbei[96], um Jesu Rechtgläubigkeit zu testen (22,23). Sprecher verschiedener Gruppierungen, die meinen, den wahren Glauben identifizieren zu können, versuchen also, Jesus mit schwierigen Fragen zu prüfen, wenn nicht gar in die Enge zu treiben. Als ein wirklich offenes und gelungenes Lehrgespräch wird jedoch nur der Dialog mit einem einzelnen pharisäischen Schriftgelehrten über das Liebesgebot geschildert (22,34–40). Am Ende ist Jesus nach seinen theologischen Auseinandersetzungen mit den religiösen Führern Israels so sehr enttäuscht, dass er die Debatten mit den Vertretern der Rechtgläubigkeit abbricht und sich nur noch „dem Volk und seinen Jüngern“ zuwendet (23,1f.). Zunächst aber lässt er sich durchaus auf die Prüfungsfragen der verschiedenen amtlichen und halbamtlichen Skeptiker ein. In den Kirchengemeinden und im Religionsunterricht gilt bei der Betrachtung der Karwoche das Augenmerk fast immer nur dem Palmsonntag, dem Gründonnerstag, dem Karfreitag und dem Ostersonntag.

Dass Jesus aber die erste Hälfte der Passawoche in Jerusalem dazu genützt hat, in grundsätzlichen öffentlichen Auftritten auf dem Tempelplatz seine Ansicht vom „Reich Gottes und seiner Gerechtigkeit“ (Mt 6,33) zu verkünden und mit seiner Vollmacht als „angenommener“ Sohn Gottes zu begründen, wird überhaupt zu wenig beachtet. Ohne die als Provokationen empfundenen Streitgespräche, Symbolhandlungen und Gleichnisse Jesu in den ersten drei Tagen seines Festbesuches in Jerusalem wäre es wohl nicht zu seiner Verhaftung und Hinrichtung gekommen. Bevor wir also über den Opfertod Jesu und seine Auferweckung aus dem Grab nachdenken, müssen wir das Sendungsbewusstsein, mit dem Jesus auftrat, und sein Leiden an den ungerechten gesellschaftlichen Verhältnissen seiner Zeit zu verstehen versuchen.

96 Zu den Sadduzäern siehe unten S. 65, FN 120.

5 Der Hoheitsanspruch Jesu

Während es Jesus bei seinem öffentlichen Auftreten vor allem inhaltlich um die Verkündigung des „Reiches Gottes und seiner Gerechtigkeit ging“ (Mt 6,33), wollten die „kirchlichen Oberen“ seiner Zeit formal von ihm wissen, welche theologische Ausbildung und welche „Prüfungsabschlüsse“ er vorweisen könnte. Die formale Legitimität des jungen „Wanderpredigers“ war ihnen wichtiger als die Inhalte der Botschaft, die er verkündete. Jesus erkannte ihre Absicht, ihn ins „Examen“ zu nehmen, und kam ihnen zuvor, indem er sie zuerst selbst fragte, was sie von seinem „Lehrmeister“, dem im Volk immer noch beliebten „Märtyrer“ Johannes, dem Täufer, hielten. Er kam ja aus dessen theologischer Schule, auch wenn er sich seit seiner Taufe im Jordan von seinem „Lehrer“ Johannes abhob und selbst zu einem Lehrer seiner Jünger und des Volkes wurde.

Die Frage nach Jesu Vollmacht

Mt 21,23–27 (Mk 11,27–33; Lk 20,1–8)
23 Und als er in den Tempel kam und lehrte, traten die Hohenpriester und die Ältesten des Volkes zu ihm und fragten: Aus welcher Vollmacht tust du das, und wer hat dir diese Vollmacht gegeben? 24 Jesus aber antwortete und sprach zu ihnen: Ich will euch auch eine Sache fragen; wenn ihr mir die sagt, will ich euch auch sagen, aus welcher Vollmacht ich das tue. 25 Woher war die Taufe des Johannes? War sie vom Himmel oder von den Menschen? Da bedachten sie's bei sich selbst und sprachen: Sagen wir, sie war vom Himmel, so wird er zu uns sagen: Warum habt ihr ihm dann nicht geglaubt? 27 Sagen wir aber, sie war von Menschen, so müssen wir uns vor dem Volk fürchten, denn sie halten alle Johannes für einen Propheten. 27 Und sie antworteten Jesus und sprachen: Wir wissen's nicht. Da sprach er zu ihnen: So sage ich euch auch nicht, aus welcher Vollmacht ich das tue.

Es wird ernst! Als Jesus am Montagmorgen den Tempelbezirk wieder betritt, treten ihm sofort mit den „Hohenpriestern und den Ältesten des Volkes“ die höchsten Autoritäten der jüdischen Religion und des Volkes entgegen (V. 23). Der „Skandal“ hat sich herumgesprochen. Jesus hat den Tempelbasar ausgeräumt und damit die seit langer Zeit eingespielte Symbiose zwischen Religion und Wirtschaft angegriffen. Das können sich die Nutznießer des Tempelkultes von dem jungen Rabbi aus dem fernen, dörflichen Nazaret nicht gefallen lassen. Der geistige „Ringkampf“ beginnt mit der quasi polizeilichen Ausweiskontrolle: „Aus welcher Vollmacht tust du das?“ (21,23). Wie es damals unter Theologen üblich war, antwortet Jesus mit einer Gegenfrage, nämlich woher denn Johannes, der Täufer, seine Legitimität gehabt habe (21,24f.). Er bringt damit die Religionsführer Israels in Verlegenheit. Antworten sie „von Gott“, dann hätte er weiter fragen können, warum sie sich dann nicht wie das Volk und er selbst von Johannes taufen ließen. Sie wären dann als Ungläubige dagestanden (21,25). Sagen sie aber „von den Menschen“, dann bekämen sie es mit dem Volk zu tun, weil sie den Täufer, den das Volk für einen Propheten hielt, nicht vor dem Zugriff des Herodes Antipas geschützt hatten (21,27). Die Fragesteller ziehen es deshalb vor, lieber zu schweigen, woraufhin ihnen Jesus auch keine inhaltliche Antwort mehr gibt. Er hat seine „exusia“ (V. 23)[97] bewiesen und sich dem Täufer zumindest indirekt gleichgestellt, wenn sich nicht gar selbst in den Rang eines Propheten erhoben (V. 26). Jesus verlangt keine Bestätigung durch menschliche Instanzen, sondern tritt in eigener Souveränität auf, die er direkt aus seinem Gottesbewusstsein ableitet. Der Nachweis seiner religiösen Unabhängigkeit ist dann auch für die Evangelisten der Sinn der weiteren Auseinandersetzungen mit den religiösen Führern Israels, denen sich Jesus auf dem Tempelberg stellt. Dabei wechseln nicht nur die Teilnehmer, sondern auch die Formen der Auseinandersetzung. So wollten sich nach den „Hohenpriestern und Ältesten“ vor allem die Pharisäer ein eigenes Bild von dem so viel Aufsehen erregenden Rabbi Jesus aus Nazaret machen. Doch auch in dieser zweiten Runde der Auseinandersetzung unter theologischen „Kollegen“ ergreift Jesus die Oberhand, indem er die Fronten umkehrt und die Frager zu Gefragten macht.

Die Frage nach dem Davidssohn

Mt 22,41–46 (Mk 12,35–37a; Lk 20,41–44)

41 Als nun die Pharisäer beieinander waren, fragte sie Jesus: 42 Was denkt ihr von dem Christus? Wessen Sohn ist er? Sie antworteten: Davids. 43 Da fragte er sie: Wie kann ihn dann David durch den Geist Herr nennen, wenn er sagt (Psalm 110,1): 44 Der Herr sprach zu meinem Herrn: Setze dich zu meiner Rechten, bis ich deine Feinde unter deine Füße lege“? 45 Wenn nun David ihn Herr nennt, wie ist er dann sein Sohn? 46 Und niemand konnte ihm ein Wort antworten, auch wagte niemand von dem Tage an, ihn hinfort zu fragen.

Das religiöse Frage- und Antwortspiel war schon immer eine Eigenart der jüdischen Didaktik. Noch heute üben die Talmudschüler in der Jeschiwa, der jüdischen orthodoxen Hochschule für Religionsfragen, mit großem Eifer das Drehen und Wenden kniffliger Fragen zur Tora und ihren Kommentaren. Es geht dabei darum, den Gesprächspartner zu überzeugen oder zumindest zum Schweigen zu bringen. Diese Lernmethode soll nach Matthäus schon auf dem Tempelgelände geübt worden sein. Im Unterschied zur vorausgegangenen Frage der Hohenpriester und Ältesten nach der Lehrberechtigung, der „exusia“ Jesu,[98] ist nun aber in dieser zweiten „Prüfungsszene“ Jesus selbst der Fragesteller. Er beweist seine Souveränität, indem er so klug argumentiert,

[97] exusia (griech.) Vollmacht, Autorität, geistige Berechtigung.
[98] Vgl. oben S. 54.

dass sein Gegenüber rasch aufgibt, ihn weiter auf die Probe zu stellen. Die Kontrahenten (nicht die „Gegner“ oder „Feinde“!) sind nun eine Gruppe von Pharisäern (V. 41)[99], die sonst so stolz auf ihre Bibelkenntnis sind. Jesus fragt sie, was sie von dem „Christus“ halten. Sie sollen ihm sagen, wessen „Sohn“ der erwartete Messias sei (V. 42). Das ist im Grunde genommen wieder die Frage nach der „Vollmacht“, denn die Herkunft galt damals als ein Siegel der Legitimität. Die Pharisäer halten diese Frage nach der Abstammung des Messias für leicht zu beantworten und bezeichnen ihn ohne Zögern als „Davids Sohn“ im Sinne von Erbe des davidischen Königtums (V. 42). Jesus bringt daraufhin geradezu sophistisch Psalm 110,1 dagegen vor (V. 43f.). Wenn König David seinen Sohn seinen „Herrn“ nennt, wie kann der Messias als Herr dann überhaupt sein Sohn sein? Die Pharisäer können dieser Logik Jesu nichts entgegensetzen und geben sich dogmatisch geschlagen.

Wenn diese Szene tatsächlich so stattfand, würde sie bezeugen, dass Jesus sich nicht als nationaler Messias verstand, sondern als in neuer Weise direkt von Gott zum Friedensfürsten erwählt. Diese Deutung würde sich mit dem Einzug Jesu in Jerusalem auf einem friedlichen Esel, anstatt auf einem Streitross, decken. Schon in den vorausgegangenen Monaten hatte sich Jesus nie selbst als Messias bezeichnet, sondern nur als „Menschensohn“; wir würden sagen als „humanen“ Menschen schlechthin, ja sogar als „leidenden“ Menschensohn.[100] Jesus hätte angesichts seiner Friedensbotschaft wohl nie selbst ein Schriftzitat gewählt, das ihm die „Feinde“ unter die Füße legt (V. 44). Dieses Psalmwort kann eigentlich nur später von Matthäus selbst „entdeckt“ worden sein, nachdem er nach der Zerstörung Jerusalems die „Feinde“ Jesu am Boden liegen sah. Die Perikope ist also allem Anschein nach erst nachösterlich entstanden.

Auch die Angabe „zur Rechten sitzen“ ist eine typische Bekenntnisformel der frühen Christen über den Status des zum Himmel aufgefahrenen Weltenherrn Jesus Christus (V. 44). „Christus“, zu deutsch: den „Gesalbten“, im Sinne eines neuen davidischen Herrschers, hatte Petrus Jesus schon früh nennen wollen, aber Jesus hatte es ihm untersagt und die kämpferische Vorstellung seines Dienstauftrages als satanische Versuchung bezeichnet (Mt 16,23). Die Erwartung eines davidischen Messias durch das Volk war schon beim Einzug Jesu in Jerusalem ein Missverständnis.[101] Die Pharisäer schwiegen am Ende des Gesprächs dazu, dass Jesus ein Anderer sein wollte als ein nationaler Führer, und sie verhielten sich auch während des Prozesses gegen Jesus neutral. Wenn sie überhaupt „Feinde Jesu“ genannt werden dürfen, dann nur wegen ihrer theologischen Ansichten, aber keinesfalls wegen ihres Charakters. Das „Leiden“, das sie Jesus gleich zu Beginn seiner Passionswoche zufügten,

---

[99] Zu den Pharisäern siehe unten S. 78ff.

[100] Mt 8.20; 9.6: 12,8; 16,13; 17,12.22; 20,28.

[101] Vgl. oben S. 32ff.

war zunächst nur ein geistiger „Schmerz". Jesus „litt" an ihren unbeweglichen, verkrusteten Einstellungen und Erwartungen, sei es nun gegenüber der Tora wie auch im Blick auf die gesellschaftspolitischen Verhältnisse der damaligen Zeit.

6 Die Obrigkeit und der Oberste

Der Evangelist Matthäus ist vor allem an der „Lehre" Jesu interessiert. Obwohl er Jesus immer wieder auch das Tun einschärfen lässt[102], schätzt er doch insgesamt das Wort höher ein als die Tat. So zeigt ein Blick in die Synopse, dass Matthäus immer wieder die Erzählung der Wundertaten Jesu verkürzt[103] und stattdessen die Reden und Gleichnisse Jesu mit besonderer Ausführlichkeit berichtet.[104] Für ihn ist Jesus der souveräne „Lehrer der Gerechtigkeit", der in Fortführung der altisraelitischen Propheten mehr Ehrfurcht vor Gott verlangt und zu mehr sozialer Solidarität aufruft.[105] So legt Matthäus auch großen Wert darauf, dass Jesus in seinen letzten Tagen in Jerusalem vor seiner Verhaftung und seiner Hinrichtung noch einmal in Reden und Gesprächen klar herausstellt, wozu er gekommen ist und wie er das „Reich Gottes" und die gesellschaftlichen Verhältnisse in Israel sieht. Keiner soll sich später entschuldigen können, er habe nicht gewusst, was Jesus predigte und für welche Werte er eintrat.

Erst später, in der zweiten Hälfte der Karwoche, verstummt Jesus mehr und mehr gegenüber der Öffentlichkeit, wohl aus Enttäuschung, dass er zu wenig gehört und verstanden wurde. Zunächst jedoch lässt Matthäus Jesus noch in weiteren lebhaften Auseinandersetzungen seine Lehrbefähigung beweisen[106] und seinen Standpunkt zu den beiden wichtigsten „Instanzen" vortragen: zur Hoheit Gottes und zum Recht des Staates auf die Steuern seiner Bürger. Bei der Verwendung des Begriffs „der Staat" ist jedoch Vorsicht geboten. Es ist nicht der durchorganisierte preußische Obrigkeitsstaat aus der Zeit des europäischen Absolutismus gemeint, sondern das relativ lockere römische Imperium der damaligen Zeit mit seinen weitgehend selbstständigen Prokuraturen, geeint nur durch die durchziehenden oder stationierten Legionen und durch den Kaiserkult, der sich vor allem in den Standbildern der „Cäsaren" auf den Tempel- und Marktplätzen der Provinzhauptstädte und in den jährlichen Ein-

[102] Mt 7,12.21.24.
[103] Siehe die Stillung des Sturms (Mt 8,23–27) oder den Exorzismus bei Gadara (Mt 8,28–34).
[104] Wohl analog zu den 5 Büchern der jüdischen Tora fasst Matthäus das Redegut Jesu in 5 große Reden: Mt 5–7: Bergpredigt; Mt 10: Aussendungsrede; Mt 13: Gleichnisrede; Mt 18: Gemeinderegeln; Mt 23–25: Endzeitrede und eschatologische Parabeln. Vgl. Wolfgang Stegemann, Jesus und seine Zeit, 2010, S. 41.
[105] Mt 3,15; 54,23; 6.20; 6,33.
[106] Vgl. oben Kap. 5, S. 54f.

treibungen der Kaisersteuer ausdrückte. Die Judäer bildeten dabei eine gewisse Ausnahme im weltweiten römischen Imperium. Sie hatten sich wenigstens das Zugeständnis ertrotzt, dass zur Wahrung des ersten der zehn Gebote „... du wirst keine anderen Götter neben mir haben" das Tempelgelände von den „heidnischen" Hoheitszeichen der Römer frei blieb.

Die Frage nach der Kaisersteuer

Mt 22,15–22 (Mk 12,13–17; Lk 20,20–26)[107]
15 Da gingen die Pharisäer hin und hielten Rat, wie sie ihn in seinen Worten fangen könnten; 16 und sandten zu ihm ihre Jünger samt den Anhängern des Herodes. Die sprachen: Meister, wir wissen, dass du wahrhaftig bist und lehrst den Weg Gottes recht und fragst nach niemand; denn du achtest nicht das Ansehen der Menschen. 17 Darum sage uns, was meinst du: Ist's recht, dass man dem Kaiser Steuern zahlt oder nicht? 18 Als nun Jesus ihre Bosheit merkte, sprach er: Ihr Heuchler, was versucht ihr mich? 19 Zeigt mir die Steuermünze! Und sie reichten ihm einen Silbergroschen.
20 Und er sprach zu ihnen: Wessen Bild und Aufschrift ist das? 21 Sie sprachen zu ihm: Des Kaisers. Da sprach er zu ihnen: So gebt dem Kaiser, was des Kaisers ist, und Gott, was Gottes ist! 22 Als sie das hörten, wunderten sie sich, ließen von ihm ab und gingen davon.

Kulturgeschichtlich ist diese Disputation von großer Bedeutung. Einmal weil ihre Darstellung der „Gegner Jesu" den frühen „christlichen Antijudaismus" verhängnisvoll genährt hat, zum anderen weil sie sich immer wieder positiv wie negativ auf die Bestimmung des Verhältnisses von Kirche und Staat ausgewirkt hat.

Erneut ist zuerst auf die polemische Wortwahl des Matthäus zu achten, der eigentlich von der Botschaft Jesu her zu Frieden und Versöhnung verpflichtet war. Matthäus charakterisiert die Pharisäer als hinterlistige Fallensteller (V. 15). Sie halten hinter dem Rücken Jesu „Rat" über ihn und verstärken sich durch „Anhänger des Herodes", wobei Herodes Antipas gemeint ist, der als Vierfürst von Galiläa der Landesherr Jesu war. Matthäus unterstellt den Pharisäern, bei diesem Bündnis habe der Zweck die Mittel geheiligt, denn im Allgemeinen wollten die moralistischen Pharisäer mit Herodes Antipas nichts zu tun haben, seitdem er mit seiner Schwägerin Herodias Ehebruch getrieben und Johannes den Täufer hatte hinrichten lassen. Wollte Matthäus mit der Konstruktion dieser „unheiligen" Koalition andeuten, wie „das Böse" in der Karwoche mehr und mehr anschwoll? Unfair ist es auch, den Pharisäern zu unterstellen, sie hätten nur ihre „Jünger" gesandt, wohl um sich nicht eventuell selbst durch ein ungeschicktes Agieren in der Öffentlichkeit zu diskreditieren. Gerade auf dem Tempelberg gab es viele Lauscher. Das Spitzelwesen

[107] Eine ausführliche Auslegung bei M. Köhnlein, Ecce homo, Bd. 2: Das Risiko der Liebe, a. a. O., S. 365–379.

war schon damals effektiv ausgebaut. Matthäus lässt auch durchblicken, dass die pharisäischen Oberen ihre „Jünger" für das Streitgespräch mit Jesus zuvor mit einer gewissen raffinierten Rhetorik ausgestattet hätten (V. 15f.). Sie sollten sich bei dem Wanderprediger aus Nazaret zunächst mit Ehrbezeigungen einschmeicheln, ihn auf sich selbst stolz werden lassen und so in Sicherheit wiegen: „Meister, wir wissen, dass du wahrhaftig bist ..." (V. 16). Dieser unechte Einstieg in die Disputation erweckt bei den Lesern den falschen Eindruck des „fiesen" Charakters der Pharisäer. Umso souveräner lässt Matthäus dann Jesus erscheinen, der sofort die angebliche „Bosheit" der Fragesteller durchschaut und sie „Heuchler"[108] schilt (V. 18), die ihn „versuchen" wollen; ein Wortgebrauch, der die Leser des Evangeliums an Jesu Auseinandersetzung mit dem Teufel bei seiner Versuchung in der Wüste erinnert (Mt 4,1–11). Von der Behauptung der „Bosheit" der Pharisäer her war es dann in der Urchristenheit nicht mehr weit bis zur fatalen Verurteilung der „Juden" im Johannesevangelium: „Ihr habt den Teufel zum Vater" (8,44). Dabei haben doch gerade die Pharisäer nach allem, was sich historisch noch erkennen lässt, beim Prozess Jesu kaum eine Rolle gespielt.

Wir leiden heute nach dem Holocaust an diesen antijüdischen Emotionen, die sich in das Neue Testament eingeschlichen haben – welche Erfahrungen die Urgemeinden auch immer nach Jesu Tod mit Reaktionen aus dem Judentum gemacht haben mögen. Leider sind es alle vier Evangelisten, die in die Pharisäerschelte einstimmen. Schon vor Matthäus hat Markus die Beschuldigung aufgebracht, dass die Pharisäer Jesus eine „Falle stellen" wollten (Mk 12,13), und auch Lukas schrieb dann als der dritte Evangelist, die Pharisäer hätten „Leute ausgesandt, die sich stellen sollten, als wären sie fromm"[109], Jesus aber in Wahrheit „in seinen Worten fangen sollten" (Lk 20,20). Gewiss hat Jesus in der Karwoche darunter gelitten, dass ihn die führenden Vertreter Israels mehr und mehr abwiesen, so dass er schließlich gegen die Vorverurteilung, die sie beschlossen hatten, nicht mehr aufkam. Aber warum sollten ihn seine „Gegner" nicht auch aus sachlichen Gründen mit dem Problem der Kaisersteuer konfrontiert haben, wo doch damals das ganze Volk unter dieser Zwangseinrichtung stöhnte und allerorts in Israel heftig darüber diskutiert wurde? Und warum musste ihr einleitendes Lob unbedingt boshaft gewesen sein, wo doch die anfängliche Ehrerbietung zum akademischen Stil einer rabbinischen Disputation gehörte? Die rückschauende Trauer auf die Passion Jesu hat die Evangelisten selbst aggressiv werden lassen.

Nicht weniger folgenschwer als die Polemik hat sich die politische Seite dieses Streitgesprächs in der abendländischen Kulturgeschichte ausgewirkt. Die Antwort Jesu: „Gebt dem Kaiser, was des Kaisers ist, und Gott, was Gottes ist" (V. 21), ist zum geflügelten Wort geworden. Besonders in der Neuzeit

---

108 Griech.: hypokritai, Maskenträger.

109 A. a. O.

ist dieses Zitat immer wieder in Auseinandersetzungen über das Verhältnis von Kirche und Staat eingebracht worden. Es wurde behauptet, Jesus habe mit diesem Urteilsspruch Christentum und Politik ein für allemal streng getrennt. Gerade die Lutheraner argumentierten, die Politik gehöre aufs Rathaus und das Evangelium auf die Kannzel. Was die Obrigkeit anordne, müsse gehorsam befolgt werden, und was der Christ glaube, habe mit dem Staatswesen nichts zu tun. Vor allem pietistische Gläubige bestritten der Friedensbewegung in den 80er Jahren des 20. Jahrhunderts das Recht, bei Demonstrationen gegen die atomaren Massenvernichtungsmittel Worte der Bergpredigt auf ihren Plakaten hochzuhalten. Luther habe in seiner Schrift „Von weltlicher Obrigkeit, dass man ihr Gehorsam schuldig sei" eine klare „Zwei-Reiche-Lehre" entwickelt und den unbedingten Gehorsam gegenüber legal zustande gekommenen staatlichen Anordnungen gefordert. Dagegen ist jedoch einzuwenden, dass Luther vor allem die Grenzen der staatlichen Gewalt hervorhob und der Titel seiner Obrigkeitsschrift nicht „dass man ihr Gehorsam schuldig sei" lautet, sondern „wie weit man ihr Gehorsam schuldig sei". Luther empörte sich, dass die Fürsten immer wieder versuchten, „den Schuh umzukehren", indem sie sich anmaßten, „mit Eisen die Seelen zu regieren", und die Bischöfe auf weltliche Art „Schlösser, Land und Leute" an sich rissen.[110] So wurde das Streitgespräch „Vom Zinsgroschen" immer wieder aktualisiert und nachgefragt, ob Jesus mit seinem „Gebt dem Kaiser, was des Kaisers ist, und Gott, was Gottes ist" der „Obrigkeit" tatsächlich das Recht verliehen hat, zu schalten und zu walten, wie sie nur wollte, oder ob er der römischen Macht so deutliche Grenzen gesetzt hat, dass er in den Verdacht geriet, ein Revolutionär zu sein und seinen Hochverratsprozess damit selbst provozierte?

Ohne Zweifel war die Kaisersteuer damals das Beispiel für die Knechtung Israels schlechthin. Sie beschäftigte immer wieder besonders auch die Gremien der jüdischen Selbstverwaltung und die Lehrentscheidungen der Rabbinen. Warum sollten die Pharisäer dann Jesus nicht auch das gesellschaftspolitische Problem vorlegen, das jedermann damals bewegte? Musste ihnen dabei unbedingt Hinterlist unterstellt werden? Wenn Jesus wirklich so demonstrativ reformerisch in Jerusalem eingezogen und die Tempelwirtschaft angegriffen hatte, durften ihn die Pharisäer und die Herodianer mit Fug und Recht auch befragen, wie er sich zu brennenden steuerpolitischen Fragen verhielt. An seiner Antwort hatten alle ein wirkliches Interesse: das Volk, die Religionswächter wie die Königstreuen. Den Pharisäern ging es vor allem darum, dass das Geld, das eingezogen wurde, „rein" war, den Herodianern dagegen, wer es einziehen durfte. Durften sie nämlich neben der Königssteuer, zu der sie das Recht hatten, auch noch im Auftrag der Römer die Besatzungssteuer einziehen, kamen sie zu einem einträglichen Nebenverdienst. Das Elend des Volkes kümmerte sie dabei wenig.

[110] Martin Luther, Von weltlicher Obrigkeit, Calwer Ausgabe, Band 4, S. 35–44.

Durch den hohen Stellenwert des Problems, und eben nicht nur wegen der „Bosheit" der Fragesteller, war diese öffentliche „Dienstprüfung" Jesu theologisch wie politisch heikel. Jesus musste deshalb auch bei seiner Antwort bedacht sein, ja nichts Aufrührerisches gegen das Religionsgesetz und nichts Hochverräterisches gegen die Besatzungsmacht zu äußern. Besonders der Ort, an dem die „Prüfung" erfolgte: das Tempelgelände, wie auch die Zeit: die Paschawoche, waren brisant, vor allem für einen Galiläer wie Jesus. Die Galiläer waren wegen ihrer politischen Radikalität gefürchtet. Sie entfachten immer wieder Aufstände und Rebellionen gegen die Oberherrschaft der Griechen und Römer. „Und alle begannen mit einer Kampagne der öffentlichen Steuerverweigerung"[111]. Unter diesem Blickwinkel sah auch die Wandergruppe um Jesus alles andere als harmlos aus. Jesus hatte einen „Simon Zelotes", ein Mitglied der Widerstandsbewegung, in seinen Reihen (Lk 6,15). Das Brüderpaar Johannes und Jakobus trug den Beinamen „Donnersöhne", was ebenfalls auf eine Mitgliedschaft in der Untergrundbewegung schließen lässt (Mk 3,17). Judas Isch-Kariot, der „Dolchmann", kann ein Sikarier[112] und damit Anhänger einer Terrorgruppe gewesen sein. Der Gruppensprecher Petrus soll sogar ein Schwert bei sich getragen haben (Joh 18,10). Lukas zufolge war ein Hauptanklagepunkt bei der Vorführung Jesu vor Pilatus: „Wir haben gefunden, dass dieser unser Volk aufhetzt und verbietet, dem Kaiser Steuern zu geben ..." (Lk 23,2). Eine messianische Bewegung um einen Galiläer war immer etwas Verdächtiges. Einer der Aufrührer in der Zeit vor Jesus, „Judas, der Galiläer", hatte schon um das Jahr 6 n. Chr. die Öffentlichkeit mit der Parole erregt, Gott müsse insofern bei der Durchsetzung seiner Alleinherrschaft über das Volk geholfen werden, als alle jüdischen Bürger keine Steuern mehr an die Römer bezahlten.[113] Er wurde vom damaligen Prokurator gefangen und hingerichtet. Eine revolutionäre Antwort Jesu wäre also lebensgefährlich gewesen.

Das Steuerwesen war zur Zeit Jesu fast unübersichtlich. Man konnte mindestens von einer Vierfachbesteuerung der Volksgenossen reden. Den Römern war der kaiserliche „Zensus" zu zahlen. Er bestand aus der Vermögenssteuer, der Kopfsteuer und den Zöllen. Die Königssteuer wurde den Grundstücken und den Produkten auferlegt. Der Hohe Rat kassierte die Tempelsteuer als Jahresabgabe an das Heiligtum und den Zehnten auf alle Erstlinge. Der Grundherr trieb bei den Bauern die Pacht und bei den Handwerkern die Miete ein. Die Römersteuer war in Denaren, die Königssteuer in Drachmen, die Tempelsteuer in Schekel, die Grundsteuer in der jeweils erwünschten Währung zu zahlen. Der dazu notwendige Geldwechsel brachte weitere Einkommensverluste. Der Ernteertrag und die Handelseinkünfte waren im Voraus kaum abschätzbar. Unsicherheit beherrschte die Gemüter und Unge-

---

[111] Pinchas Lapide, Er predigte in ihren Synagogen, GTB 1400, S. 39.

[112] Die Ableitung Isch-Kariot vom lateinischen „sicarius – Dolchmann" hält U. Luz allerdings für „am unwahrscheinlichsten", a. a. O., S. 247f.; 256.

[113] Apg 5,34–37. Vgl. M. Köhnlein, a. a. O., S. 368f.

rechtigkeit war „normal“. Das einfache Volk verarmte zunehmend, während die „Herren“ sich bereicherten. Die Schuldknechtschaft ist in den Evangelien ein viel behandeltes Problem. Wuchern, leihen, pfänden, in den Turm geworfen werden, waren Erfahrungen von Vielen. Zuerst gingen Grund und Boden verloren, das Haus, der Acker, der Weinberg, das Vieh, dann wurden die Frauen und die Kinder weggeführt. Aus Schulden wurde Schuldsklaverei. Geld raffen, Geld entbehren, die Freiheit haben, in Unfreiheit fallen zählen zu den ältesten Problemen der Kulturvölker. Vor allem die Besatzungssteuer war verhasst, weil sie ein Ausdruck der nationalen Schande war. Gerade die römischen Steuerbeamten führten die Steuererhebung nicht selten rücksichtslos mit Stockschlägen und falschen Erhöhungen der Angaben durch. Sie schrieben immer wieder „steuerpflichtigen Besitz auf, der gar nicht existierte“[114]. Darüber hinaus waren die Münzen nicht wie heute pragmatische Zahlungsmittel, sondern Macht- und Kultsymbole, so dass es immer auch eine Frage der Gesinnung war, wessen Geld man im Beutel trug.

„Ist's recht, dass man dem Kaiser Steuern zahlt oder nicht?“ (V. 17). Die Prüfer erwarteten keine Gründe, sondern nur ein kurzes, alternatives Ja oder Nein. Eigentlich hätten sie auf dem Tempelplatz eher nach der Berechtigung der Tempelsteuer fragen sollen. Sie lastete auf den Schultern der einfachen Leute nicht viel weniger schwer als die Kaisersteuer. Und die matthäische Wunderlegende von der Doppeldrachme, die ein armer Fischer in einem Fischmaul fand, und die genau dem jährlichen Tempelsteuerbetrag entsprach, zeigt, dass schon ein Wunder geschehen musste, damit sich ein einfacher Familienvater die Tempelabgabe leisten konnte (Mt 17,24–2). Darum lässt Markus auch die Frager sofort noch ungeduldig nachschieben: „Sollen wir sie zahlen oder nicht zahlen?“ (Mk 12,14), als ginge es nur um ein kompromissloses Ja oder Nein. Bejahte Jesus die Frage, galt er beim Volk als Kollaborateur. Verneinte er sie, stigmatisierte er sich selbst als Rebell und riskierte seine Denunziation bei der Besatzungsmacht. Die Burg Antonia, in der römische Soldaten eingelagert waren, grenzte an den Tempel. Die Römer konnten jederzeit gerufen werden. Jesus spürte die Gefahr und wehrte die gefährliche Alternative ab. „Warum bringt ihr mich in Bedrängnis?“ (V. 18). Es war doch allgemein bekannt, dass sich die Pharisäer bereits entschlossen hatten, ein Blutvergießen zu vermeiden und den kaiserlichen Steuereintreibern den Zensus als eine von Gott auferlegte Plage auszuhändigen, in der Hoffnung auf eine baldige Wende der Geschichte Gottes mit seinem Volk (Dan 2,21). Man wusste auch im Volk, dass die Herodianer am Steuereinzug für den Kaiser mitverdienten. Die jüdische Führung sympathisierte also vordergründig mit dem Volkszorn und schloss heimlich mit den fremden Machthabern Kompromisse. Das war weniger eine Charakterfrage als eine Forderung des politi-

114 So der römische Schriftsteller Lactantius, zitiert nach P. Lapide, a. a. O., S. 38.

schen und religiösen Überlebens. „Zeigt mir die Steuermünze! (V. 19). Bringt mir einen Denar!“ „Und sie reichten ihm einen Silbergroschen“ (V. 19), neugierig darauf, was er mit ihm anfangen würde. Jesus hatte selbst keine kaiserliche Münze in der Tasche. Die „Prüfer“ hingegen mussten das kaiserliche Geldstück gar nicht erst lange von außerhalb des Tempelgeländes herbeiholen. Zumindest der eine oder andere aus ihren Reihen hatte es bereits vom täglichen Tauschgeschäft her in der Tasche stecken, ohne zu bedenken, dass er damit die Heiligkeit des Tempelplatzes entweiht und den Kaiser als „Gott“ und Landesherrn anerkannt hatte. Der Besitzer des Silbergroschens muss einer der Herodianer gewesen sein. Ein Pharisäer, selbst wenn er noch ein unbedarfter Pharisäerjünger gewesen wäre, hätte niemals einen „heidnischen“ Denar bei sich getragen. Die jüdischen Religionsführer mussten zwar den Römern zugestehen, dass täglich im Tempel ein Fürbitteopfer für den Kaiser dargebracht wurde, aber kaiserliche Embleme, Fahnen, Feldzeichen, Standbilder, Münzen hätten sie nie im heiligen Tempelbezirk geduldet.

Jesus nahm den „Silberling“ in die Hand (V. 19). Er drehte ihn hin und her und ließ ihn wohl eine Weile in der Sonne glänzen, bis er seinen Kontrahenten die Gegenfrage stellte: „Wessen Bild und Aufschrift ist das?“ (V. 20). Jesus tat so, als hätte er noch nie einen römischen Silbertaler gesehen. Er zwang die Umstehenden geschickt, sich anzuschauen, was jüdischen Augen an sich verboten war, und laut vorzulesen, was jüdische Zungen nicht bekennen durften. „Sie sprachen zu ihm: Des Kaisers“ (V. 21). Und in der Tat muss auf der Vorderseite der Münze das Brustbild des Tiberius zu sehen gewesen sein[115], der auf dem Kopf einen Lorbeerkranz als Symbol seiner göttlichen Würde trug. Sein Bildnis war umrahmt von der Umschrift: „Tiberius Caesar Divi Augusti Filius Augustus“ – „Kaiser Tiberius, des göttlichen Augustus anbetungswürdiger Sohn“. Auf der Rückseite des Denars stand noch „Pontifex Maximus“ – „Oberster Priester“. Dazu wurde das Bildnis der Kaiserinmutter Livia gezeigt, die als Inkarnation des Friedens auf einem Götterthron saß und in der Rechten das olympische Langszepter und in der Linken einen Ölzweig als Zeichen ihrer himmlischen Würde präsentierte.[116] Der Anblick dieser Gravuren muss für jeden Juden eine Schändung des ersten wie des zweiten Gebots gewesen sein. „Du sollst keine anderen Götter haben neben mir!“ und „Du sollst dir (von Gott) kein Bildnis noch irgendein Gleichnis machen!“[117] Mit dem Begriff „Bildnis“ forderte Jesus die Erinnerung der Umstehenden an den Dekalog geradezu heraus. Der Besitzer des Denars las die Inschriften nicht vor, und er beschrieb auch nicht mehr die Bilder der Münze. Nur noch irgendeiner aus der Kommission antwortete kleinlaut: „des Kaisers“ (V. 21). Das Problem war

[115] Tiberius Claudius Nero, römischer Kaiser (14–37 n. Chr.).

[116] Vgl. Joachim Gnilka, Das Evangelium nach Markus. Evangelisch-katholischer Kommentar zu NT (EKK) II/2, 1979, S. 153.

[117] Ex 20,3f.; Dtn 5,7f.

als Scheinproblem entlarvt. Die Fragesteller hatten ihre eigene Antwort bereits in der Tasche mitgebracht, wie einer der Ihrigen für alle bewies. Sie hatten sich bereits entschieden, die Kaisersteuer zu entrichten.

Jesus aber beendete das Treffen nicht sofort. Er schlug allen vor: „So gebt dem Kaiser, was des Kaisers ist, und Gott, was Gottes ist" (V. 21). Diese Entscheidung war pragmatisch. Der Kaiser hatte die Silbermünze drucken lassen und sie mit der Aufprägung seines Namens als sein Eigentum erklärt. Dem Wert nach gehörte sie dem Kaiser. Also durfte man sie ihm auch zurückgeben. Jesus griff gewissermaßen auf das naturrechtliche Argument zurück: „Jedem das Seine!" – dem Kaiser rein materiell die Staatseinnahmen für die Reichsverwaltung, den Straßenbau, den Grenzschutz, die Wasserleitungen, aber Adonaj, dem allmächtigen Gott die Anbetung. Dem Kaiser gebührt Respekt, aber keine Verehrung. Er ist eine hochgestellte, aber keine heilige Person. Eine Münze ist nicht magisch. Wenn auf ihr „dem göttlichen Augustus" steht, so ist das nur eine besitzanzeigende Gravur, aber kein Gebet. Man nimmt die Münze in die Finger, aber faltet dabei nicht die Hände. Man kann sie ohne Furcht einnehmen, ausgeben, umtauschen, in der Tasche tragen. Man kniet nicht vor ihr nieder. Ähnlich pragmatisch urteilt später Paulus im Römerbrief: Die staatliche Gewalt ist von Gott eingesetzt, weil im Zusammenleben der Menschen das Gute geschützt und das Böse bestraft werden muss. Die Regierungen und Behörden können aber diesen göttlichen Auftrag nur erfüllen, wenn sie zum Unterhalt ihrer Dienste am Gemeinwohl „Steuern und Zölle" einnehmen dürfen (Röm 13,1–7). Aber der Staat und seine Häupter selber sind nicht göttlich. „Vergötzt" sich der Kaiser, muss man „Gott mehr gehorchen als den Menschen" (Apg 5,29). Die beiden Institutionen stehen also nicht immer rein pragmatisch gleich neutral nebeneinander. Die hebräische Konjunktion „kai" zwischen beiden Satzteilen ist meist anreihend mit „und" zu übersetzen; „kai" kann aber auch in besonderen Fällen adversativ „jedoch, aber" bedeuten.[118] Begnügt sich der Staat mit seiner Aufgabe, Steuern und Abgaben angemessen gerecht einzuziehen und zu verwenden, so steht die Kirche in Ruhe neben ihm – durch ein bloßes „und" mit ihm verbunden: „und Gott, was Gottes ist." Ideologisiert sich aber der Staat, indem er sich selbst vergötzt und die Gewissen knechtet, wird das neutrale und kooperative „und" zum „aber": „aber Gott, was Gottes ist!" Die Freiheit der Bürger findet ihre Grenzen an der Freiheit des Nächsten, aber sie ist kein Staatseigentum. Der Kaiser und Gott führen keine Kriege gegeneinander, sind aber auch nie gleichwürdig. Die Gottesfurcht steht immer über dem Staatsanspruch. Den Kaiser und seine Mutter zu achten, war eine Frage der Vermeidung von Blutvergießen. Aber sie anzubeten, war eine geistige Sklaverei, die sich mit dem

---

[118] Vgl. Art. kai, in: H. Balz / G. Schneider (Hrsg.), Exegetisches Wörterbuch zum NT (EWNT), ^{2}1992, Band II, Sp. 559f.

erhabenen Gott Israels, der die Fesseln zu lösen versprach, nicht vertrug (Lk 4,18f.). Jesus verstand also „dem Kaiser geben" als „ihm die von ihm geprägten Münzen zurückgeben", aber nicht als „ihm damit göttliche Ehre geben". Jesus stellte die ideologische Beschriftung und Bebilderung des Denars rein pragmatisch als bloße Unterschrift und Adresse des Herausgebers hin. Das war eine kluge, mittlere Antwort zwischen der Angst der Juden vor der magischen Kraft von religiösen Worten und Symbolen und dem gedankenlosen Gehorchen gegenüber der Besatzungsmacht. Man konnte sie genauso gut staatstreu wie revolutionär verstehen. Die herodianischen Fürsten ließen vorsichtigerweise für die Abgaben in ihren Hoheitsgebieten Münzen ohne Bildnisse und ohne kultische Titulierungen drucken. Und auch in dem von einem römischen Prokurator verwalteten Kernjudäa wäre es wohl das Beste gewesen, sich die Steuern mit neutralen Drachmen oder Schekeln bezahlen zu lassen, aber nicht mit den ideologisch verbrämten kaiserlichen Denaren. Jesus schlug keineswegs rebellisch vor, die „heidnischen" Denare einfach wegzuwerfen oder mit dem Hammer zu zertrümmern, sondern sie dem Kaiser als dessen Eigentum „zurückzugeben".

„Als sie das hörten, wunderten sie sich, ließen von ihm ab und gingen davon" (V. 22). Jesus war der gefährlichen Frage nicht ausgewichen, hatte sich aber auch nicht selbst desavouiert. Er war zu den Geboten des Dekalogs gestanden, hatte aber auch die politische Realität akzeptiert. Er hatte weder gegen die Lehren der Pharisäer, noch gegen die Interessen der Herodianer verstoßen, sondern sich als „geistreicher" Lehrer erwiesen. Seine Kontrahenten konnten ihn weder einer Schuld, noch der Unkenntnis überführen. Es blieb ihnen nichts anderes übrig, als sich still davonzumachen. Damit hatte Jesus aber noch nicht jede Gesinnungsprüfung der Karwoche bestanden. Er musste in der Folge noch weitere Verhöre „erleiden".

Die Frage nach dem höchsten Gebot

Mt 22,34–40 (Mk 12,28–34; Lk 10,25–28)[119]

34 Als aber die Pharisäer hörten, dass er den Sadduzäern das Maul gestopft hatte, versammelten sie sich. 35 Und einer von ihnen, ein Schriftgelehrter, versuchte ihn und fragte: 36 Meister, welches ist das höchste Gebot im Gesetz? 37 Jesus aber antwortete ihm: „Du sollst den Herrn, deinen Gott, lieben von ganzem Herzen, von ganzer Seele und von ganzem Gemüt" (5. Mose 6,5). 38 Dies ist das höchste und größte Gebot. 39 Das andere aber ist dem gleich: „Du sollst deinen Nächsten lieben, wie dich selbst" (3. Mose 19,18). 40 In diesen beiden Geboten hängt das ganze Gesetz und die Propheten.

[119] Eine ausführliche Auslegung bei M. Köhnlein, Ecce homo, Bd. 2: Das Risiko der Liebe, a. a. O., S. 365–379.

„Als aber die Pharisäer hörten, dass er den Sadduzäern das Maul gestopft hatte ..." (V. 34)[120]: Wieder polemisiert Matthäus; genauer gesagt: die Lutherbibel lässt den Evangelisten so aggressiv reden. Aber das griechische „phimoo" heißt nicht triumphatorisch „das Maul stopfen", sondern zunächst nur einfach „zum Schweigen bringen". Gewiss wird mit der Übersetzung „das Maul stopfen" die Dramatik der Passionstage unterstrichen und Jesu Souveränität gegenüber seinen „Feinden" stärker hervorgehoben. Doch zunächst will Matthäus nur berichten, dass die Sadduzäer einfach nicht mehr wussten, was sie Jesu antworten sollten.

„... ein Schriftgelehrter versuchte ihn ..." (V. 35). Auch diese Übersetzung aus dem Griechischen ist überzogen. „eperotao" steht zunächst nur für „befragen, ansprechen, Auskunft verlangen" und eben nicht sofort negativ eingefärbt für „(hinterlistig) versuchen" im Sinne von bloßstellen. Wir kommen Perikope um Perikope nicht umhin, bei der Betrachtung der Passionsgeschichten unser seit Jahrhunderten vorgefertigtes Bild der „Feinde Jesu" hermeneutisch zu überprüfen. Von allen matthäischen Szenen der Karwoche stellt nämlich gerade dieses Gespräch Jesu mit einem pharisäischen Schriftgelehrten die friedlichste dar. Sie wird deshalb fachtheologisch auch kein Streit-, sondern nur ein „Schulungsgespräch"[121] genannt, bringt sie doch den Kern des christlichen Glaubens wie kaum ein anderer biblischer Text beispielhaft auf den Punkt (V. 37–39). Jesu Antwort an den Schriftgelehrten schließt sich an die Lehre des Judentums an und ist doch etwas Neues. Markus und Matthäus verlegen deshalb auch das Gespräch in die Karwoche als der wichtigsten Zeit im Leben Jesu. Lukas hingegen lässt die Begegnung mit dem schriftgelehrten „Kollegen" schon früher während der Wanderung Jesu nach Jerusalem stattfinden und verknüpft sie mit der Erzählung vom barmherzigen Samariter zu einer einheitlichen „Unterwegsgeschichte" (Lk 10,25–29.37).

Als die Evangelisten ihre „Jesusbiographien" schrieben, hatten sie einzelne Versatzstücke der teils mündlichen, teils schriftlichen Tradition vor sich liegen, die sie dann zu dem Verlauf zusammenstellten, der ihnen schlüssig erschien. So kommt es, wie uns die Synopse zeigt, dass ähnliche oder gar wörtlich fast gleiche Szenen ganz verschiedene Standorte in den Evangelien haben können, je nachdem, wann und wo sie den Evangelisten zu passen schienen. Matthäus und Markus zum Beispiel verlegen dieses Schulungsgespräch auf

[120] Die Sadduzäer waren de facto ein religionspolitischer Zusammenschluss der teils adligen, teils sehr vermögenden Oberschicht des Landes. Ihre Bezeichnung leitet sich von einem Hohenpriester namens Zadok ab, zu deutsch „der Recht und Gerechtigkeit Ausübende". Sie stellten meist den Hohenpriester, anerkannten nur die Tora, hielten auf strengste Weise den Sabbat ein und lehnten die Weiterbildungen des Gesetzes, wie sie die Pharisäer betrieben, ab. Es gab für sie kein Fortleben nach dem Tod, kein Jüngstes Gericht. Vgl. Werner Dommershausen, Die Umwelt Jesu, Politik und Kultur in neutestamentlicher Zeit, 1977, S. 56f.

[121] Der übliche theologische Fachbegriff „Schulgespräch" wird hier bewusst als „Schulungsgespräch" angesetzt.

den Tempelplatz, weil das höchste aller Gebote auch am heiligsten aller jüdischen Orte verkündet werden soll. Auch lassen sie das Gespräch anders als Lukas der Disputation Jesu mit den Sadduzäern über die „Frage der Auferstehung" nachfolgen, damit die bereits anwesenden Pharisäer miterleben sollten, wie Jesus die Sadduzäer als Leugner der Auferstehung ins Leere laufen lässt.[122]

„Und einer von ihnen, ein Schriftgelehrter ..." (V. 35). Wir dürfen uns den Schriftgelehrten als einen würdigen Herrn mit einem knöchellangen Gewand, Kopfschal, Schläfenlocken und vielleicht einer Schriftrolle unter dem Arm vorstellen, dem die Jünger Jesu ehrfürchtig Platz machen. Die Schriftgelehrten bildeten neben den Sadduzäern und Pharisäern die dritte Fraktion im damaligen Hohen Rat. Sie konnten unabhängige Gesetzeslehrer sein, wie es sich Markus und Lukas bei dieser Szene vorstellen (Mk 12,28; Lk 10,25), oder sich nach Matthäus zu den Pharisäern zählen (V. 35). Ihr hohes Ansehen im Volk beruhte auf ihrem Wissen. Sie waren bis zu ihrem 40. Lebensjahr Privatschüler bei einem „Meister" und mussten eine Beschäftigung im Handwerk oder Handel nachweisen, um ihren Lebensunterhalt selbst verdienen zu können. So arbeitete zum Beispiel der Apostel Paulus als Zeltmacher (Apg 18,3f.; 20,34). Nach einer Prüfung ihrer theologischen Kenntnisse durch ein Kollegengremium wurden sie offiziell zum „Lehrer der Satzungen und Weisungen Gottes" eingesetzt und respektvoll mit Rabbi, „mein Herr", angeredet. Sie durften in Streitfällen „binden" und „lösen", das heißt von der Tora her entscheiden, was verboten und was erlaubt war. In den Synagogen und bei Gastmählern hatten sie Ehrenplätze. Sie leiteten aber nicht, wie gern angenommen wird, die Gottesdienste in den Synagogen – das verrichteten die jeweils von Sabbat zu Sabbat dazu bestimmten Gemeindevorsteher –, jedoch sprachen sie das Ehe- und Handelsrecht, prüften Verträge, schlichteten in Reinheitsfragen und unterrichteten vor allem in der „Schul"[123] die Kinder und Jugendlichen in den 613 Einzelgesetzen der Tora, die wiederum in 248 Gebote und 365 Verbote gegliedert waren. Wenn Jesus nach Matthäus von den Pharisäern als „Meister" (= Rabbi) angesprochen wurde (22,36), obwohl er wahrscheinlich noch keine vierzig Jahre alt war, muss das nicht ironisch gemeint gewesen sein, sondern konnte durchaus den besonderen Respekt ausdrücken, den sich Jesus als Prediger und Lehrer im Land erworben hatte. So verweigert er sich auch keinesfalls der gewichtigen Frage des Kollegen, sondern nahm ihn ernst und gab ihm einen grundsätzlichen Bescheid.

Der Schriftgelehrte fragt Jesus: „Meister, welches ist das höchste Gebot im Gesetz?" (V. 36). Dabei versteht der Frager den Begriff „Gesetz" als Gesamtausdruck für die fünf Bücher Moses. Die Frage des Schriftgelehrten ließe sich

[122] Über den theologischen Zwist zwischen Pharisäern und Sadduzäern siehe oben S. 65f., FN 120.
[123] Meist ein Nebengebäude zur Synagoge.

auch freier übersetzen: „Was muss einer tun, der sich an das Wort Gottes halten will?" Jesus antwortet ihm mit einer Kombination von zwei Bibelstellen. Die erste zitiert er aus dem Deuteronomium (Dtn 6,5): „Du wirst den Herrn, deinen Gott, lieben von ganzem Herzen, von ganzer Seele und von ganzem Gemüt." Die zweite zieht er aus Leviticus (Lev 19,18) zu Rat: „Du wirst deinen Nächsten lieben wie dich selbst." Beide Gebote stehen im Futur und bekommen dadurch einen unausweichlichen Charakter. „Du wirst!" ist noch verbindlicher als nur „Du sollst!" Markus hat diesem Doppelgebot, das Jesus entwirft, noch das berühmte, streng monotheistische „Sch'ma Jisrael" vorgesetzt, das „Höre Israel", das ein jüdischer Mann noch heute morgens und abends beten sollte: „Der Herr, unser Gott, ist der Herr allein" (Mk 12,29). Matthäus hat dieses jüdische Credo weggelassen. Zu seiner Zeit fühlten sich die urchristlichen Gemeinden schon weiter von der jüdischen Frömmigkeit entfernt und wollten sie nicht auch noch zitieren.

Jesus hat, als er nach seinem Glauben gefragt wird, im Grunde genommen nichts anderes getan, als wir heute noch tun können: Er hat zu seiner Bibel gegriffen und sich an das vorgegebene Wort Gottes gehalten. Dabei hat er durchaus Theologie getrieben, indem er zwei auseinander liegende Bibelstellen nebeneinander stellte und die eine unter die Kraft der anderen setzte: „Das andere aber ist ebenso wichtig" (V. 39). Die Liebe zu Gott und die Liebe zum Nächsten bedingen und bewahrheiten sich gegenseitig, gehen aber nicht ineinander auf. Es bleibt ein bedeutsamer Unterschied zwischen der Liebe zu Gott und der Liebe zum Nächsten. Nur die Liebe zu Gott fordert den ganzen Menschen. Nur von der Gottesbeziehung wird gesagt, dass sie „von ganzem Herzen, von ganzer Seele und von ganzem Gemüt" einzuhalten sei (V. 37).[124] Die Liebe zum Nächsten hat diesen hehren Anspruch nicht. Sie muss nicht wie die Liebe zu Gott eine das ganze Leben umfassende Verpflichtung sein. Sie ist eine im Grunde genommen einfache zwischenmenschliche Haltung und Handlung, die sich oft nur je nach den Situationsbedingungen vollziehen lässt. Doch auch die Liebe zu Gott ist trotz ihres absoluten Anspruchs nicht immer durchzuhalten. Sie kann von Enttäuschung und Erschöpfung angefochten werden. Das wird Jesus in den folgenden Tagen der Passionswoche spüren, wenn er im Garten Gethsemane und dann am Kreuz an der Gottverlassenheit, um nicht zu sagen Gottesfinsternis leiden wird. Eine Gottesliebe ohne Nächstenliebe ist kalt und unglaubwürdig (Mt 22,40). Die Nächstenliebe wiederum kann in Versuchung geraten, einen Mitmenschen zu „vergotten", wenn sie nicht vom Ersten Gebot: „Ich bin der Herr, dein Gott, du wirst keine anderen Götter haben neben mir!" davon abgehalten wird (Ex 20,2f.). Die Nächstenliebe ist relativ und zeitbedingt. Nur die Liebe zu Gott ist das Letzte und Höchste, das Absolute an sich. Angehörige und Freunde kommen und gehen. Sie sind auf die Dauer gesehen nur provisorische Begleiter, nur

[124] Lukas ergänzt noch „von allen Kräften" (10,27).

ein vorläufiges Du. Sie werden geschenkt und weggenommen, verstanden und missverstanden. Nur Gott Vater allein ist das bleibende Gegenüber. Ihm gegenüber gilt: „Niemand kann zwei Herren dienen“, entweder Gott oder dem Mammon, dem Vater im Himmel oder der vermeintlichen Lebenssicherung durch Anhäufung von Gütern (Mt 6,25).

Die Nächstenliebe hat neben der Liebe zu Gott noch ein zweites Kriterium: Die Selbstliebe! Sie ist ein Balanceakt zwischen der Selbstsucht und der Selbstlosigkeit.[125] Sie ist beides: Mut, mit dem man sich zum Nächsten hin öffnet, und Weisheit, mit der man sich selber bewahrt, ohne sich total zu verausgaben. Der Zusatz „wie dich selbst“ (V. 39) meint nicht: „Jeder ist sich selbst der Nächste“, wie der Volksmund gern behauptet, sondern „In mir steckt auch ein Mensch“, mit dem ich auskommen sollte. Wer sich selber nicht mehr lieben kann, kann auch seinem Nächsten nicht mehr gerecht werden. Die Unzufriedenheit mit sich selbst atmet einen zwanghaften Geist aus, den der Nächste spürt, sodass er mich zu meiden beginnt. Die Selbstliebe hingegen ist die ansteckende Bejahung des eigenen Daseins, die den andern anregt, ebenfalls anzunehmen, dass er so, wie er ist, recht und gut geschaffen ist.[126] „Den Nächsten lieben wie mich selbst“ (V. 39) bedeutet, ihm die Bedürfnisse, Träume, Hoffnungen, aber auch die Ängste und den Ärger zubilligen, die ich selber habe. Es wäre also eine Verkürzung anzunehmen, Jesus habe nur ein „Doppelgebot der Liebe“ geschaffen. Es ist in Wahrheit ein „Dreifachgebot“. Die Liebe bildet eine Trinität zwischen Gott, dem Nächsten und mir, wenn auch eine sehr ungleiche, deren Beziehungsabfolge nicht umstellbar ist. Von Gott her kommt die Kraft, sich dem Nächsten zuzuwenden und sich selbst anzunehmen. Die erste Person der „Liebestrinität“ erweitert und trägt meine Beziehungen zu meinen Mitmenschen und zu mir selbst.

Gewiss belegt bereits die Torastelle Lev 19,18: „Du wirst deinen Nächsten lieben wie dich selbst, ich bin der HERR“, die Nächstenliebe als alte israelitische Tradition. Sie wurde aber vor allem als so genannte negative Toleranz, als Nichtangriff auf den Nächsten verstanden. Dem Volk Israel wird geboten, die Nächsten nicht zu „bedrücken, berauben, übervorteilen, verleumden, hassen“ (19,13.17). Keiner sollte dem Anderen zum Tyrannen werden. Dabei blieben die „Nächsten“ eingeschränkt auf die Volksgenossen: „Du sollst dich nicht rächen noch Zorn bewahren gegen die Kinder deines Volks“ (19,18). Die Schreiber der Mosebücher dachten im Großen und Ganzen noch nicht universal, Sie ließen die Weisungen Gottes auf die eigenen Volksstämme begrenzt sein, auch wenn das Gebot der sozialen Fürsorge in zusätzlichen Empfehlungen auch auf Gäste und Fremdlinge erweitert wurde, sofern sie innerhalb Israels wohnten.[127] Jesus verknüpfte wohl als Erster in diesem Gespräch

[125] Vgl. Erich Fromm, Die Kunst des Liebens, II.3 d, neue übersetzte Ausgabe, 1980ff.
[126] Vgl. M. Köhnlein, Das Risiko des Glaubens, a. a. O., S. 359.
[127] Ex 20,10; 22,20; Dtn 5,14; 10,18.

die beiden altjüdischen Gebote der Gottesliebe und Nächstenliebe eng miteinander: „Das andere aber ist dem gleich“ (V. 39). Er verglich ihre Einheit mit einer Tür, die in zwei Angeln hängt: „In diesen beiden Geboten hängt das ganze Gesetz und die Propheten“ (Mt 22.40). Wenn wir die Formen der christlichen Liebe noch weiter systematisieren, könnten wir sogar von einem „Fünffachgebot“ der Liebe im Sinne Jesu reden, denn im Gleichnis „Vom Weltgericht“ erweitert er die Liebe auf die Fremdenliebe: „Ich bin ein Fremder gewesen, und ihr habt mich aufgenommen“ (Mt 25,15), und in der Bergpredigt entgrenzt er sie völlig bis hin zur Feindesliebe: „Und ich sage euch (darüber hinaus): Liebt eure Feinde und bittet für die, die euch verfolgen“ (Mt 5,44). Gottesliebe, Nächstenliebe, Selbstliebe, Fremdenliebe, Feindesliebe – die Liebe kennt keine Schranken. Sie ist die höchste der Tugenden (1 Kor 13,13), auch wenn ihre Formen verschiedene Schwierigkeitsgrade haben. So gesteht der Schriftgelehrte bei Lukas ein, ihm sei die Gottesbeziehung weniger fraglich als die Nächstenliebe, denn Gott sei nur einer, während es unüberschaubar viele Nächste gebe: „Wer (alles) ist denn mein Nächster?“ (10,29). Der Schriftgelehrte will den Nächsten auswählen dürfen. Jesus bedeutet ihm aber mit seiner Erzählung vom barmherzigen Samariter: Der Nächste ist der, der mir jeweils als der Bedürftige begegnet; der, der am Boden liegt. Damit hat Jesus die Frage „Wer darf denn mein Nächster sein?“ umgekehrt in die Frage: „Wem bin ich der Nächste?“ „Wem stelle ich mich?“ Die Bedürftigkeit, nicht die Herkunft eines Menschen, ist das Kriterium der christlichen Nächstenliebe; Geschlecht, Hautfarbe, Nationalität, Bildung, Religion, Besitz u. a. sind sekundäre Merkmale.

Markus hat diesem Gespräch über das höchste Gebot noch ein Wort der Kultkritik angefügt (Mk 12,33). Gottesliebe und Nächstenliebe seien mehr wert als alle Brandopfer und Schlachtopfer, lässt er den herbeigekommenen Schriftgelehrten selber sagen.[128] Der überraschend reformerisch gesinnte Kollege dachte dabei wohl an so provokante Worte der Propheten wie: „Gehorsam ist besser als Opfer und Aufmerken (auf Gottes Wort), besser als das Fett von Widdern“ (1 Sam 15,22). Oder: „Liebe will ich, nicht Schlachtopfer, Gotteserkenntnis statt Brandopfer“ (Hos 6,6). „Es ströme (vielmehr) das Recht wie Wasser und die Gerechtigkeit wie ein nie versiegender Bach“[129]. Warum Matthäus diese Kultkritik seiner markinischen Vorlage weglässt, wird von ihm nicht aufgedeckt. Hielt er die Tempelreinigung Jesu für genug? Hatte sich der Altarkult in seiner Gemeinde schon wieder eine so zentrale Stellung erobert, dass sich eine Kultkritik von vornherein von selbst verbot? Wurde der Tod Jesu zu seiner Zeit bereits so selbstverständlich als Opfer zur Besänftigung des göttlichen Zorns verstanden, dass Matthäus es nicht mehr wagen konnte, wie die alttestamentlichen Propheten den Opfergedanken anzugreifen? In der

[128] A. a. O.
[129] Am 5,22.24; 4,1; 2,6; Jes 1,11–13 u. a.

biblischen Exegese überwiegen immer wieder die unlösbaren Fragen die scheinbar schon lange gelungenen Antworten.

Matthäus hat nicht nur die Kultkritik des Markus gestrichen. Er tilgte auch die Reaktion des Schriftgelehrten auf die Antwort Jesu, die Markus noch vermerkt (Mk 12,32–34). Der Gedankenaustausch der beiden „Rabbiner" endet ohne das Lob, das sie sich bei Markus gegenseitig geben. So räumt der Schriftgelehrte bei Markus gegenüber Jesus ein: „Meister, du hast wahrhaftig recht geredet" (Mk 12,32) und Jesus ehrt den interessierten Frager mit: „Du bist nicht fern vom Reich Gottes" (Mk 12,34). Doch so ein friedlicher Konsens zwischen Jesus und einem pharisäischen Schriftgelehrten passte nicht mehr in das graue Bild, das sich Matthäus von der „Leidenswoche" Jesu und von dessen „Feinden" gemacht hat. Schon zwei Abschnitte zuvor hat sich Matthäus darauf versteift, dass die Pharisäer Jesus „in seinen Worten fangen" wollten (Mt 22,15). Zudem lässt der Evangelist Jesus im folgenden Kapitel eine lange, aggressive Scheltrede gegen die Pharisäer und Schriftgelehrten halten und verbaut sich damit die Möglichkeit, wie Markus und Lukas wenigstens einen der pharisäischen Schriftgelehrten als ernsthaften Gesprächspartner darzustellen (Lk 20,28.37). Für Matthäus hat Jesus seit dessen Einzug in Jerusalem ohne eine positive Unterbrechung am Unverständnis der jüdischen Elite gelitten. Der Evangelist lässt nicht ab von seiner pauschalen Verurteilung der Gegner Jesu, auch wenn er noch nicht, wie später Johannes, kollektivistisch von den „Juden" spricht und sie „in der Finsternis wandeln" sieht.[130]

7 Die Sehnsucht nach Gerechtigkeit

Nach Matthäus hat Jesus die Festwoche in Jerusalem für Streit- und Schulgespräche, aber auch für große Reden und Gleichnisse genutzt. In den Disputationen mit gelehrten Kontrahenten bewies er seine theologische Kenntnis und geistige Kraft; mit den Reden und Gleichnissen sprach er vor allem die Pilger und Pilgerinnen aus dem Land auf ihre Sorgen und Nöte an. Er war ein hinreißender Redner und Erzähler, gewandt wie sonst kaum ein Rabbi. Vor allem zeigte er eine Didaktik, die seine Hörer die Lösungen der von ihm angesprochenen Alltagsprobleme selbst vorschlagen, ihren „Hunger nach mehr Gerechtigkeit" bekennen und sich nach dem „Reich Gottes" sehnen ließ. Sein Anhang im Volk vergrößerte sich von Tag zu Tag, so dass die Sorge um eine Revolte und einen Eingriff der Römer die verantwortlichen Führer des Volkes zu Geheimkonferenzen bewog.[131] Sie haben die Auftritte Jesu als zunehmend bedrohlich empfunden, während das Volk aufmerksam seinen Gleichnissen

[130] Joh 8,12; 12,35.46.
[131] Mt 21,46; 22,15; Mk 14,1.

als ihren eigenen Alltagserfahrungen lauschte. Sechs große Gleichnisse soll Jesus nach Matthäus auf dem Tempelberg dem Volk erzählt haben; eines hatte er bereits unterwegs auf dem Pilgerweg vor den Toren Jericho seiner Gefolgschaft dargeboten.[132]

Jesus erzählte die Gleichnisse als Minidramen mit Akten und Szenen. Darin waren die kleinen Leute die Hauptspieler, ihre Gegenspieler die großen Herren. Oft steigerten überraschende Wenden die Wirkung. Jedermann in seiner Zuhörerschaft konnte sich mit der einen oder anderen Erzählperson identifizieren: „Ich bin gemeint! Ja, so ist das Leben!" Oder: „Nein! So darf es nicht weitergehen! Wann greift Gott Adonaj endlich selbst ein!?" Als roter Faden zieht sich mehr oder weniger deutlich durch alle Gleichnisse der Ruf zur persönlichen Umkehr durch wie auch zur Umkehrung der gesellschaftlichen Verhältnisse: „Die Letzten werden die Ersten und die Ersten die Letzten sein" (Mt 20,16). Die „metanoia" (griech.), die Kehrtwende war überhaupt ein Grundton der öffentlichen Äußerungen Jesu von seinen Anfängen an, seit er bei seiner Taufe den Himmel nicht mehr verschlossen, sondern offen und Gott Adonaj nicht mehr unendlich fern, sondern nahe herbeigekommen sah.[133] In der neueren Exegese werden drei Zugänge zu den Gleichnissen Jesu vorgeschlagen: die sozialgeschichtliche, die ekklesiologische und die eschatologische Perspektive. Matthäus neigt meist zur Kombination der ersten mit der dritten Sicht, wobei sein Interesse vor allem dem Jüngsten Gericht und der Bestrafung der Sünder gilt. Nicht eigentlich die frohe Botschaft des Evangeliums, sondern die Warnung vor der Unerbittlichkeit des göttlichen Richters beherrscht seine Abfassung der Gleichnisse Jesu.

Wie provokant die Gleichniserzählungen Jesu waren, wie sehr sie die Lebenswirklichkeit der damaligen Zeit trafen, welche Zustimmung sie beim Volk erfuhren und welche erschrockene Abwehr bei den Oberen des Volkes, lässt sich nach dem Matthäusevangelium vor allem an einigen besonders dramatischen Erzählbeispielen aus der Karwoche erkennen, wie Von den bösen Weingärtnern (21,33–46 par), Von der königlichen Hochzeit (22,1–14), Vom treuen und vom bösen Knecht (24,45–51), Von den klugen und törichten Jungfrauen (Mt 25,1–13), Von den anvertrauten Talenten (25,14–30), Vom Weltgericht (25,31–46). Sie beschäftigten sich mit den anwachsenden Aggressionen der jüdischen Bevölkerung in einer „vorrevolutionären Zeit" und hatten hier und dort bereits zu Mord und Totschlag geführt, deren Ursachen Jesus in den ungerechten Zuständen seiner Zeit sah und denen er die Gebote der Feindesliebe und der Versöhnung entgegen hielt. Matthäus, der ca. 40 Jahre später die mündlich überlieferten Gleichnisse Jesu in seiner „Geschichte Jesu Christi" schriftlich festhielt (Mt 1,1), lässt sie meist in eigenen Zusätzen

[132] Von den Arbeitern im Weinberg, Mt 20,1–16.
[133] Grundsätzliches zum Verständnis der Gleichnisse Jesu in der Einleitung bei Manfred Köhnlein, Gleichnisse Jesu – Visionen einer besseren Welt, Stuttgart 2009, S. 9–16.

mit „Heulen und Zähneklappern" enden. Er hatte inzwischen den katastrophalen Jüdischen Krieg (66–74 n. Chr.) miterlebt und war mit seiner Gemeinde ins Ausland geflohen. Durch seine eigenmächtigen, philologisch heute noch abgrenzbaren Anhänge an die Gleichnisse Jesu hat er ihnen ihren befreienden Charakter genommen und sie zu moralistischen Warn- und Strafgeschichten werden lassen.[134] Jesus hat in der Passawoche in der aufgeheizten Jerusalemer Atmosphäre des Römerhasses beim Volk und bei der Angst vor Aufruhr bei den Oberen versucht, die Annahme der gesellschaftlich Verachteten als gleichberechtigte „Kinder Gottes" zu empfehlen und vor Hass und Ausbeutung zu warnen. Eines dieser aufrüttelnden Gleichnisse der Passawoche, das in dem vorausgegangenen Gleichnisbuch des Autors noch nicht ausgelegt wurde, sei hier noch nachgeholt.

Von den ungleichen Söhnen

Mt *21,28–32*
28 Was meint ihr aber? Es hatte ein Mann zwei Söhne und ging zu dem ersten und sprach: Mein Sohn, geh hin und arbeite heute im Weinberg. 29 Er aber antwortete und sprach: Nein, ich will nicht. Danach reute es ihn, und er ging hin. Und der Vater ging zum zweiten Sohn und sagte dasselbe. Der aber antwortete und sprach: Ja, Herr! Und ging nicht hin. 31 Wer von den beiden hat des Vaters Willen getan? Sie antworteten: Der erste.
Jesus sprach zu ihnen: Wahrlich, ich sage euch: Die Zöllner und Huren kommen eher ins Reich Gottes als ihr. 32 Denn Johannes kam zu euch und lehrte euch den rechten Weg, und ihr glaubtet ihm nicht; aber die Zöllner und Huren glaubten ihm. Und obwohl ihr's saht, tatet ihr dennoch nicht Buße, so dass ihr ihm dann auch geglaubt hättet.

Es gibt in diesem ersten Gleichnis der Karwoche sprachliche Spuren, die seinen Kern direkt auf den historischen Jesus zurückführen lassen, auch wenn das Gleichnis als Sondergut des Matthäus nur einfach belegt ist. So wird gleich eingangs die Frage gestellt: „Was meint ihr aber?" (V. 28). Diese sofortige Einladung der Zuhörer zur gemeinsamen Überlegung ist typisch für die Didaktik Jesu (V. 28).[135] Der Wanderprediger Jesus liebte den offenen Dialog. Er ging bereitwillig auf die Zwischenrufe seiner Hörer ein und überließ es ihnen in echt rabbinischer Weise, wie wohl seine Erzählungen enden sollten oder müssten (V. 31). Er bevormundete seine Hörer nicht, sondern rief sie auf zu urteilen, welche Figuren seiner „Lehrstücke" ihnen sympathisch waren und ob diese gerecht gehandelt hatten, bevor er dann selbst den Schlusspunkt setzte, den er meist mit der Beteuerungsformel „Wahrlich, ich sage euch" einleitete (V. 31). Dabei steht im griechischen Text anstelle von „wahrlich"

[134] Der Autor hat dies bereits in M. Köhnlein „Gleichnisse Jesu – Visionen einer besseren Welt" nachzuweisen versucht, Stuttgart 2009, S. 186–249.
[135] Lk 10,36; vgl. M. Köhnlein, Gleichnisse Jesu, Stuttgart 2009, S. 14–16.

das sonst nur als Gebetsausklang bekannte „Amen“, im Sinne von „das soll gelten“[136]. Weitere Spuren, die zu Jesus selbst zurückführen, sind die Begriffe „Reich Gottes“ und „Zöllner und Huren“ (V. 31f.). Wenn Matthäus selbst spricht, redet er vom „Himmelreich“[137], um nach jüdischer Gewohnheit den Gottesnamen nicht unbedacht zu benützen. Matthäus selbst hätte auch dazu geneigt, die Berufsangabe „Zöllner“ mit dem Sammelbegriff „Sünder“ zu „Zöllner und Sünder“ zu kombinieren (Mt 9,11; 11,19), um die allzu anstößige Erwähnung der Prostituierten zu vermeiden; aber hier will er offensichtlich beim eigenen Wortlaut Jesu bleiben. Auch das Thema „Buße“, das schon Johannes der Täufer aufwarf, passt am besten in die Lebenszeit Jesu selbst (V. 32). Und auch wenn die Anrede „kyrios, Herr“ ein Hinweis auf den liturgischen Hoheitstitel des auferstandenen Jesus in der nachösterlichen Zeit ist, so kann „kyrios“ hier auch einfach nur säkular den Vater der Söhne als Weinbergbesitzer im Sinne von „Herr Vater“ meinen. Das Gleichnis kann also durchaus direkt auf Jesus selbst zurückgehen. Dann entfällt auch der Vorwurf heutiger Kommentatoren, die Erzählung sei unlogisch aufgebaut.

Die Ausleger, die solches behaupten, nehmen an, Matthäus habe bei seiner Wiedergabe des Gleichnisses Jesu die beiden Söhne in ihrer Reihenfolge verwechselt. Da es sich um zwei Söhne handelt, denken die Ausleger sofort an die jüdisch-christliche Heilsgeschichte und setzen den älteren Sohn mit dem Judentum und den jüngeren mit dem Christentum gleich. Mit dem Weinberg sei erst Israel und dann die Kirche gemeint. Nur hätte dann der ältere Sohn zuerst „Ja!“ (zum Gesetz und den Propheten) sagen müssen, und dann „Nein!“ (zu Jesus Christus als dem Messias). Umgekehrt hätte der jüngere Sohn erst „Nein!“ und dann doch noch „Ja!“ sagen sollen. So aber sind im Text die „Juden“ erst ablehnend und dann doch noch bußbereit, während die „Christen“ erst spontan gläubig sind, aber dann Gott Vater den Gehorsam verweigern. Eine solche Verwirrung tritt ein, wenn man das Gleichnis in der ekklesiologischen Perspektive „heilsgeschichtlich“ liest. Betrachtet man das Gleichnis hingegen auf der sozialgeschichtlichen Ebene als eine damalige reale, intrafamiliäre Episode, dann kann die merkwürdig erscheinende Abfolge so bleiben, wie sie bei Matthäus steht.

Der ältere Sohn, der sich als Erstgeborener mehr Rechte nehmen kann als der jüngere, verweigert sich zunächst unbegründet kurz: „Nein, ich will nicht!“ (V. 21). Dann sieht er aber ein, dass er dem Vater helfen sollte. Der seltene griechische Begriff „metamelomai“ (dt. etwas bereuen) ist kein kognitiver, sondern ein emotionaler Begriff (V. 29). Es ist nicht die vom Kopf ausgehende Einsicht, dass doch der Vater seine Arbeitskraft eingerechnet hat und er ihn jetzt nicht hängen lassen kann, sondern die aus dem Herzen kommende Liebe. Der erste Sohn will den Vater nicht enttäuschen und schämt

136 Mt 6,2; 5,18; 8,10; 10,15.23.42; 23.36 u. ö.
137 Mt 3,2; 4,17; 10,7.

sich seines abrupten Ungehorsams. So gelesen will das Gleichnis sagen: Umkehr ist jederzeit möglich! Ein erstes kategorisches Nein muss nicht unbedingt das letzte Wort sein. Auf die „Zöllner und Huren" bezogen, die ja ihre Dienste nicht zum Spaß erledigten,[138] sondern weil sie einen Verdienst brauchten, bedeutet das, sie mussten nicht immer die schlecht Angesehenen bleiben. Sie gehörten sogar zu den Ersten, die Jesus nachfolgten.[139] Hatten sie sich bisher nie um den Glauben gekümmert und von Gott Vater nichts mehr oder nur noch wenig gehalten, so konnten sie doch noch gut und gerecht werden, wenn sie nur bereit waren, ihr Leben zu ändern. Zum Glauben gehört die Willensbereitschaft. Er setzt kein gesellschaftliches Ansehen, keinen „reinen" Beruf, keinen besonderen Verstand, keine übermäßige Anstrengung voraus, wohl aber die Bereitschaft zu einer Änderung der Gesinnung. Anders ist es bei denen, die sich immer schon, wie der zweite Sohn, für gerecht und gehorsam gehalten haben. Bei ihnen tritt der Gegensatz zwischen reden und handeln besonders krass zutage. Einem stramm bereitwilligen theoretischen „Ja, Herr!" folgt ein praktisches „Nein!" Der anfängliche Gehorsam war also nur Schein.

Die mit „ihr" angeredeten „Hohenpriester und Ältesten" (V. 23.28) werden gemerkt haben, dass sie sich selbst verurteilten, als sie den älteren Sohn spontan für den gehorsameren Sohn hielten (V. 31), während sie doch in Wahrheit dem jüngeren Sohn glichen, der zwar formal den Willen des Vaters bejahte, ihn aber nicht erfüllte. Umso größer wird ihr Zorn gewesen sein, dass Jesus sie in die Falle der Selbsterkenntnis gelockt hatte. Es muss außerordentlich konsternierend für die religiösen Oberen Israels gewesen sein, dass der Rabbi aus Nazaret Betrüger wie die Zöllner und die Prostituierten näher am Reich Gottes sah als sie, die sie sich doch immer bemühten, toratreu und rechtschaffen zu sein (V. 31). Jesus hatte ausgerechnet dem „untersten Pack" das Prädikat zugesprochen, „auf dem rechten Weg" zu sein (a. a. O.), eine Tugend, die die Oberen bisher für sich selbst reserviert hatten. Bedenkt man, dass Jesus innerhalb von nur zwei Tagen die Führer Israels schon viermal provoziert hatte, leuchtet ein, dass die theologischen „Gegner" sein Auftreten auf die Dauer nicht mehr ertragen konnten und zumindest an eine religionsrechtliche Strafverfolgung dachten. Erst war Jesus demonstrativ auf einem Esel als dem Tier des einfachen Volkes anstatt auf einem Streitross in Jerusalem eingezogen, dann hatte er die Tische der Händler und Geldwechsler umgestoßen, Israel mit einem unfruchtbaren Feigenbaum verglichen und jetzt auch noch öffentlich Gottes Sympathie für das „Lumpenpack" der Zöllner und Huren verkündet (V. 32) – das war zu viel für die Ohren der „Gerechten"! Und es ging in den nächsten Tagen der Karwoche noch weiter mit herausfordernden

---

[138] Zur gesellschaftlichen Stellung der Sünder vgl. M. Köhnlein, Gleichnisse Jesu, a. a. O., S. 19ff.: Ein merkwürdiges Publikum – Zöllner und Sünder.

[139] Siehe die Berufung des Zöllners Levi-Matthäus: Mt 9,9–13; Mk 2,13–17; Lk 5,27–32; vgl. M. Köhnlein, Ecce homo – Seht, der Mensch! Band 1: Der Ruf, Lahr, 1999, bes. S. 190ff.: Der kleine Zöllner Levi.

Taten und Aussagen Jesu. Wenn man den roten Faden, dass Jesus an den Lehren und Sitten seiner Zeit „litt“ und sie als ein geistiges Ärgernis empfand, durch die Berichte seines Auftretens in der Paschawoche hindurchzieht, wird deutlich, dass er mit seinen Worten und Taten seine religionsrechtliche Anklage und strafrechtliche Hinrichtung weitgehend selbst „verschuldet“ hat. Es gab ja in der hierarchisch strukturierten Gesellschaft zur Zeit Jesu noch keine Religionsfreiheit, geschweige denn eine Philosophie der Aufklärung. Andererseits zeugt die Risikobereitschaft Jesu auch davon, wie sehr er sich seit seiner Taufe als direkt „von oben“ von seinem „himmlischen Vater“ her berufen und inspiriert fühlte. Er vergaß nie, dass Gott ihn seinen „lieben Sohn“ genannt hatte (Mt 3,17).

Einige weitere Auftritte Jesu in der „Karwoche“ als „Lehrer“ Israels wurden vom Autor bereits in vorausgegangenen Publikationen ausführlich ausgelegt (Mt 3,17).[140] Ihre Hauptaussagen seien deshalb nur in relativ kurzer Überschau referiert und in den Zusammenhang der Karwoche eingeordnet. Meist werden ja die Texte der Karwoche vom Einzug Jesu in Jerusalem bis zu seiner Auferstehung am Ostersonntag viel zu unbedacht als einzelne für sich selbst gesehen und aus dem Zusammenhang der Karwochen herausgenommen. So werden die Gleichnisse, die Jesus in seiner letzten Woche erzählte, ohne ihren Passionshintergrund in die Unterrichtseinheit „Gleichnisse Jesu“, die Reden in die Gruppe „Reden Jesu“ und die schließlichen Leidenstage unter die Rubrik „Der Prozess Jesu“ eingeordnet. Doch so wie das Passafest in Jerusalem eine ganze Woche andauerte, so sollten die Erfahrungen und Äußerungen Jesu als Pilger in Jerusalem auch thematisch in einem durchgehenden Zusammenhang gesehen werden. Die erste Wochenhälfte der Passazeit vom Palmsonntag bis zum Karmittwoch nutzte Jesus zu programmatischen Stellungnahmen zum Thema „Das Reich Gottes und seine Gerechtigkeit“, ein Herzensanliegen, das er schon in seiner „Bergpredigt“ in Galiläa angeschnitten hatte (Mt 6,33). Er führte in seinen öffentlichen Ansprachen und Erzählungen auf dem Tempelplatz als dem letzten Ort der jüdischen Identität aus, wie sehr er unter den Missständen der Gesellschaft litt, und warb für mehr Gerechtigkeit und Verständnis füreinander. In der zweiten Hälfte der Karwoche von Gründonnerstag bis zum Ostersonntag, als Jesus zunehmend verstummte, zeigen die Evangelien auf, wie es dem ergeht, der den Machthabenden Reformen abverlangt. Der Ruf Jesu nach einer „besseren Gerechtigkeit“ wird mit Unrecht beantwortet. Der bei seiner Taufe zum „Sohn Gottes“ berufene Wanderprediger und Wunderheiler aus Nazaret wird zum Opfer der Oberen des Volkes, die um jeden Preis den Status quo, von dem sie profitieren, festhalten wollen. Doch seine „Sache“ siegt am Ende doch durch die befreiende Auferweckung durch Gott Abba, dem Schöpfer, an dessen All-

[140] Z. B. 7 Lehr- und Streitgespräche in: M. Köhnlein, Ecce homo, Band 2: Das Risiko der Liebe, Kapitel 3: Die Kraft der Argumente, Lahr 2000, S. 259–378.

macht jede vermeintliche menschliche Macht scheitert. So ist die ganze Karwoche ein Ringen um die Wahrheit zwischen dem „kyrios", dem HERRN, und den „kyrioi", den Herren. Jesus scheute sich dabei, Matthäus zufolge, auch nicht, sich vor einem breiten Publikum in sieben erregten Weherufen erzürnt über die „verblendeten", „närrischen und blinden Führer" Israels kritisch zu äußern (23,16f.19.24).[141]

Die Pharisäerschelte

Mt 23,1–5; 6–12 (in Auszügen) (Mk 12, 37b–40; Lk 20,45–47 u. a.)
1 Da redete Jesus zu dem Volk und zu seinen Jüngern 2 und sprach: Auf dem Stuhl des Mose sitzen die Schriftgelehrten und Pharisäer: 3 Alles nun, was sie euch sagen, das tut und haltet; aber nach ihren Werken sollt ihr nicht handeln; denn sie sagen 's zwar, tun 's aber nicht. 4 Sie binden schwere und unerträgliche Bürden und legen sie den Menschen auf die Schultern, aber sie selbst wollen keinen Finger dafür krümmen. 5 Alle ihre Werke aber tun sie, damit sie von den Leuten gesehen werden. Sie machen ihre Gebetsriemen breit und die Quasten an ihren Kleidern groß.
6 Sie sitzen gern oben an bei Tisch und in den Synagogen 7 und haben 's gern, dass sie auf dem Markt gegrüßt und von den Leuten Rabbi genannt werden. Aber ihr sollt euch nicht Rabbi nennen lassen; denn einer ist euer Meister; ihr aber seid alle Brüder. 9 Und ihr sollt niemanden unter euch Vater nennen auf Erden, denn einer ist euer Vater, der im Himmel ist. 10 Und ihr sollt euch nicht Lehrer nennen lassen, denn einer ist euer Lehrer: Christus. 11 Der größte unter euch soll euer Diener sein. 12 Denn wer sich selbst erhöht, der wird erniedrigt; und wer sich selbst erniedrigt, der wird erhöht ..."

Jesus nennt seine Gegner schonungslos „Schlangen" und „Otternbrut" (23,33) und wirft ihnen vor, ihre Zeit mit arrogantem Auftreten, läppischen Streitereien über die Gültigkeit von Schwüren (21,20–22) und kleinkrämerischen Diskussionen über das Verzinsen von Kräutern und dergleichen (21,23) zu verschwenden und darüber das „Wichtigste" der Tora beiseite zu lassen, nämlich das Recht, die Barmherzigkeit und den Glauben" (23,23). Vor allem bescheinigt Jesus den „Schriftgelehrten und Pharisäern" wiederholt einen Bruch zwischen Verkündigen und Tun. Sie seien „Heuchler" (V. 13.15.23.28f.), würden ehrsüchtig auf dem „Stuhl des Mose" sitzen, einem Stuhl aus Marmor in der Nähe des Toraschreins,[142] von dem aus sie den jüdischen Gemeinden die Tora und die zu ihr gehörenden Auslegungskommentare interpretierten. Sie würden die religiösen Vorschriften bis ins Kleinste verfeinern und hielten sie doch selber nicht ein. Jesus ärgert sich Matthäus zufolge sehr über diese „Scheinheiligkeit". Er verwirft den „unehrlichen" Moralismus der „Pharisäer und Schriftgelehrten", mit dem sie dem einfachen Volk die Freude an der

[141] Auch Mt 15,14. Vgl. zum Vorwurf der „Blindheit" W. Stegemann, Jesus und seine Zeit, 2010, S. 51.
[142] Vgl. U. Luz, EKK I/3, S. 299.

Tora verderben. Und selbst heute noch, mehr als ein halbes Jahrhundert nach der Shoa, charakterisieren wir immer noch freudlose, engstirnige Frömmler, die anderen nichts gönnen, als „Pharisäer" und vergessen darüber, dass es an anderen Stellen der Evangelien auch positive Beschreibungen der „Schriftgelehrten und Pharisäer" gibt.[143] Es gab pharisäische Schriftgelehrte und schriftgelehrte Pharisäer. Sie mussten aber nicht notwendigerweise beides zugleich sein. Gewiss hat Jesus schon vor seinen Jerusalemer Tagen besonders gegen den mangelnden Gerechtigkeitssinn der „Schriftgelehrten" Stellung bezogen (Mt 5,20; 7,29). Einzelne unter ihnen waren aber durchaus im Volk wegen ihrer Gelehrsamkeit hoch angesehen und Mitglieder im Synhedrion, dem obersten Gremium der jüdischen Selbstverwaltung. Sie konnten Priester sein, mussten es aber nicht. Sie betrieben vor allem die Auslegung der religionsrechtlichen Gesetze und Gebote, schlichteten Streitfälle, setzten Verträge auf und beurkundeten sie. Sie waren eine Art von religiösen Notaren auf der Basis der Tora. Sie konnten parteipolitisch unabhängig sein, aber auch den Sadduzäern oder Pharisäern angehören.[144] Was aber Jesus nach Matthäus zusätzlich nicht an den „Schriftgelehrten und Pharisäern" gefiel, war ihre Eitelkeit, mit der sie sich von den Leuten und auch untereinander „Vater" und „Lehrer" nennen ließen und ihre Urteile so autoritär verkündeten, als wären sie Adonaj, der Herrgott, selbst. Das war ihm, der er doch gekommen war, die „Umkehr" der Herzen wie der Verhältnisse zu verkünden, ein Dorn im Auge.

Die Pharisäer waren eine religiöse „Bürgerpartei", die sich selbst als Gottes heilige Gemeinde verstand.[145] Sie versuchten, jede Berührung mit „unreinen" Menschen oder Dingen zu vermeiden und sich von den Leuten zu trennen, die das Gesetz nicht in ihrem Sinn beachteten.[146] Entsprechend wurde auch ihr Name „Pharisäer" aus dem hebräischen parasch (dt. trennen, absondern) abgeleitet. Als chavurah (dt. Genossenschaft) kamen ihre Mitglieder weniger aus Priester- oder Adelskreisen als vielmehr aus den Schichten der Kaufleute, Handwerker und Bauern. Ihrer Aufnahme in den Kreis der „Brüder" ging eine Probezeit voraus, in der ihnen Kenntnisse über die Reinheitsvorschriften, das Verzehnten und die Sabbatheiligung einstudiert wurden. Es wurde den Pharisäer nachgesagt, sie seien bestrebt, „einen Zaun um das Gesetz zu legen", d. h. alle seine Anforderungen bestehen zu lassen und einzuhalten, damit Israel nicht weiter in Sünde verfalle und der ersehnte Messias sich nicht scheue zu kommen. Ein ganz besonderes Anliegen der Pharisäer war auch ihr Glaube an die leibliche Auferstehung der Toten und ein ewiges Leben. Beim Prozess Jesu spielten die „Genossen" im Hohen Rat keine auffallende Rolle

143 Siehe oben S. 56–60; Mt 13,52; 22,34–40; Lk 7,36f.39; 11,37; 13,31; 14,1.

144 So zum Beispiel der kluge Rabbi Gamaliel, der Pharisäer und zugleich Schriftgelehrter war, vgl. Apg 5,34–39.

145 Siehe Werner Dommershausen, Die Umwelt Jesu, 1977, S. 57.

146 A. a. O.

und selbst der Apostel Paulus bekannte sich später durchaus wohlwollend, ein „Pharisäer und ein Sohn von Pharisäern" gewesen zu sein (Apg 23,6).

Aus dieser langen polemischen Rede Jesu gegen die religiösen Autoritäten Israels, wie sie Matthäus „protokollierte" und die bei Markus und Lukas nur kurz wiedergegeben wird, erweist sich einerseits deutlich, dass Jesus es als ein Hauptanliegen ansah, den Glauben Israels, wie er zu seiner Zeit gelehrt und ausgeübt wurde, von Verkrustungen zu befreien und wieder auf das Grundbekenntnis der Zehn Gebote, auf das Gerechtigkeitsverlangen und das Liebesgebot zurückzuführen. Andererseits ist es wenig glaubwürdig, dass Jesus tatsächlich eine solche sarkastische „Hetzrede" gegen die religiösen und politischen Führer Israels gehalten und ihnen sogar die „höllische Verdammnis" auf den Hals gewünscht haben soll (23,33). Sehr wahrscheinlich hat hier der Evangelist Matthäus seine eigenen Erfahrungen – um nicht zu sagen seinen Hass – aus dem späteren Konkurrenzkampf zwischen den Synagogen und den urchristlichen Gemeinden Jesus in den Mund gelegt, um seiner Verurteilung des Judentums die vermeintlich höchste Legitimität zu geben. Die nachösterliche Entstehung dieser Jesus unterstellten Scheltrede lässt sich unschwer aus einigen Textpassagen der letzten Reden Jesu ablesen, die eher in die spätere Zeit der Missionserfahrungen des Apostels Paulus als in die Zeit Jesu passen, wie zum Beispiel: „... einige werdet ihr geißeln in euren Synagogen und werdet sie verfolgen von einer Stadt zur anderen" (V. 34; cf. 2 Kor 11,24). Von den Anhängern Jesu, die ihm zu seinen Lebzeiten nachfolgten, ist keiner je, so wie er selbst, gegeißelt worden.

Matthäus hat mit der Überlieferung der Bergpredigt als einer Friedensrede ein Juwel des christlichen Glaubens geschaffen. Er hat aber auch mit der Abqualifizierung der jüdischen Frommen in der angeblichen Scheltrede Jesu gegen die Pharisäer und Schriftgelehrten einen üblen Grundstein zur Entstehung des christlichen Antijudaismus gelegt,[147] der sich in den weiteren Jahrhunderten im Verlauf der Judenverfolgungen zu einem fürchterlichen Antisemitismus auswuchs. Das Klischee, die Pharisäer seien „Heuchler" (23,23.25.27.29), wurde dem „Jud an sich" generell bis hinein in die Nazizeit als genetisches Phänomen seines Charakters an die Stirn geschrieben. Darum ist hermeneutisch festzuhalten: Es ist nicht jedes Wort der Evangelisten automatisch schon Gottes Wort. Die Evangelien bezeugen nicht nur die Größe, sondern auch die Entgleisungen des Glaubens. Aber vielleicht lassen sie gerade dadurch die „Heilige Schrift" zu einem lebensechten Lehr- und Glaubensbuch werden. Wo Licht ist, zeigt sich auch Schatten. Schon von den Anfängen des Christentums an sind Menschen von den „Jüngern" Jesu nicht nur gestützt und befreit, sondern nicht selten auch missverstanden und verleum-

[147] Einen weiteren folgenreichen Beitrag zur Abqualifizierung der Pharisäer schuf Lukas mit seinem Gleichnis vom „Pharisäer und Zöllner im Tempel"; vgl. hierzu M. Köhnlein, Gleichnisse Jesu, 2009, S. 158ff.

det worden. Wo es politische oder religiöse Differenzen zwischen Gruppen gibt, entstehen auch leicht gegenseitige Klischees.

Der psychische Kummer

Wir haben bislang versucht, in die „Letzten Tage Jesu in Jerusalem" mit Hilfe der Phänomene des Leidens eine gewisse innere Logik einzutragen, das heißt, einen roten Faden der Erlebnisse und des Befindens Jesu zu entwickeln. Alle vier Evangelisten sind sich darin einig, dass Jesus in der kurzen Zeit der „Karwoche"[148] mehrere Leidensdimensionen durchleiden musste Auf „dunkle Gefühle" Jesu hin (S. 21ff.), die sich in „Weissagungen" zum Verlauf seines Schicksals konkretisierten, ließen wir sein „Leiden an den gesellschaftlichen Verhältnissen" seiner Zeit folgen, das er in der Öffentlichkeit des Tempelgeländes couragiert vortrug (S. 28ff.). Dabei begann sein „gesellschaftliches Leiden" schon am Palmsonntag während seines Einzugs in Jerusalem. Jesus war nicht einverstanden mit dem, was um ihn herum geschah, versuchte aber zunächst, es zu ertragen. Er hörte sich den Jubel der Menge mit stummem Unbehagen an. Er „litt" am Missverständnis des Volkes, er sei der „Sohn Davids" in der Rolle des nationalen, königlichen Thronprätendenten. Er selbst wollte doch nur der einfache „Menschensohn" sein – der Mitmensch, der sich von Gott angenommen und beauftragt fühlte, Liebe und Gerechtigkeit zu verkündigen. Er verstand sich als Helfer der Armen und Heiler der Kranken. Dieses geistige Leiden, missdeutet zu werden, setzte sich in seinem Ärger über den Missbrauch des Tempelvorhofs als Basar fort und entlud sich am Montagmorgen in der Enttäuschung über den unfruchtbaren Feigenbaum, den Jesus als Symbol der „unfruchtbar" gewordenen Religiosität Israels ansah. Im weiteren Verlauf des Montags bis hin zum Mittwochabend trat Jesus dann in Jerusalem als der vollmächtige „Lehrer" Israels auf (Mt 22,16). Er nahm in Gleichnissen, Streit- und Schulgesprächen Stellung zu Gesetzes- und Steuerfragen, zum Liebesgebot, zur Wachsamkeit des Glaubens, zum Schicksal Jerusalems, zur Auferstehung, zum endzeitlichen Weltgericht und anderem mehr (Mt 21,18–25,46). Und so wie die Themen rasch wechselten, lösten sich auch die Gesprächspartner Jesu einander ab, so dass keiner der Verantwortlichen Israels später sagen konnte, er habe sich kein Bild von Jesus von Nazaret machen können.

Ein dritter Abschnitt in diesem Buch sucht nun heraus zu finden, wie Jesus es psychisch verarbeitete, dass viele Einheimische und Pilger seine Auftritte zwar als „events" begrüßten, ihm aber seine herausfordernde Botschaft nicht wirklich abnahmen. Wurde Jesus deshalb zusehends verbittert über die Un-

[148] Zur Erklärung des Begriffs „Karfreitag", „Karwoche" siehe RGG^4 (Religion in Geschichte und Gegenwart), 2001, Band 4, Sp. 809f., 836f.

verbesserlichkeit der Menschen überhaupt, so dass er sich mehr und mehr Gedanken machte, wie lange Gott Vater überhaupt noch Geduld mit dieser Welt haben würde, bevor er seine Schöpfung mit dem großen Drama des Weltgerichts abschloss? War Jesus schon nach einem Jahr des Wanderns und Predigens, in dem er so viele Menschen zur Hoffnung ermuntert und ihnen Lebensmut zugesprochen hatte, ein pessimistischer Apokalyptiker geworden, der in naher Zeit den Weltuntergang kommen sah?

Wieder hängt vieles davon ab, wie das jüdische Schicksalsjahr 70/71 n. Chr. mit seiner katastrophalen Zerstörung Jerusalems auf die Evangelisten beim Schreiben ihres „Lebens Jesu" eingewirkt hat. Haben sie Jesus Weissagungen über den Untergang Israels in den Mund gelegt, die er bei seinem irdischen Auftreten um das Jahr 30 noch gar nicht wissen konnte? Haben sie ihren eigenen Rückblick zu einem Vorausblick Jesu umgestaltet? Oder hatte Jesus tatsächlich die seherische Begabung, künftige Weltereignisse vorweg zu schauen? Wie auch immer, ob Rückblick der Evangelisten oder Vorausblick Jesu, alle drei Synoptiker lassen Jesus eine Art Totenklage über Jerusalem und das „Ende der Welt" halten.

8 Das drohende Weltende

Die so genannte „Endzeitrede" Jesu ist inhaltlich kompakt und mit seltsamen zwischen Historie und Utopie schwebenden Bildern gefüllt.[149] Wir nehmen nur einige beispielhafte Auszüge zur Auslegung vor, weil es uns mehr um die Stimmung Jesu am Ende seines öffentlichen Auftretens in Jerusalem als um die Nachzeichnung aller ihm zugeschriebenen Visionen geht.

Die Klage über Jerusalem und den Tempel

Mt 23,37–39; 24,1–5 (Mk13,1–4; Lk 21,5–7)
37 Jerusalem, Jerusalem, die du tötest die Propheten und steinigst, die zu dir gesandt sind! Wie oft habe ich deine Kinder versammeln wollen, wie eine Henne ihre Küken versammelt unter ihre Flügel; und ihr habt nicht gewollt! 38 Siehe, „euer Haus soll euch wüst gelassen werden" (Jer 22,5; Ps 69,26). 39 Denn ich sage euch: Ihr werdet mich von jetzt an nicht sehen, bis ihr sprecht: Gelobt sei, der da kommt im Namen des Herrn!
24,1 Und Jesus ging aus dem Tempel fort, und seine Jünger traten zu ihm und zeigten ihm die Gebäude des Tempels. 2 Er aber sprach zu ihnen: Seht ihr nicht das alles? Wahrlich, ich sage euch: Es wird hier nicht ein Stein auf dem andern bleiben, der nicht zerbrochen werde.

---

[149] Die apokalyptische „Endzeitrede" Jesu in Mt 24 ist zu unterscheiden von seiner „Weherede" gegen die Schriftgelehrten und Pharisäer in Mt 23.

3 Und als er auf dem Ölberg saß, traten seine Jünger zu ihm und sprachen, als sie allein waren: Sage uns, wann wird das geschehen? und was wird das Zeichen sein für dein Kommen und für das Ende der Welt? 4 Jesus aber antwortete und sprach zu ihnen: Seht zu, dass euch niemand verführe. 5 Denn es werden viele kommen unter meinem Namen und sagen: Ich bin der Christus, und sie werden viele verführen.

„Jerusalem, Jerusalem!" (23,37). Der doppelte Ausruf verstärkt die Klage. Jesus hat nicht nur die Schmerzen der Kreuzigung aushalten müssen, er wurde schon bereits vor seiner Verhaftung vom Schmerz depressiver Ahnungen geplagt. Darin hat der Evangelist Matthäus wohl Recht. Dabei ist allerdings kaum noch unterscheidbar, mit welcher Stimme Matthäus diese große Abschiedsrede, aus der wir nur besonders gewichtige Teile zitieren, festhält: Mit seiner eigenen Stimme, mit der Stimme frühchristlicher Missionare nach der Zerstörung Jerusalems oder hören wir hier tatsächlich die ursprüngliche Stimme Jesu selbst. Matthäus würde antworten: Der irdische Jesus von Nazaret und der himmlische Christus des Glaubens sind ihrem Wesenskern nach ein und dieselbe Person, woraus Matthäus schloss, was der Erhöhte gegenwärtig durch den Mund seiner christlichen „Apostel und Propheten" verkündigt (Eph 2,30), kann schon der Irdische damals gepredigt haben und umgekehrt. Eine objektive, historische Unterscheidung der Zeitebenen kannten die Evangelisten noch nicht, wie auch für sie die Bezeichnung Jesus Christus eigentlich kein Name, sondern die Gleichung „Jesus = Christus" war. Sie trafen den für sie logischen Schluss: Christus spricht durch den Mund der Apostel als Jesus von Nazaret und Jesus nimmt schon zu seinen Lebzeiten Gerichtsworte des himmlischen Christus vorweg.

Wer nun auch immer formal für den Autor dieser Klageworte zu halten ist – der Apostel oder der HERR – die Frage ist doch: Lassen sich die Inhalte der so genannten „Abschiedsrede" Jesu belegen? Haben die Bewohner Jerusalems jemals Propheten getötet und gesteinigt (V. 37)? Oder liegt hier eine spätere, urchristliche Polemik vor, die erst auf Aggressionen zwischen der Jerusalemer Urgemeinde und Vertretern der damaligen Synagogen zurückzuführen ist? Die Juden haben im ersten Jahrhundert unserer Zeitrechnung die Christen als bedrohliche, „gottlose" Sekte betrachtet und die Christen wiederum die Juden als feindliche Verfolger gesehen. Es liegen uns keine historischen Belege vor, die bezeugen, dass zur Zeit des alten Israels irgendwelche „Propheten" in Jerusalem gesteinigt worden wären (V. 37) – abgesehen von einem einzigen in der Hebräischen Bibel vermerkten Fall.[150] Man muss also annehmen, das auszulegende Redestück stammt erst aus der urchristlichen Zeit, zumal der Vorwurf „... die du tötest die Propheten" grammatikalisch im Präsens und nicht im Perfekt formuliert ist. Aus der apostolischen Frühzeit wird bezeugt, der eine

[150] 2 Chr 24,21. Auch das Gleichnis Jesu „Von den bösen Weingärtnern" (Mt 21,35) liefert keinen klaren Beweis, dass Jesus von Nazaret zu seinen Lebzeiten Steinigungen erlebt hätte.

oder andere charismatische Urchrist habe „prophetische", das heißt seherische Gaben gehabt, wie es Paulus in seinem Römerbrief erwähnt.[151] So sah auch der Diakon Stephanus vor dem versammelten Hohen Rat in Jerusalem „... voll heiligen Geistes auf zum Himmel und sah die Herrlichkeit Gottes und Jesus stehen zur Rechten Gottes" (Apg 7,56; 6,8). Der Hohe Rat entsetzte sich über diese Äußerung. Jesus gleich hoch stehend wie Gott Adonaj? Das war für gesetzesfromme Juden eine unerträgliche Blasphemie, die sie meinten, mit der Steinigung bestrafen zu müssen (Apg 7,57f.).

Prophetie kann durchaus eine Gnadengabe charismatischer Urchristen gewesen sein. In den Mund des irdischen Jesus selbst passt diese Verurteilung Jerusalems nicht, zumal Jesus den Synoptikern zufolge nur ein einziges Mal als Erwachsener die Hauptstadt aufgesucht hat und darum auch die Bemerkung „*wie oft* habe ich deine Kinder versammeln wollen" keinen logischen Sinn macht (V. 23,37b). Jesus von Nazaret hat weder die „heilige" Stadt, noch ihren Tempel verflucht. Das konnte nur von „rückwärts her", also nur von einem späteren Zeugen der Zerstörung Jerusalems im Jüdischen Krieg 70/72 n. Chr. und damit erst von einem Urchristen geschrieben werden. Dass Jesus in der Passionswoche unter der Vergeblichkeit litt, seine Landsleute nicht in größerem Maße durch sein Tun und Reden zu einer Umkehr in den Fragen des Glaubens und der Gerechtigkeit bewegen zu können, dieser „Ton" der letzten Rede Jesu kann ihm durchaus zugerechnet werden. Dass er jedoch prophezeien wollte, die ehrwürdige Pilgerstadt werde völlig zusammenbrechen (24,2), ist nicht wahrscheinlich. Jesus hat sein Volk und Jerusalem zu sehr geliebt, um sich eine solche totale Katastrophe vorstellen zu können. Für diese grundsätzliche Liebe Jesu zu seinen Landsleuten steht das warmherzige Bild von der „Henne", die ihre Küken beschützt (23,38). Das Bild der schützenden Flügel wird vor allem in den Psalmen gebraucht.[152] Allerdings sind es dann Adlerflügel oder die Flügel der Cherubim auf dem Deckel der Bundeslade. Die „Henne" und ihre Küken kommen in der Bibel nur in dieser „Abschiedsrede" Jesu vor. Dass hier ein so einfaches Haustier und kein majestätischer Vogel als Bild genommen wird, könnte eine Spur dafür sein, dass erst Matthäus diese Rede abgefasst hat, denn die Lade war zu seiner Zeit bereits verschwunden und der Adler als Wappentier der römischen Legionen verhasst. Jesus war offen für Entwicklungen zu mehr Frieden und Nächstenliebe, aber er war kein Apokalyptiker[153], der die Welt pessimistisch auf ein katastrophales Ende zueilen sah. Scheltworte und Verdammungsurteile waren nicht seine Sache, wohl aber Trostworte und Vergebungsangebote. Der Mann aus Nazaret war ein religiöser Prediger, aber kein Verfechter einer ideologischen Welt-

[151] Röm 12,6; Mt 10,41; 23,34.

[152] (Ps 17,8; 36,8; 57,2f., 61,5; 63,8; vgl. U. Luz, EKK I/3, 1997, S. 379, FN 17).

[153] Apokalyptik (griech. = Enthüllung, Offenbarung) ist die vermeintliche Aufdeckung von Ereignissen am zeitlichen Ende der Welt. Sie äußert sich in vielfältigen spekulierten Formen des Weltunterganges und setzt grundsätzlich einen mehr von Angst als von Hoffnung geprägten „Zeitgeist" voraus.

anschauung. Die spätere Urgemeinde hingegen war hungrig, etwas über den Ablauf der Zeiten und die „letzten Dinge" zu erfahren. Sie wollte wissen, wann Christus als Weltenrichter wiederkäme (23,39). Ihr war klar, dass Jesus „aus dem Tempel fortgegangen" war (24,1) und damit Gott sein altes Volk verlassen und sich einem neuen Volk, dem Christentum, zugewandt hat. Der Evangelist lässt Jesus in dieser „Abschiedsrede" den Tempel nur noch von gegenüber, vom Ölberg her betrachten (24,3). Matthäus will als „Prophet" seiner Urgemeinde sagen: Der „Ölberg" ist anstelle des Tempels das neue Zentrum des Glaubens. *Vom Ölberg her* hat Jesus am Palmsonntag auf seinem Esel reitend seinen Einzug in Jerusalem begonnen (Mt 21,1). *Auf dem Ölberg* offenbart er nun denen, die sich zu ihm halten, als kommender Christus das Geschick Israels und der ganzen Welt. Und *unten* am Fuß des Ölbergs im Garten Gethsemane wird er nun auch in wenigen Stunden gefangen genommen werden als Zeichen dafür, dass Gott jederzeit seine Herrschaft, wie schon bei Jesu Geburt im Stall von Bethlehem, auch „aus der Tiefe" neu aufbauen kann.

„Und als er auf dem Ölberg saß, traten seine Jünger zu ihm ..." (24,3). Diese Rahmenangabe erweckt sofort Assoziationen. Wir kennen sie bei Matthäus bereits vom Beginn der Bergpredigt Jesu her (5,3b.c). Der Berg ist in der biblischen Symbolik kein beliebiger geographischer Ort, sondern die höhere Warte, von der aus man die Dinge übersehen kann, der Ort der Offenbarung, der Gott nähere Ort. Und wenn sich Jesus zum Lehren setzt, dann verkündet er gewissermaßen „ex cathedra" grundsätzliche Entscheidungen. Allerdings werden diese Offenbarungen vorerst nur den Jüngern zugänglich gemacht. Anders jedoch als bei der Rahmenbeschreibung der Bergpredigt fehlt hier das „Volk" (5,1), von dem sich Jesus nun nach seinen Erfahrungen in der Tempelstadt enttäuscht abgewandt hat. Diese Ölbergrede will eine interne Jüngerbelehrung sein. Matthäus legt Wert darauf, seine Gemeinde über den Ernst der „Endzeit" aufzuklären, damit sie nicht „lau" wird, sondern ihren Glauben auch durch Verfolgungen hindurch bis ins Martyrium hinein durchhält (5,10f.). Wie er schon zu Beginn seines „Jesusbuches" Johannes, den Täufer, „wettern" lässt, so lässt er auch Jesus in dessen letzten Tagen mit dem Motiv der Angsterzeugung arbeiten. Kriege, Hungersnöte und Erdbeben, die drei großen apokalyptischen „Bedrängnisse" (V. 24,8.21) werden nicht nur über „Judäa", sondern über die ganze Menschheit hereinbrechen (24,7) und ein Entkommen vor den letzten „Wehen" wird selbst dem kaum noch gelingen, der versuchen wird, auf die Berge zu fliehen oder sich vor dem Einsturz seines Hauses über eine Nebentreppe in Sicherheit zu bringen (24,17). Die letzten Tage der Welt werden so schmerzensreich werden wie die Geburtswehen gebärender Frauen. Und wie bei Geburtswehen noch offensteht, ob die Schwangere ein gesundes oder ein abgestorbenes Kind zur Welt bringt, bleibt der matthäische Jesus zunächst bei seiner Beschreibung des bloßen „Anfangs der Wehen" stehen (24,8). Er wird Jesus einige Zeilen später nur als einzigen

Hoffnungsblick verkünden lassen: „Wer aber beharrt bis ans Ende, der wird selig werden“ (24,13). Nur – wer wird überhaupt bis ans Ende im Glauben beharren können, wenn die christlichen Gemeinden auseinander fallen und Himmel und Erde einstürzen werden? Matthäus entfaltet eine grandiose Rhetorik, wenn er Jesus die Szenerie der Letzten Tage beschreiben lässt. Aber kann er auch trösten? Lässt er durch alle Katastrophen hindurch auch Hoffnungsschimmer aufblitzen? Selbst ein Apostel kann sich in den Pessimismus verrennen, auch wenn er wie kein anderer im Laufe der Kunstgeschichte viele Künstler zu großartigen Gemälden über den „Letzten Tag“ und das „Jüngste Gericht“ angeregt hat.

Die große Bedrängnis der letzten Zeit

Mt 24,6–8; 15–28 (Mk 13,5–8.14–23; Lk 21,20–24)
6 Ihr werdet hören von Kriegen und Kriegsgeschrei; seht zu und erschreckt nicht. Denn das muss so geschehen; aber es ist noch nicht das Ende da. 7 Denn es wird sich ein Volk gegen das andere erheben und ein Königreich gegen das andere; und es werden Hungersnöte sein und Erdbeben hier und dort. 8 Das alles aber ist der Anfang der Wehen. Dann werden sie euch der Bedrängnis preisgeben und euch töten ...
15 Wenn ihr nun sehen werdet das Gräuelbild der Verwüstung stehen an der heiligen Stätte ..., 16 alsdann fliehe auf die Berge, wer in Judäa ist; 17 und wer auf dem Dach ist, der steige nicht hinunter, etwas aus seinem Hause zu holen ... 21 Denn es wird dann eine große Bedrängnis sein, wie sie nicht gewesen ist vom Anfang der Welt bis jetzt und auch nicht wieder werden wird. 22 Und wenn diese Tage nicht verkürzt würden, so würde kein Mensch selig werden, aber um der Auserwählten willen werden diese Tage verkürzt.

Es bleibt unklar, ob die Schreckensbilder, die Matthäus Jesus auf dem Ölberg vorhersehen lässt, bei Matthäus ihren Ursprung in realen geschichtlichen Erfahrungen seiner Generation bzw. der Generation vor ihm aus der Zeit des Jüdischen Krieges haben oder tatsächlich nur eschatologische Ahnungen sind. Die Gemeinde des Matthäus ist sehr wahrscheinlich noch rechtzeitig aus Israel nach Syrien geflohen (24,16–22), weil die Zerstörung Jerusalems und die Verwüstung des jüdischen Landes in dem aussichtlosen Freiheitskampf gegen die Römer so furchtbar gewesen waren, wie der Evangelist hier die Endzeit beschreibt. Die Flüchtlinge haben in ihrer Erinnerung das „Gräuelbild der Verwüstung“, den Anblick des niedergebrannten Tempels, mitgenommen (24,15). Zerstörter, verödeter konnte die Welt am Ende ihrer Tage nicht aussehen. Die Rede von einem furchtbaren „Gräuelbild der Verwüstung“ ist eine alte Metapher spätjüdischen Theologie (V. 15), die schon im Buch Daniel erwähnt wird[154]. Sie war ursprünglich auf die Entweihung des Jerusalemer Tempels 168 v. Chr. durch den syrischen König Antiochus IV. Epiphanes

---

[154] Dan 9,27; 11,31; 12,11.

beschränkt, wurde aber dann in der urchristlichen Apokalyptik auf die kommende letzte „große Bedrängnis“ am Ende der Tage übertragen und ausgeweitet, wenn Himmel und Erde vergehen werden (Mt 24,15ff.).

Auch die Verlegung der Klagenrede Jesu auf den Ölberg hat eine besondere Bedeutsamkeit Auf dem Ölberg wird sich gemäß der spätjüdischen apokalyptischen Theologie der Messias als „Himmlischer Menschensohn“ am „Letzten Tag“ als der Weltenrichter präsentieren. Mit der Platzierung „Ölberg“ unterstreicht Matthäus, dass Jesus von Nazaret für ihn zweifelsfrei der Messias war und bleiben wird, welche persönlichen „Bedrängnisse“ auch immer auf den Herrn in den folgenden Passionstagen noch zukommen werden. Noch bis heute lassen sich Persönlichkeiten des jüdischen Lebens auf dem Ölberg bestatten, um am „Jüngsten Tag“ dem Messias bei seiner Ankunft möglichst nahe zu sein, wenn sich die Gräber öffnen werden.[155]

Es ist verständlich, dass Matthäus bei dieser beklemmenden apokalyptischen Rede Jesu die Jünger bestürzt fragen lässt: „Wann wird das geschehen und was wird das Zeichen sein für dein Kommen und für das Ende der Welt?“ (24,3). Die Jünger nahmen wohl an, aufgrund ihrer treuen Nachfolge von den „Gräueln“ der Letzten Tage verschont zu werden und ihnen zu entfliehen, wenn sie nur wüssten, wann das Ende der Welt käme und wenn sie seine Anzeichen rechtzeitig erkennen könnten. Dieser Wunsch, die „Zeichen der Zeit“ zu deuten, hat im Lauf der Kirchengeschichte manche „frommen“ Personen und Gruppen zu Zahlenspielen „verführt“, mit denen sie das Weltende ausrechnen wollten, so im Protestantismus besonders die Pietisten der evangelischen Kirchen und die „Propheten“ der Neuapostolischen Kirche.[156]

Matthäus lässt Jesus eine doppelte Antwort geben: Die Jünger sollen auf innere und äußere Wirrnisse achten. Es werden innerhalb der Gemeinden „falsche“ Prediger auftreten, die sich selbst als „Christus“ bezeichnen werden (24,4f.;23f.). Sie werden viele laue Gemeindeglieder zum „Abfall“ bewegen und sie so aufwiegeln, dass sie sich gegenseitig an die Geheime Staatspolizei verraten und sich darüber hassen werden (V. 24,8f.). Bereits im Spätjudentum hatten sich immer wieder Prediger und Anführer von unruhigen Gruppen als Heil bringende Messiasanwärter ausgegeben und Anhänger um sich versammelt, die dann untereinander in Streit gerieten oder aussichtslose Aufstände gegen die römische Besatzungsmacht anzettelten.[157] Vernichtender noch als die innere Bedrohung der christlichen Gemeinden durch Sektiererei wird nach Matthäus jedoch der äußere Zusammenbruch der gesamten Weltkulissen sein (24,6f.). Gott, der Schöpfer, lässt die Welt, seine Schöpfung, zur abgeräumten Bühne werden, auf der dann Jesus Christus, sein Sohn, als Weltenrichter neu auftreten kann.

---

155 Mt 27,52f.; 1 Thess 4,16f.

156 Vgl. zur Apokalyptik in der Kirchengeschichte W.-D. Hauschild, in: RGG^4, Bd 1, 1998, Sp. 595f.

157 Sie werden namentlich bei U. Luz, EKK I/3, 1997, S. 420, FN 81 aufgeführt. Vgl. auch ihre Nennung durch den hoch angesehenen Pharisäer Gamaliel im Hohen Rat (Apg 5,34–37).

Die Abräumung der Schöpfung besorgen diesen „Weheklagen“ Jesu zufolge die Menschen selbst. Obwohl die Endzeitrede Jesu, soweit sie die ganze Welt betrifft, damals noch eine spekulative Vision war, besteht heute kein Mangel mehr an historischen Nachweisen, wie sich im Laufe der Jahrhunderte Menschen in sinnlosen Kriegen gegenseitig niedergemetzelt, Erdbeben und Sturmfluten ganze Landstriche verwüstet und Hungersnöte Menschen und Vieh zu Zehntausenden haben „verenden“ lassen. Wenn von konkreten Zeit- und Ortsangaben abgesehen wird, war schon immer zu jeder Zeit der Weltgeschichte in irgendeinem Land oder Winkel des Globus „Letzte Zeit“. Schon immer und überall hat der Mensch den Menschen in schrecklichen Kriegen geopfert, sofern das Wüten der Natur ihm diese Arbeit nicht abnahm. „Gräuelbilder der Verwüstung“ werden weltweit produziert und von einem Jahrhundert ins andere weitergereicht. Sie werden auch mit Hilfe der modernen Mediennetze viel schneller als früher über den ganzen Globus bekannt gemacht, so dass fast kein Tag vergeht, an dem nicht irgendwo die Welt „brennt“. Diese Fülle der Katastrophennachrichten lässt aber auch leider das Bewusstsein der Menschen abstumpfen. Bilder von schmelzenden Eisbergen, von ausgehungerten Kindern, von raffinierten, neuen „Drohnen“ werden hingenommen als „alltäglich“. Selbst bei Christen ist das Bewusstsein, einem „Jüngsten Tag“ entgegenzugehen, verblasst, und der früher vor allem über die Dichtung so verbreitete „Weltschmerz“ ist dem bloßen „Privatschmerz“ über den individuellen Tod geliebter Personen Platz gewichen. Die Materialschlachten des Ersten und Zweiten Weltkrieges, die Atombomben von Hiroshima und Nagasaki, die Gaskammern der Shoa, die Tsunamis in Ostasien werden als TV-Dokumentationen „eingeschaltet“, haben aber kaum die Wirkung aufrüttelnder „Menetekel“, die die Masse der Bevölkerungen zur „Umkehr“ bewegen könnten. Zumindest die Menschen der westlichen Welt leben heute mit den „Zeichen der Zeit“ als hinzunehmenden Mängeln des Fortschritts, weil der Einzelne halt doch nichts gegen die Entwicklung der Dinge machen könne. Im Unterschied zu früheren Epochen hat der Genuss der jeweiligen „Jetztzeit“ die Gedanken an eine Verantwortung in der „Endzeit“ vor dem Richterstuhl Christi verdrängt. Wer glaubt überhaupt noch an eine „Wiederkunft Christi“ zum „Endgericht“ außer sektiererischen Gruppen?

Die Erscheinung des Weltenrichters

Mt 24,29–44 (Mk 13,24–27; Lk 21,25–28)

29 Sogleich aber nach der Bedrängnis jener Zeit wird die Sonne sich verfinstern und der Mond seinen Schein verlieren, und die Sterne werden vom Himmel fallen, und die Kräfte der Himmel werden ins Wanken kommen. 30 Und dann wird erscheinen das Zeichen des Menschensohns am Himmel. Und dann werden wehklagen alle Geschlechter auf Erden und werden sehen den Menschensohn kommen auf den Wolken des Himmels mit großer Kraft und Herrlichkeit.

31 Und er wird seine Engel senden mit hellen Posaunen, und sie werden seine Auserwählten sammeln von den vier Winden, von einem Ende des Himmels zum andern ...
34 Wahrlich, ich sage euch: Dieses Geschlecht wird nicht vergehen, bis dies alles geschieht. 35
Himmel und Erde werden vergehen, aber meine Worte werden nicht vergehen. 36 Von dem
Tage aber und von der Stunde weiß niemand, auch die Engel im Himmel nicht, auch der Sohn nicht, sondern allein der Vater.
37 Denn wie es in den Tagen Noahs war, so wird auch sein das Kommen des Menschensohns.
38 Denn wie sie waren in den Tagen vor der Sintflut – sie aßen, sie tranken, sie heirateten ... bis die Sintflut kam und raffte sie alle dahin –, so wird es auch sein beim Kommen des Men-
schensohns. 40 Dann werden zwei auf dem Felde sein; der eine wird angenommen, der andere
wird preisgegeben. 41 Zwei Frauen werden mahlen mit der Mühle; die eine wird angenommen, die andere wird preisgegeben.
42 Darum wachet, denn ihr wisst nicht, an welchem Tag euer Herr kommt. Das sollt ihr aber wissen: Wenn ein Hausvater wüsste, zu welcher Stunde in der Nacht der Dieb kommt, so würde er ja wachen und nicht in sein Haus einbrechen lassen. Darum seid auch ihr bereit! Denn der Menschensohn kommt zu einer Stunde, da ihr's nicht meint.

Matthäus zufolge äußert sich Jesus in der Mitte der Passionswoche auf dem Ölberg im Kreis seiner Jünger in einer großen Klagerede über seine innersten Besorgnisse (24,1–25,46). Es ist, als müsste er seine schon länger angewachsenen Ahnungen und Gefühle dringend wenigstens seinen Freunden gegenüber aussprechen, um in seiner Seele Raum zu schaffen für die neuen, bitteren Erlebnisse, die er auf sich zukommen sieht. Jesus steht ein Rollenwechsel bevor, der nicht ohne innere Bedrängnis abläuft. Aus dem bisherigen Prediger und Wundertäter muss der Heiland und Erlöser werden. Nach den langen „äußeren Wanderungen" durch Galiläa und Samaria (Mt 4,12–20,34) beginnt nun die „innere Pilgerfahrt" Jesu zum Kreuz. In dieser meist „Endzeitrede" genannten Ansprache an die Jünger schildert er in kreisenden Gedankengängen die Wirren und Verfolgungen, die der Gemeinde bevorstehen, er dramatisiert das Schicksal aller Völker und der gesamten Schöpfung und kommt auf sich selbst als künftigen Weltenrichter zu sprechen. Dazwischen bricht Jesus immer wieder in Aufrufe zur Wachsamkeit aus und mahnt in fesselnden Gleichnissen zu mehr Gerechtigkeit und Nächstenliebe, als hätten die Jünger doch noch die Zeit, sich auf das Große Weltgericht einzustellen. „Wachet!" (V. 24,42), „beharrt bis ans Ende!" (24,13), rät Jesus eindringlich. Offensichtlich sah Matthäus in seiner Gemeinde den Glauben an die Wiederkunft Jesu als Weltenrichter schwinden. Er selbst versteht sich zwar noch als Vertreter der Generation von Urchristen, die „sogleich nach den Bedrängnissen" das Ende kommen sehen (V. 29), beschreibt aber nur, was am Ende der Zeit erfolgen wird, ohne genaue Angaben zu machen, wann das alles geschehen wird. Die Jünger, d. h. die Gemeindeglieder, lässt Matthäus Jesus sagen, sollen sich selbst der „Zeichen der Zeit" vergewissern.

Nach den Kriegen zwischen den Völkern und den Verführungen in der Gemeinde, die dem Evangelisten zufolge die Vorakte zum Endgeschehen darstellen, erfolgt der kosmische Zusammenbruch. „Die Sonne und daraufhin auch der Mond verfinstern sich, die Sterne werden auf die Erde fallen und das gesamte Gebäude des Universums wird ins Wanken kommen" (V. 29). Wer einmal die bangen Minuten einer Sonnenfinsternis erlebt hat und die kosmische Kälte spürte, die sich dabei plötzlich minutenlang einstellte, kann das Grauen nachvollziehen, das in diesen Angaben lauert. Die Festigkeit des Bodens, auf dem wir stehen, das Sonnenlicht, das alles Leben erhellt und wärmt, die Himmelssphären über uns, die uns Flüge von Kontinent zu Kontinent erlauben, sind als Großgeschöpfe Gottes genauso der Vergänglichkeit unterworfen wie der Mensch. Verdunkelt sich die Sonne, fällt die Energie aus, von der die Vegetation und die Weltwirtschaft abhängen. Der Jesus des Matthäusevangeliums sieht dann das „Zeichen des Menschensohnes am Himmel" erscheinen (V. 30).[158] Wie das „Zeichen des Menschensohnes" aussehen soll, erfahren wir von Matthäus leider nicht – ein großes Kreuz am Himmel, das (griechische) Christusmonogramm XP, eine Dornenkrone? Ein Blick auf die Parallele der Stelle bei Markus (13,26) lässt nicht an ein bloßes Symbol, sondern an die Person des „himmlischen Menschensohnes" selbst denken. Matthäus stellte sich wohl einen riesigen Richterstuhl am Himmel vor, auf dem Christus thront und aus dessen Mund ein zweischneidiges Schwert aus seinem Munde ausgeht, wie es später der Seher des biblischen Buches Offenbarung verkündet (Apok 1,16) und wie es spätmittelalterliche Maler in ihren Gemälden zum „Jüngsten Gericht" festhalten[159], indem sie noch Maria, die Erzengel und die Apostel als himmlischen Hofstaat um den Thron des „Menschensohnes" versammeln und die gerecht Gesprochenen der Menschheit auf der einen Seite zum Himmel hochkommen und die Verdammten auf der anderen in die Hölle abstürzen lassen. Hernach kommt das große „Zu spät". Die Menschen wehklagen, aber die „Auserwählten" unter ihnen freuen sich (V. 30f.). Matthäus denkt universal. Das Erlebnis der Erscheinung Christi zum Endgericht bezieht sich bei ihm nicht nur auf die Christen. Es liegt ihm viel daran, dass Christus als der Weltenherr am Ende der Tage über alle Völker und Menschen urteilen wird, wie der Evangelist ja auch am Ende seines Buches den Auferstandenen den Missionsbefehl auf „alle Völker" ausdehnen lassen wird (28,19). Hatte er den irdischen Jesus zuerst nur zu den „verlorenen Schafen des Hauses Israel" kommen lassen (15,24), so lässt er nun den erhöhten Christus zu allen Menschen aller Zeiten kommen. Damit nimmt Matthäus noch vor Beginn der körperlichen Leidenstage Jesu bereits die Auferstehung Jesu und seine Einsetzung in die „Herrlichkeit" vorweg (V. 30). Die Passion Jesu ist entschärft, bevor sie überhaupt zu ihrem Höhepunkt gelangt.

„Wahrlich, ich sage euch ..." (V. 34). Im Griechischen steht an dieser Stelle „Amen", wie wir es bei Matthäus schon von der Bergpredigt Jesu und von

---

158 Zum Verständnis des Begriffs „Menschensohn" siehe oben S. 25ff.

159 Vgl. das Triptychon von Hans Memling, Gemäldegalerien Gdansk und Berllin.

anderen Kernsprüchen Jesu her kennen.[160] Wir sind gewohnt, mit Amen unsere Gebete abzuschließen, im Griechischen jedoch kann das „Amen" besonders bedeutsame Bekenntnisse eröffnen. Es hat dann den Sinn: „Das Folgende ist vollmächtig gesagt", oder: „Daran darf nicht gerüttelt werden." Der Sprecher hält das Bekenntnis der Naherwartung hartnäckig durch: „Dieses Geschlecht wird nicht vergehen, bis dies alles geschieht" (V. 34). Der Weltuntergang steht für Matthäus immer noch unmittelbar vor der Tür und damit auch die „Parusie" Jesu Christi, auch wenn eine beachtliche Zahl seiner Gemeindeglieder die Hoffnung bereits aufgegeben hat, Jesus bald als Christus wiederzusehen. Mit „Parusie" wird traditionell die „Wiederkunft" Christi bezeichnet. Von ihrem griechischen Wortsinn her bezeichnet sie aber genauer die „Ankunft". Der irdische Jesus und der himmlische Christus sind zwar in ihrem Personkern ein und dieselbe Person, aber in ihrer Erscheinungsform, ihrem Auftrag und in ihrer Machtfülle durchaus verschieden. So wäre präziser zu sagen: Der „Menschensohn" kommt wieder als derselbe, aber nicht als der gleiche. Während Jesus kam, „zu suchen und selig zu machen, was verloren ist" (18,11), wird Christus kommen, „zu richten die Lebenden und die Toten" (2 Tim 4,1). Es lässt sich nicht verschweigen, dass sich der Evangelist Matthäus oder auch schon Jesus selbst getäuscht haben. Die Parusie Jesu Christi ist nicht zu Lebzeiten der urgemeindlichen Generationen und nicht einmal bis heute eingetroffen. Wir wissen aus den Studien der neutestamentlichen Apostelbriefe, dass der Streit über die Parusieverzögerung die Urgemeinden schier zerrissen hat.[161]

Um Spekulationen und Enttäuschungen zuvor zu kommen, verweist der Sprecher der Endzeitrede darauf, dass Tag und Stunde des Jüngsten Gerichtes, was die Gemeindeglieder vor allem wissen wollten, das große Geheimnis „Gottvaters" bleibe und nicht einmal Christus selbst oder den Engeln bekannt sei (V. 35). Im Übrigen tröstet er die „verwirrten" Gemüter mit dem Hinweis, dass Jesu Worte unvergänglich seien, wann und wie sich auch die Pläne Gottes mit seiner Schöpfung erfüllen mögen (V. 35). In der Kirchengeschichte war es den Theologen immer ein Problem, dass sich Jesus als Gottes Sohn getäuscht haben könnte. Es wurde versucht festzuhalten, dass bei Gott „tausend Jahre vor ihm nur wie der Tag" seien, „der gestern vergangen ist" (Ps 90,4) oder dass mit dem Ausdruck „dieses Geschlecht" nicht die Generation des Evangelisten, sondern die Menschheit überhaupt sei und Gott ja schon Noah versprochen habe, „nicht mehr die Erde zu verfluchen um der Menschen willen" (Gen 8,21f.).

Gerade aber dem Verweis auf Noah und Gottes Geduld stellt Matthäus entgegen, dass ja gerade damals die „Sintflut" völlig überraschend über den Alltag der Menschen hereinbrach und quer durch die Familien und Nachbar-

160 5,16; 8,10; 10,15; 23,42.

161 2 Petr 3,1–13; 2 Thess 2,1ff. u. ö.

schaften hindurch, die einen „angenommen“, die anderen aber „preisgegeben“ wurden (V. 40f.). „Sogleich“ tauchen auch in unserer Erinnerung wieder die Schreckensbilder des großen Tsunami auf, dessen haushohe Wellen im Dezember 2004 in Sekundenschnelle auf die Küste einer der schönsten ostasiatischen Ferieninsel zurollten und Hunderttausende von Einheimischen und Touristen „dahinrafften“, auch wenn sie sich noch so verzweifelt an Brettern und Ästen festhielten (V. 39). Obwohl sich den Lesern sofort die Frage nach Gottes Gerechtigkeit stellt, wenn so viele unschuldige Menschen hinterrücks in den Untergang mit hinein gerissen werden, vermeidet es Matthäus, auf die Schuldfrage einzugehen. Das Weltende ist für ihn eine kosmische Katastrophe, die alle und alles umfasst. Er will dem Urteil des Weltenrichters am Ende der Tage nicht vorgreifen. Entscheidend ist für ihn „wach zu bleiben“, im Glauben an Christus als HERRN und Retter nicht nachzulassen und der Gemeinde treu zu bleiben (V. 42a). Ein kleines, zweizeiliges Gleichnis soll den Weckruf verdeutlichen: „Wenn ein Hausvater wüsste, zu welcher Stunde in der Nacht der Dieb kommt, so würde er ja wachen und nicht in sein Haus einbrechen lassen“ (V. 42b). Der Vergleich ist paradox, als würde Matthäus jede Logik außer Acht lassen. Der erwähnte Hausvater wacht ja gerade zu der bestimmten Zeit, von der er weiß, dass zu ihr der Dieb kommt, während die Christen wach bleiben sollen, weil sie nicht wissen, wann der „Jüngste Tag“ über sie hereinbricht. Sollen sie gerade deshalb auf die „Zeichen der Zeit“ achten? Was aber tun, wenn die neuen Zeichen von Vernichtung im Kern die gleichen sind, die es immer schon gab, wie zum Beispiel die Kriege, die Erdbeben, die Sturmfluten? Welches der vielen „Zeichen“ ist das vorletzte und welches wird das letzte sein, wenn es alles immer schon gab? Dem Apokalyptiker Matthäus fehlt hier ein Stück der existenzialen Gelassenheit des Apostels Paulus: „Ich bin gewiss, dass weder Tod noch Leben, weder Engel noch Mächte noch Gewalten, weder Gegenwärtiges noch Zukünftiges ... uns scheiden kann von der Liebe Gottes, die in Christus Jesus ist, unserm Herrn“ (Röm 8,38f., 14,8). Wir sind dem Endgericht nicht hilflos ausgeliefert.

Wir können bereits selbst in der Gegenwart durch unser Tun und Lassen Christi Urteil über uns gewissermaßen vorbereiten. Christus geht mit uns die Wege, Christus geht mit uns durch die Zeiten. Er ist das Alpha und das Omega, der Anfang und das Ende. Wir leben nie ohne ihn, auch wenn wir ihn vergessen. Er kennt unsere Stärken und Schwächen, unseren „Weltschmerz“, wie unser persönliches Leid. Auch Enttäuschungen wurden ihm nicht erspart, auch ihm waren Angst und Vereinsamung nicht fremd. Er ist nicht nur unser Lehrer für das rechte und gerechte Tun, sondern auch das große Vorbild für die Versöhnungen, die uns das Leben immer wieder abverlangt.

9 Im Stich gelassen

Die Geschehnisse der Passionswoche vom Einzug Jesu in Jerusalem am Palmsonntag bis zu seiner Auferstehung am Ostermorgen sind in ihrem zeitlichen Ablauf aus Andachten, Predigten, Religionsunterricht, biblischen Kommentarbüchern u. a. allgemein bekannt. Wir haben uns deshalb entschlossen, bei unserer Interpretation der letzten Tage Jesu ungewöhnlich vorzugehen, indem wir die einzelnen Stationen des Leidens Jesu nicht nach ihren aufeinander folgenden Tagen, sondern nach ihren „Dimensionen des Leidens" betrachten (Röm 8,38f.; 14,8). Dabei kommt es zu Umgruppierungen der Passionstexte, indem wir manchmal spätere Ereignisse vorziehen und bereits neben frühere stellen, weil sie ihrer Phänomenologie nach einander ähnlich sind. So stehen wir zum Beispiel jetzt nach der Besprechung der „dunklen Gefühle" bzw. „Todesahnungen Jesu", der längeren Untersuchung seines „Leidens an den Verhältnissen"[162], bei der Beobachtung seines „psychischen Kummers". Hier wandten wir uns zuerst seinem zunehmenden „Weltschmerz" zu, um nun auf Jesu Reaktionen zu schauen, wenn er von seinem bisher besten Freund beziehungsweise von einem Leidensgenossen „allein gelassen" wird. Man könnte im Unterschied zum universalen „Weltschmerz" nunmehr von Jesu individuellem „Liebesschmerz" reden, falls dieser Begriff rein altruistisch und keinesfalls erotisch verstanden wird. Wir beginnen mit dem Schmerz, den ihm sein sonst engster Vertrauter Simon Petrus zufügt.

Die Verleugnung des Petrus

Auch wenn es für katholische Christen schmerzlich ist, es lässt sich nicht abstreiten: Simon Petrus, der erste „Stellvertreter Christi auf Erden" – um nicht zu sagen der erste „Papst" –, war zugleich der erste „Christ", der seinen HERRN verleugnet hat. Alle vier Evangelisten berichten davon. Es war also in der Urgemeinde nicht zu verschweigen, dass der Sprecher der zwölf Jünger in einer entscheidenden Lebenssituation Jesu versagt hatte, obwohl ihm der „Meister" schon früher während einer Wanderung den Ehrentitel „Fels der Gemeinde" verliehen und ihn von Simon zu Petrus (griech. Fels) umbenannt hatte (Mt 16,18). Petrus war aber auch, allerdings nur nach einem Sondervotum des Evangelisten Johannes zugleich der erste Apostel, der von Jesus für seine „Untreue" Vergebung erhielt (Joh 21,15–17). Die Bibel berichtet eben nicht nur vom Glauben ihrer „Helden", sondern auch von deren Zweifel und Versagen. Und gerade darin ist sie ein wahrhaft lebensechtes Buch.

[162] Was man auch sein „gesellschaftliches Leiden" nennen könnte.

Der innere Abschied

Mt 26,30–35 (Mk 14,26–31; Lk 22,33f.; Joh 13,36–38)
30 Und als sie den Lobgesang gesungen hatten, gingen sie hinaus an den Ölberg. 31 Da sprach Jesus zu ihnen: In dieser Nacht werdet ihr alle Ärgernis nehmen an mir. Denn es steht geschrieben (Sach 13,7): „Ich werde den Hirten schlagen, und die Schafe werden sich zerstreuen." 32 Wenn ich aber auferstanden bin, will ich vor euch hingehen nach Galiläa. 33 Petrus aber antwortete und sprach zu ihm: Wenn sie auch alle Ärgernis nehmen, so will ich doch niemals Ärgernis nehmen an dir.
34 Jesus sprach zu ihm: Wahrlich, ich sage dir: In dieser Nacht, ehe der Hahn kräht, wirst du mich dreimal verleugnen. 35 Petrus sprach zu ihm: Und wenn ich mit dir sterben müsste, will ich dich nicht verleugnen, Das Gleiche sagten auch alle Jünger.

Im Zeitverlauf der biblischen Passionsgeschichte findet diese Szene eigentlich erst am Gründonnerstagabend nach dem Abendmahl „am Ölberg" statt (V. 30), auf dem nach traditionellem jüdischem Glauben Offenbarungen über das „Weltgericht" geschehen. „Offenbart" wird hier jedoch der Hochmut eines Jüngers, der seine Gläubigkeit stolz bekennt und sich über jede Anfechtung erhaben fühlt. Doch die Zumutungen des Lebens an ihn sind stärker als sein Selbstbild. Petrus überschätzt sich, vielleicht weil er meint, in seinem Leben schon manches „Ärgernis" durchgemacht und bestanden zu haben (V. 33), vielleicht auch, weil er seinen Herrn aus der Depression herausführen und ihn mit Zuversicht anstecken will. „Niemals", schwört Petrus, niemals wird er über seinen Herrn den Kopf schütteln. Schon damals bei Caesarea Philippi hatte er nicht wahrhaben wollen, dass auch das Leidenmüssen einen Menschen auszeichnen und ihm die „Krone des Lebens" aufsetzen kann (Mt 16,22), – selbst wenn sie aus dornigen Zweigen geformt wird.[163] Schon damals hatte ihn Jesus hart angefahren und ihn „Satan", Verführer, Verdreher der Wahrheit genannt (16,23), obwohl er ihn erst kurz zuvor zum „Felsen" und Baumeister der Gemeinde hochgehoben hatte (16,18).

Einige Wendungen des Textes scheinen daraufhin zu weisen, dass erst Matthäus diese Begebenheit am Ölberg entwickelt hat. Wie sollte Jesus zum Beispiel schon vor seiner Kreuzigung von seiner Auferstehung gewusst haben (V. 32)? Seine Erscheinung in Galiläa in verwandelter Gestalt fand doch erst nach Ostern statt (V. 32)? Auch war die „Zerstreuung der Schafe" (V. 31) im Wesentlichen erst eine Erfahrung der Urchristen nach der Zerstörung Jerusalems. Für eine historische Ursprünglichkeit der Szene spricht jedoch, dass Jesus das Hirten-Herde-Bild liebte und schon auf seiner galiläischen Wanderung verwandte.[164] Und gewiss hat Jesus auch den Propheten Sacharja, den er hier zitiert, besonders geschätzt. Es wird sogar vermutet, die Hoffnung des

---

163 Ein ausführliches Porträt des Simon Petrus findet sich bei M. Köhnlein, Ecce homo, Band 1: Der Ruf, 1999, S. 109–137, darin besonders zum „Messiasbekenntnis des Petrus bei Caesarea Philippi" S. 119ff.

164 Mt 9,36; 10,6.16; 15,24; 25,32; Joh 10,3.12.

Sacharja auf einen „Messias des Friedens" habe Jesus so beeindruckt, dass er die Prophetenworte bei seinem Einzug in Jerusalem geradezu inszeniert habe.[165] Vor allem aber könnte die emotionale „Stimmung" des Textes auf eine echte Szene im Leben Jesu hinweisen. Jesus und seine Jünger sind nach Matthäus am Ölberg von der abendlichen, „äußeren" Nacht umgeben. Die gegenüberliegenden Mauern Jerusalems werden sich ihnen nur schwach im Mondlicht gezeigt haben. Zugleich aber spürt Jesus auch eine „innere" Nacht in sich. Er fühlt das „Ärgernis" voraus, vor dem seine Jünger stehen werden, wenn man ihn verhaften wird. Ihre ganzen Hoffnungen, mit denen sie ihn als strahlenden Messiaskönig sehen wollten, werden an der Realität des „leidenden Gottesknechtes" zerbrechen.

Der Begriff „Ärgernis" (V. 31) geht auf das griechische „skandalon" zurück, was ursprünglich die „Falle" meint, in die einer stürzen kann. In dieser Nacht wird der Glaube der Jünger an dem „Skandal" zu „Fall" kommen, dass sich der vermeintlich mächtige Messias als ohnmächtiger „Gottesknecht" enthüllen wird, der sich weder wehren kann, noch will. Die Jünger werden die Traurigkeit Jesu gespürt und sorgenvoll angenommen haben, es werde „Nacht" in seinen Gedanken. Doch Jesus kündet Petrus in aller Klarheit ein Zeichen an, das seinen „Verrat" belegen wird: „Ehe der Hahn kräht, wirst du mich dreimal verleugnen" (V. 34). Die „Verleugnung" bedeutet in der griechischen Sprachwurzel das „Abschwören eines Treueverhältnisses". Diese Verdächtigung muss Petrus, der sich schon einmal selbst vergeblich für den glaubensstärksten Jünger gehalten hat (Mt 14,28–30), hart getroffen haben. Im Stillen hat er sich wohl gelobt, unbedingt den Gegenbeweis anzutreten, wenn es je so weit kommen sollte. Er schwört darum auch öffentlich vor allen anderen Mitjüngern: „Und wenn ich mit dir sterben müsste, will ich dich nicht verleugnen" (V. 35a). Die Legende wird später erzählen, Petrus sei am Ende seines Lebens in Rom mit dem Kopf nach unten gekreuzigt worden und damit auch, wie er hier am Ölberg geschworen hatte, „wie" Jesus und „mit" Jesus am Kreuz gestorben. Und als seien sie nicht weniger leidensbereit als Petrus, sprechen alle Jünger ihrem Sprecher Petrus sofort diesen höchsten Treueschwur nach (V. 35b). So versteht der Evangelist, seine Leser neugierig darauf zu machen, sein Evangelium, sein „Leben Jesu", weiterzulesen, um zu erfahren, ob die Jünger ihre Schwüre durchhalten würden und was „in dieser Nacht" noch zwischen Jesus und Petrus geschehen werde. Ein trutziges „niemals" schwört Petrus (V. 33), „niemals" werde er seinen Herrn verleugnen.

Jesus jedoch hält ihm kühl dagegen: Noch „in dieser Nacht ...", bereits in wenigen Stunden, „Ehe der Hahn kräht, wirst du mich dreimal verleugnen" (V. 34). Petri Schwur kann Jesus nicht beeindrucken. Schon zu Beginn seiner Tätigkeit hat Jesus sich in der Bergpredigt grundsätzlich vom Schwören distanziert: „Eure Rede aber sei Ja, ja; nein, nein. Was darüber ist, das ist vom

[165] Mt 21,1–11; vgl. oben S. 34, FN 53.

Übel“ (Mt 5,33-36). Wie kann Petrus schwören wollen, dass er notfalls für Jesus sterben und damit sein Leben aufs Spiel setzen werde, wo doch dieses vermeintliche Pfand der Wahrheit ihm selbst gar nicht gehört, sondern ein Geschenk Gottes ist?! Dreimal wird die Standfestigkeit des Petrus auf die Probe gestellt werden und dreimal wird er seinen Herrn verleugnen. Die Zahl “3“ ist im biblischen Denken eine Zahl der Bekräftigung, der unbedingten Gültigkeit eines Geschehnisses. Zweimal wird Petrus die Chance haben, sein erstes Versagen zu korrigieren. Jedes Mal wird es in seinem Herzen „dunkler“ werden, als er es je vom Gemüt Jesu vermutete. Wieder wird ihn die Angst um sein Leben ergreifen wie schon damals, als er auf dem See Gennesaret bei seinem ertrotzten Aussteigen aus dem Boot in den Wellen in Panik geriet.[166] Der Hahnenschrei wird aber auch ankündigen, dass die „Nacht“ und damit die „dunkle“ Verstrickung Petri in die Verleugnung ein Ende finden und das Tageslicht wiederkehren wird.

Indem Jesus seinem Freund und Schüler Petrus den „Abfall“ prophezeit, beginnt für ihn, nachdem er den Tempelbereich verlassen und sich aus der Öffentlichkeit zurückgezogen hat, auch der Abschied von den Mitmenschen, die ihm nahestehen. Er beginnt zu ahnen, dass ihm niemand in sein körperliches und seelisches Leiden nachfolgen kann. Es bleiben nicht nur das Land und die Stadt hinter ihm. Jesus spürt, dass er nun seinen Weg allein gehen muss.

Die Scham über sich selbst

Mt 26,57-58.69-75 (Mk 14,66-72; Lk 22,56-62; Joh 18,15-18.25-27)

57 Die aber Jesus ergriffen hatte, führten ihn zu dem Hohenpriester Kaiphas, wo die Schriftgelehrten und Ältesten sich versammelt hatten. 58 Petrus aber folgte ihm von ferne bis zum Palast des Hohenpriesters und ging hinein und setzte sich zu den Knechten, um zu sehen, worauf es hinaus wollte ...

69 Petrus aber saß draußen im Hof; da trat eine Magd zu ihm und sprach: Und du warst auch mit dem Jesus aus Galiläa. 70 Er leugnete aber vor ihnen allen und sprach: Ich weiß nicht, was du sagst.

71 Als er aber hinaus ging in die Torhalle, sah ihn eine andere und sprach zu denen, die da waren: Dieser war auch mit dem Jesus von Nazaret. 72 Und er leugnete abermals und schwor: Ich kenne den Menschen nicht.

73 Und nach einer kleinen Weile traten hinzu, die da standen, und sprachen zu Petrus: Wahrhaftig, du bist auch einer von denen, denn deine Sprache verrät dich. 74 Da fing er an, sich zu verfluchen und zu schwören: Ich kenne den Menschen nicht. Und alsbald krähte der Hahn.

75 Da dachte Petrus an das Wort, das Jesus zu ihm gesagt hatte: Ehe der Hahn kräht, wirst du mich dreimal verleugnen. Und er ging hinaus und weinte bitterlich.

---

[166] Mt 14,30; vgl. M. Köhnlein, a. a. O., S. 114-118.

„Die aber Jesus ergriffen hatten, führten ihn zum Palast des Hohenpriesters ...“ (26,57f.). Aus dem Dunkel der Nacht wird Jesus in den hell erleuchteten Palast des Hohenpriesters zum Verhör gebracht. Er hat sich vor dem Hohen Rat zu verantworten. Die Szene ist in Gegensätzen aufgebaut. „Drinnen“ wird Jesus mit großer Selbstbeherrschung zu den falschen Anschuldigungen schweigen, „draußen“ wird sich Petrus in haltslose Angstlügen verlieren. Jesus wird sich als Messias bekennen (26,63f.), Petrus wird abstreiten, ein Jünger Jesu zu sein. Gewiss ist anzuerkennen, dass Petrus wenigstens versucht hat, seinen Schwur einzuhalten (V. 33). Er wollte Jesus fest entschlossen zur Seite stehen. Jedoch in der bedrohlichen Situation selbst schwindet sein Mut und es geht ihm nur noch darum, sich selbst zu retten. Aus dem emotionalen Schwur, „mit Jesus sterben“ zu wollen (V. 34), wird die von Angst getriebene Verleugnung: „Ich kenne diesen Menschen nicht“ (V. 74). Petrus war Jesus „von ferne“ gefolgt (V. 58). Das meint wörtlich „in einem großen Abstand“. Es kann aber auch in dieser Bemerkung die zeitliche Bedeutung „seit langem“ stecken, seit den Anfängen in Galiläa. Petrus müsste eigentlich seit seinem kritischen Gespräch mit Jesus bei Caesarea Philippi wissen, dass Jesus den Weg ins Leiden in Kauf nimmt. Trotzdem verspricht er hoch und heilig, mit seinem Herrn ins Leiden zu gehen, weil er sich einen hingerichteten „Christus und Sohn des lebendigen Gottes“ (16,16) nicht vorstellen kann und überzeugt ist, dass sich ein schlimmes Ende Jesu nie einstellen werde. Darum wollte er zumindest sehen: „... worauf es (mit Jesus) hinaus wollte“ (V. 58).

Wie Petrus nun aber „draußen“ im Halbdunkel des Palasthofes sitzt, der nur schwach von einem flackernden Wachfeuer erhellt war, „trat eine Magd zu ihm“, forschte in seinem Gesicht und sprach ihn an: „Und du warst auch mit dem Jesus aus Galiläa“ (V. 69). Vielleicht hatte sie Petrus einmal im Tempelbezirk neben Jesus stehen sehen. Als Angehörige des hohenpriesterlichen Haushalts war sie kühn genug, den fremden Mann anzusprechen. Die Behauptung „aus Galiläa“ konnte in Jerusalem nur verstanden werden als: „Du bist auch so ein Terrorist“. Von Galiläa gingen immer wieder zelotische Aufstände gegen die Römer und den Hohen Rat aus, der mehrheitlich mit den Besatzern kollaborierte (Apg 5,36f.). Einem gefassten Freiheitskämpfer drohte zumindest der Kerker, wenn nicht gar die Todesstrafe. Das Gespräch erregt Aufsehen im Hof und sofort treten noch andere Knechte und Mägde hinzu. Petrus kann sich jetzt seines Lebens nicht mehr sicher sein. Er spürt die Gefahr, als Anhänger eines festgenommenen „Aufrührers“ mitverhaftet zu werden. Die Angst kriecht in ihm hoch, und um sich selbst zu schützen, behauptet er „vor allen“ Anwesenden: „Ich weiß nicht, was du sagst“ (V. 70). Nicht „von wem“, sondern „von was“ du sprichst, stößt er hervor. Er tut so, als sei er über den Verhafteten, der kurz zuvor mit gefesselten Händen vorbeigeführt wurde, überhaupt nicht informiert. Er kenne sich in dieser „Sache“ nicht aus. Als zunächst keiner der Umstehenden nachstößt, verlässt Petrus die Feuerstelle rasch und zieht sich in das Geviert des Eingangstores zurück. Sein innerer Abstand zu Jesus drückt sich nun auch in seiner zunehmenden Entfernung von dem „drinnen“ vorgeführten Jesus aus.

Dabei war die Gefahr strafrechtlich zunächst noch nicht einmal lebensgefährlich gewesen. Die Anklägerin war eine Frau und Frauen waren damals bei einem Schuldprozess als Zeuginnen nicht eidesfähig. Zudem war die Frau keine mündige Freigelassene, sondern als „Magd“ eine Leibeigene, der man leicht Schwatzhaftigkeit vorwerfen konnte und die streng juristisch gesehen, nur zum Hausrat des Hohenpriesters gehörte (V. 69). Selbst wenn sie „drinnen“ angehört worden wäre, wäre sie nur eine einzelne Zeugin gewesen. Nach jüdischer Auffassung bedurfte es aber zu einer rechtskräftigen Verurteilung der Aussage von mindestens „zwei oder drei Zeugen“, die jedoch allerdings nach und nach herbeikommen (Mt 18,16). Denn auch in der dunkleren Torhalle ist Petrus noch nicht sicher. Eine zweite Magd, die vermutlich von der Szene am Feuer erfahren hat, sieht ihn dort fast schon wieder ganz „draußen“ stehen oder läuft ihm sogar nach. Sie wendet sich an die Wächter, die im Tor ihren Dienst versehen: „Dieser war auch mit dem Jesus von Nazaret“ (V. 71). Man sieht geradezu, wie die Magd mit ausgestrecktem Finger auf den Jünger weist. Petrus aber leugnet zum zweiten Mal die Bekanntschaft mit dem Verhafteten und schwört: „Ich kenne diesen Menschen nicht“ (V. 71). „Dieser Mensch“ klingt scheinbar äußerst desinteressiert. Dabei ist „dieser Mensch“ in Wahrheit Petri HERR. Aber immer noch ist der Jünger nicht außer Gefahr. Im Gegenteil – die Szene eskaliert! „Nach einer kleinen Weile treten hinzu, die da standen, und sprachen zu Petrus: „Wahrhaftig, du bist auch einer von denen, denn deine Sprache verrät dich“ (V. 73). Das Dienstpersonal meint, Simon Petrus an seinem Dialekt als Galiläer erkennen zu können. Die südlichen Judäer behaupteten damals, die nördlichen Galiläer sprächen das Aramäische verschliffen aus und könnten zum Beispiel kein klares „r“ sprechen.

Jetzt fühlt sich Petrus völlig umzingelt. Seine Angst eskaliert. Der „Glaubensheld“ gerät ins Schwitzen. Seine Notlügen brauchen Zusatz um Zusatz, Beteuerung um Beteuerung. Erst „leugnet“ Petrus (V. 70), dann „schwört“ er zusätzlich (V. 72), zuletzt „verflucht“ er sich auch noch selbst. Anders wird Jesus „drinnen“ als Angeklagter vor dem Hohen Rat handeln. Auf die den Prozess entscheidende Frage des Hohenpriesters: „Bist du der Christus, der Sohn Gottes“, soll Jesus ohne weitere Selbstverteidigung geantwortet haben: „Du sagst es“ (26,64).[167] Die Wahrheit ist einfach, die Unwahrheit inflationiert. Das Lügen neigt zur Kettenbildung. Dabei ist die Quelle der Lüge vor allem die Angst vor dem Ungewissen, das geschehen kann. Die Wahrheit kann nur ans Licht gelangen, wenn keine Angst herrscht. Darum muss zuerst die Furcht, in die Enge getrieben zu werden, aufgehoben werden, bevor einer zur Wahrheit stehen kann. Es sei denn, er hätte sich zum Leiden entschlossen und besäße die Kraft Märtyrer zu werden, Petrus hat seinem Herrn unver-

---

[167] Vgl. unten S. 166.

brüchliche Standfestigkeit versprochen., doch er scheitert bereits „im Vorhof“ der Gefahr (V. 31). „Und alsbald krähte der Hahn“ (V. 74b). Ein neuer Tag bricht an. Für jüdische Leser des Matthäusevangeliums wäre der neue Tag bereits am Vorabend beim Erscheinen der ersten Sterne angebrochen. Für hellenistisch orientierte Leser beginnt er mit dem ersten Hahnenschrei an. Indem Matthäus den Hahnenschrei als Anbruchszeichen für den neuen Tag nimmt, verrät er im Nebenbei, dass er außerhalb Israels schreibt, und sich sehr wahrscheinlich im syrischen Raum an ein hellenistisch denkendes Publikum wendet. Er lässt den Hahn gewissermaßen im ersten Morgenlicht rufen: „Es ist genug!“

Petrus verlässt das Gelände des hohenpriesterlichen Palastes. Der Verdrängung der Wahrheit in der Nacht folgt nun am Morgen der Nervenzusammenbruch. Außerhalb der Mauern des Palastes kann sich der einmal engste Vertraute Jesu gehen lassen wie ein Kind. Petrus schwemmt sich durch ein hemmungsloses Weinen die Selbstverachtung aus der Seele. Hat er bei seinen Ängsten im Palasthof nur an seine Selbstrettung gedacht, so fällt ihm nun die Prophezeiung seines Herrn wieder ein. Er schämt sich doppelt. Er hat sich vor seinem Herrn allzu kühn mit der Bereitschaft zum Martyrium gebrüstet und nun hat er seinen Herrn schmählich verleugnet, als wäre er nicht mit ihm monatelang durch die Lande gewandert, um ihn in seinen Diensten an den Mühseligen und Beladenen zu unterstützen (11,28). Er hat im Ernstfall nicht wie ein auf Gott Vater vertrauender Jünger Jesu reagiert, sondern sich von der menschlich-allzumenschlichen Weisheit überwältigen lassen: „Jeder ist sich selbst der Nächste.“ Doch was hätte er auch tun können? Die Türen des hohenpriesterlichen Gerichtssaales wären ihm so oder so verschlossen geblieben. Kann er seine Verleugnung jemals wieder gut machen? Wird er seinem Herrn noch einmal begegnen? Und wie wird er ihm dann in die Augen sehen können? Wird ihm Jesus seine Reue abnehmen und ihm seine Treulosigkeit verzeihen können?[168] Petrus kann nicht mehr. Er „weinte bitterlich“ (V. 75). Die Freunde der Bach'schen Matthäuspassion werden sich an die zu Herzen gehende, fast lyrische Vertonung dieser Stelle erinnern.

Petrus, der Freund, war keine Hilfe für den Gang Jesu ins Leiden. Die Kameraden haben Jesus verlassen. Kann er im Leiden neue „Jünger“ finden? Wie stand es mit den Leidensgenossen, mit den beiden „Verbrechern“, die neben Jesus an ihren Kreuzen hingen? Erweckt Leiden Mitgefühl mit anderem Leiden? Wenn der Freund versagt, hilft dann der Fremde? Heutige Patienten erzählen manchmal, sie hätten in der Klinik mehr Aufmerksamkeit und Verständnis im Gesprächsaustausch mit ihren Zimmergenossen gefunden als bei ihren Angehörigen. Gibt es so etwas wie eine Solidarität der Kranken und Verlassenen oder macht Leiden notgedrungen selbstzentriert? Wir machen

[168] Vgl. hierzu unten S. 17, Petrus wird rehabilitiert (Joh 21,15–17).

wieder der eingangs entfalteten Phänomenologie wegen[169] einen großen Sprung in der Chronologie der Passionsgeschichte und fragen nach dem Verhalten der beiden „Schächer" auf Golgota. Der Begriff „Schächer" kommt von seiner althochdeutschen Sprachwurzel her der heutigen Bedeutung von „Räuber, Plünderer" gleich.

Die mitgekreuzigten Schächer

Nach Matthäus, den man als den sittenstrengsten der Evangelisten bezeichnen kann, spricht Jesus mit den beiden mitgekreuzigten „Verbrechern" kein Wort. Er berichtet nur pauschal, dass beide „Räuber" ihn geschmäht hätten (V. 44). Nach Lukas „nimmt er noch am Kreuz die Sünder an" und geht mit einem der beiden Mitverurteilten einen Dialog ein.

Mt 27,33.38.44.
33 Und als sie an die Stätte kamen mit Namen Golgatha, das heißt Schädelstätte ... 38 ... da wurden zwei Räuber mit ihm gekreuzigt, einer zur Rechten und einer zur Linken. 39 Die aber vorübergingen, lästerten und schüttelten ihre Köpfe ... 44 Desgleichen schmähten ihn auch die Räuber, die mit ihm gekreuzigt waren.

Die beiden „Schächer" müssen nicht unbedingt kriminelle Halunken, es können auch durchaus ehrbare politisch motivierte Widerstandskämpfer gewesen sein, die damals „Zeloten" (griech. Eiferer) genannt und meist in den Bergen Galiläas aufgespürt wurden. Die römische Besatzungsmacht kannte keine Gnade mit ihnen. Die Zeloten waren von einem starken Glauben an das Kommen eines David ähnlichen, kriegerischen Messiashelden motiviert. Sie hielten die Anerkennung des Kaisers als Gottheit für eine Sünde und erklärten den bewaffneten Widerstand für die Pflicht eines jeden jüdischen Mannes. Einer der zwölf Jünger Jesu, nämlich Simon aus dem galiläischen Kana, kann sogar von Jesus aus den Reihen der Zeloten berufen worden sein, trägt er doch bei Lukas den Beinamen „der Zelot" (Lk 6,15; Apg 1,13). Wenn der links hängende Schächer ein Zelot war, wäre seine Enttäuschung über Jesus leicht zu verstehen, denn gerade bei den Zeloten galt Jesus als starker Messiasanwärter. Nun aber hatte der erhoffte „Befreier" sich widerstandslos kreuzigen lassen. Das musste den „zelotischen" Schächer trotz seiner eigenen Todesqualen aggressiv werden lassen. Nach Lukas verhöhnt er Jesus noch mit letzter Kraft (V. 39). Matthäus und Markus berichten keinen solchen letzten Dialog zwischen Jesus und den Schächern am Kreuz. Sie unterscheiden auch nicht das Verhalten der Schächer. Sie lassen die beiden „Räuber" Jesus nur in einer unentfalteten Nebenbemerkung „schmähen" (Mt 24,44; Mk 15,32b), so wie es ihm von den anderen „Vorübergehenden" auch geschieht (27,39–42). Für sie

[169] Siehe oben S. 12.

hat Jesus als der unschuldige Sohn Gottes nichts mit den beiden Verbrechern zu tun. Sie empfinden es als eine zusätzliche Blasphemie, dass Jesus zwischen zwei „Kriminellen“ gekreuzigt und damit noch mehr zum angeblichen „Terroristen“ stilisiert wurde, als wenn er auf Golgota allein am Kreuz gehangen hätte. Andererseits könnten Matthäus und Markus mit den Bezeichnungen „zur Rechten“ und „zur Linken“ bereits auf Christus im Jüngsten Gericht anspielen, der vor seinem Richterstuhl die Guten und die Bösen auf die beiden Seiten „scheidet“ (Mt 25,32f.). Dann wäre die Schächerszene als eine Art Vorgericht zu verstehen. Wie auch immer, Matthäus und Markus schildern Jesus am Kreuz psychisch ganz in sich zurückgezogen. Er leidet nur noch. Die Welt, seine Angehörigen, seine Jünger sind ihm fremd geworden. Er wird seinen Mund erst wieder in letzter Minute zu einem Verzweiflungsschrei öffnen (27,46). Er hofft in seiner irdischen Gestalt auf nichts mehr und ist auch für niemand mehr erreichbar. Das Leiden hat ihn verstummen lassen.

Lk 23,39–43

39 Aber einer der Übeltäter, die am Kreuz hingen, lästerte ihn und sprach: Bist du nicht der Christus? Hilf dir selbst und uns! 40 Da wies ihn der andere zurecht und sprach: Und du fürchtest dich auch nicht vor Gott, der du doch in gleicher Verdammnis bist? 41 Wir sind es zwar mit Recht, denn wir empfangen, was unsere Taten verdienen, dieser aber hat nichts Unrechtes getan. 42 Und er sprach: Jesus gedenke an mich, wenn du in dein Reich kommst! 43 Und Jesus sprach zu ihm: Wahrlich, ich sage dir: Heute wirst du mit mir im Paradies sein.

Lukas formt die Anwesenheit der beiden „Übeltäter“ (23,39) zu einer ausgeführten Szene. Er verfasst sein Evangelium in einer Zeit der ersten Christenverfolgungen und bildet im Verhalten der beiden Schächer das Martyrium früher Christen ab, die ebenso wie Jesus gekreuzigt wurden. Die einen fielen in ihrer letzten Stunde in eine aggressive Verzweiflung wie der linke Schächer, die anderen flehten Christus wie der rechte Schächer um Beistand an. Für Lukas ist Jesus nicht in erster Linie der gestrenge Richter, sondern vielmehr der sanfte Heiland und Erlöser. Lukas will aufzeigen wie man, ohne dem Glauben abzuschwören, ergeben sterben kann. Es ist die verschiedene Christologie, die Lehre von den Rollen Jesu, die durchweg bei allen vier Evangelisten die Passionsgeschichten mitgestaltet. Für den aggressiven Schächer wäre es ein Beweis der Messianität Jesu und seiner göttlichen Kräfte gewesen, wenn er sich die Nägel aus den Wunden gezogen und vom Kreuz herabgestiegen wäre, um dann auch ihnen beiden zu helfen (V. 39). „Hilf dir selbst und uns!“ (V. 39). Unbewusst spricht der linke Schächer eine Art von „Kyrie eleison!“ aus und äußert damit beinahe ein Glaubensbekenntnis. Jesus aber antwortet ihm nicht selbst. Der „Kumpan“ zur Rechten übernimmt die Aufgabe der Zurechtweisung: „Du bist doch in gleicher Verdammnis“ (V. 40). Der eine Schächer sucht dem anderen noch in letzter Stunde klarzumachen, dass sie beide bald vor Gott stehen werden. Er legt ihm nahe, sein Schicksal anzunehmen und in Würde zu sterben. Die Briefe der Apostel bezeugen, wie wichtig es den Urchristen war, „einander zu ermahnen“[170]. Der Schächer zur Rechten empfiehlt seinem mitgekreuzigten Kameraden ein gemeinsames Schuldbekenntnis: „Wir empfangen, was unsere Taten verdienen“ (V. 41). Er versucht. von sich weg und auf Jesus zu schauen: „Dieser aber hat nichts Unrechtes getan“ (a. a. O.).

Die Unschuld Jesu ist so offensichtlich, dass sie selbst von einem „Räuber“, dem keiner glaubt, bezeugt werden kann. Erst dann, nachdem der „gute“ Schächer versucht hat, seinem Mitverurteilten ins Gewissen zu reden und ihn aufzurichten, bittet er für sich selbst: „Jesus, gedenke an mich, wenn du in dein Reich kommst!“ (V. 42). Er hält Jesus für seinen letzten Helfer. Er versucht zu glauben, ist aber noch nicht ganz im Glauben angekommen. Denn noch nennt er Jesus erst bei seinem einfachen Vornamen. Er spricht ihn noch nicht mit dem Titel „Herr“ (Kyrios) oder „Messias“ (Christus) an, aber er glaubt durchaus an ein Fortleben nach dem Tod. Er rechnet Jesus ein „Reich“ zu, dass er sich nicht bloß irdisch, sondern als Ort der Erlösung in einer höheren Sphäre vorstellt.

Daraufhin öffnet Jesus bei Lukas[171] doch noch einmal den Mund und spricht dem Schächer zur Rechten mit einem feierlichen „Amen“ Trost zu: „Wahrlich, ich sage dir, heute wirst du mit mir im Paradies sein“ (V. 41). Jesus verspricht dem „rechten“ Schächer nicht, vom Kreuz befreit zu sein, aber er verheißt ihm, dass es nach dem Sterben ein Fortleben in einer ganz anderen, heilen Welt gibt, und zwar noch am selben Tag. Indem er den reuigen Schächer in sein „Paradies“ aufnehmen will, spricht ihm Jesus die Vergebung zu. Er wird auch im Jüngsten Gericht auf die rechte Seite treten dürfen trotz seiner verdammungswürdigen „Taten“, die ihn eigentlich auf die linke Seite stellen sollten. Lukas veranschaulicht also seiner Gemeinde, dass aufrichtige Reue sich lohnt und ins „Paradies“[172] führt.[173] Seine Leser sollen festhalten, dass Jesus auch als Gekreuzigter und damit nach menschlichem Ermessen gerade auch als scheinbar Gescheiterter die Vollmacht beibehält, die er schon bei seiner Taufe erhielt, als Sohn Gottes „Sünder“ zu binden und zu lösen. Jesus nimmt nicht nur die Sünder an, wie das Gesangbuchlied bekennt. Dieses Bekenntnis ist auch umkehrbar: ein Sünder hat Jesus als seinen Heiland angenommen. Petrus, der Freund, der Jesus „ewige“ Treue schwor, hatte Jesus verlassen. Ein Schächer – ob er nun ein krimineller Räuber oder nur ein verblendeter Rebell war – hielt zu ihm.

---

[170] Hebr 10,25; 1 Thess 5,11.

[171] Anders als bei Markus und Matthäus.

[172] Das „Paradies“ ist ursprünglich im Alten Testament als diesseitig realer, königlicher Garten gedacht, den Jahwe Elohim selbst angelegt hat (Gen 2,8f.). Im Neuen Testament wird es als himmlischer Ort vorgestellt, der jenen verheißen ist, die von Sünden befreit selig sterben (vgl. Art. Paradies, RGG[4], Bd. 6, Sp. 912ff., II.4).

[173] EG Nr. 353.

Es ist immer wieder erstaunlich, wie manche Mitmenschen es bei Leidenden aus- und durchhalten und bis zu ihrem Ende bei ihnen bleiben. Und wie war es mit den Vielen, denen er gepredigt, die er geheilt, die er getröstet hatte!? Wie verhielten sich die Jerusalemer und auch die Pilger, die zum Fest gekommen waren, zu Jesus am Kreuz? Der Ruhm, ein berühmter Heiler und Prediger zu sein, verblasst schnell, und die öffentliche Meinung kann sich von heute auf morgen ändern.

Die Verspottung durch das Volk

Mt 27, 39–43 (Mk 15,29–31; Lk 23,35)

39 Die aber vorübergingen, lästerten ihn und schüttelten ihre Köpfe 40 und sprachen: Der du den Tempel abbrichst und baust ihn auf in drei Tagen, hilf dir selber, wenn du Gottes Sohn bist, und steig herab vom Kreuz! 41 Desgleichen spotteten auch die Hohenpriester und Ältesten und sprachen: 42 Andern hat er geholfen und kann sich selber nicht helfen. Ist er der König von Israel, so steige er nun vom Kreuz herab. Dann wollen wir an ihn glauben. 43 Er hat Gott vertraut; der erlöse ihn nun, wenn er Gefallen an ihm hat; denn er hat gesagt: Ich bin Gottes Sohn.

„Die aber vorübergingen ..." (V. 39). Es war ein dichtes Gewimmel von Menschen in diesen Tagen des Passafestes in Jerusalem und rund um die Stadt. Viele Einheimische und Fremde eilten umher, um die letzten Festbesorgungen zu machen oder auch nur um zu schauen, was überall los war. Die Hinrichtungsstätte Golgota lag zwar außerhalb der nördlichen zweiten Stadtmauer, wurde aber „gern" aufgesucht, um etwas Schauderhaftes zu sehen. Die dort real „vorübergingen", gingen auch im übertragenen Sinn an den dortigen tragischen Schicksalen der Hingerichteten vorbei. Diejenigen aber, die Zeit und Lust genug hatten, das Schauspiel der Gehenkten anzuschauen, „lästerten ihn" (V. 39). Dieses „Lästern" wird im griechischen Text als „Blasphemie üben" bezeichnet und schließt damit ein, dass die Passanten Jesus nicht nur als kriminellen „Verbrecher" verachteten, sondern ihn auch der Blasphemie bezichtigten. In verdeckter Weise will Matthäus sagen: Sie hielten Jesus für einen Gotteslästerer und lästerten doch selbst Gott, indem sie den Sohn Gottes beschimpften. Sie „schüttelten ihre Köpfe" (V. 39) über diesen entlarvten Messiasanwärter, der den Tempel in drei Tagen abbrechen und wieder aufbauen wollte. Herodes der Große hatte Jahre benötigt, um ihn durch die geschicktesten Handwerker des Landes vergrößern zu lassen, und dieser vermessene galiläische Messiasanwärter wollte ihn in einer Handvoll Tage zerstören und wieder herrichten lassen!? Dass dieser Gehenkte der Messias hätte sein sollen, war für die „Vorübergehenden" bar jeder Logik. Dieser Hochstapler, der solch Lästerliches über das allerheiligste Zentrum Israels behauptet hatte, war ihrer Meinung nach zu Recht für immer zum Schweigen verurteilt worden

(V. 39f.). Für den unwahrscheinlichen Fall aber, dass er doch der wahre Messias wäre, verlangten sie von ihm das Wunder, dass er sich dann selbst mit seiner übernatürlichen Kraft vom Kreuz losreiße (V. 40b). Jesus, schon ganz von seinen Schmerzen auf sich selbst konzentriert, schweigt zu all dem Spott und Hohn, der ihm widerfährt. Was hätte er auch noch sagen können? Womit hätte er, der vermutlich die Lippen fest zusammengepresst hatte, sich noch rechtfertigen sollen?

Matthäus verstärkt die Abkehr des nur noch „vorübergehenden" Volkes von Jesus noch, indem er ihre „Hohenpriester und Ältesten" und damit ihre höchsten Repräsentanten sich zu ihnen gesellen und in ihren Chor der verächtlichen Äußerungen mit einstimmen lässt (V. 41): „Andern hat er geholfen und kann sich selbst nicht helfen" (V. 42a). Das ist pure Ironie und doch zugleich die Anerkennung, dass Jesus für sie wenigstens ein Wohltäter war. Wie schon früher die Jünger Jesu, vor allem ihr Sprecher Petrus, sich einen „leidenden Messias" nicht vorstellen konnten, so hätte nach ihrer Theologie nur ein kriegerischer Davidsohn der verheißene Messias sein können. Der uns heute so traditionell durch Oratorien und Passionslieder vertraute und verherrlichte „leidende Gottesknecht" aus Jesaja 53 war damals theologisch noch nicht wiederentdeckt. Die Befreiung aus der politischen Knechtschaft unter fremden Besatzungsmächten beherrschte seit der Zeit der seleukidischen Eroberer auch das religiöse Denken der jüdischen Mehrheitsbevölkerung und ihrer Oberen. Vorstellbar war für sie als neuer „König von Israel" nur ein kraftvoller, kämpferischer Anführer und Befreiungsheld (V. 42). Sie hätten gewiss auch einen apokalyptisch vom Himmel zu einem tausendjährigen Reich herabkommenden Gottessohn akzeptiert, aber doch keinen gekreuzigten Versager! Es ist also nicht ihre „Bosheit", die die Obersten des Volkes so höhnen und spotten lässt, sondern die dogmatische Sperre, die sie mit ihren „schüttelnden Köpfen" zeigen (V. 39).

Es befremdet, wie schnell antijüdisch selbst ein so renommierter Exeget wie Ulrich Luz der Polemik des Evangelisten Matthäus gegen die jüdischen Führer zum Opfer fällt. So wäre es gerade noch hinnehmbar, dass Luz in seinem sonst so gelehrten und geschätzten Matthäuskommentar bei der Auslegung dieser Perikope von den Jesus „feindlichen" jüdischen Führern schreibt. Muss er ihnen aber dann noch charakteriologisch mehrmals „Gottlosigkeit", „Verlogenheit", „Bosheit", „Zynismus", „Perfidie" unterstellen, als wäre ein religiöser Antijudaismus niemals eine der Wurzeln des abendländischen Antisemitismus gewesen?![174] Wie kann man nur behaupten: „Am Schluss seines Weges übernehmen die jüdischen Gegner also die Rolle des Satans" (a. a. O.). Wenn Jesus damals am Kreuz in seinem Leiden gegenüber dem Unverständnis seiner

[174] U. Luz, Das Evangelium nach Matthäus, in: EKK (Evang.-Kath. Kommentar zum NT), I/4, 2002, S. 326–329. Nicht nur hier, sondern leider immer wieder benutzt Luz den Ausdruck „Feinde" für die jüdischen Führer.

Landsleute verstummte, brauchen wir heute nicht stellvertretend für ihn Verdammungsurteile gegenüber seinen „Peinigern“ auszusprechen, die sich durchaus selbst für ehrbar hielten und nicht bedachten, wie sehr sie in der Ideologie ihrer Zeit gefangen waren, sondern annahmen, streng rechtskonform nach ihrem Glauben und nach der Staatsräson zu handeln. Es stünde einem Kommentator besser an, einen Hauch der Milde des Evangelisten Lukas in die Passionsgeschichte des Matthäus einzutragen. Lukas lässt seinen „Heiland“ getreu der Liebesbotschaft, die Jesus auf seinen Wanderungen vertrat, wenigstens noch mit letzter Kraft beten: „Vater, vergib ihnen, denn sie wissen nicht, was sie tun“ (Lk 23,34). Jedenfalls sagten die nach Luz „verlogenen“ Hohenpriester und Ältesten unbewusst die Wahrheit, als sie Jesus vorwarfen „... denn er hat gesagt: Ich bin Gottes Sohn“ (V. 43) – wenn sich auch Jesus nicht direkt bekannte, sondern nur auf die Frage des Hohenpriesters Kaiphas, ob er der Christus sei, der Sohn Gottes, das indirekte Zugeständnis abgab: „Du sagst es“ (Mt 26,64).[175] Direkt hatte Gott ihn selbst schon in Galiläa zum Sohn adoptiert (Mt 3,17; 17,5), und zwar nach Matthäus öffentlich für alle Leute vernehmbar (3,17: „dies ist mein lieber Sohn ...“), während bei Markus nur Jesus selbst seine Annahme zum Sohn durch Gott Vater hören konnte (1,11: „Du bist mein lieber Sohn ...“).

Es gibt erhebliche Einwände gegen die historische Echtheit der Verlästerung Jesu auf Golgota. Die Szene müsste nach Matthäus kurz vor Anbruch des Passah, des heiligen Festes der Juden, stattgefunden haben. Die ganze Stadt war mit den letzten Festvorbereitungen beschäftigt. Es ist unwahrscheinlich, dass die Hohenpriester und Ältesten sich da noch die Zeit nahmen, am Spektakel der Hinrichtungen auf dem Hügel Golgota teilzunehmen und das Risiko einzugehen, sich allein schon durch ihre Anwesenheit auf der „Schädelstätte“ in der Nähe von Gehenkten und Gebeinen „unrein“ zu machen. Noch gewichtiger aber sind die Einflüsse der alttestamentlichen Psalmen auf die Entstehung der neutestamentlichen Passionsgeschichten. Der später verfemte Tübinger Stiftsrepetent David Friedrich Strauß hat darauf schon in seinem 1835/36 erschienenen kritischen Werk „Das Leben Jesu“ darauf hingewiesen. Er ging davon aus, dass die Evangelien nicht als historische Berichte, sondern als mythische Erzählungen der Urchristen über das Gottmenschentum Jesu anzusehen seien, die nach dem Schema „Verheißung und Erfüllung“ entworfen worden seien. Die Urchristen seien von dem tragischen Ende Jesu am Kreuz völlig überrascht und niedergeschmettert gewesen. Sie suchten aber dann darin Trost zu finden, dass das Schicksal Jesu von Gott vorherbestimmt und schon früh von den Propheten und Psalmdichtern Israels vorausgesehen angekündigt worden wäre. Die Theologen der Urgemeinde entwickelten deshalb den so genannten „Schriftbeweis“[176]. Jesus „musste“ leiden, auf dass die

175 Vgl. unten, S. 166.
176 Vgl. oben, S. 17.

Schrift „erfüllt“ würde (Lk 24,25–27). Die Belege für Gottes paradoxen Heilsplan mit dem Messias fanden die Urchristen dabei vor allem bei Deuterojesaja und in den Psalmen. So lasen sie in Psalm 22,8: „Alle, die mich sehen, verspotten mich, sperren das Maul auf und schütteln den Kopf“ – ein Vers, welcher der Beschreibung der Verlästerung des gekreuzigten Jesus auf Golgota auffallend gleichkommt. Schon der vorausgehende Psalmvers 22,7 könnte die Evangelisten zur erzählerischen Inszenierung der Golgotaszene angeregt haben: „Ich aber bin ... ein Spott der Leute und verachtet vom Volke.“

Die Bibelkenntnis spricht also dafür, dass die Szene der Verspottung Jesu durch die „Juden“ – wie auch so mancher andere Abschnitt der Passionsgeschichten – eine „fromme“ Legendenbildung der neutestamentlichen Schriftsteller war, auf der man heute keine Charakterisierung der „Verkommenheit“ der damaligen Bevölkerung und ihrer Führung aufbauen kann. Gewiss lässt sich belegen, dass die antiken Hinrichtungen von echten oder vermeintlichen „Verbrechern“ oft in Volksschauspiele ausarteten. Jedoch für den „Fall Jesus“ liegt kein „Protokoll“ vor, zumal Zeugen wie die Jünger zuvor „geflohen“ waren (26,56) und nur „viele Frauen von ferne zusahen, die Jesus aus Galiläa nachgefolgt“ waren (27,55). Dass Jesus sich auf Golgota psychisch vereinsamt und völlig ausgeliefert empfand, dürfte außer Frage stehen, wenn wir sein „Mensch-gewesen-Sein“ ernst nehmen. Er ist ein Grundbeispiel dafür, wie sich in Zwangssituationen die falschen von den wahren Freunden absetzen und jeder irgendwann auf sich allein zurückgeworfen sein kann, sei er zuvor auch noch so hoch geschätzt und geehrt worden. Freunde und Gastfreunde hatte Jesus durchaus, aber nicht mehr in letzter Not.

Die soziale Vereinsamung

Zu Beginn dieses Buches haben wir die für unser exegetisches Konzept bedeutsamen Dimensionen des Leidens angesprochen.[177] So kann Leiden an ungerechten Verhältnissen aggressiv werden lassen oder zur Resignation zwingen, „weil man ja doch nichts machen kann“, wie viele Bürger das Zeitgeschehen kommentieren. Psychisch leiden ist in vielen Fällen von einem erfahrenen Psychotherapeuten heilbar. Physische Schmerzen bewältigt meist ein ausgebildeter Arzt. Religiöse Anfechtung kann im vertraulichen Gespräch mit einem Seelsorger geklärt werden. Soziale Vereinsamung hingegen ist „anachronistisch“[178], unnötig, überholt. Sie müsste in der heutigen Zeit der raschen Information über unglückliche und üble Verhältnisse durch bessere Politik und vermehrte Aufmerksamkeit der Mitmenschen behebbar sein. Jesus

[177] Vgl. Dorothee Sölle, Leiden, [4]1980, S. 21–26. Siehe oben S. 12.

[178] Dies., a. a. O., S. 23.

von Nazaret hat die soziale Vereinsamung erst gegen Ende seines Lebens erfahren müssen. Zuvor war er zwar immer wieder auf Unverständnis und Ablehnung gestoßen, aber doch meist in sozialen Beziehungen eingebettet geblieben: seine Herkunftsfamilie, sein Lehrer Johannes der Täufer, der Jüngerkreis der Zwölf, die größere Schar der mit ihm wandernden Frauen und Männer, die vielen Sympathisanten in den Dörfern und Städten, die geheilten Patienten, seine zustimmenden Predigthörer, hier und da kluge Gesprächspartner und freundliche Gastgeber. Und vor allem aber hat ihn seine innige Beziehung zu Gott Abba gestärkt. Dogmatisch gesprochen ist Gott in Jesus von Nazaret nicht nur Mensch, sondern auch Mitmensch geworden und gewesen. Dabei haben ihn seine nächsten Bezugspersonen genauso unterstützt wie verlassen, geschätzt wie enttäuscht. Die Passionsgeschichten sind nicht nur religiös eine Schule des Glaubens, sondern auch ein psychologisches Lehrbuch dafür, wie man trotz aller engen Freundschaft, die einmal bestanden hatte, plötzlich alleingelassen dastehen kann.

10 Wahre und falsche Freunde

Die Passionsgeschichten haben als Weltliteratur eine ganze Typologie menschlichen Verhaltens hervorgebracht. Da ist Petrus, der als Sprecher der Jünger genauso lautstark bekennt (Mt 26,33), wie er „bitterlich“ versagt (Mt 26,75); Maria, die verzweifelte Mutter, „durch deren Seele ein Schwert drang“ (Lk 2,35); der „Lieblingsjünger“ Johannes, der beim Abendmahl „an der Brust Jesu gelegen“ haben soll (Joh 13,23–25); Maria Magdalena, die Freundin Jesu, die zur geheilten „Sünderin“ stilisiert wurde (Mt 27,56; Lk 8,2); Judas, der, angeblich charakterlich verkommen, Jesus „verriet“ (Mt 26,14–16); Thomas, der Realist, der nur glauben wollte, was handgreiflich berührbar war (Joh 20,25); Kaiphas, der emotionale Hohe Priester (Mt 26,65); Pilatus, der sich aus der Schlinge ziehende Statthalter Roms (Mt 27,24) – der spöttische König Herodes (Lk 23,11f.); Jesus Barabbas, der erste „Sünder“, für den Jesus stellvertretend starb (Mt 27,15f.); die beiden so verschiedenen mitgekreuzigten „Schächer“ (Mt 27,38); Josef aus Arimathäa, der die Leiche Jesu „freibittet“ (Mt 27,57); Simon von Kyrene, der zum Kreuztragen gezwungen werden musste (Mt 27,32); der Hauptmann unter dem Kreuz, der als erster „Heidenchrist“ die Gottessohnschaft Jesu voll bekennt (Mt 27,54); die grausamen Legionäre (Mt 27,30) und viele andere Nebenfiguren. Insgesamt bilden die Passionsgeschichten ein einzigartiges Drama auf einer Drehbühne, auf der die Hauptspieler, Gegenspieler, Mit- und Zwischenspieler rasch wechseln. Die faszinierendsten und umstrittensten Charaktere neben Jesus sind dabei Judas Iskariot, der große Unheilige oder das tragische Werkzeug Gottes, und die „Salberin“, die später in der kirchlichen Auslegung als vermeintliche Maria

Magdalena zur „Sünderin“ stilisiert wurde. Wie in einem Spiegel zeigen in den Passionsgeschichten die Personen um Jesus ihr wahres oder ihr verkanntes Gesicht, ihren eigentlichen oder den ihnen „angehängten“ Charakter.

So soll Jesus also nach Matthäus und Markus noch zwei Tage vor dem Passa (Mt 26,2; Mk 14,1)) von einer sonst unbekannten Frau aus dem Volk eine hohe, symbolische Ehrung erfahren. Sie hat Jesus „gesalbt“. Dabei muss bei der Auslegung dieser Salbung eine besonders intensive Vergleichsarbeit zwischen den vier Evangelien erfolgen. Die Perikope ist nämlich ein Grundbeispiel dafür, dass die Bibel sich in Teilen widerspricht und man nicht einfach sagen kann, diese oder jene Version übermittelt uns die pure Wahrheit über das damals wirklich Geschehene. Gerade in der Widersprüchlichkeit der vermeintlichen Fakten liegen religiöse Erkenntnisgewinne. Die Bibel ist in ihrem Wortlaut nicht, wie etwa der islamische Koran, Zeile um Zeile direkt von Gott eingegeben, sondern so, wie Jesus nach der altkirchlichen Dogmatik „wahrer Mensch und wahrer Gott“ zugleich war, ist auch die Überlieferung über ihn gemischt „Gotteswort im Menschenwort“.

Die Salbung in Betanien

Mt 26,6–13 (Mk 14,3–9; Lk 7,36–50; Joh 12,1–8)

6 Als nun Jesus in Betanien war im Hause Simons des Aussätzigen, 7 trat zu ihm eine Frau, die hatte ein Glas mit kostbarem Salböl und goss es auf sein Haupt, als er zu Tisch saß. 8 Als das die Jünger sahen, wurden sie unwillig und sprachen: Wozu diese Vergeudung? 9 Es hätte teuer verkauft und das Geld den Armen gegeben werden können.

10 Als Jesus das merkte, sprach er zu ihnen: Was betrübt ihr die Frau? Sie hat ein gutes Werk an mir getan. 11 Denn Arme habt ihr allezeit, mich aber habt ihr nicht allezeit. 12 Dass sie das Öl auf meinen Leib gegossen hat, das hat sie für mein Begräbnis getan. 13 Wahrlich, ich sage euch: Wo dies Evangelium gepredigt wird in der ganzen Welt, da wird man auch sagen zu ihrem Gedächtnis, was sie getan hat.

„Als nun Jesus in Betanien war ... (V. 6). Jesus hatte es schon von seinem ersten Tag in Jerusalem an vorgezogen, nicht im Umtrieb der von Passavorbereitungen erregten Stadt zu übernachten, sondern lieber die Gastfreundschaft der Geschwister Martha, Maria und Lazarus in dem Dörfchen Betanien, 3 km südöstlich von Jerusalem, zu genießen (Mt 21,17).[179] Er konnte sich seit seiner dramatischen „Tempelreinigung“ vor allem in den Jerusalemer Nächten seines Lebens nicht mehr sicher sein. Ob er dann noch am Mittwochabend oder erst am Gründonnerstagmittag die Einladung eines weiteren Bürgers von Betanien zu einem Essen annahm und sich dabei von seinen Jüngern begleiten ließ, wird nicht erzählt. Genauere Orts- und Zeitangaben fallen bei Matthäus häu-

[179] Eine ausführliche Auslegung dieser Perikope findet sich bei M. Köhnlein, Ecce homo I, 1999, S. 216–230.

fig weg, wenn er sie nicht für einen symbolischen Hintersinn braucht. Erwähnt er aber dennoch hier und da Personennamen, so kann es ein Hinweis darauf sein, dass seine Jesusgeschichten einen historischen Kern haben, zumal wenn es in seiner urchristlichen Gemeinde noch Mitglieder gab, denen die Erzählfiguren persönlich bekannt waren. So berichtet Matthäus bei dieser Salbungsgeschichte ausdrücklich, der Gastgeber sei ein „Simon der Aussätzige" gewesen (V. 6), wohl auch, weil Markus als der frühere „Biograph" Jesu diesen Namen schon vorgegeben hatte (Mk 14,3). Lukas hingegen schreibt nur von einem namentlich nicht genannten „Pharisäer" (7,36) als Gastgeber. Johannes baut eine eigene Gastmahlszene auf. Er lässt Jesus zu den mit ihm befreundeten Geschwistern Martha, Maria und Lazarus zum Essen kommen und Maria selbst die Salberin sein (12,3). Legt man alle vier Evangelien nebeneinander, ist textlich nur gesichert, dass Jesus einmal gesalbt wurde und kein Evangelist auf dieses Ereignis in seinem „Jesusbuch" verzichten wollte, die vier Erzähler sich aber bei den Angaben zur Zeit, zum Ort und zu den handelnden Personen wesentlich unterscheiden, je nachdem welchen theologischen Sinn sie ihren Berichten geben wollten. Matthäus und Markus stimmen dabei noch am ehesten überein, obwohl Matthäus den ihm vorliegenden Markustext stark gestrafft hat, als wäre ihm diese ganze Frauenangelegenheit peinlich, andererseits aber doch nicht zu verschweigen gewesen, weil sie in seiner Gemeinde schon zu sehr bekannt war.

Lukas und Johannes gehen eigene Wege, und so lassen sich die vier Salbungsgeschichten eben nicht auf eine klare Linie hin harmonisieren, sondern müssen bibelkundlich und theologisch in ihrer Verschiedenheit belassen bleiben. Die vier Evangelisten haben sich wohl nicht persönlich gekannt und schon gar nicht in ihren religiösen Anliegen miteinander abgesprochen. Sie schreiben an verschiedenen Orten in verschiedener Betroffenheit auf verschiedene Hörer- und Lesergruppen hin. Es lagen ihnen Bausteine der mündlichen Überlieferung vor, die sie zurechtschliffen und eigenwillig in den Ablauf ihrer Evangelien einbauten. Die beiden ersten Evangelisten verlegen die Perikope in die Karwoche und in das Haus eines Gastgebers, dessen Beinamen sie als „der Aussätzige" angeben (Mt 26,6; Mk 14,3). Ob dieser Simon ein von Jesus geheilter früherer Aussätziger war, dem immer noch ein gewisse Unberührbarkeit anhing, oder ein noch deutlich sichtbar an Lepra erkrankter Patient, wird von ihnen nicht aufgedeckt. Jedenfalls hätte Jesus als Rabbi in beiden Fällen einen solchen Gastgeber nicht aufsuchen und mit ihm zusammen essen dürfen, wenn er tags darauf das Passa kultisch „rein" feiern wollte. Er scheute jedoch dieses Risiko nicht, und so ist anzunehmen, dass ihm bei seinem Prozess auch die Übertretung der Reinheitsgesetze zum Vorwurf gemacht wurde. Falls das Reinheitsgebot nicht mehr ins Gewicht fiel, weil Simon seinen Aussatz schon seit längerer Zeit überwunden hatte und nach damaligen Brauch von einem Priester als „rein" geworden erklärt worden war (Mt 8,4), bleibt immer noch – wenigstens nach Lukas (7,36), dass ein Pharisäer sich Jesus als Gastgeber anbot. Das könnte dann ein Indiz dafür sein, dass Jesus den Pharisäern eher freundschaftlich nahestand, zumal sie sich beim Prozess Jesu neutral verhielten. Dann wäre aber auch die lange Scheltrede, die Matthäus Jesus gegen die Pharisäer halten lässt, umso mehr ein Konstrukt des ersten Evangelisten.[180]

Bei Matthäus und Markus bleibt die Frau anonym und stumm. Sie entfalten nicht, wer sie war und warum sie die Salbung vornahm. Ihnen sind nur ihre Tat und die Reaktionen Jesu und seiner Jünger wichtig. Wie es der Frau überhaupt gelang, in einen „Männertreff" einzudringen und plötzlich das Geschehen zu bestimmen, erfahren wird nicht. Nur Lukas hält fest, die Frau sei „von hinten", also überraschend, an Jesus herangetreten (7,38). Arm kann sie nicht gewesen sein, denn das Salböl wird von Matthäus als „kostbar" (V. 7) und von Markus als „unverfälschtes Nardenöl" (14,3) bezeichnet. Markus lässt die Jünger das vergossene Öl auf „mehr als dreihundert Silbergroschen" wert schätzen (14,5), was damals dem Jahreslohn eines Arbeiters entsprach.[181] Lukas bezeichnet seinerseits die eingedrungene Besucherin ausdrücklich als stadtbekannte „Sünderin" (V. 7,37.39), die lange Haare getragen habe, was damals die übliche Frisur einer Prostituierten war. Dann hätte sich Jesus die Reinheitsfrage ein zweites Mal gestellt. Er hätte unbedingt jeden Kontakt mit dieser Frau meiden sollen – selbst das Gespräch mit ihr. Hinzu kam, dass die Frau nach Lukas offensichtlich nervlich geschädigt war oder zumindest fürchtete, von der Männergesellschaft „hinausgeworfen" zu werden. Sie übte rasche und fahrige Aktionen aus. Sie weinte, benetzte, trocknete, küsste, salbte (Lk 7,38). Sie verschwendete im Handumdrehen ihre ganze Ersparnis als Hure an den Ehrengast. Was bezweckte sie damit? Was erwartete sie von Jesus? Welche Rolle spielte sie in dem Plan Gottes mit seinem Sohn?

Matthäus und Markus schließen die Salbung unmittelbar der nichtöffentlichen Sitzung der Hohenpriester und Schriftgelehrten an, in der die Oberen „Rat hielten, wie sie Jesus mit List ergreifen und töten könnten" (Mt 26,5; Mk 14,2).[182] Sie setzen alles daran, den „Fall" Jesus von Nazaret mit Macht zu beenden. Die Salberin ist die Gegenfigur zu ihnen. Sie versucht, so weit sie nur kann, Jesus zu ehren. Es ist die letzte Ehre, die ihm vor seinem körperlichen Leiden erwiesen wird. Die Frau salbt Jesus bezeichnenderweise das Haupt (Mt 26,7; Mk 14,3), so wie in Altisrael ein König bei seinem Thronantritt gesalbt wurde.[183] Sie erklärt ihn damit zum Messias. Das bedeutet, wenn wir noch einmal einen Blick auf Lukas werfen, der sie eine „Sünderin" nennt (a. a. O.), dass die „Sünder" ihren Retter erkennen, während die „Gerechten", so sehr sie auch gelehrt sein mögen, an ihm irre werden (Mt 9.13). Die Salbung kann also ein Messiasbekenntnis gewesen sein. Weil aber Gott

180 Vgl. oben S. 77ff.
181 So U. Luz, a. a. O., S. 59f.
182 Vgl. M. Köhnlein, Gleichnisse Jesu, 2009, S. 49.
183 1 Sam 9,16; 10,1; 16,12f.; 2 Sam 2,4.

seinen Sohn selbst identifiziert und dazu kein Zeugnis aus Menschenmund braucht, wird dieses Messiasbekenntnis von einer Frau ausgesprochen. Das Zeugnis einer Frau galt damals bei Gericht wenig oder nichts. Simon und dessen pharisäischen Freunde, die wohl beim Gastmahl nur dabei waren, sprachen Jesus nicht die Messiaswürde zu. Die „Sünderin" hingegen erkennt und ehrt ihn.

Jesus selbst, der sich entschlossen hatte, ins Leiden zu gehen, gibt der Salbung eine zweite und andere Bedeutung: „... das hat sie für mein Begräbnis getan" (V. 12). Er erklärt die Salbung zu seiner vorweggenommenen Totensalbung. Der traurige Ton, der in seinem Lob für die Salberin mitschwingt, ist nicht zu überhören. Jesus verkündet halböffentlich seine bevorstehende Passion im Hause eines Sympathisanten, der sich über Jesu Besuch freute, oder eines pharisäischen Prüfers, der ihn im heimlichen Auftrag seiner „Vereinsgenossen" bei den Tischgesprächen abhören wollte. Möglicherweise haben sogar erst die Urchristen diese Geschichte von der Salbung Jesu in Betanien entwickelt. Die Evangelisten bemerken nämlich am Ende ihrer Evangelien, die Frauen um Jesus wären am Ostermorgen, „als der Sabbat vergangen war", zu Jesu Grab gegangen, um seinen Leichnam mit „wohlriechenden Ölen" zu salben (Mk 16,1), seien aber dann über das leere Grab sehr „bekümmert" gewesen (Lk 24,4).[184] Matthäus und Markus wollten darum mit der Salbung in Betanien ausdrücken, die Trauer der Frauen über die verhinderte Salbung des Leichnams Jesu wäre ohnehin unnötig gewesen, denn Jesus hatte ja bereits die Salbung durch die „aufdringliche" Besucherin zu seiner Totensalbung erklärt. Johannes unterstreicht diese Äußerung Jesu noch deutlicher, indem er Jesus sagen lässt: „Lass sie in Frieden! Es soll gelten für den Tag meines Begräbnisses" (Joh 12,7). Ob die Salbung nun symbolisch als Königssalbung oder als vorweg genommene Totensalbung ausgelegt wird, Lukas bringt noch eine dritte Deutung ins Spiel. Er setzt die Perikope, also den Bibelabschnitt, den wir hier behandeln, ans Ende des ersten Drittels seines Evangeliums (Lk 7,36–50), als Jesus sich noch mit seinen Jüngern auf der Wanderung durch Galiläa befand. Bezeichnenderweise salbt die „Sünderin" dann auch bei Lukas Jesus nicht das „Haupt", sondern die Füße. Das soll heißen: sie salbt seinen weiteren „Weg" zu den Menschen, bei dem er sich am Ende die Füße wund laufen wird. Nach dieser dritten Version war Jesu Salbung eine Pilgersalbung (vgl. Ps 23,5): Jesus, der Messias, der Begrabene und Auferstandene, Jesus, der Wanderprediger. Drei Rollenmodelle, drei Christologien, die allen eine intensiven Meinungsaustausches beim Gastmahl des Pharisäers Simon wert gewesen wären. Doch den mitanwesenden Jüngern war eines viel wichtiger als das Nachdenken über Jesu Auftrag und Person: die „Vergeudung" der kostbaren Salbe, das Geld (V. 8f.)!

Als das die Jünger sahen, wurden sie unwillig und sprachen: „(Das Salböl) ...

---

[184] Vgl. unten S. 244ff.

hätte teuer verkauft und das Geld den Armen gegeben werden können" (V. 7f.), – eine Rechnung, die heute noch manche Gemeindeglieder bei der Anschaffung eines Kirchengemäldes, einer Kirchenglocke, einer neuen Orgel aufstellen! Es wird bei Haushaltsbesprechungen in Landessynoden und Kirchengemeinden immer umstritten sein, was man für Kirchenbau, Kirchenmusik und Kirchenraumgestaltung ausgeben darf und wie viel für Aktionen wie Jugendarbeit, Altenfürsorge, „Brot für die Welt" eingesetzt werden sollte. Es drängt sich auch die Frage auf, ob die Jünger genauso opponiert hätten, wenn der Gastgeber Simon oder sonst ein Mann Jesu gesalbt hätten, oder ob sie ihre Kritik nur vorbrachten, weil es eine Frau war, die es gewagt hatte, in eine Männerversammlung einzudringen. Jesus möchte nicht, dass die Geldfrage das Denken beherrscht; ihm geht es vor allem darum, ob der seelische Zustand eines Mitmenschen richtig erkannt wird. Die Frau, bringt er in das Gespräch bei Tisch ein, hat einen Hunger nach wahrer Liebe und nicht nur nach der Liebe als „Ware". Sie will nicht verachtet und ausgenützt, sie will aufrichtig lieben dürfen und geliebt werden: auch mal einfach jemand Gutes tun und nicht um die Liebe als Geschäft feilschen müssen. „Arme habt ihr allezeit bei euch, mich aber habt ihr nicht allezeit" (V. 11). Das Übliche gibt es oft genug. Das Außerordentliche will auch dann und wann einen Platz in unserem Leben haben. Wenn es um einen einmaligen, nicht wiederkehrenden Höhepunkt des Lebens geht, ist übermäßige Verausgabung erlaubt, um einen Moment unvergesslich zu machen. Die Frau spürte: sie wird diesem wunderbaren Menschen Jesus wohl nie wieder begegnen. Matthäus und Markus halten nur fest, dass diese Frau an Jesus „ein gutes Werk tat" (Mt 26,10; Mk 14,6). Lukas erzählt, Jesus habe ihr zugesprochen: „Dir sind deine Sünden vergeben" (7,48). Jesus muss damit nicht die Prostitution, welche die Frau ausgeübt hatte, als „Sünde" verurteilt haben. Es kann auch ihre Selbstbemitleidung gewesen sein, ihr Leben „vergeudet" und sich in die Hoffnungslosigkeit verstrickt zu haben, niemals aufrichtige Liebe zu erfahren.

Matthäus und Markus lassen die Jünger allesamt murren (Mt 26,8; Mk 14,4). Jesus aber hält ihnen entgegen: „Was betrübt ihr die Frau? Sie hat ein gutes Werk an mir getan" (V. 10). Sie hat als einzelne Frau Jesus und seinen Auftrag besser verstanden als die zwölf Männer, die seit Monaten täglich um ihn waren. Lukas schreibt dem Gastgeber Simon die Rolle des Kritikus zu (Lk 7,39). Johannes gar sieht in der Geschichte eine Chance, Judas Iskariot gewissermaßen anzuschwärzen. Er lässt Judas allein einwenden, man hätte besser das Öl verkaufen und für die Armenfürsorge verwenden sollen. Und dann maßt sich der vierte Evangelist an, ein verstecktes Motiv für die Kritik des Judas entdeckt zu haben: „Das sagte er aber nicht, weil er nach den Armen fragte, sondern er war ein Dieb, denn er hatte den Geldbeutel und nahm an sich, was gegeben war" (Joh 12,4–6).[185] Diese üble Johannesstelle hat schon früh in der Kirchen-

---

[185] Vgl. M. Köhnlein, „Er hatte die Kasse", in: Ecce homo I, 1999, S. 168–171.

geschichte mit dazu beigetragen, Judas zum Prototyp des geldgierigen, verlogenen, heimtückischen Juden zu stilisieren. Aus dem Kassenwart Judas, der den Geldbeutel trug und nach Johannes anvertrautes Geld auf die Seite brachte, wurde im späteren Antisemitismus der „Jud" schlechthin. Die Evangelien haben der Welt nicht nur das Heil erzählt, sondern leider auch mitgeholfen, dass schreckliches Unrecht entstand und geduldet wurde.[186]

Eine ähnliche Verzerrung ist Maria aus Magdala, der treuen Wegbegleiterin Jesu, widerfahren. Auf gotischen Altartafeln erscheint sie, unter dem Kreuz kniend und mit lang herabwallendem Haar in einen knallorangefarbenen Mantel gehüllt, als die „große Sünderin", die Christus noch am Kreuz mit hochgestreckten, fassungslos gerungenen Händen um Vergebung anfleht. Diese an Lukas orientierte Identifikation der Jüngerin Maria Magdalena mit der „Sünderin" entstand, weil die Salberin in Lk 7 keinen Namen trug, im nachfolgenden Kapitel 8 aber von „Maria, genannt Magdalena" erzählt wird, es seien „sieben böse Geister von ihr ausgefahren" (8,2). Da nun aber Jesus bei Lukas über die „Sünderin" urteilt: „... sie hat viel Liebe gezeigt" (V. 7,47), und man sich die „Liebe" einer Prostituierten nur als vom Teufel besessenen Sexualtrieb vorstellen konnte, wurden die beiden Lukaskapitel quasi ineinander geschoben und die namentlich genannte Maria Magdalena mit der unbenannten „großen Sünderin" identifiziert. War doch Maria Magdalena ebenso wie die Salberin „von bösen Geistern" besessen gewesen (Lk 8,2). So wuchs in der Überlieferung die vermutlich zuvor nur nervlich erkrankte Begleiterin Jesu mit der „sündigen Salberin" zu ein und derselben Person zusammen. Es wurde also nicht nur Jesus am Kreuz verlästert, sondern nach seinem Tod auch seine treue Begleiterin Maria Magdalena als „Hure" und sein Jünger Judas als „Verräter" geschmäht. Zur zunehmenden Schwarzfärbung von Judas Iskariot trug auch die Erzählung vom Abendmahl einen großen Teil bei. Das Abendmahl als eigentlicher Ort der Sündenvergebung wurde in der Überlieferung u. a. auch zum Ort der Verdammung des Judas. Aber was war die „Sünde" des Judas? War es seine politische Enttäuschung über den allzu sanften „Messias" Jesus von Nazaret? Seine Geldgier oder nur seine Wichtigtuerei?

Die selbst bei Nichtchristen bekannte Figur des „Verräters" schillert bis heute in vielerlei Einfärbungen. Judas gilt als der große Unheilige, der klassische Scheinheilige, die Verkörperung des Bösen, das tragische Werkzeug Gottes, der ungeduldige Zelot, der frustrierte Freund. Er scheint unentbehrlich gewesen zu sein, dass die Passion Jesu zustande kam und doch soll Jesus über ihn in Weherufe ausgebrochen sein.[187] Ohne ihn wäre die Passion Jesu als „stellvertretendes Leiden für uns" vielleicht gar nicht zustande gekommen, und doch hat Jesus von ihm gesagt: „Es wäre für diesen Menschen besser,

---

[186] Vgl. unten S. 177ff.

[187] Ausführliches zu Judas siehe M. Köhnlein, Ecce homo I, 1999, Kapitel Judas, Der „Verräter", S. 161–186.

wenn er nie geboren wäre“ (Mt 26,24). Judas Iskariot war und ist das große Beispiel dafür, dass sich die Alleinwirksamkeit Gottes und die Selbstschuld des Menschen eben nicht miteinander verrechnen lassen. Jesus jedenfalls ist über die „Untat“ seines zwölften Jüngers[188] in große Betrübnis gestürzt. Er hat seinen „verlorenen“ Jünger nicht moralisch „fertig gemacht“, aber doch sehr darunter gelitten, dass ein vermeintlicher, enger Freund zu seinem abtrünnigen Gegenspieler wurde. Trotzdem sollte man sich bei der Suche nach dem Motiv des Judas vor jeder Art vorschneller Vorverurteilung hüten, weil uns die Wirkungsgeschichte der Judasfigur die Augen für den wirklichen „Mann aus Kerijoth“[189] blind gemacht hat. Leider hat die charakteriologische Verzerrung des Judas schon mit seiner Darstellung in den Evangelien begonnen. Offensichtlich konnten bereits die frühen Christen den schimpflichen Tod Jesu am Kreuz nicht verschmerzen, ohne eine unheilige Gegenfigur aufzubauen, die beweisen sollte, dass der Satan hinter allem steckte.[190]

Das „Komplott“ des Judas

Mt 26,14–16 (Mk 14,10f.; Lk 22,3–6)
14 Da ging einer von den Zwölfen, mit Namen Judas Iskariot, hin zu den Hohenpriestern 15 und sprach: Was wollt ihr mir geben? Ich will ihn euch verraten. Und sie boten ihm dreißig Silberlinge. 16 Und von da an suchte er eine Gelegenheit, dass er ihn verriete.

„Da ging ... Judas Iskariot hin zu den Hohenpriestern ...“ (V. 14), um ihnen Jesus zu „verraten“ (V. 16). Es sollte sogleich geklärt werden, ob der griechische Text tatsächlich von einem „Verrat“ spricht oder „nur“ von einer „Auslieferung“. „Verraten“ ist ein psychologischer Begriff mit einem hinterlistigen Beigeschmack. „Ausliefern, übergeben“ ist sachlicher. Und in der Tat ist hier eine philologische Entscheidung zwischen beiden Versionen zu treffen. Das griechische Verb „paradidonai“[191], das an dieser Stelle die Tat des Judas beschreibt, hat nicht den Geruch der Heimtücke, den wir heute Judas traditionell unterstellen. Judas war weder charakterlos, noch kriminell. Es gibt die politische Deutung, dass zwischen Jesus und Judas ein Meinungskonflikt über die Art und den Zeitpunkt des Messiasanspruchs Jesu aufgekommen war, obgleich einzuschränken ist, dass wir den wirklichen Charakter des Judas und sein wahres Motiv nicht kennen. Es gibt aber auch die psychologische Inter-

---

188 Judas Iskariot steht in den Jüngerlisten der Evangelien fast immer an letzter Stelle (Mt 10,2–4; Mk 3,16–19; Lk 6,14–16).

189 „Kerijoth“ ist heute als Ort ist nicht mehr genau lokalisierbar, war aber vermutlich ein judäisches Dorf. Demnach wäre Judas in der Jüngerriege allein schon durch seine nichtgaliläische Herkunft ein Außenseiter gewesen.

190 P. Dinzelbacher, Judastraditionen, 1977; Bernhard Dieckmann, Judas als Sündenbock, 1991; W. Jens, Der Fall Judas, 1975; Hans-Josef Klauck, Judas – Ein Jünger des Herrn, 1987.

191 Siehe EWNT III,^{2}1992, Sp.43–48.

pretation, dass Judas als ehemaliger „Zelot“[192], als „Dolchmann“, und damit als Sympathisant der aufständischen Freiheitsbewegung sehr wahrscheinlich von einem zögerlichen Jesus enttäuscht war. Judas hatte erwartet, dass Jesus aus der Salbung in Betanien die Konsequenz gezogen hätte und noch deutlicher als bisher als Messias aufgetreten wäre. Weil aber in dieser Hinsicht nichts geschah, wollte er nun Jesus zwingen, sich endlich in den dafür noch besser geeigneten Passatagen öffentlich zu seiner Messianität zu bekennen. Am wenigsten jedoch sollte an dritter Stelle zur charakteriologischen Erklärung gegriffen werden, dass Judas aus Bosheit oder Geldgier hinter dem Rücken Jesu handelte. Judas versprach den Hohenpriestern nur, eine „passende Gelegenheit“ zu finden (V. 16), bei der Jesus ohne einen weiteren Volksaufstand gestellt werden könnte. Er wäre wohl entsetzt gewesen, wenn er erfahren hätte, dass eine Verhaftung Jesu auf dessen Kreuzestod hinauslief. „Ausliefern, festhalten, stellen“ wäre also die bessere Übersetzung des griechischen Urtextes. Es hatte sich schon mehrfach in Jerusalem ereignet, dass die römischen Ordnungskräfte sofort scharf eingriffen, wenn der Verdacht auf einen „falschen“ Thronprätendenten auftauchte (Apg 5,34–37). Judas hat keinen Messiasanspruch Jesu „verraten“, sondern nur den Ort und die Zeit, wo man Jesus ohne größeres Aufsehen finden und zur Rede stellen könnte. So wie der Jüngersprecher Petrus sich in seinem Streitgespräch mit Jesus bei Caesarea Philippi keinen leidenden Messias vorstellen konnte (Mt 16,21ff.), war es auch für Judas unvorstellbar, dass der Messias als Davidsohn unpolitisch blieb.
Judas kann nicht „gemein“ oder gar „satanisch“ gewesen sein, weil der für seinen Plan gebrauchte Begriff „paradidonai“ an anderen Bibelstellen sogar für die Tätigkeit Gottes oder Jesu selbst verwendet wird: „(Gott), der auch seinen eigenen Sohn nicht verschont hat, sondern hat ihn für uns alle dahingegeben ...“ (Röm 8,32). Oder: „Ich lebe ... im Glauben an den Sohn Gottes, der ... sich selbst für mich dahingegeben (hat)“ (Gal.2,20). Gerade bei diesem Begriff „ausliefern, dahingeben“ fallen Gottes Wille und des Menschen Selbstverantwortung unerforschlich in eins. Darum sollten vor allem die evangelischen Kirchen ihre Abendmahlsliturgie sprachlich reinigen und bei den Einsetzungsworten die verurteilende Bemerkung „... in der Nacht, da der Herr verraten ward“, welche die Schuld einseitig Judas charakterlich anlastet, gegen die gerechtere Formulierung „... da der Herr (Christus) dahingegeben wurde ...“ austauschen, weil so eher die Paradoxie des gemeinsamen Wirkens von Gott und Mensch erfasst wäre.

Bei Markus als dem ältesten Evangelisten verlangt Judas von den Hohenpriestern von sich aus noch kein Geld für ihr gegenseitiges Abkommen. Die Hohenpriester, und nicht er, kommen als Erste auf eine Belohnung zu sprechen (Mk. 14,11b). Aber bereits Matthäus lässt dann Judas die Hohen Priester geschäftsmäßig kühl fragen: „Was wollt ihr mir geben?“ (26,15a). Matthäus

[192] Vgl. oben S. 59; 97f.; unten S. 146; 170; 190; 280.

hält damit die paradoxe, beiderseitige Verantwortung von Gott und Mensch für die Verhaftung Jesu nicht durch, sondern betont einseitig den eigenen Entschluss des Judas, Jesus bei den obersten Autoritäten des Volkes anzuzeigen. Der Evangelist, der ja nachösterlich auf die Passion Jesu zurückschaut, will auf jeden Fall den Vorwurf meiden, Jesus selbst habe Judas in den „Verrat" hineingetrieben, indem er ihn beim Mahl als seinen „Auslieferer" bezeichnete (26,24f.). Lukas wiederum will Judas keinesfalls die Willensfreiheit zugestehen, sich selbst zum Negativen entschieden zu haben. Er lässt darum den „Satan" völlig überraschend in Judas hineinfahren: „Der Satan aber ergriff Besitz von Judas" (22,3). Damit entschuldigt der dritte Evangelist zugleich Judas von einer Verantwortung für den Tod Jesu. Der „Dolchmann" aus Kerijoth konnte nichts gegen seine Instrumentalisierung durch den Satan tun. Er wurde schicksalshaft durch einen übermächtigen, bösen Eingriff zum „Auslieferer" gemacht. Der Teufel hatte nach der Versuchung Jesu zunächst „eine gewisse Zeit" von Jesus abgelassen" (Lk 4,13), die sich Lukas als eine satansfreie Heilszeit vorstellt. Nun aber in der Entscheidungszeit der Letzten Tage Jesu in Jerusalem mischt sich der Satan wieder ein (Lk 22,3). Matthäus und Markus kennen diese Hauptverantwortung des Satans für den schlimmen Tod Jesu noch nicht. Es musste in den Urgemeinden erst zur Entwicklung einer Passionskatechese kommen, die dann eben mehr narrative Ausmalungen der Leidenstage Jesu verlangte. Wenn also später mittelalterliche Maler Judas fratzenhaft mit einem Hinkefuß und dem roten Haar der „Teufelsbrut" zeichneten, so holten sie sich vor allem aus dem Lukasevangelium die Erlaubnis dazu, und der Evangelist Johannes stieg sogar noch weiter in die „Satanisierung" des Judas ein. Er brandmarkt Judas schon während dessen gemeinsamer Wanderschaft mit Jesus als „Teufel" (6,70f.; 13,2). Johannes, der von seinem gnostischen Weltbild her nur die Alternative „Licht" oder „Finsternis" zulässt, war überzeugt, dass der Satan Judas schon lange vor der Auslieferung Jesu an die jüdische Obrigkeit geldgierig machte und zum Dieb werden ließ (12,6). Es war für die frühen Gemeinden und ihre Schreiber zunehmend nicht zu ertragen, dass Gott etwa selbst die Hinrichtung seines Sohnes in seinem Heilsplan vorgesehen hatte. Darum suchten sie einen „menschlichen Sündenbock" und bereiteten damit, ohne es vorhergesehen oder gar gewollt zu haben, einem „christlichen" Antijudaismus den Weg.

Die jüdischen Oberen werden auch in der Tat überrascht gewesen sein, dass die ausschlaggebende Gefahr für Jesus aus dessen eigenem Anhängerkreis kam. Der „Fall Jesus" scheint für sie allein so schwierig zu handhaben gewesen zu sein, dass sie Markus zufolge „froh" und erleichtert waren (Mk 14,11), als plötzlich ein Jünger Jesu von sich aus bei ihnen auftauchte. Dafür war ihnen keine Belohnung zu hoch. Sie schlagen Judas „dreißig Silberlinge" vor (V. 15b), die dann im Lauf der Jahrhunderte zum Sprichwort für eine „lumpige" Bestechung geworden sind. Die ins Deutsche als „Silberlinge" übersetzten Doppeldrachmen waren damals ihrem Wert nach der Sühnepreis für einen getöteten Sklaven oder Ochsen.[193] Die genau angegebene Höhe der verheißenen Belohnung scheint auf den ersten Blick ein Beleg für die historische Echtheit der Stelle zu sein und damit auch für die genaue Kenntnis des Matthäus über die Passion Jesu, dürfte aber eher aus Sach 11,12 entnommen worden zu sein[194], denn der erste Evangelist Markus weiß erst nur allgemein von einer Belohnung (Mk 14,11), jedoch noch nichts über deren Höhe. Lukas seinerseits war ein anderes Anliegen der priesterlichen Verhandlungsführer wichtiger, nämlich dass Judas eine „Gelegenheit" (22,6) zu suchen versprach, bei der Jesus „ohne Aufsehen" festgenommen werden könnte. Johannes liefert dann dazu noch die Befürchtung der Hohenpriester nach: Denn „alle Welt läuft ihm nach" (12,19). Jesus sollte also möglichst ohne weitere Vorkommnisse heimlich festgenommen und ausgeschaltet werden. Innerhalb Jerusalems selbst wollten die jüdischen Oberen keine Verhaftung wagen, aber wenn Judas einen etwas abseits gelegenen Ort dafür vorschlagen konnte, wollten sie sich ihm als dankbar erweisen. Das konnte bereits in der Nacht des Gründonnerstags sein, am besten noch vor den häuslichen Sederfeiern[195] der Bewohner und Pilger oder zumindest unmittelbar danach. Und in der Tat durfte Jesus mit seinen Jüngern noch ein letztes Mal einen Pessachabend äußerlich ungestört, aber intern angefochten feiern.

Judas und der „Jud"

Mt 10,2–4 (Mk 3,16–19; Lk 22,47f.)

2 Die Namen aber der zwölf Apostel sind diese: zuerst Simon, genannt Petrus, und Andreas, sein Bruder; Jakobus, der Sohn des Zebedäus, und Johannes, sein Bruder; 3 Philippus und Bartholomäus; Thomas und Matthäus, der Zöllner; Jakobus, der Sohn des Alphäus, und Thaddäus; 4 Simon Kananäus und Judas Iskariot, der ihn verriet).

Jesus hat „unter Pontius gelitten", wie es im Apostolikum heißt. Er hat auch gelitten unter den jüdischen Oberen, und am Ende verblasste ihm sogar noch am Kreuz sein Vaterbild Gottes. Mit Jesus gelitten haben in der Passionswoche je auf ihre Art die Jünger Jesu, der Schächer am Kreuz, die Mutter Maria und die mit Jesus gewanderten Frauen, wahrscheinlich auch eine beachtliche Zahl Jerusalemer Einwohner und Festpilger, die Jesus eine berührende Predigt oder gar ein „Wunder" verdankten. Gelitten hat aber auch auf seine Weise in der Passionswoche der „Auslieferer" Judas: nämlich gelitten unter sich selbst, wie auch später unter seiner Wirkungsgeschichte. Weil Judas Iskariot seit Jahrhunderten als unheilige Gegenfigur zu Jesus fasziniert, ist der Versuch

193 Siehe Fritz Rienecker, Sprachlicher Schlüssel zum NT, zu Mt 26,15.
194 „Und sie wogen mir den Lohn dar, dreißig Silberstücke."
195 Der „Seder" (hebr. Ordnung) ist der Vorabend und Auftakt des jüdischen Pessachfestes in der Familie.

unerlässlich, sein Porträt noch etwas genauer, als bereits angedeutet[196], nachzuzeichnen.

Immer schon hat die Figur des Judas Iskariot fasziniert oder abgestoßen. Die Evangelien beziehen Judas trotz seines „Verrats" noch in den Jüngerkreis ein, führen ihn aber stets in ihren Jüngerlisten der Evangelien an letzter Stelle auf.[197] Offensichtlich wollten die frühen Christen einerseits seinen Namen wegen seiner „Untat" nicht verschweigen, andererseits den „Verräter", nur soweit es unbedingt sein musste, gerade noch miterwähnen. Judas gehörte allein schon symbolisch so unerlässlich zur Komplettierung der Zwölferzahl der Jünger, mit der sie den „Neuen Bund" des Zwölfstämmevolkes repräsentierten, dass er nach seinem Tod durch den nachgewählten Matthias ersetzt werden musste. „Er gehörte zu uns und hatte dieses Amt mit uns empfangen" (Apg 1,17.23–26). Judas trägt fast immer den etymologisch nicht mehr eindeutig erklärbaren Beinamen „Iskariot", der sowohl geographisch als „Mann aus Kerijoth", vermutlich einem ehemaligen Dorf im Landesteil Judäa, politisch als „Dolchmann", Untergrundkämpfer, und charakteriologisch als „Mann der Falschheit, Bosheit" gedeutet werden kann. Die kirchliche Tradition grenzte Judas aber dann mit aller Schärfe aus dem kirchlichen Umfeld aus. Auch nach deutschem Recht ist Judas bis heute ein verbotener Vorname. Niemand soll als Verräter diffamiert werden. Im Schatz der Sprichwörter jedoch ist der Name Judas erhalten geblieben. „Du Judas!" meint heute noch: „Du Schurke!", wie der intrigante Kurfürst Moritz von Sachsen zum „Judas von Meißen" wurde. Es ist auch die Redensart geblieben: „Wegen dreißig Silberlingen!" oder „um einen Judaslohn", was so viel bedeutet wie: „wegen schnöden Gewinns". „Einen Judaskuss geben" heißt „heucheln", ein „Judaswetter" ist eine verregnete Karwoche und ein „Judasloch" der „Spion" in den Zellentüren der Gefängnisse. Historisch katastrophal aber wurde die Gleichsetzung von Judas mit „Jud". Alle negativen Attribute, die der biblischen Judasfigur angehängt wurden, sind zu Stigmata eines ganzen Volkes geworden.

Zur Zeit Jesu war Judas ein beliebter Name. Er kommt im Neuen Testament auf neun Personen bezogen vor. Im Alten Testament werden ein Bergland, ein Volksstamm und ein Königreich so genannt. Juda galt als vierter Sohn Jakobs. Der Name wird volksetymologisch vom hebräischen Verb „jadah" = preisen, danken, abgeleitet; ein weiter Bedeutungsweg bis zur christlichen Abqualifizierung zum „Schuft". Die Stamm-Mutter Lea jubelt bei der Geburt ihres Kindes: „Diesmal will ich dem Herrn danken. Darum nannte sie ihn Juda (Dank)" (Gen 29,35). Hingegen setzen die mittelalterlichen und barocken Passionsspiele Judas eine Schellenkappe auf, und heften ihm eine Schweinsblase an, obwohl doch ein Jude Schweine meidet! Judas erscheint mit einem schleichenden Schritt auf der Bühne und spricht hinterlistig mit

---

196 Vgl. oben S. 118. Siehe auch M. Köhnlein, Ecce homo, Bd. I, Der Ruf, 1999, S. 162ff.

197 Mt 10,4; Mk 3,19; Lk 6,16.

vorgehaltener Hand. Die christliche Legende erzählt von ihm eine absonderliche Geburt und hängt seinem Tod eine grauenvolle Höllenfahrt an. Anders in der islamischen Tradition. Hier opfert sich Judas anstelle Jesu für ihn als dessen Doppelgänger am Kreuz. Eine Fülle von Judasromanen hat ihn im Lauf der Zeit beschuldigt oder entschuldigt. Der Dramatiker Friedrich Hebbel hielt Judas sogar für den „Allergläubigsten“, weil er Jesus eine verborgene Messianität zutraute, die er durch Denunziation nur herauslocken wollte. Noch in der romanischen Kunst wurde er vom Naumburger Meister als unschuldig dreinschauender Jüngling gemeißelt.

In der Spätgotik setzte dann die physiognomische Verzerrung ein. Judas erhielt vermeintlich „typisch jüdische“ Züge: eine gekrümmte, dicke Nase, wulstige Lippen, übergroße, disproportionierte Gliedmaßen. Er blickte finster und verschlagen als die Inkarnation des Bösen. Der selber boshafte frühe Antisemitismus tobte sich an ihm aus. Ganze Generationen von Malern verhüllen ihn in einen gelben Mantel – in der Farbenlehre das Zeichen der Falschheit –, frisieren ihn mit „sündhaft“ rotem Haar (Jes 1,18b), heften ihm einen spitzen, roten Bart ans Kinn, lassen ihn in der Hinterhand einen Geldbeutel zeigen und Würfel und Spielkarten aus seinen Taschen fallen. Eine Fliege als Zeichen des Fliegengottes „Beelzebub“ – ein Pseudonym des Satans – umschwirrt ihn, ein Engel nimmt ihm den Nimbus, den Heiligenschein, vom Kopf. Unterschwelliger Sexualneid bildet ihn gelegentlich mit einem entblößten Phallus ab. Alle diese Hassfantasien sind am grausigsten anzusehen im „Letzten Abendmahl“ des Herrenberger Altars von Jörg Ratgeb aus dem Jahr 1519.[198] Hier wendet sich ausgerechnet beim „Sakrament der Vergebung und Versöhnung“ ein anderer Jünger von Judas ab und hält die Hand vor die Nase, weil er den „Geruch des Juden“ nicht erträgt oder sich angesichts des Juden ausschneuzt. Diese hässlichen Mimiken und Gesten wurden ausgelöst von den fragwürdigen biblischen Bemerkungen, Judas sei ein Dieb gewesen und der Teufel sei in ihn gefahren.[199]

Auch auf weniger extremen Abendsmahlsdarstellungen kauert Judas nicht selten isoliert und kleiner als die anderen im Bildvordergrund. Die anderen Jünger werden deutlich von ihm abgerückt. Neben ihm steht ein umgestürzter Stuhl als Zeichen dafür, dass Judas am „Tisch des Herrn“ keinen Platz mehr hat. Er kann auch mit dem Teufel zusammen unter dem Tisch sitzen und es können Hunde neben ihnen liegen, weil Judas einer von ihnen sei, und wie sie nichts vom heiligen Brot bekommen sollen, denn es heiße: „Gebt das Heilige nicht den Hunden“ (Mt 7,6). In den Darstellungen der Gefangennahme Jesu in Gethsemane tritt Judas manchmal bezeichnenderweise „von hinten“ an Jesus heran. Er „heuchelt“ bei der Begrüßung Unterwerfungsgesten, während Jesus seinen Kuss demonstrativ passiv über sich ergehen lässt. Erst die Aufklä-

---

198 Aufgestellt im Landesmuseum Württemberg in Stuttgart.

199 Joh 12,6; Lk 22,3; Joh 13,27.

rung und Romantik haben Judas teilweise wieder aus dem Negativklischee herausgeholt. Er wird in neueren Jüngerbildern als nervöser, gespaltener Mensch gezeichnet, mit verzweifeltem Gewissen und depressivem Blick. Seine Körperhaltung und die Beleuchtung machen seinen inneren Zwiespalt deutlich. Während ihn also die ältere Kunst von außen karikiert und vorurteilsvoll ins Lächerliche oder Boshafte verzerrt, stellt ihn die neuere Kunst von der inneren Psychologie her als tragische, bedauernswerte Figur dar: Judas ist der Mensch, der getrieben wird von den Verhältnissen und sich selbst, im Widerspruch zwischen Freiheit und Vorherbestimmung.

Doch was war seine „Schuld"? Hat Judas Jesus „verraten" oder sich selbst? In der Rockoper „Jesus Christ Superstar" ist Judas sogar der eigentlich Leidende, der von den Hohenpriestern und Ältesten „verraten" wird und nicht Jesus. Er wollte ihnen Jesus nur zur vorübergehenden Inhaftierung und Ruhestellung aushändigen, damit die Römer keinen Grund fänden, das ganze Volk wegen des Verdachts des Aufruhrs niederzumetzeln. Er handelte aus Verantwortung und Weitsicht, nicht aus Bosheit. Judas ist in der Rockoper der eigentliche „Erlöser", während Jesus eher träumerisch unentschlossen dargestellt wird.[200] Judas habe Israel retten wollen – und nur den Undank geerntet, dass ihm das Leiden Jesu als „Verrat" angelastet wurde für alle Zeit und Ewigkeit. Dabei sei es doch nicht seine Schuld gewesen, dass Jesus seine Messianität nicht eingesetzt hätte. Die Kirchen- und Kunstgeschichte hat aus dem konkreten, eigenmächtig handelnden Jünger Judas, der seinen „Meister" zwingen wollte, in seinem Sinn politisch zu agieren, den bösartigen und verschlagenen „Jud" gemacht. Was für eine Umkehrung des Evangeliums von der Zuwendung Jesu zu den „Sündern"! In dem einen fehlenden Buchstaben „e" drückt sich das ganze Leiden von Generationen unschuldiger Männer, Frauen, Kinder aus, die nur wegen ihrer „falschen" Geburt ins Leiden kamen.

Das Abendmahl

Matthäus 26,17–30 (Mk 14,12–30; Lk 22,7–20; Joh 13,21–30; 1 Kor 11,23–26)

Das letzte Mahl Jesu mit seinen Jüngern, das in der Christenheit zum Altarsakrament wurde, hat in der Moderne als evangelisches Abendmahl, weitgehend auch als katholische Eucharistie seinen früheren „Zauber" verloren. Das liegt einmal soziologisch an den äußeren Bedingungen. Soweit es sich nicht um photogene, kirchliche „events" wie Taufe oder Trauung handelt, wird der „Gang zum Altar" nicht mehr als Selbstverständlichkeit von Generation zu Generation vermittelt. Die Sonn- und Feiertage werden von der Bevölkerung als Tage der Erholung ohne Pflichten verstanden, zumal es kirchenrechtlich für das Meiden von Messe und Abendmahl keine Sanktionen mehr gibt.

[200] Vgl. die Songs: Damned for all time, Blood money, upper, Judas' Death.

Auch dogmatisch leuchten die alten Theorien der katholischen „Transsubstantiation“ wie der evangelischen „Konsubstantiation“ dem kritischen Verstand der Zeitgenossen nicht mehr ein. Es widerstrebt den heutigen Menschen, „Leib und Blut“ eines auferstandenen HERRN zu essen und zu trinken. Auch ist es dem „modernen“, unvertretbaren Gewissen nicht mehr zugänglich, dass „ein Anderer“ für mich gestorben sei und dadurch meine „Sünden“ getilgt würden. Darüber hinaus hat das Gemeindebewusstsein der Christen durch die hohe Subjektivierung des Einzelnen stark abgenommen. Das Wir-Gefühl der bei der Austeilung des „Herrensakramentes“ vor oder um den Altar stehenden „Herbeigerufenen“ dauert nur noch bis zum Entlassungs-Segen nach der Kommunion. Vielleicht mögen einzelne Gemeindeglieder noch versuchen, während des „Essens und Trinkens“ von „Leib und Blut Christi“ ein besonderes Gefühl in sich zu empfinden. Die meisten anderen erfahren jedoch die genossenen Gaben kaum noch als Stärkung, noch als Trost ihrer Gewissen, sondern nur als einen ruhigen Moment in ihrem sonst so rasch dahinfließenden Leben. Das zur flachen, geschmacklosen Hostie stilisierte „Brot“ und der eine „Schluck“ Wein oder Traubensaft sind kein wirkliches Mahl mehr, wie auch der Gebrauch von kleinen, auf einem Tablett gereichten Gläschen, die aus hygienischen Gründen den kreisenden Kelch ersetzen sollen, eher ein Ausdruck der Privatisierung der Christen als ihrer Verbundenheit untereinander ist. Gewiss gibt es noch einige Situationen, in denen das Abendmahl eine tröstliche und stärkende Wirksamkeit entfaltet. Das kann die Darreichung der Gaben bei Sterbenden sein, die Vertiefung des Gemeinschaftsgefühles auf Gemeindefreizeiten, der Gang von Eltern mit ihren Konfirmanden zum Altar, die Gewährung des Zugangs zum Altar für interkonfessionelle Paare und bei pietistischen Christen vor allem der Abendmahlsempfang am Karfreitag. Für manche Gemeindeglieder aber bleiben der Karfreitag wie auch der „Totensonntag“ die einzigen Altargänge im Verlauf des Kirchenjahres.

Insgesamt aber würde wohl kaum ein „Laienchrist“ und auch nicht immer ein „Geistlicher“ erklären können, was sich eigentlich beim Sprechen der Abendmahlsworte und beim Einnehmen der Hostie und des Abendmahlweines ereignet. Geschieht tatsächlich eine substanzielle Wandlung der Elemente Brot und Wein? Und tilgt der Genuss von „Leib und Blut Christi“ wirklich glaubhaft Gewissensnöte und „Sünden“? Kann die Kommunion uns noch spüren lassen, dass Christus „zur Vergebung unserer Schuld“ gelitten hat? Das „Altarsakrament“ hat seinen Charakter als „Mysterium des Heils“ weitgehend verloren, beziehungsweise ist für die „nach vorne Kommenden“ ein mysteriöses Rätsel geworden. Vielleicht, dass es im Wesentlichen noch der Unterscheidung zwischen Gebern und Empfängern, Klerikern und Laien dienen mag. Insgesamt hat sich der Gang zum Altar zu einer Art von feierlichem, liturgischem „Spiel“ entwickelt, das, wenn überhaupt noch, aus Treue zur Tradition vollzogen wird.

Hat aber Jesus von Nazaret damals in Jerusalem am Gründonnerstagabend dieses kaum noch ergründbare „Spiel" so gewollt? Sind Abendmahl und Eucharistie wirklich sein „Testament", sein Vermächtnis an uns geblieben? Dürfen und können wir noch von einer objektiven „Realpräsenz" Christi in den Altargaben reden, wie es das katholische Konzil von Trient[201] festlegte; oder Christus wenigstens unerklärbar „in, mit und unter" den Gaben von Brot und Wein anwesend sein lassen, wie es Martin Luther in seinen Abendmahlsschriften ab 1519 wahrhaben wollte?[202] Ist es wirklich noch nachvollziehbar, dass ein geweihter, katholischer Priester das „Selbstopfer Christi" auf Golgatha im Brechen der Hostie „unblutig" wiederholen kann? Vielleicht „leidet" Christus heute unter der Verformung, die sein damaliges, relativ einfaches Abschiedsmahl auf seinem langen liturgischen Weg von der Antike bis zur Gegenwart erfahren hat. Was geschah also ursprünglich an jenem ersten „Gründonnerstagabend", als der historische Jesus mit seinen Jüngern in einem „Obergemach" in Jerusalem das traditionelle jüdische Pessach feierte (Mk 14,15)? Hat er das alte Brauchtum Israels wirklich zu einem neuen „Testament" umgeformt?

Markus, Matthäus und Lukas und der Apostel Paulus sind mit ihrer Darstellung des Letzten Mahls Jesu inhaltlich, zeitlich und örtlich weitgehend synchronisierbar. Nur Johannes geht einen eigenen Weg. Es wird vermutet, dass er als Verfasser des Johannesevangeliums nicht der „Lieblingsjünger" Johannes, sondern ein namensgleicher späterer Presbyter war, der wegen seiner gnostischen Neigungen ein kirchenamtliches Sakramentsverbot erlitt, falls er nicht sogar exkommuniziert wurde.[203] Es fällt jedenfalls auf, dass Johannes in seinem Evangelium das Abendmahl durch die Fußwaschung ersetzt (13,1–30) und die Bruderliebe betont (15,9–17.34f.). Bei ihm zieht auch Jesus nicht wie bei den Synoptikern nur ein Mal und zwar erst am Ende seines Lebens nach Jerusalem „hinauf", sondern wandert insgesamt vier Mal zwischen Galiliäa und der Tempelstadt hin und her.[204] Dabei erzählt er schon in der Mitte seines Evangeliums, Jesus habe bei einem dieser Besuche ein Passa mit seinen Jüngern gefeiert und dabei Judas Iskariot als einen vom „Satan" besessenen „Verräter" enthüllt (13,1f.26). Johannes kann Jesus das Sedermahl nicht erst am Gründonnerstag feiern lassen. Er muss sich diesen Vorsedertag freihalten, weil er Jesus bereits am Nachmittag des Gründonnerstag gekreuzigt werden lässt, denn dieser Vortag war der Tag der Schlachtung der Passalämmer. Da passte es für sein symbolisches Denken, Jesus, den er für „Gottes Lamm" hält, „das der Welt Sünde trägt" (1,39), bereits an diesem „Schlachttag" hingerichtet werden zu lassen.

---

201 Zwischen 1544–1563. Zur Eucharistie: Tridentinum, Sessionen 13; 21; 22,1f.

202 Besonders: M. Luther, De captivitate Babylonica, 1520.

203 3 Joh 1.9f. Vgl. Ernst Käsemann, Ketzer und Zeuge, in: Exeget. Versuche und Besinnungen I, 1960, S. 168ff.; vgl. auch unten S. 250–253.

204 Vgl. H. Conzelmann / A. Lindemann, Arbeitsbuch zum Neuen Testament, UTB 52, 1975, S. 279.

Blicken wir auf Matthäus, so lässt sich seine Darstellung der „Einsetzung" des Abendmahls durch den historischen Jesus während seiner letzten Tage in Jerusalem in drei Teile gliedern:

Die Besorgung des Festsaals

Mt *26,17–19*

17 Aber am ersten Tage der Ungesäuerten Brote traten die Jünger zu Jesus und fragten: Wo willst du, dass wir dir das Passalamm zum Essen bereiten? 18 Er sprach: Geht hin in die Stadt zu einem und sprecht zu ihm: Der Meister lässt dir sagen: Meine Zeit ist nahe; ich will bei dir das Passa feiern mit meinen Jüngern. 19 Und die Jünger taten, wie ihnen Jesus befohlen hatte, und bereiteten das Lamm.

„... am ersten Tag der Ungesäuerten Brote ..." (26,17). In der jüdischen Tradition ist bereits die gesetzestreue Vorbereitung des „Pessach" ein unerlässlicher Teil des Festes selbst. Das Haus und das Geschirr müssen gründlich gesäubert, gesäuertes Brot beseitigt, ungesäuertes Brot frisch gebacken, die Passakräuter besorgt und das Opferlamm geschlachtet werden. Die Schlachtung eines „koscheren" Lamms ist die Pflicht des Hausherrn, die Reinigungsaktionen und der Kauf der Zutaten zum Festmahl zählen zu den Pflichten der Hausfrau. Es wären durchaus auch einige Frauen im Gefolge Jesu mit dabei gewesen, welche die Festvorbereitungen hätten gemeinsam mit den Jüngern übernehmen können. Die Synoptiker wollten jedoch Jesus nur im Kreis seiner zwölf Jünger wissen, weil sie in ihnen den neuen Zwölfstämmebund, das neue Israel verkörpert sahen. Hier schimmert bereits die „Paternalisierung" der Urgemeinden durch. Das Passamahl ist übrigens im Judentum ein Familien- und kein Gemeindefest, so wie damals beim Auszug Altisraels aus Ägypten das erste Passa in den Häusern stattfand (Ex 12,1–28). Es ist nicht etwa in die Synagogen verlegt, wie bei uns Eucharistie und Abendmahl in die Kirchen. Im Judentum ist der ursprüngliche und ideale Ort der gottesdienstlichen Feiern die „häusliche Familiengemeinde".[205]

Um noch rechtzeitig einen passenden Ort für das „Pessach" (hebr.) zu finden, fragen die aus Galiäa stammenden und in Jerusalem fremden Jünger Jesus, wo er denn gedenke, sich das „Passalamm" bereiten zu lassen (V. 17b). Dabei sind bei Markus und Matthäus alle Jünger um den Raum zum Feiern besorgt, während bei Lukas nur die beiden prominenten Jünger Petrus und Johannes an die anstehenden Vorbereitungen denken (22,7). Das urchristliche „allgemeine Priestertum aller Gläubigen" scheint bei Lukas um das Jahr 90 n. Chr. bereits vom „hierarchischen Priestertum", das die Gottesdienste

[205] Dem entsprach auch in der Reformation Luthers Vorliebe für die Hausgemeinde noch vor der sonntäglichen Kirchengemeinde; vgl. M. Luther, Deutsche Messe und Ordnung des Gottesdienstes, 1526, MA 1962, S. 130.

verantwortet, abgelöst worden zu sein. Die Antwort Jesu ist bewusst ungenau. Die Jünger sollen in der großen Hauptstadt ohne weitere Adressenangabe zu einem nicht näher benannten „Jemand" gehen und ihm Grüße vom „Meister" ausrichten, verbunden mit der Bitte um Überlassung eines Raumes in dessen Haus. Es wurde unter den Exegeten schon daran gedacht, die Anonymisierung des Gastgebers solle möglicherweise angesichts der schon in der Zeit des Matthäus beginnenden Christenverfolgung den Mitchristen und dessen Familie schützen, der in den Urgemeinden noch als „Gastgeber" des hingerichteten Jesus bekannt war. Näher liegend aber ist, dass die Verschweigung seines Namens das Wunder des „übernatürlichen" Vorherwissens Jesu noch verstärken soll. Und die Jünger treffen tatsächlich in Jerusalem diesen namenlosen „Irgendwer" auch sofort an (V. 19). Damit lässt Matthäus seine Leser im Voraus ahnen, dass während der kommenden Passionstage nichts Unvorhergesehenes über Jesus hereinbrechen wird, sondern Jesus sich immer schon im Klaren war, dass seine „Zeit" gekommen war, und er über das auf ihn Zukommende Bescheid wusste (V. 18). Jesus war zwar kein Hellseher, aber doch in Gottes Heilsplan eingeweiht. Die Jünger sollen dem Gastgeber allerdings nur die Bitte des „Meisters"[206] und nicht etwa schon die des „Messias" ausrichten. Matthäus jedenfalls will Jesus erst bei seinem kommenden Gerichtsprozess sich selbst als Messias bekennen lassen (26,64). Man könnte vermuten, der Hausbesitzer habe Jesus vielleicht schon von dessen Einzug in Jerusalem oder von seinem Auftritt im Tempel her gekannt, oder er habe ihn schon früher mal als Prediger und Wundertäter erlebt. Jedenfalls ist Matthäus das wunderbare Vorherwissen Jesu wichtiger als die weitere Illustrierung der Raumfindung, wie sie Markus und Lukas treiben, die den „Sowieso" durch das Tragen eines Wasserkruges erkennbar sein lassen. Auch lassen sie Jesus andeuten, der große Saal, den der Gastgeber den Jüngern zeigen werde, werde mit bequemen Polstern versehen sein.[207] Markus und Lukas meinten wohl im Unterschied zu Matthäus, Jesu Kunst der Weissagung durch Angaben von Details beweisen zu müssen.[208]

Die Bekanntgabe des „Verräters"

Mt 26,20–25

20 Und am Abend setzte er sich zu Tisch mit den Zwölfen. 21 Und als sie aßen, sprach er: Wahrlich, ich sage euch: Einer unter euch wird mich verraten. 22 Und sie wurden sehr betrübt

---

[206] Im griechischen Text steht didaskalos, Lehrer.

[207] Mk 14,13.15; Lk 22,10.12.

[208] Im Nebenbei lässt sich wieder eine Kritik am Sprachgebrauch des Kommentators U. Luz nicht unterdrücken, der bei seiner Auslegung der Szene in einen herrischen, um nicht zu sagen militärischen Ton fällt. So „ordnet" Jesus bei Luz nicht bloß „an" bzw. „beauftragt" (vgl. syntasso, in: EWNT III, ^{2}1992, Sp. 741), sondern „befiehlt" es und die Jünger üben einen „exemplarischen Gehorsam" aus (EKK I/4, S. 81f.).

und fingen an, jeder einzeln, ihn zu fragen: Herr, bin ich's? 23 Er antwortete und sprach: Der die Hand mit mir in die Schüssel taucht, der wird mich verraten. 24 Der Menschensohn geht zwar dahin, wie von ihm geschrieben steht; doch weh dem Menschen, durch den der Menschensohn verraten wird! Es wäre für diesen Menschen besser, wenn er nie geboren wäre. 25 Da antwortete Judas, der ihn verriet, und sprach: Bin ich's, Rabbi? Er sprach zu ihm: Du sagst es.

Nach dem „Handel" zwischen Judas und den Hohenpriestern und der Besorgung des Festsaals setzen sich Jesus und die Zwölf zum Sedermahl zu Tisch. Judas ist inzwischen stillschweigend in den Jüngerkreis zurückgekehrt. Die Atmosphäre wird familiär und festlich gewesen sein. Vertraute Freunde, die monatelang miteinander gewandert sind und gemeinsam Höhen und Tiefen erlebt haben, liegen, den rechten Arm auf ein Polster aufgelehnt, in der zunächst noch entspannten Runde. Es ist „Abend" (V. 20). „Die Stunde ist gekommen" (Lk 22,14). Zum Pessach gehört seit eh und je für jüdische Gläubige die Dunkelheit als Anbruch des neuen Tages. Nach christlicher Zählung ist die Nacht jedoch der Abschluss des vorangegangenen Tages. Doch an diesem Gründonnerstagabend[209] in Jerusalem symbolisiert die Dämmerung mehr. Es liegt in der Luft, dass sich etwas neigt, etwas zu Ende geht. Unvermittelt spricht Jesus während des Essens aus, was ihm offensichtlich schwer auf dem Herzen lag, wie sich der feierlichen Einleitung entnehmen lässt: „Wahrlich, ich sage euch: Einer unter euch wird mich verraten" (V. 21).[210] Diese überraschende Enthüllung, dass einer der im Kreise sitzenden Jünger mit ihm Schluss machen werde, war deprimierend. Die Jünger spürten, wie sehr sie Jesus schmerzte. „Sie wurden sehr betrübt ..." (V. 22). Judas mag es sogleich unwohl geworden sein, aber er verrät sich nicht selbst. Er sagt zunächst kein Wort und tut so, als würde er noch wie immer dazugehören. Dass Jesus die geheimen Gedanken des Judas errät, muss nicht unbedingt einer übernatürlichen Ausstattung zugeschrieben werden, die ihm hellseherische Fähigkeiten verlieh. Es kann auch die Intuition des Lehrers gewesen sein, dem die Verhaltensänderung seines Schülers auffiel. Im Hintergrund klingt das Psalmzitat an: „Auch mein Freund, dem ich vertraut, der mein Brot aß, hat gegen mich geprahlt" (Ps 41,10).

Es ist für ein heutiges Eucharistie- und Abendmahlsverständnis entscheidend, dass Jesus „während" und nicht „vor" dem liturgisch feierlichen Sedermahl als einem der geistigen Heiligtümer Israels die „Untreue" des Judas aufdeckt. Das bedeutet, er schließt den „Sünder" vom Empfang der Gaben nicht aus, sondern in das Evangelium der Versöhnung mit ein. Die Eucharistie ist das „Sakrament der Einheit" – und nicht der Trennung. Aus denselben Schüsseln essen, sich das gleiche Brot reichen, aus demselben Kelch trinken, dieselbe Heilsgeschichte hören, denselben Zuspruch erfahren, – das ist die

---

209 Gründonnerstag (mhd.), abgeleitet von grinen, greinen („weinen, klagen").

210 Besser: „ausliefern".

engste ein- und nicht ausschließende Gemeinschaft, die es im religiösen Bereich gibt. Die Einheit der Teilnehmer wird nicht als einheitlicher Glaube vorausgesetzt; sie geht vielmehr erst aus dem gemeinsamen Mahl als die eine Vergebung hervor, die alle brauchen. Die Glaubensverschiedenheit und Sündlosigkeit war für Jesus keine Bedingung der Zulassung. Der HERR reicht Judas genauso die Gaben von Brot und Wein wie den anderen elf Jüngern auch. Die Kirchen, die erst eine vorausgehende Einheit im Glauben feststellen wollen, drehen den Sinn des Letzten Mahles Jesu um. Es ist ein ökumenischer Irrweg – wenn nicht gar eine Dauersperre –, anzunehmen, dass die Kirchen erst in der Lehre geeint sein müssten, bevor sie das Herrenmahl gemeinsam feiern könnten.

Zur Einnahme des Abendmahls gehören immer auch „die Nacht, in der der Herr ausgeliefert wurde", also Missverständnis, Unverständnis, Verleugnung und Trennung hinzu, aber ebenso auch Vergebung und Versöhnung. Jesus „taucht" seine Hand zusammen mit der Hand seines abtrünnigen Freundes in die „Schüssel" (V. 23), welche entweder das Wassergefäß zum Säubern der Finger oder die Schale mit dem geriebenen Fruchtmus war, in das nach dem ersten Passabecher der Lattich und andere Bitterkräuter eingetaucht werden.[211] Es wird nicht erzählt, dass Jesus, oder auch die anderen elf Jünger Judas konsequent vom Sedermahl ausgeschlossen hätten. Der HERR hat auch nicht seine Hand aus lauter Abscheu sofort wieder aus der Schüssel herausgezogen und gewaschen, nachdem er den „falschen" Freund" berührt hatte (V. 23), als hinge über einem Sünder ein Tabu. Judas durfte auch noch als „Verräter" in der Tischgemeinschaft bleiben. Es war seine eigene Sache, sich selbst auszuschließen. Darum berichtet auch Johannes: „Als er nun den Bissen genommen hatte, ging er alsbald hinaus. Und es war Nacht" (13,30). Wobei angesichts der Neigung des Evangelisten Johannes zur Symbolsprache die „Nacht" nicht nur chronologisch, sondern auch existenzialistisch zu lesen ist: Judas wurde zum „Dunkelmann". Er geriet in die „Finsternis" des Satans und seiner Mächte.

Merkwürdig ist auch, dass Judas nur bei Matthäus (26,25) und Johannes (13,26) persönlich entlarvt wurde", bei Markus (14,20) und Lukas (22,21) hingegen blieben zunächst alle Jünger unter Verdacht. Soll das heißen, im Grunde genommen hätte jeder Jünger der „Auslieferer" sein können? Niemand, auch kein Jesusjünger, war und ist gegen Anfechtung und Abfall geschützt. Darum wehrt auch keiner der Jünger von vornherein ab: „Ich bin's nicht!", sondern alle fragen zwischen Betroffenheit und Entsetzen der Reihe nach: „Herr, bin ich's?" (V. 22). So zeigt Leonardo da Vinci in seinem berühmten Mailänder Gemälde „Das Abendmahl"[212] Jesus mit seiner Zwölferschar am langen Tisch während des Enthüllungsvorgangs. Die Jünger deuten

---

211 Vgl. U. Luz, a. a. O., S. 88.

212 Im Refektorim des Konvents der Dominikaner in der Kirche S. Marie delle Grazie. 1494/98.

erregt mit lebhaftem Fingerspiel teils hinweisend aufeinander, teils abwehrend von sich selbst weg. Judas bildet zusammen mit Petrus und Johannes dicht bei Jesus eine abgehobene Personengruppe. Sie waren die drei wichtigsten Gesprächspartner Jesu, auch wenn Judas dabei eine negative Rolle zukam. Er sitzt deshalb auch bei da Vinci in scheinbar entspannter Ruhe in einem besonderen „Halbschatten". Sein Blick gleitet über den Kopf Jesu hinweg, wie jemand, der am liebsten wegschauen möchte. Aber als bestürzt zeichnet da Vinci ausdrücklich alle Zwölf. Offensichtlich waren sich alle Jünger Jesu ihres gelegentlichen „Kleinglaubens" und ihrer grundsätzlichen Anfälligkeit für Glaubenszweifel bewusst.[213] Sie hatten ja auch alle bereits ihre Hand neben Jesu Hand in die Schüssel getaucht. Auch der „mitspielende" Judas tat so als ob und hängte sich den anderen an: „Bin ich's, Rabbi?" (V. 25). Matthäus vermerkt mit feinem Unterschied, dass die elf Jünger Jesus bereits mit „Herr" (Kyrios) anredeten, während Judas ihn erst noch mit „Rabbi" (Meister) angesprochen habe. Drückt sich in diesem geringeren Ehrerweis des Judas bereits ein belastetes Gewissen oder einfach noch der Unmut des „Dolchmannes" über Jesus aus? Indem Judas fragt „Bin's (etwa) ich?", versucht er das Gesetz des Handelns an sich zu ziehen.

Da beendet Jesus eindeutig das Versteckspiel des Judas: „Du sagst es" (V. 25). Aber es folgt kein Schimpfwort, keine Verfluchung des Judas. Matthäus berichtet nicht, dass Jesus nach der „Entlarvung" des Judas ihm die weiteren Gaben des Abendmahls verweigert hätte. Es liegt ja auch keine Alleinschuld des Judas vor. Die „Dahingabe" Jesu war Gottes Plan. Es stand eine höhere Absicht hinter der Verhaftung und dem Tod Jesu. Es musste alles so geschehen, „wie es geschrieben steht" (V. 24), tröstet Matthäus seine Leser. Die Psalmen und die Propheten hätten es längst geweissagt, was Judas tat. Und trotzdem ist der selbstherrliche, ungeduldige Jünger mitschuldig. Er hat seinen aufgestauten Ärger über Jesu Zurückhaltung nicht beherrschen können. Im Gegenteil, als er zu den Hohenpriestern ging, hatte er seinen trotzigen Gefallen an dem Zwang, den er meinte, mit obrigkeitlicher Hilfe auf seinen „Meister" ausüben zu können. Doch spätestens seit dieser Sederfeier wird er über seiner „Untat" nicht ruhig werden. Sie wird in seinem Gewissen rumoren. Darum lässt Matthäus Jesus bei seinem Verweis auf die Weissagungen der Schrift noch die Klage anfügen: „Doch weh dem Menschen, durch den der Menschensohn ausgeliefert wird!" (V. 24b). Wir kommen nicht umhin, dass wir schuldig werden, aber das Vergnügen, das wir bei unseren Verfehlungen haben, entlässt uns nicht aus der Verantwortung. So ist der Weheruf Jesu zwar nicht als Verfluchung, aber doch als Klage über Judas zu verstehen. Die Jesus zugeschriebenen Klage belegt, wie erschüttert die Urchristen waren, dass überhaupt ein „Mensch" es wagen konnte, sich über den „Menschensohn" zu erheben (V. 24). Einerseits glaubten die Urchristen, dass Judas,

[213] Mt 8,26; Mk 9,24.

als er Jesus „auslieferte", vom Satan besessen gewesen sein musste, andererseits wollten sie aber auch festhalten, dass Judas nur das unglückliche Werkzeug Gottes gewesen war. Sie sahen schließlich einen Ausweg aus der Aporie, wie weit Gott selbst und wie weit Judas am Schicksal Jesu schuldig waren, indem sie in ihrer Not, das traurige Geschehen nicht fassen zu können, Jesus selbst seine Passion vorantreiben ließen: „Was du tun willst, das tue bald!" (Joh 13,27). Der Kyrios wollte um „unsretwillen" nicht der triumphale, sondern der leidende und für uns sterbende Menschensohn sein.

Die Kommunion von Brot und Wein

1 Kor 11,20f.

20 Wenn ihr nun zusammenkommt, so hält man da nicht das Abendmahl des Herrn. 21 Denn ein jeder nimmt beim Essen sein eigenes Mahl vorweg, und der eine ist hungrig, der andere ist betrunken.

Wie war nun der Ablauf des Letzten Mahles Jesu und was war sein Sinn? Nehmen wir zwei deutlich verschieden abgefasste neutestamentliche Berichte über die Einsetzung des Abendmahls durch Jesus zur Hand, schriftlich festgehalten in einem Zeitabstand von etwa 30 Jahren: Die Dokumentation des Paulus und die des Matthäus. Paulus hält das Herrenmahl in seinem ersten Brief an die Korinther um ca. 50 n. Chr. fest, Matthäus fügt es in sein Evangelium ein, das er um ca. 80 n. Chr. niederschreibt. Dazwischen liegen rasch verlaufende theologische Entwicklungen der frühen Gemeinden, teils unter dem Druck der als nah erhofften Wiederkunft Christi, bald aber auch als Antwort auf deren Ausbleiben. Keine der beiden Versionen des Letzten Mahles Jesu hat noch viel Ähnlichkeit mit dem jüdischen Pessach. In beiden fehlt die traditionelle Haggadah (hebr. Erzählung), die von der Befreiung der Israeliten aus der Sklaverei und ihrem raschen Auszug aus Ägypten berichtet. Es fehlen die Lammopferstücke, die Hallels (Preisungen Adonajs) sind zu einem kurzen Dankgebet zusammengefasst, die vier Becher Wein sind auf einen Kelch reduziert, die Bitterkräuter und das harte Ei als Symbol der Bedrückung in Ägypten sucht man vergebens, die Aufzählung der Bewahrungen der Erzväter und -mütter ist in der Tischerzählung als Erinnerung an ein Leben im Aufbruch weggefallen, u. v. a. Das Festhalten der Großtaten Adonajs ist insgesamt durch das Gedächtnis an Jesus ersetzt. Es liegt in beiden neutestamentlichen Versionen ein völlig neu geschaffenes Kultmahl vor – tatsächlich ein „Neues Testament". Das Trennende zwischen Judentum und Christentum ist bereits wichtiger als ihre gemeinsamen Wurzeln. Das wirft die Frage auf, ob dann überhaupt wenigstens noch einer der beiden Einsetzungsberichte auf den historischen Jesus zurückgehen kann. Hätten es die Jünger Jesu ertragen, ohne weitere Anlaufzeit und Einführung ihr gewohntes jüdisches Sedermahl so rasch an einem einzigen Abend durch eine neue Pessachliturgie ersetzt zu erhalten, zumal sie in Jerusalem fern ihrer galiläischen Heimat in dieser Stunde vermutlich wehmütig an die Pessachfeiern ihrer Familien zuhause dachten?

Für die jüdische Religiosität ist der regelmäßige Aufgriff der Vätertradition in der Wiederkehr des Gleichen die Weltordnung schlechthin. Die Feste gliedern mit ihren immer gleichen Liturgien das Jahr und nach dem Großen Versöhnungstag im Herbst ist das Pessach im Frühjahr das Lebenselixier des jüdischen Glaubens. Dass ein so rascher Schnitt zwischen Judentum und Christentum durch Jesus, der doch während seiner Wanderzeit wie selbstverständlich die Synagogen und den Tempel besuchte, an einem einzigen, letzten Abend möglich gewesen sein soll, ist unwahrscheinlich. Andererseits wissen wir, dass die urchristlichen Apostel und Propheten sich durch den auferstandenen Christus inspiriert fühlten, den sie im Rückblick mit dem irdischen Jesus identisch sahen. Also konnten sie den himmlischen Christus schon in seiner Wandergestalt als Jesus von Nazaret souverän handeln und Neues anordnen lassen. Damit entfällt eine Harmonisierung des urchristlichen Herrenmahls mit der traditionellen jüdischen Pessachfeier. Das jüdische Pessach und das christliche Abendmahl waren von Anfang an zwei ganz verschiedene Feste. Die Christen haben schon früh der Pessachliturgie ihre „Handfestigkeit“ und Fröhlichkeit genommen und das letzte Mahl Jesu weitgehend „vergeheimnist“. Aus der Geschichtsstunde Israels ist ein „Sakrament“ und aus dem fröhlichen Tischmahl jüdischer Familien ein tiefernstes „Altarspiel“ geworden. Doch vielleicht musste es zu dieser tief greifenden Liturgiedifferenz zwischen beiden Religionen kommen, um eine Unverwechselbarkeit zu schaffen und Streitereien über Abweichungen zu verhindern.

Damit taucht aber auch die letztlich unlösbare Frage auf, ob Jesus diese Änderung eines der heiligsten Güter seines Volkes tatsächlich gewollt und geradezu selbst initiiert hat. Der evangelische Theologe, der von Luthers „sola scriptura“ ausgeht, ist beunruhigt. Der katholische Kollege, dem seine Kirche das Lehramt und die Traditionen als weitere Offenbarungsquellen anbietet, kann den Übergang vom einfachen Gedächtnismahl zum „Mysterienkult“ eher hinnehmen. Für ihn hat sich Gott nicht nur im ersten Jahrhundert n. Chr. offenbart, sondern auch in der späteren Entwicklung der Kirche als dem lebendigen „Leib Christi“. Doch unter welchen Kriterien? Es würde ins spekulativ Mystische gehen, wenn wir nicht nur die Leiden des irdischen Jesus unter seinen Zeitgenossen erforschen würden, sondern auch das Leiden des auferstandenen Christus unter seiner Überlieferung. Die Lust dazu drängt sich dem Autor allerdings manchmal auf.

So bleibt uns also nur ein analytischer Vergleich zwischen der Fassung des Letzten Mahles Jesu mit seinen Jüngern durch den Apostel Paulus und der Schilderung der Abendmahlsfeier in einem Jerusalemer „Obergemach“ durch den Evangelisten Matthäus. Und tatsächlich weichen bereits beide Texte trotz des für eine „kirchliche Entwicklung" relativ knappen Zeitunterschieds von nur 30 Jahren in wesentlichen Formulierungen bereits erheblich voneinander ab; positiv gesehen ein Zeichen dafür, wie offen und beweglich die ersten Christengemeinden und ihre Leitungsgremien damals noch in religiösen Bräuchen und theologischen Auffassungen waren.

Der Jüngerkreis als „Leib Christi"

1 Kor 11,23–26

23 Denn ich habe von dem Herrn empfangen, was ich euch weitergegeben habe: Der Herr Jesus, in der Nacht, da er ausgeliefert wurde, nahm er das Brot, 24 dankte und brach's und sprach: Das ist mein Leib, der für euch gegeben wird; das tut zu meinem Gedächtnis. 25 Desgleichen nahm er auch den Kelch nach dem Mahl und sprach: Dieser Kelch ist der neue Bund in meinem Blut; das tut, sooft ihr daraus trinkt, zu meinem Gedächtnis. 26 Denn sooft ihr von diesem Brot esst und aus diesem Kelch trinkt; verkündigt ihr den Tod des Herrn, bis er kommt.

Paulus hat von Missständen und Spaltungen in der korinthischen Gemeinde erfahren (1 Kor 11,17–22). Die Mitglieder sind soziologisch unharmonisch zusammengesetzt. Einige begüterte Gemeindeglieder, die genug Zeit und Muße haben, kommen schon früh am Abend zusammen und beginnen sofort mit dem bereits aufgetischten Essen. Andere Brüder und Schwestern, die vermutlich minderen Standes waren und bis zum Nachteinbruch schweren Arbeiten nachgehen mussten, versuchen später nachzukommen, finden aber oft nur noch leere Schüsseln vor: „Ein jeder nimmt beim Essen sein eigenes Mahl vorweg, und der eine bleibt hungrig, der andere ist betrunken. Habt ihr denn nicht Häuser, wo ihr essen und trinken könnt?" (a. a. O.). Es geht dem Apostel um die Einheit und Brüderlichkeit in der Gemeinde. Sie soll wieder eine Gemeinschaft werden. Das geht aber nur, wenn Mahlzeit und Herrenmahl übereinstimmen. Mit der feierlichen Einleitungsformel: „Ich habe vom Herrn empfangen, was ich euch weitergegeben habe" (V. 23a), hält Paulus den Korinthern vor Augen, wie der „kyrios", also Christus als irdischer Jesus, unter seinen Jüngern Gemeinschaft gestiftet hat. Paulus will klarmachen, dass die Überlieferung ohne Umweg und Veränderung direkt auf ihn zugekommen sei: „Es war in der Nacht, da der HERR ausgeliefert wurde" (V. 23b). Damit stellt Paulus einerseits heraus, das Abendmahl stand immer schon in einem Zusammenhang von „Hingabe" und „Streit". Es hat aber auch immer schon das Angebot von Vergebung und Versöhnung, sofern es angenommen wird, denn der HERR hat allen gleichermaßen hochsymbolische Gaben angeboten: Brot zur Stillung des Hungers und Wein als Anregung zu Freude.

„... nahm er das Brot, dankte, brach 's, (gab 's), und sprach ..." (V. 23f.). Die Protestanten dürfen sich heute noch an der dichterischen Sprachkraft Luthers freuen, der die im griechischen Text schwerfälliger lautenden Verben durchgehend auf denselben Vokal **„a“** einstimmte, der schon beim Kleinkind ein Urlaut für das Verlangen nach Essen ist. „Desgleichen nahm er auch den Kelch nach dem Mahl ...“ (V. 25a). Zwischen der Austeilung eines realen Brotbrockens und dem Leeren eines Becher Weins hat es also in der Urchristenheit, zumindest noch zu Zeiten des Paulus, ein wirkliches Abendessen gegeben. Und der Apostel meint: So sei es schon an jenem ersten Gründonnerstagabend bei Jesus und seinen Jüngern gewesen. Eine Tischmahlzeit wurde mit einem feierlichen Dank für das tägliche Brot eingeleitet und mit einem Ausblick auf das kommende Reich Gottes abgeschlossen (V. 26c). So hat es der „Herr“ gewollt und davor setzt Paulus mit seiner fast beschwörenden Einleitung gewissermaßen sein Siegel als Apostel. Es soll sagen: Die Abendmahlsagende, die er weitergibt, hat er nicht selbst erfunden, sondern so von den ersten Zeugen des Lebens Jesu erhalten, möglicherweise von einem der Zwölf, die damals am ersten Gründonnerstag mit Jesus zusammen am Sedertisch saßen. Es geht um das rechte „Gedächtnis“ an Jesu Leben und Wirken und um die rechte „Gemeinschaft“ der Christen untereinander – von einer Wandlung ist nicht die Rede. Wohl aber sollen die Christen in Erinnerung behalten, dass Jesu Leib „gebrochen“ und sein Blut „vergossen“ wurde – „für euch“ (V. 24 b). Dies beiden kleinen Wörtchen sind die erste Sinnangabe für den Tod Jesu. Damit ist aber noch keine Sühne- und keine Stellvertretertheorie ausgesprochen. Das „für euch“ bedeutet zunächst nur „euch zugute, euch betreffend“. Auf welche Kommunion sich der Einzelne mit Christus beim Genuss von Brot und Wein einlässt, für was er dankt, was er bittet, was er beklagt – ist seine Sache. Es ist anzunehmen, dass sich die frühen Christen eingangs nach dem Brotwort die Brotstücke weiter im Kreis herumgereicht haben und ebenso am Ende des Essens den Kelch. Es ist dabei nicht der Leib Christi, der gegessen wird, und nicht das Blut Christi, das getrunken wird, sondern es ist der weitergereichte Brotteller und der kreisende Kelch, auf die es ankommt. Der Kelch ist das handgreifliche Band zwischen den Gemeindegliedern und im übertragenen Sinn zugleich der neue Bund (V. 25), und nicht das „Blut“ in ihm. Es ist der Vorgang, nicht der Inhalt, der mit seiner Symbolkraft den festen Bund der Geschwisterschaft der Christen ausdrücken soll. Brot und Wein sind gewissermaßen nur die technischen Mittel der Kommunikation, die zur symbolischen Kommunion, zur gefühlten Gemeinschaft führen sollen.

Die Hostie als „Leib Christi“

Mt 26,26–29

26 *Als sie aber aßen, nahm Jesus das Brot, dankte und brach's und gab's den Jüngern und sprach: Nehmet, esset; das ist mein Leib.* 27 *Und er nahm den Kelch und dankte, gab ihnen den und sprach: Trinket alle daraus;* 28 *das ist mein Blut des Bundes, das vergossen wird für*

viele zur Vergebung der Sünden. 29 Ich sage euch: Ich werde von nun an nicht mehr von diesem Gewächs des Weinstocks trinken bis an den Tag, an dem ich von neuem davon trinken werde mit euch in meines Vaters Reich.

„... gab ihnen den ..." (V. 26) In der Zwischenzeit ist bei Matthäus die Darreichung „und gab's" in die Kette der „a"-Tätigkeiten Jesu aufgenommen worden. Dadurch ist der austeilende HERR und damit auch der ihn vertretende Gemeindeälteste betont worden. Die Gaben gehen nun nicht mehr, wie noch bei Paulus, reihum von Hand zu Hand, sondern werden von einem „priesterlichen" Gegenüber auf die Person hin zugeteilt. Vor allem aber werden Brot und Wein unmittelbar nacheinander den Gläubigen gereicht. Sie sind nicht mehr die Symbole, die das wirkliche Abendessen der Gemeinde umrahmen. Sie sind wundersame „Himmelsspeisen" geworden. Der Gemeinschaftsgedanke steht nicht mehr im Vordergrund. Das Herrenmahl wird zum Sonderkult innerhalb eines Gottesdienstes. Es ist das Blut selbst, Christi Blut, das jetzt getrunken, und der Leib Christi, der jetzt verzehrt wird. So früh schon, kurz nach der Zerstörung Jerusalems um 70/72 n. Chr., als die überlebenden Urchristen in die hellenistische Diaspora fliehen mussten, macht sich bei den Flüchtlingen der Einfluss der anderen orientalischen Aufnahmeländer bereits bemerkbar. Die Zweckangabe „für euch" erhält ein festgelegtes Interpretament „zur Vergebung der Sünden" (V. 28b). Während man sich bei Paulus noch vorstellen konnte, Jesus habe bei der Austeilung von Brot und Wein mit dem Zeigefinger im Kreis herum auf seine Jünger gedeutet und sie gemeinsam angesprochen: „Ihr, die Schar meiner Schüler, ihr seid (jetzt) mein Leib", weist nun bei Matthäus der Zeigefinger Jesu direkt auf den Inhalt des Kelches: „Das ist mein Blut, mit dem ein neuer Bund (zwischen Gott und den Menschen) besiegelt wird, und wenn ihr es trinkt, seid ihr Bundesmitglieder". Es war dann nicht mehr weit hin bis zu Christus als dem unschuldig für uns geschlachteten Opferlamm. Gerade Paulus war es ein zentrales Anliegen gewesen, die Gemeinde als „Leib Christi" zu bezeichnen (Röm 12,4f.; 1 Kor 12,12ff.). Und auch die Autoren der so genannten deuteropaulinischen Briefe gebrauchen noch dieses Bild.[214] Jetzt aber ist in wenigen Jahrzehnten die Symbolik des gemeinsamen Essens und Trinkens zur Realpräsenz von Leib und Blut Christi geworden und die geistige Erinnerung an die Worte und Taten Jesu zum leiblichen Genuss der „gewandelten" Elemente. Es steht nicht mehr der Gedanke der Gemeinschaft, die der kreisende Brotteller und der weitergereichte Kelch bildlich unterstreichen, im Mittelpunkt, sondern es werden die „Elemente" Brot und Wein „transsubstanziiert". Zumindest bei Paulus diente noch die briefliche Erwähnung des Abendmahls dazu, in Korinth wieder die rechte brüderliche Gemeinschaft herzustellen; bei Matthäus überlagert bereits die Angleichung an die antiken Mysterienkulte das „Mahl des HERRN".

[214] Eph 1,23; 4,4.12; Kol 1,18; 2,19.

Hinter der Frage, woraufhin Jesus bei der Austeilung mit seinem Finger gezeigt habe, lauert aber noch das andere Problem, wie real denn die Verwandlung von „Brot und Wein" zu „Leib und Blut Christi" geschehen soll. So streiten die Theologen seit der Reformation um die Auslegung eines einzigen kleinen Wörtleins in der Abendmahlsagende. Was besagt das **„ist"** (griech. estin) in der Deutung der beiden Elemente? Was meint „das ist mein Leib", „das ist mein Blut"? Werden mit diesem Wörtchen „ist" tatsächlich die natürlichen Materialien „Brot" und „Wein" zu mystischen Elementen „gewandelt", wie die Dogmatik der Kirchen feststellen will? Vielleicht trägt hier die Philologie etwas zur Klärung des theologischen Problems bei.

Jesus und seine Jünger haben als Galiläer im Alltag - möglicherweise abgesehen von dem Judäer Judas Iskariot - aller Wahrscheinlichkeit nach untereinander das damals modernere westliche Aramäisch als ihre Muttersprache gesprochen, wobei allerdings am Sederabend das klassische Hebräisch die liturgische Sprache war. In beiden Sprachen findet sich jedoch das Hilfsverb „sein" (griech. einai) nicht. Demnach dürfte Jesus, falls die beiden hier behandelten Textversionen wenigstens annähernd authentisch sind, ohne ein verbindendes „ist" gesagt haben: „Das mein Leib", „das mein Blut". Somit dürfte es unbeantwortbar bleiben, ob der „HERR" sagen wollte: „das bedeutet" oder „das ist jetzt real". Das griechische „einai - sein" ist ebenso wie das lateinische „esse - sein" eine Konstruktion abendländischen Denkens, die in den orientalischen Sprachen durch Wörter der „Wirkung" wie z. B. „leben, tun" ersetzt wird. Das heißt im Klartext: Ein Verknüpfungswörtlein zwischen „Brot" und „Leib" gibt es im Aramäischen nicht. So sagt der Hebräer zum Beispiel von einer Quelle, die versiegt ist, nicht etwa „dies ist keine Quelle mehr", sondern „diese Quelle lügt bzw. lebt nicht", weil sie ihrem Wesen, Wasser zu spenden, nicht mehr nachkommt. Der ganze theologische Streit der abendländischen Kirchen um die „Wandlung der Opfergaben" wäre demnach müßig gewesen bis auf den heutigen Tag und das Erklärungskonzept des Zürcher Reformators Huldreich Zwingli im Sinne von „das bedeutet" dürfte als „Gedächtnismahl" jener letzten Sederfeier Jesu mit seinen Jüngern am nächsten kommen, zumal Paulus den Zweck des Mahles ausdrücklich so benennt: „Das tut, sooft ihr daraus trinkt, zu meinem Gedächtnis" (1 Kor 11,24f.).

Wenn wir heute das Abendmahl in den Gemeinden „am Leben" erhalten wollen, brauchen wir beide Formen je nach der Situation und dem Bedürfnis der Gemeinden: die paulinische Agape und das matthäische Kultmahl. Das erste knüpft an Jesu Passamahl an, das er noch an jenem ersten Gründonnerstagabend in Jerusalem feierte, das zweite an das Kultmahl der frühen Gemeinden in ihrem hellenistischen Umfeld. Jedes Mal liegt jedoch bereits eine Transformation vor. Beim „urchristlichen Passahmahl" ist die Erinnerung an den Exodus Israels durch das Gedächtnis an das Leben und Sterben Jesu ersetzt. Beim „hellenistischen Kultmahl" sind die zu „Leib und Blut Christi" gewandelten Opfergaben der Ersatz für das geschlachtete Opferlamm. Eine

Synthese von beiden Sinndeutungen kann es nicht geben. Weder die Agape, noch die Eucharistie eignen sich zum Monopol für den kirchlichen Gottesdienst. Durchsetzbar ist nur ein versöhntes Nebeneinander beider Feiern. Wer vom Tastsinn ausgehen will, mag den „Leib" Christi substanziell greifen wollen. Wer den Hörsinn bevorzugt, erinnere sich an die Gemeinschaft der Jünger als „Leib Christi". Für beide Formen aber gilt: „Unser Wissen ist Stückwerk" (1 Kor 13,9f.) und „Die Liebe eifert nicht" (1 Kor 13,4.9).

Mt 26,30
30 Und als sie den Lobgesang gesungen hatten, gingen sie hinaus an den Ölberg.

Mit einem Hallelgebet schloss das klassische jüdische Sedermahl. Jesus und seine Jünger verlassen das großzügig zur Verfügung gestellte „Obergemach" und gehen durch das Goldene Tor hinunter ins Kidrontal. Dort versammeln sie sich zur Meditation auf einem Grundstück mit dem Flurnamen „Gethsemane", übersetzt „Ölkelter". Dieser Garten war mit Ölbäumen bepflanzt und gehörte wohl einem Sympathisanten Jesu, der ihm dieses Grundstück am Fuß des Ölbergs zur Nachruhe überließ. Die Jahreszeit des Pessachs erlaubte der Gruppe durchaus bereits eine Übernachtung unter freiem Himmel.

11 Der Ohnmacht ausgeliefert

Die Passion Jesu wird traditionell in Predigt, Unterricht, Lied, Gebet, Literatur, Musik und Kunst als einzigartiges Leiden des Gottessohnes ausgelegt, demgegenüber alle anderen Mitspieler nur hilflos versagende oder überwollende Statisten sind. Jedoch sollten gerade auch sie in ihren Motiven und Entscheidungszwängen ernst genommen werden. Im Jahrtausende entfernten Rückblick ist es leicht, Handlungsweisen damaliger Entscheidungsträger und ihrer Mitläufer als unangemessen oder ungerecht zu beurteilen. Für die Beteiligten war in ihrer Situation vieles unübersichtlich und manche vermeintlich rational getroffene Entscheidung in Wahrheit emotional gesteuert. Möglicherweise haben sowohl die jüdischen, wie auch die römischen Oberen, die am Prozess und an der Hinrichtung Jesu beteiligt waren, unter ihren Entscheidungen gelitten, die sie meinten, um des Gemeinwohls willen treffen zu müssen. Wenn es je zu einer versöhnten Zusammenarbeit nicht nur der Weltkirchen, sondern auch der Weltreligionen kommen sollte, brauchen wir vor allem zwischen Judentum und Christentum eine noch weiter verbesserte Gesprächsatmosphäre. Dazu gehören auf christlicher Seite eine Aufhellung der Schuldvorwürfe über den Tod Jesu und eine Durchmusterung der Evangelien, der Passionslieder und -gemälde, wie weit sie als Bekenntnisse, die einmal von Interessen ihres Zeitgeschmacks geleitetet waren, dem heutigen Wissensstand und Sprachgebrauch noch entsprechen. Die religiösen Produkte der Barockzeit und des Pietismus mit ihrer „Blut- und Wundentheologie“ nehmen einen viel zu breiten Raum in den Liturgien ein. Die Hohenpriester und Ältesten waren keine Intriganten, Jesus kein rein passives Opfer, die Römer nicht nur brutal, das Volk nicht wetterwendisch und die Jünger nicht feige. Es sind vor allem die Vorurteile, die überlegt und notfalls eliminiert werden sollten, bevor sie „entrüsteten“ Bildern und Liedern ihren Klang geben. So ist es durchaus angemessen von „Gegnern“ oder „Widersachern“ Jesu zu sprechen, denen sein Auftreten politische und religiöse Sorgen bereitete und die sich deshalb zusammenfanden, um seinen „Fall“ zu „lösen“, aber die Rede von „Feinden“ gibt den Darstellungen eine Färbung, die ein besseres sich gegenseitig Verstehen verhindert.

Der Zusammenschluss der Oberen

Mt 26,1–5 (Mk 14,1f.; Lk 22,1f.; Joh 11,46–53)
1 Und es begab sich, als Jesus alle diese Reden vollendet hatte, dass er zu seinen Jüngern sprach: 2 Ihr wisst, dass in zwei Tagen Passah ist; und der Menschensohn wird überantwortet werden, dass er gekreuzigt werde. 3 Da versammelten sich die Hohenpriester und die Ältesten des Volkes im Palast des Hohenpriesters, der hieß Kaiphas, 4 und hielten Rat, wie sie Jesus mit List ergreifen und töten könnten. 5 Sie sprachen aber: Ja nicht bei dem Fest, damit es nicht einen Aufruhr gebe ihm Volk.

„... als Jesus alle diese Reden vollendet hatte ...“ (V. 1). Es ist Matthäus wichtig, dass die Initiative bei Jesus bleibt. Noch bevor die Oberen Jesus aus der Öffentlichkeit wegbringen können, beendet er sein öffentliches Auftreten selbst und sagt auch den weiteren Verlauf der Passionswoche voraus (V. 2). Damit will der Evangelist unterstreichen, dass Jesus nicht naiv in seinen Kreuzestod hineingeriet, sondern sein nahes Sterbenmüssen bewusst vorhergesehen und gewollt hat. Während für Jesus sein Einzug in Jerusalem am Palmsonntag bereits der Auftakt seiner Passion war, formieren sich erst jetzt am Gründonnerstag seine „Gegner“, um seine Passion zu beschließen. Alle vier Evangelisten berichten eine solche Versammlung der offiziellen Jerusalemer Repräsentanten Israels, wenn auch in verschiedener Breite der Erzählungen und vor allem mit verschiedener Angabe der Beteiligten. Bei Matthäus sind es die „Hohenpriester und Ältesten“, die die causa Jesus aufgreifen (V. 3), bei Markus die „Hohenpriester und Schriftgelehrten“ (14,1), bei Lukas ebenso (22,2), bei Johannes die „Hohenpriester und die Pharisäer“ (11,47). Einig sind sich aber alle vier Evangelisten darin, dass eine offizielle Versammlung des Hohen Rates unter dem Vorsitz des amtierenden Hohenpriesters Kaiphas zusammentrat, die darüber beriet, wie Jesus „mit List“ gefangen genommen und „getötet“ werden könnte, wobei es nicht ihre „Bosheit“, sondern die

„Staatsräson" war, die sie bewog. „Mit List" meint hier: „möglichst lautlos". Der galiläische Störenfried Jesus sollte notfalls mit Gewalt zum Schweigen gebracht werden, bevor weitere Volksmengen einen Messiasprätendenten in ihm sehen und die Römer eingreifen und ein gewaltiges Blutvergießn entstehen würden. Dass dabei die „Tötung" Jesu von Anfang der Sitzung an bei allen Versammelten eine vorweg beschlossene Sache war[215], wie alle vier Evangelisten im Rückblick behaupten, unterstellt dem damaligen Hohen Rat eine rasch erreichte Einigkeit, die angesichts der verschiedenen politischen und religiösen Auffassungen seiner Gruppierungen unwahrscheinlich war. Es wird eine lange und heiße Debatte vermutlich mit mehreren Abstimmungen stattgefunden haben, bis endlich der gemeinsame Beschluss feststand, Jesus zu verhaften und wenigstens während der heiligen Passatage aus dem Verkehr zu ziehen. Wäre es bereits bei dieser ersten Vorsitzung einmütig um die Hinrichtung Jesu gegangen, wäre ein weiterer Prozessverlauf mit der Anhörung Jesu und dem Versuch, plausible Anklagegründe zu finden, unnötig gewesen (Mt 26,57-66).

Der eilig zusammen gerufene „Hohe Rat" (griech. Synhedrion) bestand damals neben dem Vorsitzenden Hohenpriester aus weiteren siebzig Mitgliedern. Der Hohepriester wurde vom römischen Präfekten ernannt, der auch den hohenpriesterlichen Ornat in seinem Jerusalemer Amtssitz, der Burg Antonia, verwahrte und nur für offizielle Auftritte herausgab. Der Hohepriester trug eine doppelte Verantwortung. Er vertrat das Volk vor Gott in religiösen Angelegenheiten. Den Römern gegenüber war er für den Einzug des Tributs, sowie für die Ruhe und Ordnung im Volk verantwortlich.[216] Im Hohen Rat selbst gliederten sich die Mitglieder in drei Abteilungen. Da gab es zum einen das „Konsistorium" der zehn Adelspriester, das regierungsartig für die Leitung des Kultus, der Wirtschaft, der Justiz und der Finanzen zuständig war. Eine zweite Gruppierung bildeten die so genannten „Ältesten" aus den Reihen der adeligen Gutsbesitzer im Land und der Priestergenossenschaften. Sie waren konservativ orientiert und zählten sich zur „Herrenpartei" der Sadduzäer. Sie hielten sich streng an den Wortlaut der fünf Bücher Moses und lehnten jede theologische Weiterinterpretation der Tora ab. So bestritten sie ein Jüngstes Gericht und eine Auferstehung der Toten und setzten dafür auf die Selbstverantwortung und Entscheidungsfreiheit des Menschen während seines irdischen Lebens. Die dritte Abteilung formten die Schriftgelehrten. Sie waren theologisch gebildete Laien, die durch ihre Schriftstudien und ihre Kenntnisse der mündlichen Lehrüberlieferung ein hohes Ansehen beim Volk hatten. Sie gehörten größtenteils der Partei der „Bürgerpartei" der Pharisäer an und waren besonders an den Reinheitsvorschriften, am Fasten, Almosen-

---

215 Mk 14,1; Mt 26,4; Lk 22,2; Joh 11,53.

216 Vgl. W. Dommershausen, Die Umwelt Jesu – Politik und Kultur in neutestamentlicher Zeit, 1977, S. 54ff.

spenden, Verzehnten, wie auch an ihrem Zusammenhalt als Genossen (hebr. Chaburim) interessiert.[217] Obwohl sie sich nach einer gewissen Anzahl von Lehrjahren als „Schriftgelehrte“ zu Rabbinen ordinieren lassen konnten, blieben sie praktischen Berufen treu und waren Handwerker, Kaufleute, Landwirte. Mit ihnen, den Pharisäern, ging Jesus sogar gelegentlich Tischgemeinschaften ein (Lk 7,36; 11,37), obwohl er auch ihre gesetzliche Enge beim Einhalten von Geboten und Verboten kritisieren konnte.[218] Es wird sogar vermutet, dass sich die Pharisäer bei der Verurteilung Jesu der Stimme enthielten. Lukas berichtet in seiner Apostelgeschichte, der ehrwürdige Pharisäer Gamaliel habe nach Jesu Tod im Hohen Rat etwas mehr Toleranz gegenüber den Aposteln und den jungen christlichen Gemeinden vorgeschlagen (5,38f.). Der Hohe Priester Kaiphas jedoch ließ eine solche Aufgeschlossenheit gegenüber Jesus noch nicht zu.

Josef Kaiphas (aram. Kajaphas) übte ungewöhnlich lange das Amt des Hohenpriesters aus (ca. 18–37 n. Chr.). In den Passionsspielen der christlichen Tradition wird er meist als autoritär dargestellt. Erfährt man aber, dass seine Amtszeit in eine konfliktsreiche, vorrevolutionäre Zeit Israels fiel, muss er „ein wendiger Diplomat und höchst pragmatisch eingestellter Politiker“ gewesen sein, zumal die durchschnittliche Dienstzeit seiner meisten Vorgänger in der römischen Besatzungszeit nur 2–3 Jahre betrug.[219] Kaiphas soll über Jahre hinweg ein „stilles und gutes Einvernehmen“ mit dem Präfekten Pilatus gepflogen haben, wobei ihm sein Schwiegervater Hannas, der von 6–15 n. Chr. Hoherpriester gewesen war, mit seiner Erfahrung sekundierte. Sein enges Verhältnis zu Pilatus brachte Kaiphas aber auch ein, dass er bei der Absetzung des Pilatus im Jahre 37 n. Chr. mit diesem zusammen sein Amt verlor. Merkwürdigerweise ist es der Evangelist Johannes, dem die Exegeten im Allgemeinen wenig historische Genauigkeit zutrauen, der am ehesten die Verhandlungslinie des Kaiphas für diese eilig einberufene Sitzung des Hohen Rates zum „Fall“ Jesus von Nazaret wiedergibt. Die Sitzungsteilnehmer sollen sich Johannes zufolge erregt gefragt haben: „Was tun wir? Dieser Mensch tut viele Zeichen. Lassen wir ihn so, dann werden sie alle an ihn glauben, und dann kommen die Römer und nehmen uns Land und Leute“ (Joh 11,47). Worauf ihnen Kaiphas geantwortet haben soll: „Es ist besser für euch, ein Mensch sterbe für das Volk, als dass das ganze Volk verderbe“ (Joh 11,50). Seine politische Maxime war also: Das Ganze ist größer als der Teil und das Wohl des Volkes wichtiger als das Schicksals eines Individuums. Johannes, der einen hohen Sinn für Symbolik hatte, sah in dieser Aussage eine dem Kaiphas selbst unbewusste Weissagung enthalten: „Jesus sollte sterben für das Volk und auch ... um die verstreuten Kinder Gottes zusammenzubringen“ (11,51f.). Schließ-

[217] A. a. O.
[218] Vgl. oben S. 78ff.
[219] W. Bösen, Der letzte Tag des Jesus von Nazareth, 1999, S. 160f.

lich schien den Ratsherren sogleich die kommende Nacht am besten für eine Verhaftung Jesu geeignet zu sein, „damit es nicht einen Aufruhr gebe im Volk“ (V. 5). Und als dann Judas seine Dienste anbot,[220] waren die Herren noch zusätzlich beruhigt, eine Garantie gefunden zu haben, dass nicht versehentlich der Falsche in der Dunkelheit festgenommen werden würde.

Die Nacht der Entscheidung (Mt 26,36–46)

In dieser Nacht unter freiem Himmel wurde Jesus im Garten Gethsemane doppelt eingekreist[221]: psychisch von der Angst vor dem Leiden und physisch von der Umzingelung durch seine Häscher. Wie konnte er nur diese Doppelbelastung aushalten? Seine überraschende Ruhe im äußeren Getümmel lässt sich darauf zurückführen, dass und wie er den vorausgegangenen inneren Kampf durchstand. In schweren Belastungssituationen helfen neue Strategien wenig. Einen Bedrängten stützt eher die Vergewisserung dessen, was ihn immer schon trug. Jesus konnte bei seiner Verhaftung Zivilcourage zeigen, weil er sich zuvor in harter Anfechtung an Gott Abba gewandt hatte. Durch das Ausklagen seiner Not im Gebet konnte er sich aus dem Kesseltreiben der Angst lösen, so dass er dieser gequälte Leib und diese erschrockene Seele nicht mehr war, auch wenn er sie behielt.

Von Angst gepackt

Mt 26,36–41 (Mk 14,32–38; Lk 22,40–46; Joh 18,1; 12,27)
36 Da kam Jesus mit ihnen zu einem Garten, der hieß Gethsemane, und sprach zu den Jüngern: Setzt euch hier, solange ich dorthin gehe und bete. 37 Und er nahm mit sich Petrus und die zwei Söhne des Zebedäus und fing an zu trauern und zu zagen. 38 Da sprach Jesus zu ihnen: Meine Seele ist betrübt bis an den Tod; bleibt hier und wacht mit mir. 39 Und er ging ein wenig weiter, fiel nieder auf sein Angesicht und betete und sprach: Mein Vater, ist's möglich, so gehe dieser Kelch an mir vorüber; doch nicht wie ich will, sondern wie du willst!
40 Und er kam zu seinen Jüngern und fand sie schlafend und sprach zu Petrus: Könnt ihr denn nicht eine Stunde mit mir wachen? 41 Wachet und betet, dass ihr nicht in Anfechtung fallt! Der Geist ist willig; aber das Fleisch ist schwach.

„... und fing an zu trauern und zu zagen“ (V. 37). In Gegenwart seiner drei engsten Jünger verliert Jesus die Fassung. Furcht und Trauer überwältigen ihn. Er ist zu Beginn dieser Nacht nicht mehr der gefestigte, unerschütterliche Gottessohn und Glaubensheld, als der er uns von Kindheit an erzählt wurde. Er wird depressiv. Todesangst bricht in ihm auf, nicht bloß eine momentane Ängstlichkeit. Die anderen Evangelisten beschreiben seinen psychischen Zu-

---

[220] Mt 26,14–16; vgl. oben S. 121–123.
[221] Entnommen aus: M. Köhnlein, Ecce Homo – Seht, der Mensch, Bd 1: Der Ruf, 1999, S. 28–42.

sammenbruch mit noch stärkeren Sprachbildern als Matthäus. So wählt Markus aus dem griechischen Text direkt übersetzt niederschmetternde Ausdrücke des seelischen Leidens: „Er stürzte ins Bodenlose und fühlte sich von jedermann abgetrennt" (14,33). Der Ortsname „Gethsemane", im Hebräischen „Ölkelter", symbolisiert bildhaft diese tiefe Niedergeschlagenheit, die man geradezu eine Ich-Auflösung nennen könnte. Jesus fühlt sich gekeltert, ausgepresst wie eine Ölfrucht. „Meine Seele ist betrübt bis an den Tod", klagt er (V. 38). Aus diesem Seufzer spricht der Wunsch, lieber auf der Stelle zu sterben, als auf das ungewisse Ende noch länger warten zu müssen. Der Tod scheint weniger quälend zu sein als diese furchtbare Depression. In „letzten" Situationen ist eben nicht die Ergebenheit die sofortige Reaktion. Es muss erst ein Durchgang durch das Tunnel der Verzweiflung erlitten werden. Der Angefochtene wünscht, lieber auf der Stelle zu sterben, als noch länger auf einen qualvollen Ausgang seines Leidens warten zu müssen. Der Tod scheint ihm weniger schlimm zu sein als die anhaltende Depression. „Er fiel nieder auf sein Angesicht" (V. 39). Er drückte sein Gesicht auf den Boden. Das war nicht nur eine fromme Gebetsgeste, wie es oft gepredigt wird. Jesus konnte den Kopf nicht mehr hochhalten, nicht mehr aufsehen. Er atmete in die Erde hinein, als müsste er sich selbst bestatten.

Ist diese Schilderung des „zu Tode betrübten" Heilands für den christlichen Glauben erträglich (V. 38)? Wie kann der Heilsbringer in so heilloser Verfassung, der Erlöser so aufgelöst sein? Ähnlich erschütternd wird nur noch der spätere Verlassensschrei Jesu am Kreuz sein (27,46). Der Evangelist Johannes allerdings wechselt die Szenerie. Er lässt Jesus seine Betrübnis nicht nachts und nicht abseits, sondern tagsüber öffentlich auf den Straßen Jerusalems ausklagen (Joh 12,27f.). Vermutlich wollte Johannes damit dem Einwand entgehen, niemand könne von dem Zusammenbruch Jesu wissen, denn er sei in privater Einsamkeit geschehen und die Jünger hätten währenddessen geschlafen. Doch spricht allein schon die Unerhörtheit des Geschehens für seine Echtheit. Keine Religion hat als Stifter gern eine schwache Figur. Die Erinnerung an die Todesangst Jesu war in den ersten Gemeinden nicht zu tilgen. Sie war schon zu bekannt geworden. Auch der „Sohn Gottes", wie ihn seine Anhänger nannten, musste durch quälende Ängste und Anfechtungen hindurch. Er hatte seinen Glauben nicht als fertigen Zustand und schon gar nicht als übernatürliche Ausstattung. Er war nicht nur bei seiner Geburt Mensch geworden, sondern wurde auch dadurch mehr und mehr Mensch, dass er in Verzweiflung geriet. Kurz vor seiner Festnahme ist Jesus sogar nahe dabei, sich selbst zu verlieren. Im nächtlichen Garten Gethsemane läuft er dreimal hin und her und wirft sich auf den Boden. Seine äußere Unruhe drückt seine innere Zerrissenheit aus.

Angst ist vielschichtig und äußerst gegensätzlich. Sie kann so sehr beengen und einschnüren, dass ein Verängstigter erstarrt und sich verhockt. „Er krallte sich in die Erde", möchte man am liebsten das Verbergen seines Angesichts übersetzen (V. 39). Die Angst kann aber auch im nächsten Moment das Gegenteil bewirken. Angst kann ausufern. Ein Verängstigter fühlt sich getrieben, Hals über Kopf zu fliehen. Die Dialektik der Angst ist ein wesentliches Element ihrer Unheimlichkeit. Kein anderes Existenzphänomen lässt sich allein schon sprachlich so wie der Begriff Angst mit allen möglichen Präpositionen verbinden. Es gibt Angst „in, um, vor, bei, unter, nach", usw. Bezeichnenderweise gibt es auch keinen eindeutigen Gegenbegriff zum Phänomen Angst. Es kann einmal Tapferkeit, dann wieder Hoffnung, Geborgenheit, Liebe usw. sein. Und weil ihr Gegenteil so schwer zu fassen ist, ist auch die Therapie der Angst so ungewiss. Wusste eigentlich Jesus genau, wovor er sich ängstigte? Wie fand er aus dieser tiefen Depression zurück zu seiner früheren gefassten Gelassenheit?

„Mein Vater, ist's möglich, so gehe dieser Kelch an mir vorüber", fleht Jesus (V. 39). Dachte Jesus an den biblischen „Becher voll Zornwein" (Jes 25,15)? Nach Ps 75,9 reicht ihn Gott den Gottlosen zum Austrinken, nach Jes 51,22 nimmt er ihn dem Geplagten vor dem Austrinken fürsorglich aus der Hand. Das Bild des Kelchs oder Bechers, in dem Jesus seine Passion vorweg abbildet, ist also ambivalent. Noch weiß Jesus nicht, nach welcher Seite hin sich der Kelch neigen wird. Die Passion kann zum Untergang wie zur Begnadung führen. Sie kann Strafe oder Liebe sein. Ihre vage Doppelgesichtigkeit ist es, die Jesus so bedrückt. Nach Markus hat Jesus noch ein zweites, mehrsinniges Bildwort für seine Bedrängnis in dieser Nacht benützt. Er betete, dass, wenn es möglich wäre, diese „Stunde" an ihm vorüberginge (Mk 14,35).[222] Die Angst macht noch mehr Angst, wenn sie im Voraus nicht fassen kann, wovor sie sich fürchtet. Sie kennt die Gesichter noch nicht, die bedrohlich auf sie zukommen werden. Sie weiß nicht das Ausmaß möglicher Qual. So ist die Angst vor einer Situation nicht selten schlimmer als die Angst in der Situation. Solange sich die Angst nicht an eine klare Kenntnis der Bedrohung binden kann, flottiert sie gefährlich umher. Jesus weiß nicht, wie bitter das Leiden noch werden wird, ob er es durchhalten kann oder nicht. „Die Stunde ist da. dass der Menschensohn in die Hände der Sünder überantwortet wird" (V. 45).

Auch der Rollentitel „Menschensohn" schillert. Der „Menschensohn" kann nach Hes 2 das „Menschenkind", der Mensch schlechthin, der Jedermann, das Geschöpf in seiner ganzen Zerbrechlichkeit sein. Dann ist es ein Niedrigkeitstitel. So verstanden empfände Jesu seine Ohnmacht. Der „Menschensohn" kann aber auch nach Dan 7 der „zweite Adam" sein, der Anfänger eines neuen Geschlechts, der hoheitsvolle Weltenrichter, der bestimmt ist, auf den „Wolken des Himmels" zu kommen, Dann litte Jesus an dem Paradox, dass diese zum Herrschen bestimmte Figur „in die Hände der Sünder" aus-

[222] Auch Joh 12,27.

geliefert wird (V. 45). Vermutlich spürte Jesus in dieser Nacht den Druck eines Rollenwechsels. Angst entsteht auch, wenn einer Biografie eine „Häutung", ein qualitativer Sprung zu einer anderen Lebensform zugemutet wird. Bislang war Jesus erst der Rabbi, der Meister, der Lehrer inmitten der Schar seiner mitziehenden Jünger (26,49). Jetzt soll er der einsame Kyrios, der HERR, werden, der ihnen gegenübertritt. Solche Ablösevorgänge von einer Rolle zur Anderen, solche Abschiede und Neuanfänge schmerzen, auch wenn sie scheinbar in der Freiheit der Wahl geschehen. Lukas erzählt, Jesus habe so heftig „mit dem Tode gerungen", dass sein Schweiß „wie Blutstropfen wurde, die auf die Erde fielen" (22,44).[223]

Von Gott Abba gestärkt

Mt 26,42–46 (Mk 14,40–42; Lk 22,43–51)
42 Zum zweiten Mal ging er wieder hin, betete und sprach: Mein Vater, ist's nicht möglich, dass dieser Kelch an mir vorübergehe, ohne dass ich ihn trinke, so geschehe dein Wille! 43 Und er kam und fand sie abermals schlafend, und ihre Augen waren voller Schlaf. 44 Und er ließ sie und ging abermals hin und betete zum dritten Mal und redete dieselben Worte. 45 Dann kam er zu seinen Jüngern und sprach zu ihnen: Ach, wollt ihr weiter schlafen und ruhen? Siehe, die Stunde ist da, dass der Menschensohn in die Hände der Sünder überantwortet wird. 46 Steht auf, lasst uns gehen! Siehe, er ist da, der mich verrät.

„Mein Vater", spricht Jesus Gott an (V. 42). Nach der Fassung des Markus hat Jesus noch inniger „Abba, mein Vater" gerufen (Mk 14,35). Das aramäische Abba wird gern mit „Papa" übersetzt. Die labialen Laute „Abba" öffnen die Lippen, so wie ein Kind sprechen lernt. In seiner Todesangst flüchtet sich der Mann Jesus mit dem Ruf Abba nach oben, so wie er sich vielleicht früher als Kind in Angstsituationen an den Hals seiner Mutter Maria hing. In dieser „Stunde" wird der Mann Jesus vor Gott zum schutzbedürftigen Kind. Der Anruf „Abba" muss aber nicht unbedingt nur aus der Kindersprache stammen. Abba kann aber auch die innige Beziehung eines älteren Sohnes zu seinem Vater ausdrücken.[224] Markus übersetzt für Leser, die kein Aramäisch sprechen, den Begriff „Abba" mit einem nachgeschobenen „mein Vater" (V. 42), vielleicht auch weil ihm in seiner nachösterlichen Betrachtungsweise ein solcher „Lallbegriff" im Munde des „Kyrios" als zu hilflos erscheint. Matthäus schließlich lässt den Ruf „Abba" weg und Jesus nur noch „mein Vater" sagen (V. 39.42). Und wenn Matthäus Jesus dann bei dessen erstem Gebetsversuch in Gethsemane bekennen lässt „... doch nicht wie ich will, sondern wie du willst!" (V. 39), und beim zweiten Mal gar „... so geschehe dein Wille!", ist

[223] Unter „mit dem Tode" meint Lukas wohl „mit der Todesangst".
[224] Vgl. EWNT I, ^{2}1992, Sp. 1.

die Erinnerung an die dritte Bitte des Vaterunsers deutlich, das Jesus uns nach Matthäus schon in der Bergpredigt lehrte (6,30).

Gott Adonaj war dem jüdischen Glauben immer schon als Vater Israels vertraut (Jer 31,9). Aber er war der Ehrfurcht gebietende, himmlische Vater, zu dem es nur durch das „Gesetz“, über Dank-, Sühnopfer und die Propheten eine Verbindung gab. Allen rabbinischen Quellen nach hat kein anderer Jude zur Zeit Jesu Adonaj, den Schöpfer des Himmels und der Erde, so familiär und so säkular wie Jesus „Abba, Papa“ anzureden gewagt. Abba als intime, direkte Gottesanrede dürfte ein originaler Wortgebrauch Jesu gewesen sein, der uns sein einzigartiges Gefühl der Vertrautheit mit Gott auch noch in Anfechtungen enthüllt. Jesus empfand den für seine Umwelt meist so fernen und heiligen Gott als einen täglich sehr nahen Begleiter, einen Gott der geradezu mütterlichen Fürsorge und Liebe, ohne patriarchalische Strenge (Lk 15,20). Er wusste sich vor ihm als „geliebten Sohn“ (Mt 3,17). Nur hatte Jesus diesen Abba-Glauben nicht als Besitz, sondern musste ihn immer wieder aufs Neue als Trost und Hoffnung wieder finden. Gotteserkenntnis ergibt sich schmerzfrei auf der kognitiven Ebene, aber Gotteserfahrung erfordert manchmal existenziellen Druck.

Beim ersten Bittgebet hatte Jesus Gott noch flehentlich gebeten, nach Möglichkeit den „Kelch“ an ihm vorübergehen zu lassen (V. 39). Beim zweiten und dritten Niederfallen nimmt Jesus seine dringende Bitte bereits zurück: „Mein Vater, ist's nicht möglich, dass dieser Kelch an mir vorübergehe ...“ (V. 42). Jesu Ringen in Gethsemane ist seitdem zum Grundbeispiel eines persönlichen Bittgebetes geworden: in die Stille gehen, sich ausklagen, sich zurücknehmen und auf Gottes Willen vertrauen: „... nicht wie ich will, sondern wie du willst“ (V. 39). Jesus war nicht leidenssehnsüchtig wie vielleicht spätere Heilige. Wir sollten ihn auch nicht als absolut gehorsam beschreiben. Er wünschte sich zuerst, dass er den „Kelch des Leidens“, den Giftbecher des Schicksals, nicht austrinken müsse. Er wäre wohl am liebsten geflohen. Und es wäre ihm auch ein Leichtes gewesen, im Dunkel der Nacht unterzutauchen und über den Ölberg zu entkommen. Er vergaß aber auch in aller Angst seinen Auftrag nicht: „Wie du willst!“ (V. 39). Er wollte zu der Sache Gottes stehen, die er bisher mit ganzer Kraft vertreten hatte. Indem Jesus aber um seine Standfestigkeit rang, spürte er, wie seine Chance schwand, noch rechtzeitig zu entfliehen. Fliehen oder bleiben? Welche Möglichkeit Jesus auch wählte, beide Male entkam er einem weiteren und noch heftigeren Leiden nicht. Blieb er, täuschte er sich vielleicht über seine Leidensfähigkeit. Floh er, drohte ihm das Schuldgefühl, seine Bestimmung verscherzt zu haben. So ist das Mögliche in einer Entscheidungssituation psychisch nicht selten bedrohlicher als das Wirkliche, das dann kommt.

In diesem Entscheidungskampf, in dem Jesus das Gefühl der Bodenlosigkeit empfindet, sucht er nach einem Du, das ihn hält. Zuerst nimmt er seine drei engsten Freunde auf die Seite. „Und er nahm mit sich Petrus und die zwei

Söhne des Zebedäus ..." (V, 37). Sie kennen ihn besser als die anderen Jünger. Sie haben in den Wochen zuvor seine geheimsten Höhepunkte miterlebt: das Wunder der Totenerweckung (9,25) und das Wunder der Verklärung (17,1–3). Sie könnten mit ihm auch durch seinen Tiefpunkt gehen. Jesus will noch einmal untertauchen in der Geborgenheit der verschwiegenen Gruppe. Keiner zeigt seinen Zusammenbruch jedermann gern. Die Enthüllung der Verzweiflung setzt eine gewisse Vertrautheit voraus. Die drei Freunde könnten vielleicht Jesus am ehesten in seinem Auftrag bestätigen. Sie könnten ihm helfen, sich an den „Vater" zu erinnern, der ihn bisher getragen hat. Nur diesen drei Vertrauten gesteht Jesus seine Todesnot: „Meine Seele ist betrübt bis an den Tod" (V. 38). Es ist der Versuch, Angst abzumildern, indem sie mitgeteilt wird. Wer seine Angst noch aussprechen kann, ist noch nicht ganz überwältigt von heilloser Panik oder lähmender Apathie. Doch die drei Jünger sind Jesus keine Stütze. „... sie wussten nicht, was sie ihm antworten sollten" (Mk 14,40). „Er kam (zurück) und fand sie schlafend" (V. 40). Es waren ihnen die Augen zugefallen. Auch die drei engsten Vertrauten hatten für ihn keine „Schau", keinen Trost. Markus (14,40) und Matthäus (26,41) sehen den Grund im Körperlichen: wegen „des Fleisches Schwäche". Der Tag war lang gewesen bis zum abendlichen Ausklang des Passamahls. Die Jünger müssen körperlich ziemlich erschöpft gewesen sein, denn Matthäus schildert wiederholt ihre totale Müdigkeit: „Er fand sie abermals schlafend und ihre Augen waren voller Schlaf" (V. 43). Die mittelalterlichen Steinmetzen hatten alleweil große Freude an dieser Szene der völligen körperlichen Erschöpfung. Sie ließen die drei „Vorzugsjünger", die sich Jesus auf die Seite mitgenommen und als „Gebetshelfer" gedacht hatte, in ihren nachgebildeten Gethsemane-Grotten auf die köstlichste Weise mit geneigten oder in den Nacken zurückgebeugten Köpfen schlummern und schnarchen. Sie stilisierten die schlafenden Jünger zu Gegenfiguren zu dem hellwachen, auf den Knien liegenden, mit den Händen hoch zum Vater ringenden „Heiland". Lukas denkt anders als Matthäus nicht an eine körperliche, sondern eher an eine geistige Ursache der Müdigkeit: die Jünger waren erschöpft von „der Traurigkeit", die in ihren Reihen nach der „Entlarvung" des Judas um sich gegriffen hatte (22,45). Es kann immer wieder geschehen, dass in der „letzten Stunde" eines Menschen selbst die engsten Verwandten und die besten Freunde aus Erschöpfung oder aus Sprachlosigkeit als vorletztes Du zurückbleiben.

Darum musste Jesus noch „weitergehen" und sich auf ein letztes Du „werfen" (V. 39). Genauer betrachtet steckt in diesen einfachen Aktionen eine Definition des Betens. Der Beter kann bei den bedrückenden Umständen, wie sie nun einmal sind, nicht stehen bleiben. Er will weiter. Beten kann Gefühlstrümmer, Erlebnisschutt aus der Seele räumen. Beten will Platz schaffen für neue Empfindungen. Es ist ein Wachwerden, ein Wachbleiben (V. 40f.), ein die Augen Öffnen zu einer anderen Bilanz. Beten kann das Durcheinander der Gefühle ordnen. Die aufgeblähten Befürchtungen werden auf ihren

Kern reduziert. Zweimal setzt Jesus beim unpersönlichen, vagen Es, beim Unheimlichen, beim nur in Bildern Aussprechbaren an. Mehrmals klagt er „der Kelch“, „die Stunde“ möchten vorübergehen (V. 39.40.42.45). Immer wieder versucht er, die Passion abzuschütteln. Dann erst bricht das Du-Sagen zu seinem Schicksal heraus: „Mein Vater!“ (V. 39.42). Erst nach und nach geht Jesus über den Abbau seines eigenen Wollens auf den Willen Gottes zu. Selbst beim zweiten Bitten nimmt er den „Kelch“ noch nicht in aller Demut an, sondern nur unter der Bedingung: „Wenn dieser Kelch nicht an mir vorübergehen kann“ (V. 42). Es steht nicht gleich die Verdrängung der eigenen innersten Wünsche am Anfang. Gehorsam mag eines der Ziele des Glaubens sein, aber er ist bestimmt kein Einstieg in einen existenziellen Entscheidungsprozess. Selbst bei Jesus entsteht das ergebene „... so geschehe dein Wille!“ erst nach längerem Ringen (V. 42). Demut, Annahme des Schicksals als Gottes Willen, ist keine fatalistische Tugend, sondern eine Einsicht des Glaubens nach der Prüfung aller Widerstände. Auch mit diesem widerständigen Gebetskampf im Garten Gethsemane „lehrt“ uns Jesus beten und nicht nur mit dem Vaterunser, das sogleich in Preisungen Gottes einsteigt (6,9.10a). Das unheimliche „Es“ kommender Bedrohung, die gesichtslose „Stunde“ muss erst im Ringen des Betens zum persönlichen Gott, zum „Du, Vater“ werden. Erst als sich Jesus der umgreifenden Möglichkeiten Gottes, dem „alles“ zur Verfügung steht (Mk 14,36), vergewissern kann, schwinden die übergroß gewordenen, unheimlichen Möglichkeiten der „Stunde“ auf ein Geringes zurück. „Wie Du willst!“ (V. 39) steht erst nach dem Urschrei „mein Vater!“ (V. 39), „mein Vater“ (V. 42) fest. Zuvor musste er sich aber noch um seine Freunde kümmern.

Es ist oft so, dass gerade der Leidende trotz aller Kraftanstrengung, die er für sich selber braucht, erst noch seinen Nächsten helfen muss, mit der Situation seines Leidens zurecht zu kommen, obwohl sie selbst nur indirekt mitbetroffen sind. Dabei kann es zu Abreaktionen kommen. Angst macht aggressiv. Um seine innere Spannung zu entladen, geht Jesus mit seinen Freunden zunächst hart ins Gericht. Der „Rabbi“ hofft noch nach seinem ersten Bittgebetsversuch, wenigstens seine Schüler könnten ihm in dieser Nacht etwas von dem zurückgeben, was er ihnen in monatelangem Zusammensein zukommen ließ. Aber die Mitmenschlichkeit hat ihre Grenzen. Bei allen Vorwürfen, die Jesus seinen Jüngern entgegenhält: „Könnt ihr denn nicht eine Stunde mit mir wachen?“ zeigt er auch Verständnis für ihre Müdigkeit: „Der Geist ist willig, aber das Fleisch ist schwach“ (V. 41) – heute zum geflügelten Wort geworden. Es gibt Leidenserfahrungen, die wir nur mit uns selber und mit Gott ausmachen können, weil uns alle Mitmenschen irgendwann nur in vorübergehenden Rollen begegnen, die befristet sind. Nach Markus wendet sich Jesus betont an Petrus, seinen engsten Vertrauten, der ihm doch erst kurz zuvor seine Gefolgschaft bis in den Tod versprochen hat (Mk 14,31): „Simon, schläfst du?“ (Mk 14,37). „Simon“, sagt Jesus, obwohl er den Freund längst in

„Petrus", den „Felsen" umbenannt hat (Mt 16,18).[225] Die Auszeichnung „Fels" gelingt Jesus nicht mehr. Selbst zum engsten Freund ist eine Entfremdung eingetreten. Petrus ist in dieser Nacht der Entscheidung keine Stütze mehr. Er bleibt hinter seinem „Herrn" zurück. Er erscheint Jesus wieder als Simon, als der Fremde aus der Zeit, bevor sie Freunde wurden. Vergeblich läuft Jesus in dieser Nacht zwischen dem letzten Du, Gott, und dem vorletzten Ihr, seinen Jüngern hin und her (V. 40.43.45). Er sucht zunächst umsonst Hilfe „bei Gott und den Menschen", bis er endlich „weitergehen", die „Stunde" überschreiten, transzendieren, und sich endlich wieder nur noch an Gott, Abba, halten kann.

Nach dem dritten Lernversuch des Glaubens kommt Jesus verändert aus seinem Abseits zurück. Jesus kann sich nun fügen: „Siehe, die Stunde ist da!" (V. 45). Die Erinnerung an Abba hat ihn gekräftigt. Die Angst machende Nacht hat jetzt das beruhigende Antlitz Gottes erhalten. Nach Markus äußert Jesus über seine überwundenen Anfechtungen noch ein klares, abschließendes „Es ist genug!" – im griechischen Text: „Es ist unterschrieben! Es ist quittiert!" (14,41). Die „Unterschrift" bezieht sich doppeldeutig auf beide, auf Gott wie auf Jesus. Die Passion wird jetzt zur Handlung Gottes und zu Jesu persönlichem Entschluss. Gott hat seinen Namen „Abba" unter das Kommende gesetzt und Jesus hat die neue Rolle, Erlöser zu werden, akzeptiert. Er ist einverstanden, der „leidende Menschensohn" zu werden.[226] „Siehe, die Stunde ist da, dass der Menschensohn in die Hände der Sünder überantwortet wird" (V. 45b). Jesus erlaubt sich nur noch seinen schwachen Jüngern gegenüber einen letzten, fast ironischen Nachklang der Enttäuschung: „Ach, wollt ihr weiter schlafen und ruhen?" (V. 45). Matthäus ist dieser Seufzer Jesu noch wichtig, weil er ihn an seine eigene Urgemeinde als Mahnung Jesu weitergeben will, deren laue Glaubenshaltung er schon an früheren Stellen seines Evangeliums immer wieder kritisiert hat.[227]

Als die Sicherheitskräfte kommen, meinen sie, die Gefangennahme selbst durchzuführen, aber in Wahrheit macht Gott Abba, sie zu seiner Aktion. Die Doppeldeutigkeit des „Kelchs" ist aufgehoben. Der „Becher voll Zornwein" kann für Jesus nichts anderes mehr sein als der „Kelch des Heils" (Ps 116,13). Jesus, der sich zuvor vor dem ungewissen Unheimlichen geängstigt hat, weiß jetzt genauer, wovor er sich nicht mehr fürchten muss. Die Angst ist gebunden. Sie kann nicht mehr frei flottieren. Die „Stunde" ist nicht mehr anonym. Allerdings ist auch die neue Geborgenheit bei Gott, Abba, auch wieder nur Hoffnung. Jesus hat keine Garantie, dass ihn nicht wieder, wenn seine letzte Stunde kommen wird, das Gefühl überfallen kann, „von Gott und der Welt" verlassen zu sein (27,46).

---

[225] Petros (griech.), aram. kjph', neuerdings als „Schmuckstein" übersetzt, vgl. EWNT III, ^{2}1992, Sp. 194.

[226] Vgl. oben S. 25f.

[227] Mt 13,25; 21,30; 24,42; 25,13.

Wie aber Jesus nun in seiner Depressivität psychisch die Gewissheit „Adonaj ist mein Abba" zurückgewann, die ihm bei seiner Taufe geschenkt wurde, wird in den Evangelien nicht rezeptartig für jeden Christen passend erzählt. Markus und Matthäus wenigstens schildern keine Methodik, wie jemand im Sprung auf Gott zu seiner Glaubensgewissheit kommen kann. Sie verweisen nur auf das Beten, und sei es noch so anstrengend und schmerzhaft (Hebr 5,7). Nur Lukas will erfahren haben, dass die innere Beruhigung Jesu keine reine Selbstrettung war, sondern durchaus von außen her auf Jesu zu kam: „Da erschien ihm ein Engel vom Himmel und gab ihm (neue) Kraft" (Lk 22,43). Lukas schildert auch das Ringen Jesu am Härtesten von allen Synoptikern. Ihm zufolge tropfte der Angstschweiß Jesu „wie Blutstropfen" auf die Erde, so dass ihm geradezu ein Engel beispringen musste, um ihn aus der Todesangst zu retten (Lk 22,43f.). Gott Abba greift am Ende selbst in die Depression Jesu ein, wofür der vom Himmel kommende Engel symbolisch steht. Die persönliche Erfahrung, wie ein psychisch Leidender zu seinem Herrgott zurückfindet und wieder zur inneren Ruhe kommt, wird von den Evangelisten nicht lernbar beschrieben. Entscheidend sind für die biblischen Erzähler zwei Gesichtspunkte. Dass Gott zu der Zeit, die er selbst bestimmt, seine „Kinder" nicht im Stich lässt, und wie sich das erneuerte Abba-Vertrauen Jesu im Lauf der weiteren Nacht in Gethsemane auswirkte. Jesus geht mit einer erstaunlichen neuen Seelenstärke und inneren Freiheit auf seine Verhafter zu: „Steht auf, lasst uns gehen! Siehe, er ist da, der mich übergibt" (V. 46). Das Gefühl des Geborgenseins bei Gott Abba wird zum Gegensatz der Todesangst. Es erweist sich als Tapferkeit und Mut.

Von Häschern umzingelt

Mt 26,47–56 (Mk 14,43–52; Lk 22,47–53; Joh 18,2–11.20)

47 Und als er noch redete, siehe, da kam Judas, einer von den Zwölfen und mit ihm eine große Schar mit Schwertern und mit Stangen, von den Hohenpriestern und Ältesten des Volkes.

48 Und der Verräter hatte ihnen ein Zeichen genannt und gesagt: Welchen ich küssen werde, der ist's; den ergreift. 49 Und alsbald trat er zu Jesus und sprach: Sei gegrüßt, Rabbi! und küsste ihn. 50 Jesus aber sprach zu ihm: Mein Freund, dazu bist du gekommen? Da traten sie heran und legten Hand an Jesus und ergriffen ihn.

51 Und siehe, einer von denen, die bei Jesus waren, streckte die Hand aus und zog sein Schwert und schlug nach dem Knecht des Hohenpriesters und hieb ihm sein Ohr ab. 52 Da sprach Jesus zu ihm: Stecke dein Schwert an seinen Ort! Denn wer das Schwert nimmt, der soll durchs Schwert umkommen. Oder meinst du, ich könnte meinen Vater nicht bitten, dass er mir sogleich mehr als zwölf Legionen Engel schickte? 54 Wie würde dann aber die Schrift erfüllt, dass es so geschehen muss?

55 Zu der Stunde sprach Jesus zu der Schar: Ihr seid ausgezogen wie gegen einen Räuber mit Schwertern und mit Stangen, mich zu fangen. Habe ich doch täglich im Tempel gesessen und gelehrt, und ihr habt mich nicht ergriffen. 56 Aber das ist alles geschehen, damit erfüllt würden die Schriften der Propheten. Da verließen ihn alle Jünger und flohen.

„Und als er noch redete ..." (V. 47). Es bleibt keine Zeit mehr für einen längeren Abschied. Der härteste Teil der Passion beginnt. Jesus wird verhaftet. Die Ordnungskräfte kommen mit Schwertern, das Volk, das sich ihnen angeschlossen hat, mit Knüppeln. Ein ganzer Haufen (Lk 22,47), eine unmäßige Überzahl (V. 47) – Soldaten, Gerichtsdiener, gedungene Schläger, irgendwelche Befehlsgewohnte, die man zu der Aktion abgestellt hat, dazu genug Mitläufer, die Lust zu jedem Spektakel haben. Sie kommen im Schutz der Nacht, aber doch „mit Fackeln und Laternen" (Joh 18,3), um in der Dunkelheit ja nicht den Falschen zu ergreifen. Unbewusst symbolisieren sie damit, wie stark ihre „dunkle" Aktion eigentlich ausgeleuchtet werden sollte. Vorsichtigerweise haben sie noch Judas, den Auslieferer, mit dabei, bei dem sie sicher zu sein meinen, dass er den Gesuchten am ehesten identifizieren kann. Alle vier Evangelisten geben ihm sogar die Rolle des Anführers. Er läuft voraus. Er geht direkt auf Jesus zu. Spätere Maler lassen ihn allerdings von hinten kommen und Jesus umarmen und küssen[228], um die vermeintliche Hinterlist und Bösartigkeit des „verlorenen" Jüngers noch mehr zu unterstreichen. Matthäus ist bereits auf dem Weg, die Juden pauschal als „Volk" für den Tod Jesu verantwortlich zu machen, denn er redet als einziger der Evangelisten von einer „großen Volksschar", die mitgekommen sei, obwohl er doch zuvor bei der Behandlung des Verhaftungsbeschlusses des Hohen Rates die „Hohenpriester und Ältesten" bedenken ließ, es möge ja „keinen Aufruhr geben im Volk" (26,5). Die Oberen selbst sind nicht mitgekommen. Sie bleiben die Drahtzieher im Hintergrund. Und während Markus noch erwähnt, die Aktion sei auch von den „Schriftgelehrten" ausgegangen (Mk 14,43), haben Matthäus und Lukas diese Bemerkung getilgt, weil bei einer solchen Gewalt gegen einen Mann Gottes keine Schriftgelehrsamkeit mehr vorhanden sein kann. Johannes hingegen erweitert die Koalition der Mächte auf die Pharisäer (Joh 18,3), die bei den Synoptikern nicht ausdrücklich genannt werden. Er bezieht selbst die Römer noch mit ein, wenn er vom Kommen einer Kohorte, das wären 200–300 Mann, spricht. Johannes ist wichtig, dass der ganze Kosmos, alle Welt gegen Jesus ist. Seiner Meinung nach schlug in Gethsemane die ganze „Finsternis" zu.

Die Oberen konnten nicht recht abschätzen, wer Jesus eigentlich war und wie stark mit der Gruppierung um ihn gerechnet werden musste. Die Unmäßigkeit des ganzen Aufmarsches zeigt an, dass die Ordnungshüter selbst von Furcht befallen waren. Durch die Ansetzung der ganzen Blitzaktion auf Nacht und Nebel und durch die Koalition des ganzen Establishments wird Jesus zum „Räuber" (V. 55), zum „Staatsfeind" stilisiert. Zusätzlich wird ein „Verräter" gedungen, – im griechischen Text eigentlich nur als „Vorführer, Auslieferer" bezeichnet ohne charakterliche Einfärbung. Er soll Jesus bei der Umzingelung umarmen und ihn so eindeutig identifizieren. So wenig ist der Verdächtigte

---

[228] Zum „Judaskuss" in der Kunst vgl. U. Luz, a. a. O., S. 158–164.

den Häschern persönlich bekannt gewesen. Die „Drahtzieher" haben alle Sicherungselemente eingebaut. Dazu kommt noch das Überraschungsmoment. Die Überrumpelung soll äußerst schnell erfolgen. „Alsbald, sogleich" geht Judas auf Jesus zu (V. 49). Der fremd gewordene Wandergefährte umarmt Jesus und „küsst ihn". Dieser „Judaskuss" ist in der christlichen Auslegungsgeschichte jahrhundertelang als die gemeinste und heuchlerischste Tat angeprangert worden. So „falsch" habe nur einer sein können, der den Teufel in sich gehabt habe.[229] Selbst ein heutiger Exeget behauptet noch, Judas habe mit diesem infamen Kuss ein in der damaligen Gesellschaft übliches „Zeichen der Ehrung und Zugehörigkeit" ... „missbraucht". Man könne nicht sagen, ein Wangenkuss sei in der damaligen Gesellschaft ein „völlig alltägliches und dadurch auch bedeutungsloses Ritual" gewesen.[230] Diesem Urteil ist zu widersprechen. Noch heute begrüßen sich Bekannte im vorderorientalischen Bereich und mehr und mehr auch im westlichen Kulturbereich besonderes jüngere Leute mit einer Umarmung Wange an Wange oder mit einem vertraulichen Schulterklopfen. Der Judaskuss muss nicht niederträchtig gewesen sein. Judas kann ihn auch als ihm selbst schmerzlichen Abschiedskuss gemeint haben. Bewundernswert ist, wie Jesus in dieser Situation der ausweglosen Umzingelung die Haltung bewahrt. Er spricht seinem „Jünger" nur mit einem leisen Vorwurf ins Gewissen: „Mein Freund, dazu bist du gekommen?" (V. 50).

Es geht Jesus nicht zuerst um die Rettung seiner selbst, nicht gleich um das Entkommen aus der Umzingelung. Er entdeckt zunächst trotz der Bedrohung durch die Waffen und Handschellen den Anderen, der in Wahrheit am meisten in Verstrickung geraten ist: Judas, den Auftragstäter, der in dieser Szene, in der er Jesus als „Räuber" identifiziert, seine eigene Identität als Jünger verliert. Jesus schreit ihn nicht empört an: „Du Schuft, du Verräter!" Er stellt ihm nur die leise Frage: „Mein Freund, dazu bist du gekommen?" (V. 50). Will er damit seinen Jünger beschämen? Provoziert er mit der zu Herzen gehenden Anrede „Freund!" (griech. Gefährte) den späteren Suizid des Judas?" (27,5). Oder signalisiert er mit diesem letzten Brückenschlag, dass er ein gewisses Verständnis für die Frustration des Judas hat? Der „Gefährte" war wohl enttäuscht, dass Jesus nicht zum Messias der Zeloten, nicht zum Widerstandskämpfer gegen die Besatzungsmacht wurde, sondern nur der „Rabbi" blieb (V. 49). Offensichtlich hält Jesus mit der Anrede „Mein Freund" einem verwirrten Weggefährten die Treue durch. Keine Schuld kann einen Menschen von der Freundschaft Jesu abtrennen. Jedenfalls lässt sich Jesus in dieser Bedrängnis das Gesetz des Handelns nicht von anderen aufzwingen. Noch in der Umzingelung bestimmt er, worum es geht. Weder er, der überfallartig Verhaftete, noch sie, die übereifrigen, verunsicherten Ordnungshüter, noch die mit-

229 Vgl. U. Luz, a. a. O., S. 157ff.
230 A. a. O., S. 163.

gelaufene „große Schar“ (V. 47), Judas ist der eigentlich Bedauernswerte, dem die letzte Liebe Jesu gilt. Warum kann Jesus so gefasst bleiben angesichts all der Fäuste und Waffen, so wegsehen von sich selbst, so sich einfühlen in den „Feind-Freund“, der noch mehr als er im Untergehen ist? Die „Aufrüstung“ Jesu zum Starksein in der Situation geschah eben schon vor der Situation, im Ringen seines vorausgegangenen Gebetskampfes.

Lukas, der Arzt gewesen sein soll (Kol 4,14), und der in Jesus den Heiland der Kranken sieht (Lk 2,11.30), betont, dass Jesus selbst noch in der eigenen Lebensgefahr das Heilen über das Verletzen stellt. Er erzählt, wie Jesus noch die Kraft findet, einem Knecht, dem im Getümmel das Ohr abgeschlagen wurde, dieses lebenswichtige Organ wieder anzuheilen (Lk 22,51). Für ihn hat Jesus noch die Ruhe, dem „Feind“ ins Gesicht zu schauen und ihn verzeihend zu berühren. Indem Jesus einem Gegner das „Ohr“ zurückgibt, klingt an, dass er die Taubheit seiner Widersacher „aufheben“ will. Johannes identifiziert den Schläger namentlich als Simon Petrus, der dem Knecht das Ohr abschlug und als Einziger zur physischen Gegenwehr griff (Joh 18,10). Nach Matthäus war ein anonym bleibender Begleiter Jesu der Täter (V. 51), nach Markus „einer von denen, die dabeistanden“ (Mk 14,47), also möglicherweise auch ein Häscher, der sich im Halbdunkel der Fackeln versehentlich an einem Kollegen vergriff. Jedenfalls wird bei allen Evangelisten die handgreifliche Abwehr auf einen einzelnen Mann begrenzt. Lukas (22,50) und Johannes (18,10) wollen sogar wissen, dass dem Knecht das „rechte“ Ohr abgeschlagen wurde und Johannes setzt noch hinzu, dass der Knecht „Malchus“ hieß (18,10). Der lateinisch klingende Name könnte auf eine historische Person hinweisen, die es wirklich gegeben hat. Möglicherweise hat sich der geheilte Knecht später zum Urchristentum bekannt und ist mit seiner „Wundergeschichte“ in den Gemeinden bekannt geblieben. Vermutlich haben die frühen Gemeinden am vom HERRN selbst gestoppten Gewaltausbruch in der Nacht von Gethsemane die Frage diskutiert, ob sich Christen mit Waffengewalt wehren dürfen. Das Problem wird bei Lukas ganz konkret formuliert: „Als aber, die um ihn waren, sahen, was geschehen würde, sprachen sie: Herr, sollen wir mit dem Schwert dreinschlagen?“ (Lk 22,49). Jesus antwortet ihnen: „Lasst ab! Nicht weiter! (Hört auf damit!)“ (Lk 22,51). Schon ein einziges Opfer der Waffengewalt ist zu viel. Es darf keine Spirale der Aggression entstehen. Nach Matthäus und Johannes verbietet Jesus von vornherein den Waffengebrauch: „Steck dein Schwert in die Scheide“ (Mt 26,52; Joh 18,11). Die beiden Evangelisten geben allerdings verschiedene Begründungen für das Waffenverbot an. Für Matthäus führt die Anwendung von Waffengewalt letzten Endes nur zum eigenen Untergang: „Wer das Schwert nimmt, der soll durchs Schwert umkommen“ (26,52). Nach Johannes kann das Leidenmüssen gottgewollt sein, so dass es keinen Sinn macht, sich dagegen zu wehren (Joh 18,11). Nur bei Markus bleibt der Zwischenfall der gewalttätigen Notwehr ohne Kommentar (Mk 14.17). Entweder hält er eine Gewaltanwendung im Konfliktsfall für unvermeidlich oder nicht einmal als Notwehr für diskussionswürdig, Beides ist als die Position des ältesten Evangelisten denkbar.

Doch Jesus wehrt sich ja, wenn auch nicht mit Fäusten, so doch mit kritischen Argumenten – ungeachtet dessen, ob Worte überhaupt Angreifer davon abhalten können, mit Gewalt vorzugehen. Pazifismus ist nicht Passivismus, sondern Austausch der brutalen, handgreiflichen Gewalt durch eine sanfte, sublimierte Gewalt. Jesus antwortet den Häschern mit Seelenstärke. Er hält ihnen eine übertriebene Bewaffnung vor. Sie seien ausgezogen, ihn zu fangen, wie ein wildes Tier. Er verstehe sich aber als Rabbi, als Gesetzeslehrer, und nicht als Räuber oder Plünderer. Er habe in der Öffentlichkeit gewirkt und nicht im Untergrund. „Hab ich doch täglich im Tempel gesessen und gelehrt, und ihr habt mich nicht ergriffen" (V. 55). Mit diesen freimütigen Worten zeigt Jesus seine geistige Überlegenheit und deckt zugleich die heimliche Furcht der so übermächtig auftretenden Gesetzeshüter vor ihm auf. Der „Menschensohn" wird in dieser Stunde seiner Lebensgefahr nicht einfach zum demütigen, alles ertragenden Schlachtopfer. Er unterzieht sich keiner stummen Kapitulation, sondern tritt seinen Gegnern erhobenen Hauptes couragiert entgegen. Die Verhafter erleben ihn anders, als ihre Auftraggeber ihn bei der Befehlserteilung beschrieben haben. Sie nehmen Jesus mit physischer Gewalt die Freiheit. Er hingegen nimmt ihnen mit psychischer Kraft den Schein des Rechts. In dieser Nacht in Gethsemane verwirklicht Jesus, was er in der Bergpredigt lehrte: „Ich aber sage euch, dass ihr dem Übel (nicht auf dieselbe Art) widerstehen sollt, sondern: wenn dich jemand auf deine rechte Backe schlägt, dem biete die andere auch dar" (Mt 5,39).[231] Johannes überhöht die Szene. Nach seiner Darstellung weichen die Soldaten und Knechte vor Jesus zurück und stürzen von seiner geistigen Hoheit überwältigt zu Boden (Joh 18,6). Sie bekennen damit in einer Art von Anbetung wider Willen, dass sie vor dem Gesandten Gottes stehen.

Den Jüngern ist es nicht möglich, der Souveränität ihres Herrn nachzufolgen. Ihre Angst nimmt panisch zu. Matthäus und Markus erzählen, wie sie jede Selbstkontrolle verlieren. Sie stürzen nach allen Seiten davon (Mt 26,56; Mk 16,50). Markus berichtet von einem „jungen Mann", der Jesus nachgefolgt war und der ebenfalls mitverhaftet werden sollte. Er habe nur ein Leinengewand auf der bloßen Haut getragen, es aber fahren lassen, als die Häscher auch nach ihm gegriffen hätten, und noch im letzten Moment nackt davon fliehen können (Mk 14,52). Auch hier ist nicht auszuschließen, dass der junge Mann später Christ wurde und seine Erinnerung speziell in der Urgemeinde des Markus erzählte. In der Gethsemane-Tradition bleibt diese Episode ein isoliertes Einzelstück. Matthäus und Lukas haben es nicht von Markus übernommen.

Jedenfalls steht Jesus jetzt allein gelassen ohne Jünger da. Er wirft ihnen

---

[231] Vgl. M. Köhnlein, Die Bergpredigt, Stuttgart, ²2011, S. 107–116.

nicht vor, dass sie feige wären. Einfach nur wegfliehen ist kein Verhalten, dass Jesus nicht auch schon selbst überlegt hätte. Doch hat er dieses Gefühl der uferlosen Angst bereits hinter sich. Die Jünger werden unvorbereitet aus dem Schlaf heraus in das Getümmel verwickelt. Jesus hat zuvor gewacht. Sie konnten seine Mahnung „Wachet und betet, dass ihr nicht in Anfechtung fallt!" nicht in die Tat umsetzen (26,41). Er hat seine Todesangst vorweg im Gebetskampf durchgestanden.[232] Er hat sich zuvor auf den Boden geworfen und so lange mit seinem Schicksal gerungen, bis er „Du, Gott Abba!" zu ihm sagen konnte (26,34.39). Das verlieh ihm eine psychische Stärke, die mehr war als nur Zivilcourage. Sie war das Gefühl des Geborgenseins bei dem Allerhöchsten, seinem „Vater im Himmel".

Jesus wurde „gebunden" abgeführt (27,2). Doch was geschah mit Judas? In welchem psychischen Zustand ließ ihn Jesus zurück? Wie reagierte Judas, als er erfuhr, dass Jesus die Todesstrafe bevorstand? Stand der „Auslieferer" auch dann noch zu seiner Tat? Hat er wirklich gewollt, was er erreicht hatte? Die „Hinterhältigkeit" des Judas sollte nicht aufgebauscht werden. Ohne den Begrüßungskuss des Judas hätten die Ordnungskräfte Jesus auch so nach wenigen Minuten identifiziert, indem sie andere Jünger, die dabeistanden, zur Identifizierung und damit zum „Verrat" Jesu gezwungen hätten. Vermutlich hatten die Ordnungskräfte noch weitere Personen mitgebracht, die Jesus kannten. Gerade während der Festtage war das Spitzelwesen der jüdischen und römischen Behörden in Jerusalem breit ausgeprägt. Judas wurde vermutlich in den urchristlichen Gemeinden nur deshalb ein verabscheuter Prototyp des Abfalls vom Glauben, weil er von „innen", also aus der Jüngerschar heraus kam, so wie es schon bald in den Zeiten der frühen Christenverfolgungen Verleugner und „Verräter" gab, die, um die eigene Haut zu retten, den Behörden halfen, Mitbrüder und Mitschwestern festzunehmen. Ihnen konnten die Evangelisten das „schändliche" Ende des Judas nicht plastisch genug schildern. Eine Untat kann verbissen geplant und rasch durchgeführt werden, im Gewissen aber hallt sie noch lange nach. Wird sie durch aufrichtige Reue bereinigt?

Leiden und Tod des Judas

In historischer Sicht kann wenig Verlässliches über Leben und Ende des zwölften Jüngers Jesu gesagt werden.[233] Im Grunde genommen sind in der neutestamentlichen Überlieferung nur sein Name und sein Heimatort doku-

---

232 Vgl. a. a. O., S. 133f.

233 Dieser Abschnitt ist weitgehend ein Aufgriff der Judasinterpretation „Da reute ihn seine Tat" in: M. Köhnlein, Ecce homo – Seht, der Mensch, Band 1: Der Ruf, Lahr 1999, S. 180–186. Siehe außerdem reiche Literaturangaben, Bildinterpretationen und einen Überblick über den Wandel des Judasverständnisses und der Suizidfrage im Laufe der Jahrhunderte bei U. Luz, EKK I/4, 2002, S. 228–263.

mentiert. Authentisch dürfte auch sein, dass er bei der Verhaftung Jesu mit den Behörden zusammenarbeitete und dies später bitter bereute. Seine Motive aber werden von Evangelist zu Evangelist verschieden gestaltet. Vor allem wird sein Charakter im Verlauf der frühen Jahrzehnte der ersten Christengemeinden zunehmend eingeschwärzt. Offensichtlich wurde er bei den zunehmenden Christenverfolgungen in Predigt und Unterricht der Gemeinden als abschreckende Figur gebraucht für den, der erst selbstherrlich den Weg Jesu bestimmen und ihn zwingen will, sich politisch zu bekennen und die Führung eines Aufstands gegen die römische Besatzung zu übernehmen. Es ist psychologisch bekannt, dass eine hohe innere aggressive Aufladung eines zur Gewalt neigenden Menschen, sich gegen ihren Träger selbst wenden kann, wenn er sie nicht zu seinem erwünschten Ziel führen kann. Der „Patient" meint dann, es sei besser, sich selbst zu vernichten, als in der Erreichung seines Zieles zu versagen.

Der Selbstmord des Judas

Mt 27,3–10

3 Als Judas, der ihn verraten hatte, sah, dass er zum Tode verurteilt war, reute es ihn, und er brachte die dreißig Silberlinge den Hohenpriestern und Ältesten zurück 4 und sprach: Ich habe Unrecht getan, dass ich unschuldiges Blut verraten habe. Sie aber sprachen: Was geht uns das an? Da sieh du zu! 5 Und er warf die Silberlinge in den Tempel, ging fort und erhängte sich.
6 Aber die Hohenpriester nahmen die Silberlinge und sprachen: Es ist nicht recht, dass wir sie in den Gotteskasten legen, denn es ist Blutgeld. 7 Sie beschlossen aber, den Töpferacker davon zu kaufen zum Begräbnis für Fremde. 8 Daher heißt dieser Acker Blutacker bis auf den heutigen Tag.
9 Da wurde erfüllt, was gesagt ist durch den Propheten Jeremia, der da spricht: „Sie haben die dreißig Silberlinge genommen, den Preis für den Verkauften, der geschätzt wurde bei den Israeliten, 10 und sie haben das Geld für den Töpferacker gegeben, wie mir der Herr befohlen hat" (Jer 32,9; Sach 11,12f.).

Noch bevor Jesus körperlich leiden und am Kreuz sterben muss, kommt Judas zu Tode. Er leidet unerträglich im Gewissen, als er das unumstößliche Faktum „sieht", dass der Hohe Rat über Jesus das Todesurteil verhängt hat (V. 3). Da „reute es ihn" (V. 3). Zur Entstehung eines Schuldgefühls gehört, dass einer „einsehen" muss, was er angerichtet hat. Frühere Exegeten haben Judas die Aufrichtigkeit seiner „Reue" abgesprochen. Aber warum hätte er dann noch einmal beim Hohen Rat vorsprechen und versuchen wollen, sich von ihnen als ihr bloßer Handlanger freisprechen zu lassen und ihnen das „Blutgeld" zurückzugeben? Seine Motive, zur Verhaftung Jesu mitzuhelfen, hat Judas nicht selbst erzählt. Geldgier kann es nicht gewesen sein, wie es ihm die Maler unterstellen, die ihn auf ihren Gemälden ständig einen Geldbeutel in der Hinterhand tragen lassen. Sonst hätte er nicht versucht, die dreißig Silberlinge

„Judaslohn" wieder loszukriegen. Vielleicht hatte Judas nur beabsichtigt, dass Jesus während der Passazeit vorübergehend aus dem Verkehr gezogen würde, damit kein unorganisierter, aussichtsloser Aufruhr entstand. Dann hätte er es gar nicht auf den Tod seines „Meisters" (Rabbi) ankommen lassen wollen. Vielleicht wollte er aber auch, dass sich Jesus bei seiner Verhaftung endlich zu einem klaren, politischen Messiasanspruch bekannte. Der Einzug auf dem Esel – als dem Tier der einfachen Leute anstelle des Einritts auf dem Streitross – ist Judas möglicherweise zu schlicht, zu nichtssagend gewesen. Der Hohe Rat hat ihn überlistet. Judas hatte mit ihnen nur Belohnung, Termin und Ort der Verhandlung abgesprochen, aber keinen Hochverratsprozess und schon gar nicht ein Todesurteil.

Judas war sehr wahrscheinlich der Typ des politischen Dilettanten, dem die eigenmächtige Einmischung aus dem Ruder gelaufen ist. Er ist der Mann der verzweifelten Rückschau: „Das habe ich nicht gewollt!" Allerdings ist uns die Kunde von einer Reue des Judas nur von Matthäus überliefert, wobei es dem Evangelisten weniger darauf ankam, die Gewissensbisse des Judas näher auszuführen, als vielmehr die Gefühlskälte zu beschreiben, mit der die Hohenpriester und Ältesten ihren Komplizen abblitzen ließen: „Was geht uns das an? Da sieh du zu!" (V. 4). Markus und Johannes schweigen sich über das Ende des Judas aus und Lukas nimmt nur in seiner Apostelgeschichte dazu Stellung.[234] Aber selbst dem Sondergut des Matthäus muss man kritisch entgegenhalten, dass es auf keinem historischen Tatbestand aufbaut, sondern frei aus alttestamentlichen Impulsen herausgesponnen wurde.[235] Matthäus wollte Judas noch vor Jesus umkommen lassen, damit er als „Henker" mit in den Tod des Erlösers hineingenommen wird und der „Unschuldige" für den „Schuldigen" stirbt (V. 4). Ältere Exegeten haben das aber gerade andersherum gesehen: Judas musste vor Jesus sterben, damit dieser „Satan" noch nicht unter die Gnade der Erlösung fiel. Bei Lukas ist nicht Judas, sondern der Schächer, der an seinem Kreuz auf Golgatha Jesus um Fürsprache bittet, der erste „Verbrecher", der die Vergebung erhält, die vom Kreuzestod Jesu „für uns" ausgeht: „Heute noch wirst du mit mir im Paradies sein" (Lk 23,33.39ff.). Ähnlich steht Jesus für den „Aufrührer" Barrabas als Erlöser ein.[236]

Matthäus lässt Judas auffallend rasch zur Einsicht seiner Schuld und zu einem erschütternden Schuldbekenntnis kommen. Er versucht mit seinem „Bußgang" zum Hohen Rat noch in letzter Minute noch einmal einzugreifen und Jesus zu retten. Es ist der vergebliche Versuch einer Selbstrechtfertigung, die ihm nicht mehr gelingt und theologisch auch nicht gelingen kann, weil nach der Ansicht des Evangelisten nur Christus selbst eine „Todsünde" vergeben kann. „Ich habe euch einen unschuldigen Menschen ausgeliefert" (V. 4).

[234] Vgl. unten S. 157f. und oben S. 117ff.
[235] Sach 111,12f.; Jer 18,2f.; Ex 9,12.
[236] Mt 27,15–26; vgl. unten S. 176ff.

Trotz seiner heftigen Gewissensskrupel „sieht“ Judas offensichtlich noch nicht das volle Ausmaß seiner Tat. Er spricht von einem unschuldigen „Menschen“ und nicht vom „Menschensohn“. Damit deutet Matthäus an, dass Judas in Jesus immer noch nicht den „Sohn Gottes“, sondern nur den charismatischen Wanderprediger, den großen Propheten oder möglichen jüdischen Thronprätendenten gesehen hat, der nach dem Todesurteil keine höhere Macht hatte, sich zu retten, und darum verloren war. Juristisch gesehen hat Judas, wenn er sich jetzt zur „Unschuld“ Jesu bekennt, seine Anzeige gegen Jesus zurückgezogen. Der Hohe Rat hätte eigentlich daraufhin den Prozess Jesu wieder aufrollen und Judas wegen Falschaussage anklagen müssen. Noch wäre Zeit gewesen! Denn Jesus ist dem Statthalter Pilatus erst übergeben, aber ihm noch nicht vorgeführt worden. Doch für die Mitglieder des Hohen Rates ist die Sache Jesu achselzuckend vorbei: „Was geht das uns an?“ (V. 4). Nicht nur die Politiker, auch die Priester im Hohen Rat verweigern Judas die Absolution. Sie akzeptieren nicht, dass der von ihnen gedungene „Verräter“ auf einmal für Jesus in einer Kehrtwendung seiner Gesinnung eine Unschuldserklärung abgibt (V. 4). Sie haben Jesus aus Staatsräson zum Tode verurteilt: „Es ist besser für euch, ein Mensch sterbe für das Volk, als dass das ganze Volk verderbe“ (Joh 11.50; 18,14). Sie lassen Judas mit seinem Gewissen allein. Sie reden mit ihm nicht über ihre Verantwortung für die Verhaftung und Verurteilung Jesu, so wie bei Matthäus auch Pilatus die Verantwortung dem Volk aufhalsen und seine Hände in Unschuld waschen will (27,24). Dem Evangelisten geht es darum, dass es erfahrungsgemäß unter Schuldigen eine Komplizenschaft, aber keine Solidarität gibt.

Judas fühlt sich verlassen und verloren. Er kann sein Gewissen nicht mehr beruhigen. Er wird seine Tat nicht mehr los. Er hat seine Mitjünger, seine Freunde verloren. Er kann sich seinen „Meister“ nicht mehr zurückkaufen. Der Hohe Rat behandelt ihn verächtlich wie einen Wurm. Wie die „Blutschuld“ im Gewissen, so brennt Judas das „Blutgeld“ auf den Fingern. Er wirft in einem letzten verzweifelten Versuch, sich wenigstens selbst am heiligen Ort zu „entschulden“, die Silberlinge in den Tempel – entweder in die Tempelopferkasse oder einfach über die Mauer des Vorhofs vor dem Allerheiligsten. Vielleicht dachte er, das Blutgeld könne gewissermaßen gewaschen werden, wenn es einem guten Zweck zugeführt würde. Es ekelte ihn alles an – sein „Verräterlohn“ und sein ganzes Leben. Dann „ging er fort und erhängte sich“ (V. 5). Zur Zeit Jesu wurde die Selbsttötung ambivalent beurteilt. Sie konnte als Frevel gegenüber dem Schöpfer gesehen werden, der einem Menschen das Leben gegeben hat, aber nicht das letzte Verfügungsrecht darüber. Sie konnte aber auch als gerade noch ehrbar hingenommen werden, wenn der Suizidant sich in einer ausweglosen Situation befand.[237] Ob Judas jeden Anteil an einem

---

[237] Siehe die breite zeitgeschichtliche und systematische Besprechung des Suizids bei U. Luz, a. a. O., S. 236–238.

kommenden Reich Gottes dadurch verwirkt hat, dass er Hand an sich selbst legte, erörtert Matthäus nicht. Auf den ersten Blick fragt er sich auch nicht, ob sich Judas aus freiem Willen versündigt hat oder ob ihm sein „Verräterschicksal" göttlich vorherbestimmt war. Der Evangelist legt anscheinend nur Wert auf die Symbolik des Unterschieds: Jesus wird ans Kreuz gehängt, Judas hängt sich selbst auf. Beide, der Meister und der Jünger, finden ein gewaltsames, aber doch total verschiedenes Ende. Sie sind sich paradox nahe gekommen und zugleich einander unendlich weit ferngerückt.

Die Hohenpriester entfernen das „Blutgeld" wieder aus dem Opferstock. Sie empfinden Abscheu gegenüber dem „unreinen" Verrat, mit dem sie doch Judas selbst beauftragt hatten. Auf einmal sind die religiösen Führer Israels auf der Höhe der Theologie: Niemand kann für sich selbst ein „Lösegeld" bezahlen. Die hohen Herren beschließen, die „Angelegenheit Judas Ischkariot" ein für allemal zu „beerdigen", indem sie von dem „Blutgeld" einen ausgedienten Jerusalemer „Töpferacker" als Friedhof für „Fremde" kaufen. Sie meinen, das „unreine" Geld könne nur zur Bestattung „unreiner" Personen verwendet werden: Fremde, Heiden, Verbrecher. Sie verdrängen damit ihre Mitschuld am kommenden Tod Jesu und „verfremden" gegenüber sich selbst den Fall Judas bis zum Äußersten. Matthäus kommentiert zum Schluss: „Da wurde erfüllt, was gesagt ist durch den Propheten Jeremia ..." (V. 9f.). Er sieht in der Sache Judas die göttliche Vorhersehung klar am Werk.

Mit der technischen „Umbuchung" des zurückgeworfenen „Blutgeldes" auf einen Ackerkauf war die „Passion des Judas" jedoch nicht für immer geheim abgeschlossen, sondern eher öffentlich in Erinnerung geblieben. „Daher heißt dieser Acker Blutacker bis auf den heutigen Tag" (V. 8). Mit seinen Schriftzitaten entscheidet sich Matthäus dafür, dass das Schicksal des Judas klar vorherbestimmt war. Er will mit Hilfe der biblischen Propheten klarstellen: Die damaligen Oberen konnten ebenso wenig wie Judas mit ihren Erledigungen und Verdrängungen aus dem Drama der biblischen Leidensgeschichten aussteigen. Sie wurden zu unvergesslichen Erfüllungsgehilfen der Schrift, die auf den wahren Akteur verweist: „... wie mir der Herr befohlen hat" (V. 10). Vordergründig durften sich die Hohenpriester und Ältesten durchaus als Drahtzieher der Passion Jesu aufführen. In Wahrheit aber war Gott selbst der entscheidend Handelnde. Er, der HERR, brachte am Ende etwas Gutes für die ganze Welt aus dem hervor, was die Beteiligten „verdorben" hatten und für immer „beerdigen" wollten.

Schon ein Jahrzehnt nach Matthäus gestaltet Lukas in seiner Apostelgeschichte das Ende des Judas wesentlich anders. Er meint, das Ende des Judas sei noch nicht abschreckend genug geschildert worden. Er schlägt eine neue Erklärung vor, warum der Töpferacker nicht nur bei den urchristlichen Gemeinden, sondern bei „allen Einwohnern von Jerusalem" als „Blutacker" bekannt blieb.

Der tödliche Unfall des Judas

Apg 1,16–20
16 Und in den Tagen trat Petrus auf unter den Brüdern ... und sprach: Ihr Männer und Brüder, es musste das Wort der Schrift erfüllt werden, das der heilige Geist durch den Mund Davids vorausgesagt hat über Judas, der denen den Weg zeigte, die Jesus gefangennahmen; 17 denn er gehörte zu uns und hatte dieses Amt mit uns empfangen. 18 Der hat einen Acker erworben mit dem Lohn für seine Ungerechtigkeit. Aber er ist vornüber gestürzt und mitten entzweigeborsten, so dass alle seine Eingeweide hervorquollen. 19 Und es ist allen bekannt geworden, die in Jerusalem wohnen, so dass dieser Acker in ihrer Sprache genannt wird: Hakeldamach, das heißt Blutacker. Denn es steht geschrieben im Psalmbuch (Ps 69,26; 109,8): „Seine Behausung soll verwüstet werden, und niemand wohne darin", und: „Sein Amt empfange ein anderer."

Die Urchristen wurden das Entsetzen über die „Auslieferung" Jesu durch einen seiner engsten Mitarbeiter nicht los. Sie haben wohl immer wieder über Judas und dessen „Lohn" diskutiert. Sie wollten seine „gerechte Strafe" schon hier auf Erden verwirklicht sehen und ließen die verschiedensten Geschichten über das Ende des Judas unter sich kreisen. Nach Matthäus stirbt Judas durch Selbstmord. Nach der Apostelgeschichte erleidet er einen tödlichen Unfall. Aber jedesmal nimmt der „Unheilige" ein „heilloses Ende". Die Urchristen sind überzeugt: Ein solcher „Schuft" kann und darf nicht mehr weiterleben. Er hat so oder so sein Leben verwirkt. Lukas, der Schreiber der Apostelgeschichte, vermerkt sogar, nicht nur die Urchristen in Jerusalem, „alle Einwohner" der Hauptstadt hätten auf das Ende des Judas gestarrt (V. 19) – so wie diese tragische Figur bis heute über die innerkirchlichen Passionspredigten und -spiele hinaus ein großer Stoff der Weltliteratur und der Kunst geblieben ist. Lukas, der gern „zuverlässig historisiert", wie er meint (Lk 1,1–4), will das schaurige Ende des Judas wie eine Weltnachricht verbürgt und belegt wissen. Darum ernennt er eine ganze Stadt zur Zeugin und hält in seinem griechischen Text das Wort „Blutacker" präzis auf aramäisch als „Hakeldamach" fest (V. 19). Der Flurname „Blutacker" ist dann aber auch das einzige, was die Darstellung in der Apostelgeschichte mit dem Bericht des Matthäusevangeliums verbindet. Und wenn Lukas dann fort fährt: „Denn es steht geschrieben im Psalmbuch: ‚Seine Behausung soll verwüstet werden ...'" (V. 19), deckt er auf, dass auch er im Grunde genommen seine Kenntnis aus alttestamentlichen Weissagungen bezieht. Möglicherweise ist schon sehr früh der schreckliche Tod des Judas mit einem früheren Lehmacker der Jerusalemer Töpfer namens „Blutacker" verknüpft worden. Wie er jedoch dort mit welcher Todesart des Judas zusammenhing, das gestaltete die jeweilige Theologie der Urchristen.

Bei Matthäus bezieht sich der Begriff „Blutacker" auf das Blut Jesu. Die Hohenpriester kaufen ihn mit dem „Blutgeld" (Mt 27,7f.). In der Apostelgeschichte führt der „Blutacker" zum Blut des Judas: „... (er) ist dort vornüber gestürzt" (V. 18), gemeint ist „vom Dach herab." Lukas deutet an, dass Judas versucht habe, die Silberlinge in einen Hausbesitz umzumünzen. Er habe wohl stolz sein neues Haus besichtigen wollen und sei dabei auf dessen Dach ausgeglitten und heruntergefallen. Lukas lässt Judas nicht wie Matthäus in echter, wenn auch verzweifelter Reue zum Hohen Rat zurückkehren und den „Verräterlohn" wieder loswerden wollen, um dann nach dem Scheitern dieses Versuchs das „Schandgeld" in die Tempelkasse zu werfen. Nach dem dritten Evangelisten hat Judas den „Lohn für seine Ungerechtigkeit" behalten und mit ihm spekuliert (V. 18). Es waren also schon Urchristen im Ansatz bemüht, die unterstellte Geldgier des „Judas" mit einer angeblichen Charakterlosigkeit der „geldgierigen Juden" überhaupt zusammenzubringen. Judas wollte nach Lukas mit Hilfe seines „Verrätergeldes" „hochkommen", stattdessen erfährt er einen „Sturz in die Verdammnis". Nach Matthäus hat Judas seinem „Verrat" noch das Verbrechen der Selbsttötung hinzugefügt. Nach Lukas hat Judas seiner Schuld noch die Sünde der Schuldverdrängung nachfolgen lassen. Beide Evangelisten betrachten je auf ihre Weise das „unselige Ende" des Jüngers als eine gerechte Strafe für ein zweifaches Vergehen.

Lukas allerdings erzählt seine Version vom Ende des Judas bewusst noch nicht in seinem Evangeliums, sondern erst in der Apostelgeschichte. Er möchte zuvor die Himmelfahrt Jesu erzählt haben, um die Schicksale beider Figuren gewissermaßen entgegengesetzt zu spiegeln. Dem „Flug Jesu nach oben" entspricht bei Lukas der „Sturz des Judas nach unten", der Himmelfahrt Jesu die Höllenfahrt des „Verräters". Der auferstandene Jesus wird von „Engeln" begleitet (Apg 1,9f.), aus Judas birst mit den Eingeweiden der „Satan" heraus (Apg 1,18). Die Eingeweide waren nach jüdischer Ansicht der Sitz der Empfindungen. Lukas wollte die ganze für ihn teuflische Verschlagenheit des Judas ans Licht treten lassen. Der „Verräter" explodierte geradezu zur „Unperson". Der „Satan", der nach Lukas beim Paschamahl in Judas gefahren war, musste aus ihm wieder herausfahren.[238] Aber noch im Verlassen will der in allem destruktive Satan seinen „Wirt" vernichten. Mit dieser entsetzlichen Todesart will Lukas noch einmal das ganze Ausmaß der „Besessenheit" des Judas aufzeigen. Wer am „Verrat" des Herrn erkrankt ist, muss entsprechend schrecklich „verenden", hält der Evangelist seinen Lesern vor. Lukas übersieht dabei, dass gerade *er* Jesus hat am Kreuz beten lassen: „Vater, vergib ihnen, denn sie wissen nicht, was sie tun!" (Lk 23,34). Ob Judas die Vergebung wenigstens nach seinem Tod erhalten wird, wenn er beim Jüngsten Gericht seinem „verratenen Meister" als dem Richter und Erlöser gegenüberstehen wird?

---

[238] Lk 22,3; auch Joh 13,26; vgl. oben S. 130f.

12 Spielball der Machthaber

Judas hat „ausgelitten", Jesus hingegen gerät erst noch tiefer ins Leiden. Die psychische und die physische Dimension seines Leidenmüssens gehen nun ineinander auf und werden am Ende noch verstärkt werden durch die religiöse Dimension des Gefühls der Gottverlassenheit. Eine Vielfalt von schmerzlichen Erlebnissen stürzen von Gründonnerstagabend bis Karfreitagnachmittag auf Jesus herein. In den heutigen Passionsandachten ist es üblich, die Passionsberichte der Evangelien zu harmonisieren und Jesus wie bei einem Ballspiel von Herrschaft zu Herrschaft vorgeführt werden lassen, als hätte jeder Potentat im damaligen Israel Lust gehabt, den zum Jerusalemer Stadtgespräch gewordenen „Aufrührer" kennen zu lernen und ihm auf den Zahn zu fühlen. So wird Jesus nach Johannes – und nur nach ihm – noch in der Nacht erst zum sehr erfahrenen Althohenpriester Hannas zu einem Vorverhör geschleppt. Hannas soll ihn dann weiter zu seinem Schwiegersohn Kaiphas gesandt haben, während die drei Synoptiker Jesus direkt von Gethsemane aus zu Kaiphas gebracht wissen sollen, der als amtierender Hohenpriester den Vorsitz der eilig einberufenen Gerichtssitzung des Hohen Rates innehatte. Kaiphas wiederum soll Jesus gemäß dem Todesurteil des Hohen Rates dem Statthalter Pilatus übergeben haben, der nach Lukas Jesus seinerseits beim Vierfürsten Herodes Antipas, dem galiläischen Landesherrn Jesu, vorführen ließ, der „in diesen Tagen auch in Jerusalem war" (Lk 23,7). Schließlich ließ Herodes Jesus wieder zu Pilatus zurückbringen, der sich dann nach einigem weiteren Hin und Her gedrängt sah, das endgültige Vollstreckungsurteil über Jesus zu verhängen – ein juristischer Reigentanz von Instanz zu Instanz und ein einziger körperlicher und seelischer Stress für den Angeklagten, der sich wehrlos und aussichtslos „wie ein Lamm zur Schlachtbank geführt fühlte und wie ein Schaf, das vor seinem(n) Scherer(n) verstummt" (Jes 53,7).

Dabei ist es jedoch weitgehend unmöglich, objektiv zu rekonstruieren, wie genau und vor allem wie legal oder illegal der Prozess Jesu vom ersten Verhör an bis zu Jesu letztem Atemzug am Kreuz verlief. Die vier Evangelisten stimmen in Wahrheit nur an ganz wenigen Stellen miteinander überein. Ihre Berichte sind durch ihre unterschiedlichen zeitlichen Abstände zum Leben Jesu und die verschiedenen Schicksalserfahrungen und Fragebedürfnissen ihrer frühen Gemeinden bedingt. Vor allem haben der Flammentod vieler Zeugen beim Untergang Jerusalems in den Jahren 70/72 n. Chr. und die Zerstörung der jüdischen Bibliotheken nur noch spärliche Kenntnisse der spätjüdischen Strafprozessordnung übrig gelassen und selbst diese sind von späteren Rabbinen in der von ihnen rekonstruierten „Mischna"[239] nachträglich idealisiert worden. Bei der Hauptverhandlung im Palast des Kaiphas war keiner der

[239] Mischna (hebr.: durch Wiederholung lehren und lernen) bezeichnet das außerhalb der Tora entwickelte Gewohnheitsrecht des nachexilischen Judentums.

noch elf Jünger Jesu und schon gar keiner der vier Evangelisten unmittelbar im Gerichtssaal mit dabei. Vielleicht dass Josef von Arimathäa, der ein „angesehenes Mitglied des Rates“ und „auch ein Jünger Jesu“ gewesen war, oder Nikodemus, der als „einer von den Oberen der Juden“ geschildert wird, einiges aus der jüdischen Hauptverhandlung „nach draußen“ dringen ließen.[240] Hingegen haben sich auffallenderweise die in den Evangelien sonst so gescholtenen Pharisäer beim Prozess Jesu zurückgehalten. Es müssen die Priester und ihre sadduzäischen Parteigänger im Hohen Rat gewesen sein, die sich eine rasche Erledigung des „Fall Jesus“ wünschten. Sie empörten sich vor allem über die kritische Haltung Jesu gegenüber ihrer engen Auslegung der Tora. Sie stießen sich auch an Jesu Anprangerung der unglaubwürdig gewordenen „Tempelwirtschaft“. Es war also vor allem die Mehrheitspartei der konservativen Sadduzäer, die unter der Führung des Hohenpriesters Jesus der Blasphemie zu überführen suchten, und dies vor allem ohne weiteres Aufsehen im Dunkel der Nacht oder spätestens beim ersten Morgenlicht.

Historisch belegbar ist nur, dass zur Zeit Jesu die jüdischen Autoritäten den Römern gegenüber „zur Aufrechterhaltung von Ruhe und Ordnung verpflichtet“ waren.[241] Gesichert ist auch, dass die Kreuzigung im damaligen Palästina eine ausschließlich den Römern vorbehaltene Hinrichtungsart war. Die jüdische Kapitalstrafe für einen „Gotteslästerer“ wäre die Steinigung gewesen. Ob aber überhaupt eine eilig anberaumte Nachtsitzung, ein Aufgebot falscher Zeugen und Foltermaßnahmen zur Erzwingung einer Aussage zur Zeit Jesu juristisch erlaubt waren, muss dem Streit der Historiker überlassen bleiben. Das Anliegen dieses Buches kann nur sein, die Erzählungen der Evangelisten zum Prozess Jesu auszuschöpfen und ihre Darbietung in Predigt und Unterricht unter Gesichtspunkten des Leidens vorzubereiten. Eine überzeugende Antwort auf die zumindest für jeden Gläubigen wichtige Frage, ob sich Jesus nun tatsächlich vor dem Hohen Rat als Messias und Gottessohn bekannt und sich für den kommenden Menschensohn-Weltenrichter erklärt hat, können wir nicht geben. Es lässt sich nur zwischen den Zeilen der Passionsberichte mitfühlen, wie es einem unschuldigen Gerechten vor einem Gericht ergehen kann, das ihn bereits vorverurteilt hat (Mt 26,4). Es bleibt ihm nichts anderes übrig, als zu verstummen und wenn irgend möglich eine überlegene Ruhe zu zeigen, die den Eifer seiner Ankläger von selbst als scheinobjektiv und selbstgerecht entlarvt.

---

[240] Mk 15,43; Mk 15,43; Lk 23,50; Joh 3,1.

[241] U. Luz in seinem Exkurs „Der Prozess Jesu vor dem Synhedrium“, in EKK I/IV, S. 190–203, bes. S. 201f.

Jesus vor dem Hohen Rat

Mt 26,57.59–68; 27,1f. (Mk 14,53–65; 15,1; Lk 22,54.63–71; Joh 18,12–14.19–24)
26,57 Die aber Jesus ergriffen hatten, führten ihn zu dem Hohenpriester Kaiphas, wo die Schriftgelehrten und Ältesten sich versammelt hatten ... 59 Die Hohenpriester aber und der ganze Hohe Rat suchten falsches Zeugnis gegen Jesus, dass sie ihn töteten. 60 Und obwohl viele falsche Zeugen herzutraten, fanden sie doch nichts. Zuletzt traten zwei herzu 61 und sprachen: Er hat gesagt: Ich kann den Tempel Gottes abbrechen und ihn drei Tagen aufbauen. 62 Und der Hohe Priester stand auf und sprach zu ihm: Antwortest du nichts auf das, was diese gegen dich bezeugen?
63 Aber Jesus schwieg still. Und der Hohe Priester sprach zu ihm: Ich beschwöre dich bei dem lebendigen Gott, dass du uns sagst, ob du der Christus bist, der Sohn Gottes. 64 Jesus sprach zu ihm: Du sagst es! Doch sage ich euch: Von nun an werdet ihr sehen den Menschensohn sitzend zur Rechten der Kraft und kommen auf den Wolken des Himmels. 65 Da zerriss der Hohe Priester seine Kleider und sprach: Er hat Gott gelästert! Was bedürfen wir weiterer Zeugen? Siehe, jetzt habt ihr die Gotteslästerung gehört. 66 Was ist euer Urteil? Sie antworteten und sprachen: Er ist des Todes schuldig.
67 Da spien sie ihm ins Angesicht und schlugen ihn mit Fäusten. einige aber schlugen ihm ins Angesicht 68 und sprachen: Weissage uns, Christus, wer ist's, der dich schlug? ...
27,1 Am Morgen aber fassten alle Hohenpriester und die Ältesten den Beschluss über Jesus, ihn zu töten, 2 und sie banden ihn, führten ihn ab und überantworteten ihn dem Statthalter Pontius Pilatus.

„Sie führten ihn zu dem Hohenpriester Kaiphas ..." (V. 57). Die Knechte, die „Jesus ergriffen hatten" (V. 57), und ihn vom Garten Gethsemane im Kidrontal hoch in die Stadt in den Palast des Hohenpriesters brachten, werden nicht sonderlich behutsam mit ihm umgegangen sein. Doch nun steht der „Weltenrichter" vor dem irdischen Richter Kaiphas, ohne dass dieser eine Ahnung hat, welch höherer Richter ihm eigentlich in der Person des verhafteten Wanderpredigers gegenübertritt. Es ist nach Matthäus nun schon das zweite Mal, dass der Hohe Rat unter Vorsitz des Hohenpriesters Kaiphas den „Fall Jesus von Nazaret" berät.[242] Diesmal sieht Kaiphas den Beschuldigten selbst von Angesicht zu Angesicht, über dessen „Liquidierung" er bereits bei einer ersten Sitzung in dessen Abwesenheit beschließen ließ (26,3). Wenn aber nun tatsächlich der „Fall Jesus von Nazaret" ein zweites Mal auf die Tagesordnung kam, bedeutete das, dass Kaiphas den Fall gründlicher anpacken und mit einer umfänglichen Zeugenbefragung den Anschein der rechtskonformen Behandlung erwecken wollte (V. 59). Kaiphas war vorsichtig genug, in der Passastimmung Jerusalems keine Fehler zu begehen. Darum berief er auch seine Amtsvorgänger aus ihrem Ruhestand zur Sitzung hinzu, wie Matthäus mit dem Plural „die Hohenpriester" als Sitzungsteilnehmer andeutet (V. 59).

[242] Über die Person des Kaiphas und die Zusammensetzung des Hohen Rates ist bereits oben S. 140f., soweit als für dieses Buch erfassbar, Auskunft erteilt worden.

Kaiphas ließ dem Angeklagten auch während der Befragung die Fesseln abnehmen, sonst hätten sie Jesus am Schluss der Verhandlung nicht erst wieder angelegt werden müssen (27,2). Dass Kaiphas aber „falsche Zeugen" vorladen ließ (V. 59), ist angesichts seiner Amtsführung, die zu seiner Zeit als klug und gerecht gelobt wurde, wenig wahrscheinlich. Nach der Glaubensauffassung des Matthäus jedoch war jeder, der gegen den „Kyrios" zeugen wollte, ein falscher Zeuge. Außerdem kannte Matthäus schon aus den Psalmen den Auftritt falscher Zeugen als klassisches Bild für das Leiden des „Gerechten" unter Unrecht und Verleumdungen.[243]

„Viele falsche Zeugen" seien herzugetreten und hätten doch allesamt nicht überzeugend gewirkt (V. 60). Indem ihre Anschuldigungen ins Leere liefen, bewiesen sie gerade das, was sie widerlegen wollten: die Unschuld Jesu. Worauf die „vielen" Zeugen abgehoben haben und ob sie auch wie Judas „gekauft" worden waren, erfahren wir nicht. Vielleicht warfen sie dem „Rabbi aus Nazaret" falsche Lehre, Sabbatschändung oder einen Bund mit dem Satan wegen seiner Dämonenaustreibungen vor. Gegen Ende der Verhandlung wollen aber dann doch zwei der falschen Zeugen einen hieb- und stichfesten Vorwurf gefunden haben. Jesus habe öffentlich verkündigt, er könne „den Tempel Gottes abbrechen und in drei Tagen wieder aufbauen" (V. 61). Wenn Jesus diese Behauptung tatsächlich so geäußert haben sollte, muss sie die Ratsversammlung aufs Äußerste erregt haben, denn der Tempel war in einer Zeit, in der Israel seine politische Souveränität verloren hatte, das letzte öffentliche Identitätssymbol des jüdischen Volkes, abgesehen von den geistlichen Gütern der Tora, der Sabbatheiligung und der Beschneidung. Mit dem Verlust des Tempels hätte zumindest die priesterliche Mehrheit im Hohen Rat ihre dienstliche und materielle Grundlage verloren. Außerdem hätte Gott Adonaj nach damaligem Denken mit dem Untergang des Tempels auch seine „Wohnung" inmitten Israels verloren. Wer den Tempel attackierte, griff gewissermaßen Gott selbst an. So schien plötzlich der Verdacht der Gotteslästerung festzustehen. Der Hohepriester Kaiphas sprang entsetzt auf und verlangte, dass Jesus endlich sein Schweigen breche: „Antwortest du nicht auf das, was diese gegen dich bezeugen?" (V. 62). Aber Jesus ließ die Herausforderung zunächst scheinbar unberührt von ihr an sich vorbeigehen. Er „schwieg still" (V. 63). Unter dem Aspekt des Leidens betrachtet verkörperte Jesus mit seiner Aussageverweigerung den Angeklagten, der das Gefühl hat, es habe ja doch keinen Wert sich zu erklären, weil seine Vernichtung eine bereits beschlossene Sache sei. Das Motiv des hoheitsvoll dastehenden, schweigenden und gefesselten Jesus im Gerichtssaal hat viele Kunstmaler zur Nachzeichnung inspiriert. Und in Zeiten der Verfolgung ist der schweigende Jesus immer wieder bei einer Gerichtsverhandlung vorgeführten Christen zum Vorbild des

243 Ps 27,12; 35,11; 109,2f.; vgl. U. Luz, a. a. O., S. 175.

Märtyrers geworden, der als Gerechter von ungerechten Richtern geschmäht und abgeurteilt wird.

Dass Jesus sich selbst den Abriss des Tempels und dessen Wiederaufbau in drei Tagen zugetraut haben sollte, klingt unwahrscheinlich, auch wenn Jesus dies nach Matthäus schon in früheren Äußerungen angedeutet haben soll (23,38; 24,2.15). Auch hat Jesus während seiner ganzen öffentlichen Wirksamkeit die Demonstration von Wundern als Beweis seiner übernatürlichen Stärke abgelehnt (Mk 8,11f.; Mt 4,1–11; 12,39f.). Näher liegt, dass dieses Tempelwort Jesu eine urchristliche Konstruktion ist, die aus der Jonageschichte abgeleitet wurde. „Drei Tage und drei Nächte" soll Jona im „Bauch des Fisches" gefangen gewesen sein (Jon 2,1). Ebenso lang blieb Jesus zwischen seinem Kreuzestod und seiner Auferweckung „im Schoß der Erde" verwahrt (Mt 28,1; 12,40). Die Zahl „3" wurde für die Urchristen eine heilige Zahl. Sie bedeutete das Ende einer Leidenszeit – gewissermaßen das endgültige Aus. Die Urchristen schauten nach der Zerstörung Jerusalems um das Jahr 70 auch auf die Vernichtung des Tempels zurück. Es war für sie eindeutig, dass Jesus diese Katastrophe vorweg gesehen und dem Hohen Rat prophezeit hatte. Sie legten darum das Wort vom Abriss des Tempels Jesus ohne Bedenken nachträglich in den Mund, verstanden den „Tempel" aber nicht konkret als den damaligen steinernen Bau, sondern den auferstandenen Leib Christi als den neuen heiligen „Bau". Und weil der auferstandene Christus gegenwärtig war in seiner Gemeinde verstanden sich die Urchristen als Leib Christi und damit auch als Gottes neuen spirituellen Tempel. So mahnt Paulus die Korinther: „Wisst ihr nicht, dass ihr Gottes Tempel seid und der Geist Gottes in euch wohnt?" (1 Kor 3,16f.; 6,19). Markus hatte das Tempelwort Jesu vor dem Hohen Rat noch mit dem Zusatz: „... und in drei Tagen einen andern bauen, der nicht mit Händen gemacht ist" (Mk 14,58). Damit hielt er klar fest, dass Jesus sich vor Gericht auf zwei verschiedene Tempel bezog. Er verkündete die Zerstörung des herodianischen Tempels, zugleich aber auch die Errichtung der Urgemeinde als neuem Tempel der Getauften.

Matthäus schildert das Tempelwort Jesu als großes Ärgernis für die Gerichtsversammlung. Der Vorsitzende Kaiphas jedoch fand die bloße Anschuldigung als noch nicht schwerwiegend genug, um ein Todesurteil darauf aufzubauen, zumal der Angeklagte zu ihr schwieg. Der Hohepriester griff darum selbst in die Anklage ein und brachte als letztes Mittel den schwersten Vorwurf vor: „Ich beschwöre dich bei dem lebendigen Gott, dass du uns sagst, ob du der Christus bist, der Sohn Gottes" (V. 63). Ob Kaiphas mit diesem Ausruf selbst schwor oder Jesus zu einem Eid bewegen wollte, ist sprachlich unklar. Jedenfalls ließ der Vorsitzende jetzt auf die Tempelfrage die Messiasfrage folgen. Es ist sehr fraglich, ob der toratreue Kaiphas Jesus zu einem Schwur beim so direkten Namen Gottes aufgefordert hat. Eigentlich waren damals Ersatzbezeichnungen für Gott innerhalb feierlicher Schwüre üblich (Mt 5,33–36).

Außerdem kannte Kaiphas das totale Schwurverbot nicht, das Jesus in seiner Bergpredigt verkündet hatte

Jesus war nie und nimmer bereit, den heiligen Namen Gottes als Pfand für die Offenbarung der Wahrheit einzusetzen – auch nicht vor Gericht. Schon deshalb begann Jesus seine Stellungnahme, zu der er sich jetzt doch entschlossen hatte, nicht mit der Formel, die Kaiphas von ihm erwartete: „Ich schwöre beim lebendigen Gott ...“ (V. 63), sondern mit einem einfachen „Du sagst es!“ (V. 64). Damit erklang zum ersten Mal die Stimme des Angeklagten im Gerichtssaal. Wenn es um sein Vater-Sohn-Verhältnis zu Gott Abba ging, mochte Jesus nicht länger schweigen. Allerdings war ihm klar, dass die versammelten Theologen seine Adoption zu Gottes „liebem Sohn“, die er bei seiner Taufe erfuhr (Mt 3,17), nie verstehen und gelten lassen würden. Darum gab er die Feststellung, dass er der Christus (hebr. Messias) sei, Kaiphas lapidar zurück: „Du sagt es!“ Es ist umstritten, auf welchem dieser drei kleinen Wörtchen die Betonung liegt. Entweder: „*Du* sagst es!“, dann würde Kaiphas wider Willen selbst als erster amtlicher Zeuge Jesus als Messias und Gottes Sohn bekennen. Oder: „Du *sagst* es!“, dann gebe Jesus Kaiphas Recht und Jesus hätte sich klar zu beiden Titeln und den damit verbundenen Erwartungen seiner Zeit bekannt. Der Anspruch Christus, der Gesalbte, das heißt der Messias zu sein, wäre aber trotzdem noch keine schwere Blasphemie gewesen, denn schon mehrere „Aufrührer“ hatten sich zur Zeit Jesu dafür ausgegeben. Jedoch Gottes Sohn in Menschengestalt zu sein, war für jüdische Fromme eine todeswürdige Lästerung, auch wenn Jesus beide Titel und damit ihre Rollen nicht direkt aufgriff, sondern sie durch den Begriff „Menschensohn“ ersetzte: „Von nun an werdet ihr den Menschensohn sehen sitzend zur Rechten der Kraft und kommen auf den Wolken des Himmels“ (V. 63).

Jesus hat sich vor dem Hohen Rat weder als Messias, noch als Sohn Gottes bekannt, sehr wahrscheinlich aber doch als „Menschensohn“ und zwar im Sinne von „Mensch überhaupt“, als „leidenden Menschensohn“ solidarisch mit allen Leidenden; aber gewiss nicht als „himmlischen Menschensohn“, wie es ihn Matthäus gemäß seiner eigenen apokalyptischen Theologie aussagen ließ.[244] Dass Jesus als Christus „zur Rechten der Kraft“ sitzen und als Weltenrichter wiederkommen werde, konnte der Wanderpredigter Jesus von Nazaret im Gerichtssaal des Hohen Rates noch nicht wissen. Diese beiden allerhöchsten Ehrenämter konnte ihm nur ein späterer Christ wie Matthäus zusprechen, der vom Bekenntnis der geschehenen Auferweckung Jesu von den Toten und seiner „Aufnahme in den Himmel“ ausging. Alles andere würde der Botschaft Jesu: „Des Menschen Sohn ist nicht gekommen, dass er sich dienen lasse, sondern dass er diene und gebe sein Leben zu einer Erlösung für viele“ (Mt 20,28; Mk 10,45) widersprechen. Jesus hätte vermutlich der Todesstrafe entgehen können, wenn er sich vor dem Hohen Rat nur als Messias im Sinne

[244] Zu den drei wichtigsten Vorstellungen der Rolle des „Menschensohnes“ vgl. oben S. 25f.

eines weltlichen Anwärters auf den verwaisten Thron Davids bekannt hätte. Als „Menschensohn" konnten ihn die im Saal versammelten Hohen Richter nur apokalyptisch von Dan 7,13 her als Weltenrichter im Auftrag Gottes verstehen. Die von Jesus vertretene neue existenziale Deutung des „Menschensohnes" als „Menschenbruder" im Sinne von „solidarisch mit allen Leidenden, die auf Erlösung hoffen" war ihnen nicht geläufig. Es hätte auch nicht in ihr herrschaftliches Denken gepasst, dass auch in der Ohnmacht eine Macht, im Leiden eine Stärke und in der Niedrigkeit eine Hoheit stecken kann. Wie wichtig aber Jesus gerade dieses Bekenntnis zu seiner Niedrigkeit war, zeigt sich an der feierlichen und nun eben doch eidgleichen Einleitung: „Doch sage ich euch ..." (V. 64). Insofern mag in dem Bekenntnis Jesu noch ein historischer Rest stecken, auch wenn Matthäus den nachfolgenden apokalyptischen Teil wohl selbst formuliert hat, was sich daran erkenntlich ist, dass er Jesus nicht sagen lässt „sitzend zur Rechten Abbas, meines Vaters", sondern zur „Rechten der Kraft". Der vermutlich noch in Palästina geborene Evangelist ersetzt aus frommer, jüdischer Scheu den Namen Gottes durch die Beschreibung der Wirkung Gottes (Mt 9,9).

„Da zerriss der Hohe Priester seine Kleider und sprach: Er hat Gott gelästert!" (V. 64). Matthäus selbst war nicht im Gerichtssaal. Aber er stellt sich vor, dass auf die Behauptung Jesu hin, er sei der Weltenrichter zur Rechten Gottes, der Hohepriester nur erschrecken und sich der damaligen Sitte gemäß aus Entsetzen über eine solche Gotteslästerung die Kleider zerreißen konnte. Neben Gott sitzen zu wollen, schmähte nach jüdischer Auffassung die Einzigartigkeit Gottes. Eine schlimmere Gotteslästerung gab es nicht. Das Zerreißen der Kleider, das eigentlich nur ein Anreißen des mantelartigen Umhangs war, war ein offizielles Zeichen der Trauer über einen „Todesfall" (Gen 37,34; Lev 24,16). Wer sich selbst vergottet wissen wollte, wie es nach Ansicht des Hohenpriesters Jesus tat, indem er sich (nach der matthäischen Fassung) neben Gott selbst setzte, war aus der religiösen Gemeinschaft des Judentums ausgestoßen und für die Gesellschaft schon tot. „Was bedürfen wir weiterer Zeugen?" (V. 64). Nach der Meinung des Vorsitzenden hat Jesus erfolgreicher als alle „falschen Zeugen" gegen sich selbst gezeugt. Kaiphas stellt der Versammlung nur noch die rhetorische Frage: „Ihr habt die Gotteslästerung gehört. Was ist euer Urteil?" (V. 66). Einstimmig sei das Echo erfolgt: „Er ist des Todes schuldig" (a. a. O.). Dieses kategorische Kollektivurteil aller Ratsherren war in der späteren Kirchengeschichte mit ein Grund, dem gesamten Volk der Juden „Christushass" vorzuwerfen. Matthäus berichtet keinerlei Reaktion Jesu auf diese Verdammung zum Tod. Sie konnte auch Jesus nicht wie ein Keulenschlag treffen, denn er hatte von seinen irdischen Richtern nichts anderes erwartet. Der Evangelist Johannes bemerkt in einer Sondertradition, „die Juden" hätten Jesus am liebsten schon früher gesteinigt (10,33). Der Vollzug einer Todesstrafe stand ihnen aber während der römischen Besatzungszeit nicht zu. Leben lassen und Leben nehmen waren ausschließlich Sache der römischen Justiz. Die jüdische Selbstverwaltung durfte zwar die Römer ersuchen, einen Kapitalverbrecher hinzurichten - mehr aber nicht. „(Es) gilt deshalb, dass eine jüdische Beteiligung am Prozess Jesu nur in der Mithilfe bei der Vorbereitung des jüdischen Prozesses bestanden haben kann“[245]. Wenn es den Juden erlaubt gewesen wäre, eine Kapitalstrafe zu vollziehen, hätten sie ohnehin die Steinigung gewählt, - wobei bei einem Fehlurteil die Steine auf sie selbst zurückgefallen wären. So aber blieb ihnen zunächst nur die Lästerung des angeblichen Lästerers.

Das körperliche Leiden Jesu verstärkt nun mehr und mehr sein seelisches Martyrium. „Da spien sie ihm ins Angesicht und schlugen ihn mit Fäusten“ (V. 67). Wieder stoßen wir auf eine Szene, die die Maler und Kirchenliederdichter im Spätmittelalter bis in die Barockzeit hinein immer wieder angeregt hat, Jesu Qualen nachzuempfinden und in Bildern oder Liedern festzuhalten. Jesus wird umringt von hasserfüllten Gesichtern und geballten Fäusten. Mit Ohrfeigen und Spucken wollen ihm die sonst so „ehrwürdigen“ Ratsherren jede Würde nehmen. Sie drücken dem verurteilten „Gotteslästerer“ ihre äußerste Verachtung aus. „Du edles Angesichte, davor sonst schrickt und scheut das große Weltgewichte: wie bist du so bespeit ...“, lässt Paul Gerhardt seine Gemeinde singen (EG 85.2). Was für eine Perversion der Frömmigkeit! Die Hohenpriester und Schriftgelehrten, die sich selbst für die Gläubigsten der Gläubigen halten, speien dem Sohn Gottes ins Gesicht. Matthäus lässt zuerst die jüdischen Oberen im Palast des Hohenpriesters so primitiv ausrasten, um dann die Tortur wenig später von den niederen römischen Soldaten im Praetorium wiederholen zu lassen (27,30). Ob Herren oder Knechte, Richter oder Wachpersonal, für Matthäus schlossen sie sich allesamt im „Hass“ zusammen zum Pöbel. Ob es beim Schuldspruch auch Widerstand in den Reihen der Ratsherren gab oder zumindest Stimmenenthaltungen, berichtet der Evangelist nicht. Für ihn sind alle die ehrbaren Herren des Prozesses Jesu nur noch Spötter: „(Sie) schlugen ihn ins Angesicht und sprachen: Weissage uns, Christus, wer ist's, der dich schlug?“ (V. 67f.). Dazu zogen sie Jesus eine Kappe übers Gesicht, wie sich Matthäus das vorgestellt hat. Die hohen Herren werden läppisch wie die Kinder, die das Ratespiel spielen: „Wer bin ich?“ Sie ziehen die Identitätsfrage, welche die Verhandlung vor dem Hohen Rat beherrschte, ins Lächerliche: Wenn sich Jesus schon im Himmel sitzen sah, dann möge er doch genauso „sicher“ weissagen, wer ihn soeben schlug. Wie Jesus bei seinen Wanderungen durch das Land häufig die Umkehrung der Verhältnisse lehrte und vollzog,[246] so kehren sich nun auch beim Prozess Jesu die Rollen um: Die scheinbar Gerechten sind die offensichtlich Ungerechten, die Spötter armselige Kreaturen. „... und sie banden ihn, führten ihn ab und

[245] Siehe U. Luz, a. a. O., S. 201.

[246] So zum Beispiel: „Die Ersten werden die Letzten sein“ (Mt 19,30) oder: „Der Sabbat ist um des Menschen willen geschaffen und nicht der Mensch um das Sabbats willen“ (Mk 2,27).

überantworteten ihn dem Statthalter Pontius Pilatus" (27,1). Eine präzis umrissene Anklage gab der Hohe Rat den Bewachern nicht mit. Ein religiös begründeter Schuldspruch wie etwa die Lästerung Adonajs hätte den römischen Gerichtsherrn nicht interessiert.

Die Römer waren im Grundsatz, wie auch meist in der Praxis, religiös weitgehend tolerant. Sie waren in ihrer großen Mehrheit Polytheisten, Henotheisten oder Agnostiker.[247] Die Pflicht eines römischen Staatsbürgers, wie auch der Freigelassenen, der Sklaven und der unterworfenen Fremdvölker war nur, den Kaiserkult zu befolgen und keinen der obersten Götter wie Jupiter, Juno, Mars, etc., zu schmähen. Die Zeugung eines gottmenschlichen Mischwesens durch den Beischlaf einer Gottheit mit einer irdischen Jungfrau war ihnen in Übernahme der altgriechischen Religionskultur nicht fremd. Der Vorwurf, dieser Jesus von Nazaret maße sich an, „Sohn Gottes" zu sein, hätte sie nicht gestört. solange dieser Glaube im Bereich der bloßen kultischen Verehrung geblieben wäre. Auch die Veränderung oder gar die Missachtung der Tora und ihrer Reinheitsgesetze hätten sie als reine innerjüdische Angelegenheit betrachtet. Für staatsgefährdend hielten sie nur den Messiasanspruch, sofern sich ein solcher ausgerufener Davidsohn als irdischer Thronprätendent verstand und damit die Oberherrschaft der römischen Besatzer gefährdete. Allerdings hätte die Behauptung, den Tempel niederreißen und damit einen Aufruhr auslösen zu wollen, die Römer aufgebracht, wenn der Hohe Rat sie hätte glaubwürdig beweisen können. Auch die Störung der diplomatisch geschickt austarierten Zusammenarbeit zwischen Pilatus und Kaiphas durfte nicht wegen einer einzelnen fragwürdigen Person aus dem Volk ohne weiteres aufs Spiel gesetzt werden. Es ist durchaus anzunehmen, dass Jesus das Spiel mit seiner Person durchschaute und es hoheitsvoll über sich ergehen ließ, weil er darauf vertraute, dass Gott Abba seine eigenen Wege mit ihm ging und alles Machtgetue der irdischen Herrscher im Grunde genommen unselbstständig und armselig war angesichts des Heilsplans, den sein himmlischer Vater mit ihm vorhatte. Trotzdem hat er wohl unter der Vereinsamung seinen Mitmenschen gegenüber gelitten.

Nun wird er weitergeschoben mit gefesselten Händen zu dem damaligen obersten Machthaber Palästinas, zu dem römischen Präfekten Pontius Pilatus (Mt 27,2). Pilatus residierte während seiner Jerusalemer Aufenthalte im Praetorium. Bis zum frühen Morgen soll die Gerichtsverhandlung vor dem Hohen Rat gedauert haben. Sie wäre also eine Nachtsitzung und damit ungesetzlich gewesen, denn in der Dunkelheit durfte nach den damaligen Verfahrensvorschriften über keine Kapitalstrafe verhandelt werden. Über diesen Bruch der juristischen Geschäftsordnung sind sich alle vier Evangelisten einig.[248] Es ist

---

247 Henotheisten (griech. „Eingottverehrer") wählen sich aus der unbestrittenen Vielzahl der Götter einen einzigen für sie passenden Gott aus. Agnostiker (griech.) erklären, dass man Gott bzw. die Götter nicht erkennen und nichts über sie wissen könne.

248 Mt 27,1; Mk 15,1; Lk 22,66; Joh 18,28.

ihnen auch aus symbolischen Gründen wichtig, dass die Verhandlung in aller Eile und in der dunklen Nacht stattfand. Hinter der Eile vermuten sie das „schlechte Gewissen" der Ratsherren und die dunkle Nacht hielten sie für einen Ausdruck der „finsteren" Macht, die sie ergriffen hatte. Nun steht Jesus gefesselt vor seinem obersten irdischen Entscheider. Die Fesseln wären an sich unnötig gewesen, nachdem Jesus schon im Garten Gethsemane nicht geflohen war. Sie sollen aber wohl Pilatus verdeutlichen, dass ein gefährlicher Aufrührer, ein „Staatsfeind" vor ihm steht.

Jesu Verhör durch Pilatus

Mt 27,11–14 (Mk 15,2–5; Lk 23.2–5; Joh 18,28–38)

11 Jesus aber stand vor dem Statthalter; und der Statthalter fragte ihn und sprach: Bist du der König der Juden? Jesus aber sprach: Du sagst es. 12 Und als er von den Hohenpriestern und Ältesten verklagt wurde, antwortete er nichts. 13 Da sprach Pilatus zu ihm: Hörst du nicht, wie hart sie dich verklagen? 14 Und er antwortete ihm nicht auf ein einziges Wort, so dass sich der Statthalter sehr verwunderte ...

„Gelitten unter Pontius Pilatus, gekreuzigt, gestorben und begraben ...". Pontius Pilatus wird im Credo, dem christlichen Glaubensbekenntnis, neben Mutter Maria als die einzige negativ besetzte Figur und auch als der einzige Nichtchrist namentlich erwähnt.[249] Er hat die Exegeten und die Homileten zu allen Zeiten kaum weniger als Judas Ischariot fasziniert, zumal die Tradition widersprüchliche Nachrichten über ihn überliefert hat. So verehrt ihn zum Beispiel die koptische Kirche noch heute als einen Heiligen, weil Gott ihn in seinem Heilsplan als Instrument zum Vollzug des Sühnetodes Jesu benützt habe. Und schon im 2. Jahrhundert n. Chr. schrieb der lateinische Kirchenvater Tertullian, er nehme an, P. Pilatus sei ein Christ gewesen, weil er eigentlich Jesus freigeben wollte, wenn ihn die Juden nicht gezwungen hätten, ihn hinrichten zu lassen. Zumindest aber sei P. Pilatus nach der Verkündigung der Auferweckung Jesu von den Toten reumütig Christ geworden. Andere antike Geschichtsschreiber wie Flavius Josephus und Philo von Alexandrien hingegen verurteilen P. Pilatus scharf als einen zügellosen und gewalttätigen Henker, der im Jerusalemer Tempel galiläische Festpilger (Lk 13,1) und am Fuße des heiligen Berges Garizim samaritanische Gläubige brutal niedermetzeln ließ.[250] Er habe generell Hinrichtungen ohne juristische Verfahren vornehmen lassen und sich unter anderem auch am Tempelschatz bereichert. Demnach wäre Jesus nicht der Erste gewesen, von dem es heißt „... gelitten unter

[249] Die wichtigsten Grundinformationen zu Pilatus siehe im Artikel de.wikipedia.org/wiki/Pontius Pilatus. Ausführlicher wird Pilatus beschrieben bei Willibald Bösen, Der letzte Tag des Jesus von Nazaret, 1999, S. 196ff.

[250] Vgl. W. Bösen, a. a. O., S. 204.

Pontius Pilatus ...", falls wir das Komma im Glaubensbekenntnis nicht anders setzen sollten, so dass der Text lauten würde „... gelitten, unter Pontius Pilatus gekreuzigt, gestorben und begraben ..."

Der Herkunft nach war Pilatus ein römischer Ritter aus der Adelsfamilie der Pontier. Sein Beiname Pilatus wird vom lateinischen „pilum" (Speer) abgeleitet. Sein Vorname und sein Geburtsjahr sind unbekannt. Hingegen ist seine Existenz inzwischen historisch fest gesichert worden durch einen 1961 in Caesarea Maritima aufgefundenen antiken Weihestein, der P. Pilatus namentlich als Renovator des Tiberiums, des früheren dortigen Leuchtturms, preist.[251] Als Beweis für die Existenz des P. Pilatus gilt auch eine Bemerkung des römischen Historikers Tacitus, der im Zusammenhang mit der Christenverfolgung des Kaisers Nero in seinen Annalen (15,44) erwähnt: „Der Urheber jenes Namens (Christen), Christus, wurde während der Regierung des Tiberius durch den Prokurator Pontius Pilatus hingerichtet." Zwar hat sich P. Pilatus als Präfekt von Palästina länger als mehrere seiner Vorgänger halten können, nämlich von 26–36 n. Chr., was aber nur erklärbar ist, wenn ihm ein diplomatisches Geschick und eine starke Durchsetzungskraft unterstellt werden. Zuletzt aber sei P. Pilatus seine Grausamkeit und Gesetzlosigkeit zum Verhängnis geworden. Er sei 36 n. Chr. auf die Anklage jüdischer und samaritanischer Sprecher hin nach Rom vor den wegen seiner Gerechtigkeit berühmten Kaiser Tiberius zitiert und dann von dessen Nachfolger Caligula in die südfranzösische Stadt Vienne verbannt worden, wo er im Jahr 39 Selbstmord begangen haben soll, wie es der christliche Chronist Eusebius von Caesarea wissen will. Der historisch nur schwach belegte Selbstmord kann aber durchaus auch eine frühkirchlich konstruierte Parallele zum Suizid des Judas Ischariot sein, denn schon ab dem 4. Jahrhundert wurde P. Pilatus in der kirchlichen Überlieferung als „verruchter Gottesmörder" bezeichnet und der bekannte Wiener Bußprediger Abraham a Santa Clara etikettierte ihn im 17. Jahrhundert gar als „Erzschelm", was eine der vielen Bezeichnungen für den Satan war.

Vor allem aber wurde das Verhalten des römischen Präfekten Palästinas mehrfach sprichwörtlich. Am Bekanntesten sind die Redewendungen: „Seine Hände in Unschuld waschen" (Mt 27,24) = sich selbst von der Schuld an einer Sache freisprechen; „von Pontius zu Pilatus gehen" = zwischen verschiedenen Instanzen erfolglos weiter geschickt werden (von Pilatus zu Herodes, von Herodes wieder zurück zu Pilatus). Berühmt ist auch die philosophisch distanzierte Frage des Pilatus „Was ist Wahrheit?" (Joh 18,38), seine konsequente Sturheit: „Quod scripsi, scripsi" = „was ich geschrieben habe, habe ich geschrieben" (Joh 19,22), der spöttische Ausruf „Ecce homo" (Joh 19,4) = „seht, der Mensch!", und das verwunderte Kopfschütteln „wie Pilatus ins Credo kommen" = ohne Verdienst in etwas hineinrutschen.

„Jesus aber stand vor dem Statthalter ..." (V. 11). Der Repräsentant Gottes

---

[251] Der Gedenkstein befindet sich heute im Jerusalemer Israel Museum.

steht vor dem Repräsentanten Roms, der himmlische Richter vor dem irdischen. Was für ein insgeheim angelegter Gegensatz! Es war früh am Morgen (Mt 27,1), als Pilatus das Verhör Jesu sogleich mit der zentralen Frage eröffnete: „Bist du der Juden König?" (V. 11). Hätte Jesus diese Frage eindeutig bejaht, hätte er sich sogleich als des Hochverrats schuldig bekannt und jede weitere richterliche Prüfung wäre unnötig gewesen. Der Angeklagte hätte gewissermaßen über sich selbst die Todesstrafe wegen Aufruhrs verhängt. So aber berichten alle vier Evangelisten, Jesus habe Pilatus die ambivalent auslegbare Antwort gegeben, die entweder mit betontem Du als „*Du* sagst es" oder unter Hervorhebung des Prädikats als „Du *sagst* es" zu verstehen war (V. 11c). Auf dieser sibyllinischen Reaktion Jesu ließ sich kein sofortiger Schuldspruch aufbauen. Das Verhör musste also weitergehen. Nun waren die Ankläger an der Reihe, vermutlich drei bis sechs Vertreter der drei Stände des Synhedrions, der Hohenpriester, der Ältesten und der Schriftgelehrten. Matthäus schreibt nur, dass sie Jesus „verklagten" (V. 12), nennt jedoch keine einzelnen Anklagepunkte.

Diese unentfaltete, pauschale Bemerkung des zweiten Evangelisten ist merkwürdig, zumal sein Vorgänger Markus noch ausdrücklich von „harten Beschuldigungen" (Mk 15,3) geschrieben hatte und sein Nachfolger Lukas sogar eine ganze Liste von Vorwürfen aufführt: „Wir haben gefunden, dass dieser unser Volk aufhetzt und verbietet dem Kaiser Steuern zu geben, und spricht, er sei Christus, ein König" (Lk 23,2). Es ist anzunehmen, dass Lukas, obwohl er sein Evangelium erst um 90 n. Chr. verfasst hat, mit diesen drei politischen Anklagepunkten, die dem Präfekten wohl auch schriftlich überreicht wurden, ziemlich präzis die drei nichtreligiösen Vorwürfe wiedergibt, von denen anzunehmen war, dass sie dem Vertreter der Staatsmacht einleuchteten: die Aufwiegelung des Volkes, die Steuerverweigerung und der Thronanspruch. In welcher Sprache der Prozess von Pilatus geführt wurde und ob er auch die Ankläger näher befragte, schildern die Evangelisten nicht. Sie sind weniger am Prozessverlauf selbst als an den eingangs aufgestellten Anschuldigungen und dem abschließenden Urteil interessiert. Auffallenderweise diskutiert der Statthalter auch nicht mit den Abgesandten des Hohen Rates, sondern wendet sich nur direkt an Jesus. Es klingt aber im Text an, dass der gravierendste Punkt in den Augen des Präfekten der vorgeworfene, angebliche Anspruch Jesu auf das Königtum in Israel gewesen sein muss. Lukas differenziert deshalb auch fein, dass die Ankläger nicht den jüdischen Begriff des Thronprätendenten, nämlich „Messias", vorgebracht hätten. Dieser hebräische religiöse Hoheitstitel hätte nämlich den Römer nicht interessiert. Sie gaben Pilatus vielmehr die griechische Version „Christus" zu wissen, die der wohl auch Griechisch sprechende Präfekt sogleich als „der Gesalbte" verstehen konnte, was Lukas die Anklagevertreter vorsichtshalber noch durch den erklärenden Zusatz „ein König" verstärken ließ (a. a. O.). Damit war Jesus nach Lukas scheinbar als Revolutionär und Hochverräter entlarvt.

Nun bezeichnet auch Pilatus den Vorwurf der Staatsgefährdung als „hart" (V. 13). Er will Jesus die Chance der Selbstverteidigung geben und fordert ihn auf, Stellung zu nehmen: „Hörst du nicht, wie hart sie dich verklagen?" (V. 13). Er stößt jedoch bei Jesus nur auf ein völliges Schweigen „Und er antwortete ihm nicht auf ein einziges Wort ..." (V. 14). Im Grunde genommen schildern alle drei Synoptiker Pilatus als relativ einfühlsam und fair in der Verhandlungsführung, als wollte er dem Angeklagten helfen, noch einmal davonzukommen. Pilatus hat Jesus ja auch zuvor noch nie gesehen und will sich offensichtlich ein eigenes Bild von ihm machen. Dabei ist jedoch einzuschränken, dass die Evangelisten sich nicht als offizielle Gerichtsreporter verstanden, sondern bereits ein deutliches Interesse hatten, die römische Rechtsprechung von Gesetzlosigkeit und Willkür freizusprechen. Zu ihrer urchristlichen Zeit hatten sie bereits mit dem Judentum gebrochen und wollten sich eher mit der römischen Staatsmacht arrangieren, um staatlichen Verfolgungen vorzubeugen und vielleicht eines Tages im römischen Weltreich eine religio licita, eine anerkannte Religion zu werden. Dies war besonders ein Anliegen des Lukas in seiner Apostelgeschichte. Der Gerichtsherr Pilatus erweist sich also den Evangelisten zufolge zunächst als unentschlossen, als fehlte ihm zu einem klaren Schuldspruch noch weiteres Anklagematerial. Zumindest verwundert er sich sehr über diesen hoheitsvoll schweigenden Angeklagten (V. 14), dem anscheinend nichts daran liegt, sein Leben zu retten. An sich war dieses Schweigen Jesu für ihn nicht weniger lebensgefährlich, als wenn er sich zu den Vorwürfen bekannt hätte, denn nach römischem Recht, und dies legte Pilatus seiner Anhörung des Angeklagten zugrunde, galt ein längeres Schweigen als Schuldeingeständnis. Doch die weltlichen Rechtsfragen sind für Jesus nicht mehr wichtig, er hat sich für das Leiden entschlossen, als einer, der einem höheren Auftrag dient und mit dieser Leidensbereitschaft von den Menschen doch nicht mehr verstanden werden würde.

Die Frau des Pilatus

Mt 27,19

19 Und als er auf dem Richterstuhl saß, schickte seine Frau zu ihm und ließ ihm sagen: Habe du nichts zu schaffen mit diesem Gerechten; denn ich habe heute viel erlitten im Traum um seinetwillen.

Mitten in Jesu Zögern hinein baut nun Matthäus als einziger Evangelist die Episode von der Einmischung der Frau des Pilatus ein. Pilatus war der erste Präfekt, der infolge eines neuen Senatsgesetzes seine Ehefrau in seinen Auslandsdienst mitnehmen durfte, was, indem er dies tat, auf ein gewisses Vertrauensverhältnis zwischen beiden hindeutet. Die Frau des Pilatus, die später im griechisch-orthodoxen Heiligenkalender den legendarischen Namen Claudia Procula erhielt[252], übernimmt im Sondergut des Matthäus die Rolle der Fürsprecherin. Sie setzt der falschen Anschuldigung der jüdischen Ratsvertreter den gerade im Judentum höchsten religiösen Ehrentitel „der Gerechte" entgegen (V. 19). Sie argumentiert mit einem Alptraum, in dem sie Jesus als unschuldig erfahren habe. Sie habe „viel erlitten" in der nächtlichen Angst, es könnte dem Angeklagten Unrecht geschehen. Es sind bei den Evangelisten eigentlich immer die Frauen, die dem Zorn und der Verstocktheit der Männer gegenüber die Gnadenseite des Evangeliums vertreten. Zudem wurden in der Antike Träume als göttliche Eingebungen höher geachtet, als es heute der Fall ist, wo sie meist nur als „Schäume" gelten. An den Traum der Frau des Pilatus haben die Ausleger gern die Frage gestellt, ob er ihr von einem Engel eingegeben worden sei, um den Gottessohn noch in letzter Stunde zu retten oder im Gegenteil vom Teufel, um das Heilswerk Gottes zu verhindern.[253] Bei Matthäus dient diese eingeschobene Episode dazu, die Spannung bei seinen damaligen Erstlesern zu steigern. Eine Römerin erkennt als Heidin die Unschuld Jesu eher als dessen jüdische Volksgenossen, wie auch später ein heidnischer Hauptmann unterm Kreuz als Erster bekennen wird: „Wahrlich, dieser ist Gottes Sohn gewesen!" (Mt 27,54).

Wird Pilatus seiner Frau nachgeben? Genau gelesen will die Frau des Pilatus ja nur ihren Mann davor bewahren, eines Tages vom Schicksal für eine Verurteilung Jesu bestraft zu werden. Sie bittet ihren Mann nicht direkt, Jesus freizugeben. Sie mahnt ihn nur, die Finger von diesem „Fall" zu lassen. Matthäus berichtet auch keine direkte Reaktion des Pilatus auf ihre Fürsprache, indirekt spürt man aber, wie er nach einem juristisch legalen Ausweg sucht, allen Seiten – dem Angeklagten, dessen Anklägern und seiner Ehefrau – gerecht zu werden. Die Evangelisten schildern ihn gerade nicht wie die weltlichen Geschichtsschreiber als grausamen Despoten, sondern als einfallsreichen Diplomaten, der auf seine Frau zugunsten Jesu gehört hätte, wenn ihn die jüdischen Ankläger nicht so sehr bedrängt hätten. Er hätte ihnen gern über ein Tauschgeschäft einen Ausweg vorgeschlagen. Ihm fällt ein, dass er ja noch den verurteilten Aufrührer Barrabas als ein mögliches Faustpfand im Kerker sitzen hat.

Jesus und Barabbas

Mt 27,15–18.20–23 (Joh 18,39f.)

15 Zum Fest aber hatte der Statthalter die Gewohnheit, dem Volk einen Gefangenen loszugeben, welchen sie wollten. 16 Sie hatten aber zu der Zeit einen berüchtigten Gefangenen loszugeben, der hieß Jesus Barabbas. 17 Und als sie versammelt waren, sprach Pilatus zu ihnen: Wel-

[252] Procula (lat.). ist möglicherweise als „die Ferngehende" zu übersetzen.

[253] Vgl. U. Luz, a. a. O., S. 275.

chen wollt ihr? Wen soll ich euch losgeben, Jesus Barabbas oder Jesus, von dem gesagt wird, er sei der Christus? 18 Denn er wusste, dass sie ihn aus Neid überantwortet hatten ... 20 Aber die Hohenpriester und Ältesten überredeten das Volk, dass sie um Barabbas bitten, Jesus aber umbringen sollten.
21 Da fing der Statthalter an und sprach zu ihnen: Welchen wollt ihr? Wen von den beiden soll ich euch losgeben? Sie sprachen: Barabbas! 22 Pilatus sprach zu ihnen: Was soll ich denn machen mit Jesus, von dem gesagt wird, er sei der Christus? Sie sprachen alle: Lass ihn kreuzigen! 23 Er aber sagte: Was hat er denn Böses getan? Sie aber schrien noch mehr: Lass ihn kreuzigen!

Nun kommt in der Passionsgeschichte wieder das „Volk" ins Spiel. Die Vertreter des Hohen Rates sind nicht mehr allein das Gegenüber zu Pilatus. Die Leser der Evangelien sind versucht zu hoffen, dass sich nun das Blatt zugunsten Jesu wenden wird, weil diejenigen, die ihm noch vor wenigen Tagen bei seinem Einzug in Jerusalem zugejubelt haben, wohl auch jetzt zu ihm halten werden, zumal der Präfekt das Schicksal Jesu in ihre Hände zu legen scheint, wenn er ihnen zusichert: „... welchen sie wollten" (V. 15). Grundsätzlich war eine Festamnestie als antike Gewohnheit durchaus denkbar, wenn sie sich auch nicht durch eine aufgefundene römische Prozessordnung belegen lässt. War sie aber üblich, bezog sie sich tatsächlich nur auf einen Gefangenen (V. 15), der im Volk besonders bekannt war, wie die Evangelisten übereinstimmend schreiben. Nun dürfte der Bekanntheitsgrad Jesu in Jerusalem auch durch seine Austreibung der Händler aus dem Tempel garantiert gewesen sein. Wahrscheinlich war jedoch der Gefangene Barabbas, auf den die Wahl des Pilatus fiel, wegen seiner Verwicklung in Aufruhr und Mord noch bekannter im Volk (Mk 15,7). Matthäus schreibt sogar, Barabbas sei geradezu „berüchtigt" gewesen (V. 16) und meint damit, ein Anführer der Zeloten, der Untergrundkämpfer gegen die römische Besatzungsmacht. Johannes wiederum nennt Barabbas einen „Räuber" (18,40), möglicherweise eine Art von Robin Hood. Wenn aber nun die Alternative „Jesus oder Barabbas" wirklich historisch war, so muss sich Pilatus, der sich offensichtlich von Jesu „Schuld" nicht hat sonderlich überzeugen lassen, in seiner Einschätzung der Volksstimmung ziemlich sicher gewesen sein. Er legte seine Frage an das Volk ziemlich listig an: „Wen soll ich euch losgeben, Jesus Barabbas oder Jesus, von dem gesagt wird, er sei der Christus?" (V. 17b). Er verdächtigte den Hohen Rat oder wusste es durch eingeschleuste Vertraute, „dass sie ihn aus Neid überantwortet hatten" (V. 18). Er konnte sich nur vorstellen, dass die Hohenpriester und Ältesten auf Jesus von Nazaret eifersüchtig waren, weil der Rabbi aus Nazaret einen so spontanen Anklang im Volk gefunden hatte. Das „Volk" war in aller Eile, weil doch das Passafest schon fast angebrochen war, zum Praetorium, dem Amtssitz des Pilatus, herbeigeströmt oder von den Vertretern des Hohen Rates herbeigerufen worden. Hierzu stellen sich die Fragen, wer den das „Volk" war, das „versammelt" war, wo denn das Praetorium des

Präfekten lag und was von der Alternative „Jesus Barabbas" oder „Jesus, der Christus" zu halten ist (V. 17).

Unter „Praetorium" wurde in der Antike im Allgemeinen der Amtssitz eines Oberbefehlshabers verstanden. Die römischen Präfekten, die normalerweise in Caesarea Mare residierten, pflegten sich zumindest während der Passatage mit einer Kohorte von ca. 400 Mann nach Jerusalem zu begeben, weil dann dort immer wieder in der Bevölkerung Befreiungsgedanken in Erinnerung an den Auszug aus der Knechtschaft in Ägypten hochkamen. So konnten die Besatzer notfalls einen Aufruhr sofort niederhalten. Es gibt drei Vorschläge für das Quartier der Römer während des Passa: Entweder der Herodespalast, der Hasmonäerpalast oder die Burg Antonia. Die Bäma, die Tribüne des Präfekten, wäre dann jeweils in einem ihrer Innenhöfe aufgestellt gewesen. Die Entscheidung über den Ort ist nicht mehr eindeutig zu treffen. Sicher ist nur, dass es keinesfalls das ganze „Volk" gewesen sein konnte, das am frühen Morgen zu dem Gerichtsprozess herbeigeströmt war. Es spricht zwar einiges für den Innenhof der Burg Antonia, weil sie an den Tempel angebaut war, und gerade vom Gelände des jüdischen Zentralheiligtums her entstanden die meisten enthusiastischen Bewegungen, die in Aufstände umschlagen konnten. In den Hof der Burg Antonia passten aber allerhöchstens 4000–5000 Leute, wobei sich doch zu Passazeiten im Schnitt rund 180 000 Menschen in Jerusalem aufhielten. Allein schon von daher kann es keine jüdische Kollektivschuld an der Hinrichtung Jesu geben. Es hätten dann höchstens 2–3 % der in Jerusalem weilenden Juden vor Pilatus „randaliert"; eben nur solche, die der Hohe Rat im Notfall für seine Sache organisieren konnte. Davon hatten die Scharen der Juden im übrigen Palästina keine Ahnung, geschweige denn die Massen der Auslandsjuden in Rom, Korinth, Alexandrien, ganz abgesehen von den unzähligen Judengenerationen der folgenden zwei Jahrtausende. Allein schon arithmetisch hat die bis in die Gegenwart reichende pauschale Behauptung: „*Die Juden* haben unseren HERRN getötet" keinerlei realen Anhalt. Das neutestamentliche Griechisch kennt zwei deutlich unterschiedene Begriffe für „Volk". „Ochlos" will profan verstanden sein als „Volksscharen", „laos" religiös als „Bundesvolk".[254] Matthäus gebraucht bei der Barabbas-Episode den profanen Begriff mit der Tendenz zu „zusammengelaufene Schar, großer Haufen" (V. 15). Er denkt also an dieser Stelle noch nicht an das „Judentum" als dem gesamten „alten Volk Gottes".[255] Es verbietet sich also auch philologisch von der begrenzten Menge der „Schreier" her, die „Lass ihn kreuzigen!" riefen (V. 23) einen Rechtstitel auf eine kollektive Diskriminierung der Juden als „Volk und Rasse" abzuleiten, wie es bis ins 20. Jahrhundert hinein geschah.

Überhaupt ist die Historizität der Erzählung von Barabbas äußerst fraglich.

---

[254] Vgl. U. Luz., a. a. O., S. 277.

[255] Vgl. unten S. 217.

Es notieren ihn zwar alle vier Evangelisten namentlich und der Kommentator U. Luz will „ohne Zweifel" seine Existenz „bejaht" sehen, denn „abbas" sei ein geläufiger jüdischer Name und seine Kombination mit „bar" (aram. „Sohn des ...") in der damaligen Bevölkerung nicht unüblich gewesen.[256] In der Tat trifft man heute noch unter palästinensischen Flüchtlingen den Vornamen Abbas an. Die starke Bezeugung des Namens Barabbas in allen vier Evangelien könnte auch ein Indiz dafür sein, dass Barabbas später in eine der Urgemeinden eintrat und unter den Urchristen eine bekannte Person wurde, die als Beispiel der Bekehrung längere Zeit weitererzählt wurde. Es würde dann allerdings wundern, dass Lukas ihn nicht in seiner Apostelgeschichte erwähnt. Andererseits wirkt die Zusammensetzung „barabbas" als „Sohn des Vaters" allzu deutlich symbolisch, zumal die beiden von Pilatus präsentierten Kandidaten denselben Vornamen „Jesus" (hebr.-aram. Jehoschua) getragen haben sollen. Das will doch offensichtlich sagen: *Ein* „Sohn des Vaters" steht für den *anderen* „Sohn des Vaters" ein. Barabbas wäre dann eine dogmatisch geschaffene Beispielfigur der Urgemeinde dafür, dass „... Christus Jesus in die Welt gekommen ist, die Sünder selig zu machen ..." (1 Tim 1,15), indem er sich an ihrer Statt kreuzigen ließ. Der freigelassene Räuber und Mörder wäre dann ein ausgedachter homiletischer Beleg in den Missionspredigten der Urgemeinden dafür gewesen, dass Jesus Christus, „niedergefahren zur Hölle", wie es dann im späteren Apostolischen Glaubensbekenntnis lautet, Gott auch mit den Sündern der langen Vergangenheiten vor seiner Inkarnation versöhnt habe.

Ist die Szene um Jesus und Barabbas aber tatsächlich wenigstens in ihrem Kern historisch, war es ein äußerst gewagtes Spiel von Pilatus gewesen, den Räuber Barabbas als Trumpfkarte einzusetzen, wo ihm doch die Neigung der Einwohner und Gäste Jerusalems zur Revolte bekannt war. Er hätte dann umsonst auf die Vernunft gesetzt, dass es ein „Gerechter", wie es ihm seine Frau gemeldet hatte (27,19), eher verdient hätte als ein „Gesetzesbrecher", freigelassen zu werden. Er hielt deshalb der Menge zweimal eindrücklich vor, dass doch von Jesus von Nazaret gesagt werde, „er sei der Christus" (V. 17.22), der Messias. Doch offensichtlich bevorzugte die „Menge" lieber einen „Räuberhelden", der zum Schwert gegriffen hatte, als einen sanftmütigen Rabbi, der auf einem Esel in die Stadt eingeritten war. Die Synoptiker, die durchaus Verständnis für die Zwangslage des Pilatus an diesem Freitagmorgen spüren lassen, wollen Pilatus noch einmal einen Versuch einräumen, die zusammengelaufene „Menge" umzustimmen. Sie lassen ihn einen letzten Einwand vorbringen: „Was hat er denn Böses getan?" (V. 23 par). Der Präfekt soll aber wieder nur auf taube Ohren gestoßen sein. Die „Volksmenge" habe zweimal gerufen: „Lass ihn kreuzigen!", und zwar einstimmig (V. 22) und immer lauter (V. 23). Die Pilatusfigur ist unklar. Der rücksichtslos brutale Repräsentant der

256 A. a. O., S. 273.

Besatzungsmacht, wie ihn die zeitgenössischen, außerchristlichen Chronisten darstellen,[257] deckt sich nicht mit dem einen Ausgleich suchenden Gerichtsherrn, wie ihn die Evangelisten überliefern. Ihnen gemäß hat Pilatus Konflikte eher gemieden, als dass er sie anheizte.

Trotzdem lassen ihn die Evangelisten nun doch ans Ende seiner Beruhigungsversuche gelangen. Pilatus wollte nicht wegen eines einzelnen jüdischen Rabbis, den er zuvor überhaupt nicht gekannt hatte, das ganze Desaster einer Volksrevolte riskieren, die zum Flächenbrand im ganzen Land werden konnte. Die jüdischen Oberen hatten gewonnen, wie sie dachten. Sie sahen schon den „Fall Jesus von Nazaret" abgeschlossen. Was aber der schweigende Jesus selbst während des ganzen öffentlichen „Theaters" empfunden hat, erfahren wir nicht. Er hat gewiss darunter gelitten, von seinen eigenen Volksgenossen verstoßen zu werden. Innerlich fühlte er sich wohl noch mehr einzig und allein „Gott Abba" verbunden.

Bei Johannes, dem jüngsten Evangelisten, zieht sich Jesus allerdings nicht in völliges Schweigen zurück, sondern tritt mit Pilatus in einen längeren Dialog ein über die „Wahrheit" seiner Sendung (Joh 18,33–38). Dazu wird er von Pilatus zunächst vom „Volkshaufen" weg ins Innere des Praetoriums geführt. Der vierte Evangelist nützt die Gelegenheit der Episode mit Barabbas, um einerseits wieder einen der großen philosophischen Grundbegriffe in seinem Buch zur Sprache zu bringen. Andererseits will er mit diesem „Gespräch" unter vier Augen auch nachweisen, dass Pilatus die besondere Hoheit Jesu spürte, die den Angeklagten vom blind schreienden, ungebildeten Volk abhob. Dementsprechend geht es zwischen den Beiden zunächst um das Verständnis von Königsein (18,33), wobei sich die beiden ungleichen Gesprächspartner nicht einigen können, weil sie in zwei völlig verschiedenen Welten denken. Für Pilatus kann ein Königtum nur weltlich sein, für Jesus ist es geistig. Pilatus versteht sich als Vertreter der politischen Staatsmacht, Jesus als Zeuge der geistigen Wahrheit (18,37b). Dabei fällt das berühmte Bekenntnis Jesu: „Mein Reich ist nicht von dieser Welt" (18,36). Jesus drückt damit aus, dass die Anhängerschaft, die er mit seinen Predigten und Handlungen auf seiner Wanderschaft durch Palästina gewann, keine politische Gefahr für Rom sei, sondern eher eine Friedensbewegung, ein Aufruf zur Reform der Herzen und Gewissen, eine Aufdeckung der Gerechtigkeit und Wahrheit. Ein jeder, der sich höheren Werten verpflichtet fühle, müsse ihn doch verstehen können. Der Opportunist Pilatus, in alltägliches politisches Handeln verstrickt, zuckt daraufhin nur mit den Schultern: „Was ist Wahrheit?" (18,38a). Er geht wieder hinaus vor die „Schreier" im Hof und bekennt diesmal offen: „Ich finde keine Schuld an ihm" (18,38b). Er hat genug von diesem Angeklagten, der ihm in keinster Weise bei dem Versuch entgegenkommt, die Vorwürfe, die gegen ihn erhoben werden, abzumildern. Er verliert mit ihm

---

257 Vgl. oben S. 171f.

nur seine Zeit. Es warten andere Amtsgeschäfte auf ihn. Der Präfekt wird nach der Darstellung des Evangelisten Johannes ironisch und versucht, Jesus vor der Volksmenge lächerlich zu machen, damit sie von ihm als einem ungefährlichen „Narren" Abstand nimmt. Er lässt ihn zunächst einmal geißeln, ihm eine Dornenkrone aufsetzen und einen Purpurmantel umhängen (19,1–3). Dann präsentiert er diesen seltsamen „Typen" wieder draußen dem Volk. Zur sozialen Isolierung, zur psychischen Drangsalierung erfährt Jesus nun auch noch das physische Leiden. Die Dimensionen des Leidens vereinen sich und schwellen an.

Der Evangelist Lukas berichtet noch ein interessantes „Sondergut", welches das Prozesskarusell weiterdreht. Pilatus kommt zu Ohren, dass Jesus von Haus aus ein Galiläer sei (Lk 23,5). Das regt ihn in letzter Minute zu einem weiteren diplomatischen Ausweg an, um der Schuld an einem ungerechten Schuldspruch über Jesus zu entkommen. Wenn Jesus mit der angeblichen „Aufwiegelung" des Volkes in Galiläa angefangen hat (23,6f.), dann muss der dortige Landesherr, der Tetrarch (dt. Vierfürst) Herodes Antipas, für ihn zuständig sein. Also sandte er den Angeklagten weiter zu Herodes Antipas.

Jesus vor Herodes

Lk 23,6–12

6 Als aber Pilatus das hörte, fragte er, ob der Mensch aus Galiläa wäre. 7 Und als er vernahm, dass er ein Untertan des Herodes war, sandte er ihn zu Herodes. der in diesen Tagen auch in Jerusalem war. 8 Als aber Herodes Jesus sah, freute er sich sehr; denn er hätte ihn längst gerne gesehen; denn er hatte von ihm gehört und hoffte, er würde ein Zeichen von ihm sehen. 9 Und er fragte ihn viel. Er aber antwortete ihm nichts. 10 Die Hohenpriester aber und Schriftgelehrten standen dabei und verklagten ihn hart. 11 Aber Herodes mit seinen Soldaten verachtete und verspottete ihn, legte ihm ein weißes Gewand an und sandte ihn zurück zu Pilatus. 12 An dem Tag wurden Herodes und Pilatus Freunde; denn vorher waren sie einander feind.

Pilatus wusste, dass Herodes Antipas, der die Nachstellungen seines Vaters Herodes, des Großen, überlebt hatte, während der Passawoche Jerusalem zu besuchen pflegte, so dass er ihm Jesus ohne eine längere Überlandverschickung in kurzer Zeit zuweisen konnte. Auch sah der Präfekt diesen verzwickten Rechtsfall als eine Möglichkeit an, sein Verhältnis zu Herodes Antipas aufzubessern. Bislang waren sich beide „Herren" tunlichst ausgewichen, weil der in Rom erzogene Herodes Antipas in der Reichshauptstadt noch gute Verbindungen zu den höchsten Kreisen besaß und Pilatus dort jederzeit anschwärzen konnte. Nun aber schien Pilatus eine günstige Gelegenheit gekommen zu sein, einem weiteren Konflikt mit den jüdischen Oberen zu entgehen, indem er diesen seltsamen „Menschen" (V. 6), den er persönlich für unschuldig hielt (V. 14), an dessen galiläischen Landesherrn weiterschob. Für Jesus allerdings schien eine Verweisung an Herodes Antipas keine positive

Wende seiner Situation zu sein, denn er war im Land allgemein als „Schüler" von Johannes dem Täufer bekannt, den Herodes Antipas im Jahr 28 wegen dessen Kritik an seinem „Ehebruch" mit Herodias, der Frau seines Halbbruders, hatte erst ins Gefängnis werfen und dann hinrichten lassen (Mt 14,3.9; Lk 9,9). Einige Pharisäer hatten Jesus sogar den Wink gegeben, Herodes Antipas stelle auch ihm nach, um ihn töten zu lassen (Lk 13,31). Daraufhin hatte Jesus seinen Landesherrn abfällig einen „Fuchs" genannt und ihm ausrichten lassen, er sei durchaus auch in der Lage, „böse Geister auszutreiben" (13,32). Von diesem windigen Herrscher hatte Jesus nichts Gutes zu erwarten. Er wusste nicht, dass Herodes Antipas ihn schon „längst gerne gesehen hätte" (V. 8b) und beabsichtigte, von ihm ein Wunder abzuverlangen, sobald er seiner dinghaft würde. Der von seinem Rang her kleine Provinzfürst war von Sensationslust getrieben. Ihm ging es nicht um die Botschaft Jesu, sondern um ein Spektakel. Als ihm der gefangene „Magier", wie er meinte, vorgeführt wurde, drang Antipas gleich mit einer Flut von Fragen auf ihn ein. Am liebsten hätte er von Jesus einige Methoden der Wundertechnik gelernt oder sie zumindest genossen. Doch Jesus „antwortete ihm nichts" (V. 9b). Er litt stumm unter der Oberflächlichkeit dieses Potentaten.

Da griffen die Hohenpriester und Schriftgelehrten ein und „verklagten ihn hart" (V. 10). Herodes Antipas ging nicht wörtlich auf diese Anklagen ein, sondern trieb seinen handfesten Spaß mit Jesus (V. 11a), und seine Leibwache zog dabei kräftig mit. Herodes ließ zu, dass seine Soldaten Jesus „verachteten" (a. a. O.). Das können sie mit Schlägen oder mit Anspeien getan haben. Sie kühlten immer gern ihr Mütchen an wehrlosen Angeklagten. Um das Spiel anzuführen und Jesus persönlich zu verspotten, hing ihm Antipas ein „glänzend weißes Gewand" um und sandte ihn in dieser „Maskerade eines Prunkgewandes" zu Pilatus zurück. Damit signalisierte er dem Präfekten, dass er Jesus eher für einen religiösen Spinner als für einen politischen Rebellen hielt, welcher hätte der Besatzungsmacht gefährlich werden können.[258] An diesem Tag sollen Herodes und Pilatus ihre Feindschaft aufgegeben haben und Freunde geworden sein (V. 12).

Der schweigende Jesus hinterlässt also überall versöhnliche Spuren, die für seine verzeihende Kraft sprechen. Barabbas kommt seinetwegen frei und die beiden Regenten Pilatus und Antipas arrangieren sich miteinander. Überhaupt müssen in den Passionsgeschichten verschiedene Gegenfiguren zu Jesus ungewollt für ihn zeugen. Erst gesteht Judas: „Ich habe Unrecht getan, dass ich unschuldiges Blut verraten habe" (Mt 27,4). Dann warnt die Frau des Pilatus ihren Mann: „Habe du nichts zu schaffen mit diesem Gerechten" (Mt 27,19). Nun benachrichtigt sein Landesherr Antipas den Präfekten Pilatus, er halte diesen Menschen für ungefährlich (Mt 27,15). Schließlich räumt auch der Gerichtsherr Pilatus vor den Hohenpriestern. den Oberen und dem Volk

[258] Vgl. W. Bösen, a. a. O., S. 222.

ein: „Ich habe an diesem Menschen keine Schuld gefunden" (27,13). Selbst noch auf Golgota wird einer der Schächer den anderen ermahnen: „Wir empfangen, was unsere Taten verdienen; dieser aber hat nichts Unrechtes getan" (Lk 23,41) und am Ende des Karfreitags wird der heidnische Zenturio unterm Kreuz bekennen: „Wahrlich, dieser ist Gottes Sohn gewesen!" (Mt 27,54). Allesamt sind diese „Zeugen" entweder Verbrecher oder Nichtjuden. Damit drücken die Synoptiker eine Überzeugung aus, die Johannes, der vierte Evangelist, in seinem Prolog so zusammenfassen wird: „Er kam in sein Eigentum; und die Seinen nahmen ihn nicht auf" (Joh 1,11).

Die historische Echtheit dieser Herodesepisode ist unter den neueren Exegeten „heftig umstritten".[259] Die meisten von ihnen halten sie für „gläubig konstruiert". Zunächst einmal sei die Erzählung als Sondergut nur bei einem einzigen Evangelisten belegt, was aber noch kein letzter Beweis ist für ihre Unwahrscheinlichkeit. Zum anderen habe möglicherweise der bereits in Lk 9,9 festgehaltene Wunsch des Herodes, Jesus kennen zu lernen, zum Entwurf dieser Szene „Jesus vor Herodes" geführt. Schon in Dtn 19,15 sei zu lesen: „Es soll kein einzelner Zeuge gegen jemand auftreten wegen irgendeiner Missetat oder Sünde ..., sondern durch zweier oder dreier Zeugen Mund soll eine Sache gültig sein". Lukas könne auch durch Ps 2,2 „... die Herren halten Rat miteinander wider den Herrn und seinen Gesalbten" angeregt worden sein, sich dieses „Ringelreihen der Oberen" mit dem angeklagten Jesus auszudenken. Wie immer es auch mit der historischen Echtheit des Zusammenspiels zwischen Pilatus, Herodes Antipas und den jüdischen Oberen gewesen sein mag, die Evangelisten wollen mit allen diesen dramatischen, nächtlichen und früh am Morgen stattgefundenen Wendungen nur belegen, wie scheingerecht die Ankläger und Richter Jesu gehandelt haben und mit welcher Eile die Verurteilung Jesu durchgezogen wurde; alles nur unter dem Antrieb: „Ja nicht bei dem Fest" (26,5) und: „Es ist besser für euch, ein Mensch sterbe für das Volk, als dass das ganze Volk verderbe" (Joh 11,50). Es hat also bei der Passion Jesu nicht nur der „Heiland", sondern auch die Gerechtigkeit gelitten, die in seiner Verkündigung zu seinen Lebensidealen gehört hatte.

Jesu Verurteilung durch Pilatus

Mt 27,22–26 (Mk 15,12–15; Lk 23,20–22; Joh 19,1–16)
22 Pilatus sprach zu ihnen; Was soll ich denn machen mit Jesus, von dem gesagt wird, er sei der Christus? Sie sprachen alle: Lass ihn kreuzigen! 23 Er aber sagte: Was hat er denn Böses getan? Sie aber schrien noch mehr: Lass ihn kreuzigen! 24 Als aber Pilatus sah, dass er nichts ausrichtete, sondern das Getümmel immer größer wurde, nahm er Wasser und wusch sich die Hände vor dem Volk und sprach: Ich bin unschuldig an seinem Blut, seht ihr zu!

[259] A. a. O., 221.

25 Da antwortete das ganze Volk und sprach: Sein Blut komme über uns und unsere Kinder! 26 Da gab er ihnen Barabbas los, aber Jesus ließ er geißeln und überantwortete ihn, dass er gekreuzigt werde.

Nun sind die Würfel gefallen. Das Todesurteil ist gefällt. Der angeklagte Jesus wird in diesem fragwürdigen Gerichtsprozess zu keinem Schlusswort mehr aufgefordert und er nimmt sich auch nicht mehr das Recht dazu. Die Scheingerechtigkeit seiner Ankläger und Richter hat ihn verstummen lassen. Er wird bei Markus und Matthäus bis zu seinem Todesschrei nur noch schweigen, während ihn Lukas noch zu den Frauen Jerusalems (23,27–32), zu dem reumütigen Schächer neben ihm am Kreuz (23,39–43) und Johannes noch zu Pilatus im Innenraum des Praetoriums (19,11) und zu seinen wenigen letzten Getreuen unterm Kreuz (19,25–27) sprechen lassen.

Gemeinsam aber haben alle vier Evangelisten, dass sie Pilatus so weit wie irgend möglich nicht nur als großen Zauderer, sondern als von den jüdischen Oberen und vom ganzen jüdischen Volk erpresst beschreiben, als hätte sich Pilatus nicht gegen die Menge mit seiner sonst von den außerjüdischen Geschichtsschreibern so hart kritisierten Brutalität durchsetzen können. Aber die Evangelisten schrieben alle ihre Jesusbücher, wie oben bereits vermerkt[260], erst Jahrzehnte nach dem Tod Jesu außerhalb der jüdischen Lande und waren bestrebt, die Kreuzigung Jesu so weit, als es die Erinnerung noch erlaubte, als kollektiven Willen des jüdischen Volkes darzustellen, und dazu durfte vor allem der Vertreter Roms nicht als der in Wahrheit am Tod Jesu Schuldige erscheinen. Es drängt sich die Frage auf, ob die Evangelisten wohl ihre Evangelien anders geschrieben hätten, wenn sie gewusst hätten, wie vielen späteren Judenprogromen sie eine scheinmoralische Berechtigung mit dem angeblich wiederholten Hetzgeschrei der Juden: „Lass ihn kreuzigen!“ (V. 22f.) gegeben haben. Besonders Matthäus ist anzufragen, wie sicher er sich der Echtheit der schrecklichen Selbstverfluchung „Sein Blut komme über uns und unsere Kinder!“ war, die er dem wahrscheinlich erst herbeigerufenen jüdischen „Volkshaufen“ im Innenhof der Burg Antonia als dem „ganzen Volk“ in den Mund gelegt hat (V. 25).

Matthäus mangelt es in seinen Passionsgeschichten durchweg an Historizität. So unternimmt er die stärkste Verzeichnung des Prozesses Jesu bei der Angabe der daran beteiligten Volksmassen. Durch eine schrittweise Veränderung der Mengenbegriffe lässt er den Eindruck einer jüdischen Kollektivschuld entstehen. Zuerst spricht er in V. 17 von denen, „die zusammenliefen“, dann in V. 20 von der „Menge“, in V. 24 vom „Volk“ und in V. 25 schließlich vom „ganzen Bundesvolk“. Zunächst nimmt der Leser an, der Evangelist meine nur einzelne Schreier, dann ganz Jerusalem, um dann festzustellen, dass Matthäus von den Juden als Volk überhaupt schreibt. In der späteren Wir-

[260] Vgl. oben S. 19.

kungsgeschichte dieser Szene im Innenhof der Burg Antonia haben sich selbst große Künstler, wie zum Beispiel der Musiker Johann Sebastian Bach, von dieser matthäischen Erzählweise des Anschwellens der Dramatik anstecken lassen und auf affektvolle Steigerungen und Gegensätze gesetzt. So betont Bach in seiner Matthäuspassion auf der einen Seite die rührende Unschuld und Reinheit des Opfers Jesu, auf der anderen Seite hingegen den Blutdurst und die Unbarmherzigkeit der Schreier, die er mit dem Altrezitativ „Erbarm es Gott!" als die Juden überhaupt identifiziert.[261] Erst singt der Solosopran in höchster Innigkeit „Aus Liebe will mein Heiland sterben" und begründet damit den Tod Jesu im Willen Jesu selbst, wobei zart schwebende Flöten- und Oboentöne die Selbstlosigkeit begleiten, mit der sich Jesus anderen schenkt.[262] Dann aber steht im Rezitativ des Evangelisten ein aggressives Schmettern dagegen: „Sie schrien aber noch mehr ..." (V. 23)[263], woraufhin alle Stimmen des Chors sich in höchster Lautstärke zum Gewoge vereinen: „Lass ihn kreuzigen! Lass ihn kreuzigen!" (V. 22f.).[264] Kein differenzierender Ton, keine abweichende Gesangs- oder Instrumentenstimme – nur noch ein einziger kollektiver Hass, *eine* Bosheit, *eine* jüdische Haftungsgemeinschaft für alle Zeiten! Darüber geht der beschwichtigende Einwand des Pilatus unter: „Was hat er denn Böses getan?" (V. 23).

Seit der Wiederentdeckung der Bachschen Matthäuspassion durch den „Juden" Felix Mendelsohn im Jahr 1829 ist sie das meist aufgeführte kirchenmusikalische Werk geworden. Gewiss ist wohl niemand erst durch das Lauschen auf die Bachschen Chöre, Arien, Rezitative zum Antisemiten geworden – nicht einmal im Dritten Reich während der öffentlichen Judenverfolgung. Aber unzähligen Konzertbesuchern hat sich doch im Unterbewusstsein durch das emotionale Aufnehmen der jährlich wiederkehrenden Bachschen Passionen die Vorstellung vom Leiden Jesu unter dem Hass seines Volkes bestärkt, denn geradezu lustvoll dehnt Bach das „Kreu-eu-eu-zigen!" in allen Singstimmen über vier Takte hinweg, während er die diplomatische Eleganz, mit der sich Pilatus aus der Affäre zieht (V. 24), kommentarlos ohne Interpretation durch eine Arie kurz vorüberziehen lässt. Bachs höchstes Interesse lag bei dem Blutwort, das in den Evangelien nur bei Matthäus steht: „Sein Blut komme über uns und unsere Kinder!" (V. 25).[265] Hier lässt er die einzelnen Chorstimmen diesen *einen* Satz acht- bis zehnmal wiederholen. Die Wörter „Blut" und „Kinder" werden den Hörern durch das Staccato der Achtelsnoten unvergesslich in die Ohren gehämmert. Das „Blut" wird zum Blutbad und der Schrei „über uns und unsere Kinder" dehnt sich zur Kette der

---

[261] Vgl. die Partitur Johann Sebastian Bach, Matthäus-Passion, BWV 244m Leipzig 1974, Zweiter Teil, Nr. 51.

[262] A. a. O., Nr. 49.

[263] A. a. O., Nr. 50a.

[264] A. a. O., Nr. 50b.

[265] A. a. O., Nr. 50d.

Generationen, als hätte sich das jüdische Volk in der Kirchen- und Weltgeschichte die Vielzahl der Pogrome selbst auf den Hals gewünscht. Die frivol klingende Einbeziehung der „Kinder" in die Schuld der Väter haben im Dritten Reich „gottgläubige" nationalsozialistische Verteidiger der „Endlösung" sogar als Entschuldigung für die „Mitvergasung" der jüdischen Kinder in den Konzentrationslagern benützt. Weil das Blut des als „germanisch" verkündeten „Heilandes" so unendlich wertvoll war, müsse auch die Sühne seiner „Henker" so total sein.

Die Henker sind bei Bach, der das Matthäusevangelium kritiklos als Libretto nimmt, eindeutig kollektiv die Juden als Volk. Noch bevor Bach seinen Evangelisten erzählen lässt, wie die römischen Soldaten Jesus abführen, verspotten und ans Kreuz schlagen, lässt er ohne einen klaren Subjektwechsel weg von den Juden hin zu den Römern die Altstimme das Solo singen: „Ihr Henker, haltet ein! Ihr habt ein Herz, das muss der Martersäule gleich und noch viel härter sein!"[266] Bach schrieb seine Matthäuspassion 1729 in der Epoche des Barocks, als die kirchliche Dogmatik in ihrem Kenntnisstand noch antijudaistisch ausgerichtet war. Wie hätten die Prediger sich damals auch leidender Juden erbarmen sollen, wenn *die Juden*, wie man dachte, doch selbst den leidenden Heiland so erbarmungslos niederschrien und durch die Römer kreuzigen ließen? Zwar geschahen damals in Bachs sächsischer Umgebung keine direkten Judenmassaker, wohl aber kamen diskriminierende Kleiderordnungen und Ghettoisierungen auf. 1738 wurde Jud Süß-Oppenheimer in Stuttgart durch den Strang hingerichtet und um 1730 soll der preußische Soldatenkönig Friedrich Wilhelm I. einer Abordnung jüdischer Bittsteller eine Audienz mit den Worten verweigert haben: „Niemals werde ich diese Canaillen empfangen, die unseren Herrn gekreuzigt haben".[267]

Die diplomatische Eleganz hingegen, mit welcher der Präfekt auf den altisraelitischen Brauch des Händewaschens als Zeichen der Unschuld zurückgreift (V. 24), lässt Bach den Evangelisten nur kurz zitieren, ohne diesen Akt durch eine Arie zu kommentieren. Dabei hat Bach natürlich noch nicht gewusst, dass diese sprichwörtlich gewordene symbolische Handlung des Pilatus im strengen historischen Sinn nicht der Rede wert ist. Fast alle Exegeten halten sie heute für historisch unecht und wohl durch Dtn 21,1–9 angeregt. Dort entsühnen Älteste mit der Opferung einer jungen Kuh die Bluttat eines Unbekannten, der einen auf freiem Feld gefundenen Mann erschlagen hat. Der Exeget U. Luz wendet allerdings gegen eine Ableitung des Händewaschens von Pilatus aus der Tora ein, dort sei der „Mord" bereits geschehen, während er hier beim Prozess Jesu erst eingeleitet werde. Der „Heide" Pilatus rufe auch Gott Adonaj nicht als Zeugen seiner Selbstentschuldung an, wie die damali-

266 A. a. O., 51.

267 Zitiert bei Leon Poliakov. Geschichte des Antisemitismus, Band II: Das Zeitalter der Verteufelung und des Ghettos, Worms 1978, S. 132.

gen Ältesten bei diesem Kriminalfall im Deuteronomium.[268] Wie sehr sich Matthäus bei dieser Szene um den endgültigen Urteilsspruch des Pilatus an die Hebräische Bibel anlehne, könne auch daraus ersichtlich sein, dass er jetzt bei der Bezeichnung des „Volkes" vom säkularen Begriff „ochlos" (Volkshaufen) zum religiösen Begriff „laos" (Bundesvolk) übergehe.[269] Unglaubwürdig wird diese letzte Szene von Pilatus auf dem Richtstuhl auch durch die Überlegung, dass der Präfekt es in seiner uneingeschränkten Machtfülle gar nicht nötig gehabt hätte, dem „Volk" und dessen Oberen nachzugeben. Wenn ihm tatsächlich Jesu Unschuld wichtig gewesen wäre, hätte er ihn genauso wie Barabbas freilassen können. Sonst hat sich Pilatus auch nicht um Blut gekümmert, das auf seine Veranlassung vergossen wurde, wie es mehrere außerjüdische und außerchristliche Zeitgenossen von ihm behaupten.[270]

Allein nach dem Johannesevangelium lässt sich Pilatus doch noch auf ein längeres Gespräch unter vier Augen mit Jesus ein, das „im Innern" des Prätoriums, also vom Volk und seinen Oberen ungehört, stattgefunden haben soll. Jesus habe dabei bereits die Dornenkrone getragen (19,5). Zuvor habe Pilatus noch „draußen" dem Volk zweimal verkündet: „... (er) finde keine Schuld an ihm" (19,46). Die „Juden" hätten ihn jedoch niedergeschrien (19,6). Und ihre Oberen hätten ihm erklärt: „Nach ihrem Gesetz müsse (Jesus) sterben, denn er hat sich selbst zu Gottes Sohn gemacht" (19,7). Als hätten die Juden Pilatus die Tora diktieren können (19,10)! Pilatus habe sogar begonnen, sich vor den Juden zu fürchten (19,8), als sie als Hauptbeschuldigung vorbrachten, Jesus habe ein unverzeihliches Sakrileg begangen, indem er sich zu „Gottes Sohn" gemacht habe. Johannes treibt hier noch stärker als Matthäus eine Verkehrung der damaligen Machtverhältnisse. Pilatus war in Wirklichkeit in dieser Gerichtsverhandlung nicht an ihrem religiösen Hintergrund, sondern einzig und allein daran interessiert, ob Jesus ein politischer Aufrührer war. Und das konnte er sich bei dieser souverän in sich ruhenden Gestalt überhaupt nicht vorstellen. Darum habe er sich mit Jesus noch einmal gewissermaßen privat „drinnen" unterhalten. Mit dem mehrfachen Ortswechsel des Pilatus von „drinnen" nach „draußen" und umgekehrt (Joh 18,29.33.38; 19,4.9.13), möchte der Evangelist Johannes die Unentschlossenheit des Präfekten charakterisieren und mit seiner typischen Symbolsprache andeuten, „drinnen" im Gespräch mit Jesus regiert die Wahrheit, „draußen" in der Welt herrscht die Lüge. „Drinnen" habe ihm Jesus dann doch noch die eindeutige Antwort gegeben: „Du hättest keine Macht über mich, wenn es dir nicht von oben her gegeben wäre!" (19,11). Die mittelalterlichen Kaiser haben diese Stelle gern benützt, um ihr Herrschertum als von Gott gegeben zu begründen.

Johannes schildert dann noch abweichend von den anderen drei Evangelis-

268 A. a. O., S. 277.
269 Vgl. oben S. 33f.
270 Vgl. oben S. 165f.

ten, die „Juden“ hätten Pilatus schließlich in die gefährlichste Zwangslage gebracht, als sie ihm noch mit der politischen Drohung kamen, sie würden ihn beim Kaiser anzeigen, wenn er Jesus freilasse. Der „Unruhestifter“ aus Nazaret habe sich ja nicht nur zu „Gottes Sohn“ erklärt, sondern auch als „König“ von Israel verstanden (19,12). Wer sich aber selbst zum König mache, der sei „gegen den Kaiser“, und wer ihm dies erlaube, sei „des Kaisers Freund nicht mehr“ (a. a. O.) Nun geriet der „Zauderer“ Pilatus völlig ins Wanken. Jetzt ging es nicht mehr nur um den Angeklagten, sondern um ihn selbst. Und das wollte der Präfekt dann doch nicht riskieren. Er ließ Jesus wieder „hinaus“ führen und dem Volk als „Verbrecher“ präsentieren.

„Als aber Pilatus sah, dass er nichts ausrichtete, sondern das Getümmel immer größer wurde, ... ließ er Jesus geißeln und überantwortete ihn, dass er gekreuzigt werde“ (Mt 27,24.26b). Mit dem Verb „überantworten“ kommt im griechischen Text wieder das Wort „apodidonai“ ins Spiel, das mit seiner philologisch breiten Bedeutung *der* zentrale Begriff der Passionsgeschichte ist. „apodidonai“ kann „bevollmächtigen, übergeben, ausliefern, dahingeben“ heißen und im davon abgeleiteten Sinn auch „verraten, ins Verderben geben“ bedeuten. Der Begriff wird bei Matthäus 31mal und bei Paulus 19mal gebraucht.[271] Er wird von Gott ausgesagt, der uns „Sündern“ seinen Sohn in die Hände gibt (Röm 8,32). Er wird Jesus zugesprochen, der sich selbst dahingibt (Gal 2,20), bei Judas benützt, der Jesus „verrät“ (Mt 26,15), Pilatus vorgeworfen, der Jesus den Soldaten zur Kreuzigung „übergibt“ (27,26) – um nur einige Beispiele zu nennen. Jedesmal ist bei der Auslegung die spezielle Bedeutung des Wortes zu berücksichtigen: Ist der Begriff sachlich, doppeldeutig oder polemisch gemeint? Ist er soteriologisch, charakteriologisch oder politisch zu verstehen? Im Zusammenhang mit der „Geißelung Jesu“ jedoch besteht keine besondere Schwierigkeit der Übersetzung (V. 26). Hier besagt „apodidonai“ eindeutig „aushändigen, überlassen“. Die „Geißelung“ (27,26) war im römischen Reich, wie U. Luz vermerkt, eine „Begleitstrafe für zum Tode verurteilte (niedrig gestellte) Männer, insbesondere Sklaven und peregrini“[272]. Letztere waren „Fremde“ ohne römisches Bürgerrecht. Die Delinquenten wurden meist an eine Säule gebunden. An den Peitschen waren Knochen- oder Bleistücke befestigt. Todesfälle bei Auspeitschungen waren nicht selten (a. a. O.). Manche spätmittelalterlichen Maler schildern diese hässlichen Szenen lustvoll bis ins Detail.

Nach der „Auslieferung“ an die Soldaten, schaute Pilatus nicht mehr zu. Seine Hände waren gewaschen. Er hatte die Schuld den Juden zugeschoben: „Ich bin unschuldig an seinem Blut, seht ihr zu!“ (V. 24c.). So sah ihn Matthäus. Pilatus als Zauderer, der sich lieber davonschlich, als dass er entschlossen zugriff, dieses Bild ist von Matthäus um der Dramaturgie, aber nicht um

[271] Vgl. oben S. 117f.
[272] A. a. O., S. 281, FN 94.

der historischen Wahrheit willen entworfen worden. Eine Blutschuld, lässt sich weder einfach abwaschen, noch an andere weiterreichen, hätte Matthäus schreiben sollen. Judas hat Jesus nach Matthäus um der Silberlinge willen „verraten". Pilatus hat sich selbst als ungerechten Richter entlarvt, auch wenn Matthäus diese Konsequenz nicht zog, weil der Evangelist das Verhältnis der Urchristen zu den Römern nicht verschlechtern wollte. In den biblischen Schriften richtet sich die Bezeugung des Glaubens immer wieder notgedrungen an den Lebensumständen der Menschen aus. Matthäus lässt Pilatus Jesus nur deshalb verurteilen und von den Soldaten misshandeln, weil *„die Juden"* es so wollten. Die kirchliche Verkündigung hat ihm das leider bis heute abgenommen. Sie hat sich in ihren Altarbildern, Kanzelpredigten, Gesangbuchliedern, Passionsspielen am Leiden Jesu „erbaut" und seine Schmerzen so blutig wie möglich gemalt, besungen und beschrieben.[273]

Der physische Schmerz

„Fürwahr, er trug unsere Krankheit und lud auf sich unsere Schmerzen ... und durch seine Wunden sind wir geheilt" (Jes 53,4f.). Die alttestamentliche „Erzählung" vom leidenden Gottesknecht spielt in den neutestamentlichen Passionsgeschichten eine große Rolle, zumal der bei Deuterojesaja gemarterte Gottesknecht anonym blieb und damit leicht als prophetische Vorhersage auf Jesus Christus hin gedeutet werden konnte. Aus Deuterojesaja entnahmen die Urchristen Bilder für das physische Leiden Jesu (a. a. O.), wie auch aus den Psalmen für das psychische Martyrium des „unschuldig leidenden Gerechten" (Ps 22,7ff.). Als Station in Gottes „Heilsplan" fiel es ihnen leichter, die „Katastrophe" des Kreuzes zu ertragen und als „für uns" geschehen zu deuten. Vor allem Paulus hat die Passion Jesu eng mit den Leiden der Christen verknüpft und die Analogie gezogen zwischen „Christusschicksal und Christenschicksal".[274] Die Einladung Jesu „Will mir jemand nachfolgen, der verleugne sich selbst und nehme sein Kreuz auf sich und folge mir nach" (Mt 16,24) wurde dann im Mittelalter als Anregung verstanden, Kreuzwallfahrten zu heiligen Orten zu unternehmen, aber auch sich in der imitatio Christi[275] zu kasteien und selbst zu stigmatisieren. In der neueren Dogmatik wurde das körperliche Leiden Jesu für den eindrücklichsten Beleg der Menschwerdung Gottes in Christus gehalten. Wer schwere körperliche Schmerzen erfahre, begreife am Tiefsten, was es heiße, vere homo, „wahrer Mensch" zu sein, weil ihm dann

[273] Wieder empfiehlt sich eine reich bebilderte Darstellung der Wirkungsgeschichte zur Geißelung und Verspottung Jesu bei U. Luz, a. a. O., S. 297–307.

[274] Vgl. G. Gerstenberger / W. Schrage, Leiden, Kohlhammer Taschenbücher, 1977, S. 155–162.

[275] Compassio (lat.) – das Mitleiden; imitatio (lat.) – die Nachahmung.

das Provisorische seines irdischen Lebens in der Hinfälligkeit seines Körpers bewusster werde als in den Tagen der Gesundheit und des Glücks. Keine andere Weltreligion beziehe das Leiden ihres Stifters so ungeschönt in ihre Frömmigkeit ein wie das Christentum. Darum hätten die Christen auch das Recht, Jesus Christus im Gebet als ihren Bruder anzusprechen, der verstehe, was sie erleiden müssten, weil er während seiner Erdenzeit das Leiden in all seinen Dimensionen vorweg erfahren habe.

Der Indikator des körperlichen Leidens ist der Schmerz. Wie beim seelischen Leiden die Angst, hat auch beim körperlichen Leiden der Schmerz die Funktion, den Patienten zu warnen und seine „Schwachstellen" aufzuweisen. Die Schmerzschwelle kann dabei je nach Veranlagung des Individuums höher oder niedriger sein. Sie reicht vom unangenehmen Wundgefühl bis hin zum totalen Leiden, von bloßen Beschwerden bis hin zu Qualen. Das Fatale des physischen Schmerzes ist vor allem, dass er auf die Seele und das geistige Selbstbewusstsein übergreifen und den Widerstandswillen des „Patienten" lähmen kann. Der vom Schmerz Betroffene gerät in Gefahr, schier „den Verstand zu verlieren" vor Schmerzen. Er „hungert" geradezu nach Betäubungsmitteln. So hat Jesus als Gemarterter und Verspotteter lange versucht, die Schläge, die Dornen und die Nägel hoheitsvoll zu ertragen, bis sie unerträglich wurden und er dann doch noch den Schluck „Essig" annahm, der ihm ans Kreuz hoch gereicht wurde, und der ihm wenigstens die Lippen und die Zunge befeuchtete. Am Ende „gab" Jesus dann gewissermaßen seine Seele „auf" und mit ihr, zermürbt von den körperlichen Schmerzen, das gewohnte Vertrauen auf Gottes Beistand. Er verlor die Besinnung im Verzweiflungsschrei. So kann es geschehen, dass ein Mensch vor lauter Schmerzen nicht mehr „bei sich" ist, sondern „außer sich" gerät. Darum ist es nicht ratsam, das „Seelenheil" eines Sterbenden danach zu beurteilen, wie er sein „letztes Stündlein" verbracht und seinen „letzten Atemzug" ausgehaucht hat. Er kann im Akt des Sterbens nicht mehr er selbst, sondern nur noch eine leidende Körperhülle gewesen sein, zumal die Dabeistehenden nur die Außenseite, nicht aber auch die Innenseite seines Leidens und Sterbens wahrnehmen konnten. Die Frage, wie Jesus gestorben ist, ist darum nicht wichtiger als die Frage, warum und wozu er so schwer leiden musste. So sehr der Tod das Unvermeidlichste und Umfassendste ist, das auf alle Lebewesen zu der ihnen bestimmten Zeit zukommt, so individuell ist eines Tages das Sterbenmüssen. Jeder Mensch stirbt seinen unvergleichbar eigenen Tod. Als einmaliger persönlicher Vorgang kann das Sterben darum nicht gelernt, wohl aber als Mahnung bedacht werden.

13 Voll Blut und Wunden

Dass einer, der hinfällt, noch getreten wird, kann schon beim Gerangel auf dem Schulhof beginnen. Es setzt sich fort bei Anpöbelungen auf öffentlichen Plätzen und dann und wann auch im Konkurrenzkampf bei Sportveranstaltungen. Manche emotionalen Entladungen steigern sich grundlos oder vermeintlich berechtigt bis hin zum Blutvergießen. Erst kommt die Beleidigungen, dann das Imponiergehabe und schließlich fliegen die Fäuste. Die berühmte, uralte Regel „Auge um Auge, Zahn um Zahn“, die einmal als gerechter Ausgleich und Ersatz gedacht war im Sinne von „für ein Auge gleichwertig ein Auge und für einen Zahn ebenso einen Zahn – und dann ist Schluss!“ – steigert sich fast immer zur Spirale der ungebremsten Gewalttätigkeit: „Erst ein Auge, dann ein Zahn, dann eine Rippe, dann eine Verletzung am Kopf ...“. Gewiss sind Handgreiflichkeiten eine Frage des Niveaus und der Selbstbeherrschung. Wer sozial frustriert ist, neigt leichter dazu, sich an anderen abzureagieren, als der, der eine Arbeit und ein Auskommen hat. Jugendliche, die keinen Rückhalt an konsequenten Erziehern hatten, bei ihrem Aufwachsen keine Liebe erfuhren und überall in den Augen von Verwandten, Lehrern, Meistern „dritte Wahl“ oder gar Versager waren, schauen zum Beispiel als Neonazis unwillkürlich nach anderen Opferpersonen aus, an denen sie ihre aufgestaute Wut abkühlen und sich einmal wenigstens überlegen fühlen dürfen mit einem bloß angeborenen, aber sonst unverdient erworbenen Merkmal, nämlich im Unterschied zu Ausländern Deutsche zu sein. Ein ähnlicher Ablauf der Aggression ist wohl schon damals bei den Soldaten des Pilatus geschehen und war ja auch zuvor bei der Leibgarde des Herodes Antipas zu beobachten gewesen.[276] Ein Verurteilter war damals nicht bis zum Vollzug der über ihn verhängten Strafe gesetzlich geschützt, sondern wurde sofort nach seinem juristischen „Ausstoß“ aus der Gesellschaft zum Freiwild frustrierter Randgruppen. Zu ihnen gehörten in gewisser Weise auch die damaligen Besatzungssoldaten.

Jesu Geißelung

Mt 27,27–31 (Mk 15,16–20a; Joh 19,1–3)
27 Da nahmen die Soldaten des Statthalters Jesus mit sich in das Praetorium und sammelten die ganze Abteilung um ihn. 28 Und zogen ihn aus und legten ihm einen Purpurmantel an 29 und flochten eine Dornenkrone und setzten sie ihm aufs Haupt und gaben ihm ein Rohr in seine rechte Hand und beugten die Knie vor ihm und verspotteten ihn und sprachen: Gegrüßet seist du, der Juden König! 30 und spien ihn an und nahmen das Rohr und schlugen damit auf sein

[276] Siehe oben S. 182.

Haupt. 31 Und als sie ihn verspottet hatten, zogen sie ihm den Mantel aus und zogen ihm seine Kleider an und führten ihn ab, um ihn zu kreuzigen.

„Und zogen ihn aus ..." (V. 28). Randalierenden Zuschauern nackt zur Schau gestellt zu werden, war eine schlimme soziale Verachtung der damaligen Zeit (V. 28), „... und spien ihn an", angespuckt zu werden, war die höchste psychische Beleidigung (V. 30), „... und schlugen damit auf sein Haupt" war eine besonders harte physische Qual, die leicht zum Verlust des Bewusstseins führen konnte. Die Dimensionen des Leidens fallen nunmehr in eins. Die Solidarität Jesu mit den Gemarterten und Verhöhnten aller Zeiten wächst an. Doch Jesus bleibt stumm. Er „leidet" nur noch im Doppelsinn des Wortes „leiden": „er erträgt alles" und „er lässt alles zu" – nicht weil er übernatürliche Kräfte gehabt hätte, so dass jede Schmach und jeder Hieb an ihm abgeprallt wären, sondern weil seine Psyche den Körper noch beherrschen konnte und sein Gottvertrauen ihm noch geblieben war. Als ungefähr Dreißigjähriger war er auf der Höhe seiner körperlichen Kräfte und noch hatte ihm Gott Abba bisher durch alle Bedrückungen hindurch geholfen. Trotzdem hat ihn sicher auch der Wunsch nach einem Ende der Erniedrigungen gequält: „Wie lange noch, HERR?"

„Die ganze Abteilung ...", in der römischen Militärsprache eine Kohorte, sammelte sich um ihn. Das wären etwa 500–600 Mann gewesen (V. 27).[277] Das dürfte eine Übertreibung des Evangelisten Matthäus sein. Er wollte wohl das Geschrei und Getümmel um Jesus herum ins Unermessliche steigern und in einen Kontrast zu der stummen Würde Jesu als dem wehrlosen Opfer setzen. Die „Soldaten" waren Söldner aus den in Palästina versprengt angesiedelten heidnischen Siedlungen. Sie wurden von den Juden verachtet und verachteten die Juden ihrerseits. Das gab Herodes und Pilatus eine gewisse Sicherheit, dass ihre heidnischen Leibwachen kein Interesse hatten, gegen sie zu meutern. Es ist anzunehmen, dass der Sold der Soldaten gering war, so dass sie ihren Lebensunterhalt weitgehend der jüdischen Bevölkerung abpressen mussten, was den Konflikt zwischen den Einheimischen und den „dahergelaufenen Heiden" noch verstärkte. Nichts bereitete den Soldaten einen größeren Spaß, als einmal einen „König der Juden" verspotten und misshandeln zu dürfen. Die selbst gebastelten „Kleinodien", die sie Jesus aufsetzten, umhängten und in die Hand drückten, waren eine „Nachäffung" der Insignien der Macht, die damals in den Kleinkönigtümern einem Thronanwärter bei seiner Thronbesteigung übergeben wurden: Ein scharlachroter Purpurmantel, ein Kranz aus Dornengestrüpp, ein Rohrstock statt eines Szepters.[278] Unter der Pelerine blickte der nackte Oberkörper Jesu hervor. Die Dornen ließen ihm das Blut vom Kopf fließen, zumal sie Jesus auch noch in die Kopfhaut hineingedrückt

[277] Vgl. U. Luz, a. a. O., S. 293, FN 9.
[278] Luz, a. a. O., S. 295. Er beschreibt, wie die echten Insignien ausgesehen hätten.

wurden. Der Rohrstab war hohl und zerbrechlich. Die Söldner ließen der „Verleihung" der Insignien (V. 29a) noch die dazu gehörenden „Zeremonien" nachfolgen (V. 29b): den imitierten Kniefall und die Huldigung. Die von dem Evangelisten beabsichtigte Paradoxie dieser Szene ist, dass die losgelassenen Soldaten, ohne es zu wissen, dem „wahren" König die ihm eigentlich schuldige Verehrung entgegenbrachten: „Gegrüßet seist du, der Juden König!" (V. 28). Man kann sich vorstellen, wie das Geschrei der Soldaten in der Halle des Praetoriums ausuferte. Endlich gab es im öden Dasein des Garnisonsdienstes einen Spaß, bei dem die Soldaten aufgestaute Aggressionen loswerden konnten. Ihre Lust zu schmähen steigerte sich von der schandbaren Kostümierung bis hin zum körperlichen Quälen, wobei die stolzeste Uniform nicht davon ablenken kann, dass vereidigte Schutztruppen zu unbeherrschten Schlächtern werden können, vor allem wenn Folterungen abseits der Öffentlichkeit hinter dicken Mauern geschehen.

In älteren Auslegungen und Passionsspielen wird diese Szene, in der die römischen Söldner sich an Jesus vergreifen, in blindem Antijudaismus verfälscht, indem die Juden in die Rolle der Peiniger gesteckt werden. Hier speien die „Juden" Jesus nicht nur von Kaiphas, sondern auch vor Pilatus an, und sie sind es auch, die Jesus die Dornenkrone aufdrücken.[279] Indem nun Matthäus berichtet, die Soldaten hätten Jesus hämisch als „König" gefeiert, lässt er durchblicken, dass für die Verurteilung Jesu durch Pilatus keine religiösen Gründe, wie etwa eine beanspruchte Gottessohnschaft Jesu, der Bruch der Toragesetze oder der Verdacht eines Bundes mit dem Teufel und seinen Dämonen ausschlaggebend gewesen waren, sondern nur der politische Vorwurf, Jesus wiegle das Volk zu einem Aufstand gegen die römische Besatzungsmacht auf. Damit räumt der Evangelist auch gegen seine sonstige Darstellung des Prozesses Jesu ein, dass nicht die Juden, sondern die Römer die letzte Schuld am Tod Jesu trugen. Für Pilatus war der Fall Jesus juristisch abgeschlossen. Er hatte ihn, um Ruhe zu haben, als Rebellen verurteilt, auch wenn er ihn persönlich für relativ harmlos hielt (Joh 19,12a). Er verfestigte diesen unlauteren Schuldspruch auch noch dadurch, dass er Jesus gegen Barabbas austauschen ließ, einen „Rebellen" gegen einen Rebellen. Die Diplomatie war Pilatus wichtiger als die Wahrheit. Darum lässt ihn auch der Evangelist Johannes bei einem Gespräch unter vier Augen achselzuckend zu Jesus sagen: „Was ist Wahrheit?" (18,38).

Die Soldaten reklamierten das Recht, den zum Tod Verurteilten noch vor Vollzug der Kreuzesstrafe verhöhnen und malträtieren zu dürfen, nur für sich selbst. Sie gaben ihn nicht nackt und schimpfiert der erregten Volksmenge draußen vor dem Praetorium preis, sondern „zogen ihm (wieder) seine Kleider an" (V. 31a) und „führten ihn ab, um ihn zu kreuzigen" (V. 31b). Waren sie gerade noch selbst außer Rand und Band „entfesselt", so erinnerten sie sich

[279] Luz, a. a. O., S. 306f.

jetzt an ihre Dienstpflicht und „fesselten“ den Verurteilten wieder. Sie packten Jesus an den Armen oder zogen ihn hinter sich her durch die Menge der Schreier, die draußen im Vorhof des Palastes und hernach in den engen Straßen der Stadt auf dem Weg nach Golgatha ebenfalls am liebsten ihren Mutwillen mit Jesus getrieben hätten. Frustrierte Zeitgenossen, die bedenkenlos auf ausgelieferte Mitmenschen eindreschen, lassen sich immer finden, andere hingegen, die Opfern spontan beistehen und dabei selbst ins Leiden geraten können, seltener. Und doch gab es für Jesus auf seinem Kreuzweg durch die Gassen Jerusalems eine unerwartete Pause, in der er kurz aufatmen konnte.

Simon von Kyrene

Mt 27,32 (Mk 15,21; Lk 23,26)
32 Und als sie hinausgingen, fanden sie einen Menschen aus Kyrene mit Namen Simon; den zwangen sie, dass er ihm sein Kreuz trug.

Die Soldaten führten Jesus aus dem Praetorium ab, etwa 250–300 Meter weit weg hinaus durch die Gassen Jerusalems hin zum Richtplatz auf dem Hügel Golgota, um ihn dort befehlsgemäß zu kreuzigen. Wenn Jesus bislang dem Leiden „Stand“ gehalten hat, wird es ihm nun zum „Leidensweg“. Die Dornenkrone haben ihm die Peiniger auf dem Kopf gelassen. Die Sandalen haben sie ihm weggenommen. Er musste barfuss als Büßer gehen. Die Fesseln haben sie ihm abgenommen, damit er die Hände frei hatte, sein „Kreuz“ zu tragen. Hingegen haben sie ihn mit einem Strick um die Hüften gesichert, damit er nicht, ringsum eingeengt von der gaffenden Menge, plötzlich von einem seiner Freunde weggerissen werden und im Gewühl untertauchen konnte. Jesus zeigte bald Anzeichen der Erschöpfung, zumal er wohl bereits beträchtlich viel Blut verloren hatte. Zudem litt er an Schlaflosigkeit. Seit seinem Letzten Mahl mit seinen Jüngern am Gründonnerstag hatte er nicht mehr geschlafen. Der „Verrat“ durch seine Freunde Petrus und Judas, der „Gebetskampf“ im Garten Gethsemane und die nächtliche Verhaftung hatten ihn angestrengt. Die Verhöre vor Kaiphas, Pilatus und Herodes hatten seine ständige Geistesgegenwart verlangt. Die Verhöhnungen durch den Hohen Rat und den „Mob“, die Schläge der Soldaten und das Spießrutenlaufen nach Golgota taten ihm weh – alles zusammengedrängt in noch nicht einmal vierundzwanzig Stunden. Kein Wunder, dass Jesus bei seiner Abführung in den Gassen Jerusalems stolperte oder gar fiel. Es war sein letzter und sein „längster“ Tag.

Allerdings erzählt Matthäus den „Kreuzweg“ Jesu merkwürdig knapp nur mit einem einzigen Satz. Ihm ist die anschließende Kreuzigung wichtiger als der Weg dorthin. Er kannte noch keine Via dolorosa, die man am Karfreitag ablief, und auch noch keine Imitatio Christi im Kreuztragen, obwohl er beide späteren Frömmigkeitsbräuche, wie auch die anderen Synoptiker, in einem früheren Kapitel mit dem Spruch Jesu vorbereitet hatte: „Will mir jemand nachfolgen, der verleugne sich selbst und nehme sein Kreuz auf sich und folge mir nach" (16,24). Vorbereitet indessen haben aber alle drei Synoptiker einen weiteren Ausbau des Kreuzweges Jesu mit der Perikope des Simon von Kyrene. Grundsätzlich darf man feststellen, dass Ereignisse, die von allen drei Synoptiker ziemlich gleich lautend belegt werden und dazu noch konkrete Personennamen anführen, am ehesten historisch gewesen sein können. Matthäus gibt zwar dem ersten „Kreuzträger in der Nachfolge Jesu" nur den hebräischen Eigennamen Simon, woraus aber geschlossen werden kann, dass dieser jüdischer Abstammung oder wenigstens ein Konvertit war. Der Evangelist setzt aber doch noch wenigstens die Herkunft „aus Kyrene" hinzu (V. 32b). Die römische Halbprovinz Kyrenaika lag im heutigen Ostlybien und insofern kann Simon von Kyrene, bzw. können seine Vorfahren, als „Aussiedler mit Migrationshintergrund" betrachtet werden. Die Bevölkerung der Kyrenaika war bis zu einem Viertel jüdisch. Was die Familie des Simons zur Rücksiedlung nach Israel/Palästina bewogen hatte, ist unbekannt. Dass der erste Kreuzträger in der Nachfolge Jesu als „Ausländer" und vielleicht auch als „Schwarzafrikaner" ein mehrfach stigmatisister Außenseiter war, wie manche Asylhelfergruppen heute meditieren wollen, dürfte aber zu weit gegriffen sein.

Der Evangelist Markus weiß noch im Unterschied zu Matthäus, dass Simon der Vater des Alexander und des Rufus war (15,21c), die später, vermutlich angeregt durch das Erlebnis der Hinrichtung Jesu. zusammen mit ihrem Vater Mitglieder seiner Urgemeinde wurden, während sie in den jüngeren Gemeinden des Matthäus und Lukas schon nicht mehr persönlich bekannt waren. Wenn über den griechisch klingenden Eigennamen Alexander und den klassischen römischen Namen Rufus spekuliert werden darf, könnte man vermuten, dass die Familie des Simon international weltoffen war, aber dann, nachdem sie durch Handel reich geworden, aus der Kolonie ins heilige Jerusalem zurückkehrte, was der Wunsch vieler jüdischen Emigranten war, – vor allem um einmal in der heiligen Stadt bestattet zu werden. Warum aber dann Simon wie ein Bauer mit der Hacke auf der Schulter vom Feld heimkam, wie Markus (15,21b) und Lukas (23,26b) festhalten, wo er doch als erfolgreich gewesener Rücksiedler vermögend gewesen sein dürfte, ist unerfindlich. Meditativ ergiebiger ist, dass alle drei Synopiker schreiben: „... den zwangen sie (die Soldaten), dass er ihm sein Kreuz trug" (V. 32b). Entweder wollte Simon nichts mit einem „Kriminellen" zu tun haben oder er war von der Feldarbeit so erschöpft, dass er möglichst rasch nach Hause kommen wollte. Die Soldaten „fischten" ihn einfach willkürlich aus der Menge der Schaulustigen heraus, obwohl Simon eigentlich nur vorbeigehen wollte.

Jedenfalls ist die Symbolik bezeichnend, dass nach biblischer Ansicht schon der erste Kreuzträger zur Nachfolge gezwungen werden musste, weil selbst überzeugte Christen, wie alle anderen Menschen auch, von Natur aus eher leidensscheu als leidensbereit sind. Allgemein anerkannt ist heute auch unter

Historikern und Theologen, dass es sich bei dem „Kreuz", dass die „Verbrecher" zu ihrer Hinrichtungsstätte tragen mussten, nur um den Querbalken handelte, während ein Längsbalken ständig am Hinrichtungsort verankert blieb und der Querbalken ihm dann nur noch aufgesetzt werden musste.[280] Zusammengefügt zu einem großen „T" hing der Verurteilte dann mit seinen Armen über dem Querbalken des „Schandpfahles". Dem widerspricht allerdings die singuläre Notiz bei Joh 19,19, Pilatus habe am Kreuz oben die Aufschrift „INRI" anbringen lassen. Bei einem T-Kreuz wäre dazu über dem Kopf des Hingerichteten kein Platz mehr gewesen (Mt 27,37). Bei einem T-Modell ginge dann auch die Symbolik verloren, dass sich „im Kreuz" die Horizontale der Welt mit der Vertikale der Transzendenz trifft und von ihr aufgebrochen wird.

Verkürzte „Kreuzwege" sind heute noch in katholischen Gebieten an Wallfahrtsbergen, an „künstlichen Kalvarienhügeln", auf Friedhöfen, in Kirchen und Klosterhöfen als Wandbilder oder Bildstöcke aufgestellt, damit Gläubige auch fern von Jerusalem in der Karwoche oder wann auch immer zur privaten Meditation dem Leidensweg Jesu „nachfolgen" können. Der Traum der Gläubigen war seit etwa dem fünften Jahrhundert, Jerusalem wenigstens ein Mal in der Passionswoche aufzusuchen und die Via dolorosa vom „Richthaus" des Pilatus bis zum „Berg" Golgatha mit einem Kreuz auf dem Rücken abzuschreiten und an Pfeiler- und Mauerinschriften zu verharren, welche die Orte noch bis heute bezeichnen, an denen Jesus vorübergekommen sein soll. Allein, die Entfernung von einem Kontinent zum anderen war zu weit, die Reisezeit zu lang und der Aufwand zu teuer, es sei denn sie zogen als blutige Kreuzfahrer in päpstlichem Auftrag dorthin. Es war erschwinglicher, einen Kreuzweg im abendländischen Umfeld zu erstellen. Ihn konnte man mehrmals im Jahr abschreiten und sich dabei in die letzten Stunden Jesu versenken.

Die Blütezeit der „ausgelagerten" Kreuzwege waren das Barock und die Romantik. Auch heute lebt die Tradition des Kreuzweggehens noch und wird hier und da sogar in ökumenischer Gemeinsamkeit von beiden Konfessionen angeboten.[281] Die Zahl der Kreuzwegstationen, an denen die Gläubigen betend verharren, wechselte allerdings im Lauf der Frömmigkeitsgeschichte zwischen ursprünglich zwei und heute vierzehn. Heute beginnen die Kreuzwege mit der Verurteilung Jesu durch Pilatus (Mt 26,26b). Die einzelnen Stationen dazwischen sind teils den Passionsgeschichten der Evangelien entnommen, teils stammen sie aus Traditionen der Kirchengeschichte. Die Szene mit Simon von Kyrene ist die 5. Station (Mt 27,32).[282] Biblisch begründet sind außerdem die Nr. 8, bei der Jesus weinende Frauen aus Jerusalem tröstet (Lk 23,27–31), die Nr. 10 mit der Entkleidung Jesu unterm Kreuz (Mt 27,28b),

---

280 Vgl. Willibald Bösen, a. a. O., S. 279.

281 Vgl. Gudrun Müsse Florin / Manfred Köhnlein / H. Grosch, Kreuzweg, 1991 (vergriffen).

282 Näheres zu den anderen Stationen bei U. Luz, a. a. O., S. 310. Moderne Kunstbilder, Meditationen und Gebete siehe bei G. Müsse / u. a., a. a. O., ohne Seitenzahlangaben.

die Nr. 11 mit seiner Annagelung ans Kreuz (Mt 27,35), die Nr. 12 mit seinem Tod (Mt 27,50), die Nr. 13 mit der Kreuzabnahme (Mt 27,58f.) und die Nr. 14 mit seiner Grablegung (Mt 27,60). Legendarisch sind die Kreuzaufnahme als Nr. 2, das dreimalige erschöpfte Fallen an den Stationen als Nr. 3, 7 und 9, die Begegnung mit seiner Mutter Maria als Nr. 4 und das so genannte Schweißtuch der Veronika als Nr. 6.[283] Das heißt, streng durch Bibeltexte nachgewiesen sind eigentlich nur 8 Stationen. Für katholische Christen sind aber alle 14 Stationen gleich „wahr", weil die katholische Lehre zwei gleichwertige Quellen der Offenbarung kennt: Die Bibel und die kirchliche Tradition, wobei die Legendenbildung in manchen Texten schon mit den Synoptikern beginnen kann. Doch bei aller Versenkung in das Leiden Jesu bleibt der imitierte Kreuzweg ein religiöses Spiel, das nicht an die wirklichen körperlichen und seelischen Schmerzen herankommt, die Jesus „durchleiden" musste, als er als ein sozial Ausgestoßener Schlägern und Gaffern ausgesetzt war. Auch die frommen Geißler des Mittelalters, die sich selbst mit Ketten oder Peitschen in der Nachahmung des Kreuzweges Jesu blutig schlugen, erreichten nicht die Tiefe des Leidens Jesu. Eher sind es die geschlagenen und gedemütigten Juden in den Konzentrationslager der Nazis gewesen oder sind es heute die in teils bekannt gewordenen, teils verheimlichten Folterzentren der Welt eingesperrten politischen Gefangenen, die Qualen durchleiden müssen, die sie zu Leidensgenossen Jesu werden lassen und denen er zum Bruder geworden ist. Angesichts menschlicher Grausamkeit könnte man ganz im Sinne Jesu das Urteil des Richters im Gleichnis vom Großen Weltgericht verändern: „Was ihr einem unter diesen meinen geringsten Brüdern und Schwestern *an*getan habt (und antut), das habt ihr mir *an*getan (und tut ihr mir an)" (Mt 25,40).

Jesu Kreuzigung

Mt 27,33–37 (Mk 15,20b.22–26; Lk 23,33f.38; Joh19,17–24)
33 Und als sie an die Stätte kamen mit Namen Golgatha, das heißt Schädelstätte; 34 gaben sie ihm Wein zu trinken mit Galle vermischt; und als er's schmeckte, wollte er nicht trinken. 35 Als sie ihn aber gekreuzigt hatten, verteilten sie seine Kleider und warfen das Los darum. 36 Und sie saßen da und bewachten ihn. 37 Und oben über sein Haupt setzten sie eine Aufschrift mit der Ursache seines Todes: Dies ist Jesus, der Juden König.

Am Freitagmittag, nach Schätzung der Forscher kann es der 7. April des Jahres 30 n. Chr. gegen 12 Uhr gewesen sein, wird der zum Tod am Kreuz ver-

[283] Auf dem Schweißtuch, mit dem sich Jesus unterwegs das Gesicht abgetrocknet haben soll, soll sich dessen Abdruck erhalten haben. Es wird auch legendär erzählt, die Frau, die ihm am Wegrand das Tuch gereicht habe, sei die blutflüssige Frau gewesen (Mt 9,20). Sie wird auch Veronica genannt (gebildet aus „Vera icon" (lat.wahres Bild) oder Beronike (Tochter des Königs von Edessa), vgl. RGG[4], Bd. 8, 2005, Sp. 1045.

urteilte Jesus hinausgebracht an die Hinrichtungsstätte Golgota außerhalb der Stadt (Mk 15,20b). Das „hinaus“ ist zugleich ein symbolischer Ausdruck für die Ausstoßung aus der Gemeinschaft der Rechtschaffenen. Lukas schreibt, dass auch zwei andere „Raubmörder“ – wohl zwei Zeloten – mit ihm hinaus zur Kreuzigung geführt wurden (23,32) – ein weiterer Beweis dafür, dass die Hauptanklage gegen Jesus ins Politische gedreht worden war und auf Terrorismus lautete. Er war als angeblicher „Messiaskönig“ der Majestätsbeleidigung und des Aufruhrs beschuldigt worden. „Golgatha“ (aram.), deutsch: Schädelstätte, war ein volkstümlicher Ausdruck für einen Felsen, der seiner Form nach einem kahlen Schädel glich und an dessen Fuß die Hinrichtungen vollzogen wurden. Die in der katholischen Tradition übliche Bezeichnung „Kalvarienberg“ geht auf das lateinische „calvarius“ (kahlköpfig) zurück. Dabei handelte es sich keinesfalls um einen „Berg“, sondern eher nur um einen kleineren Felsenhügel, der das Überbleibsel eines alten Steinbruchs und nicht höher als schätzungsweise etwa 10 Meter war. Diese „Stätte“ (V. 33) lag vor der Nordwestecke der Stadtmauer und glich einer „schmutzigen Müllkippe“[284], auf der gewissermaßen der Abfall der Menschheit herumlag – Knochenreste hingerichteter „Schwerverbrecher“. Die „Beschaffenheit und Lage“ von Golgatha „garantierten die gewünschte Öffentlichkeit“ (a. a. O.). Auf dem Plateau des Schädels ragten nämlich zahlreiche stehen gebliebene Kreuze empor, die schon von Weitem sichtbar waren – eine „Bühne der Abschreckung“, zumal in der Nähe die „stark frequentierte Ausfallstraße nach Jafo und Caesarea“ verlief, die „in normalen Zeiten für Tausende, an Festtagen gar für Zehntausende“ eine Hauptverkehrsachse war (a. a. O.).

Noch bevor Jesus an den Querbalken des Kreuzes geschlagen wurde, „gaben sie ihm Wein zu trinken, mit Galle vermischt“ (V. 34). Dieser Brauch war in der Antike bei Hinrichtungen üblich und hört sich an wie ein letzter Akt von Mitmenschlichkeit, denn das seltsame, bittere Getränk hatte eine gewisse, wenn auch nicht völlig betäubende Wirkung und sollte die fürchterlichen Schmerzen der bevorstehenden Nagelung weniger spüren lassen. „Und als er's schmeckte, wollte er nicht trinken“ (V. 34b). Warum Jesus das Getränk ablehnte, wird von Matthäus, wie auch schon von Markus, nicht berichtet. Wollte er mit allerletzter Kraft zu seinem Entschluss „Es geschehe dein Wille!“ stehen, mit dem er vor Gott seinen Gang ins Martyrium anerkannt hatte (26,42)? Oder hoffte er doch noch bis zuletzt, dass sein himmlischer Vater ihm die „zwölf Legionen Engel“ schicken würde, die ihn vor dem Sterbenmüssen bewahren könnten (26,53)? Wollte er bei klarer Besinnung bleiben, um wie Elia bewusst seine „Himmelfahrt“ zu erleben (2 Kön 2,11)?[285] Matthäus hält sich bei solchen Fragen nicht auf. Er schreibt auf die knappste Weise: „Als sie ihn aber gekreuzigt hatten ...“ V. 35a). Da hallen keine Ham-

284 W. Bösen, a. a. O., S. 276.282.

285 Vgl. unten S. 289ff.

merschläge über Golgatha dahin. Da strömt kein Blut Jesu. Da hört man keine Schmerzensschreie des Gemarterten. Da wird keine Qual ausgemalt. Dabei wäre die Hinrichtung Jesu ein ideales Angebot für den Evangelisten gewesen, seine Leserschaft zu äußerstem Erschrecken und Mitleiden anzuregen, indem er an dieser Stelle das Leiden Jesu höchst emotional ausgeführt hätte, so wie die kirchlichen Passionslieder die „Wunden" des „großen Schmerzensmannes" als unser „Heil" besingen.[286] Es ist ja auch ohne eine breitere Erzählung der Evangelisten unbezweifelbar, dass bei dieser grausamen Prozedur der Annagelung viel Blut geflossen und qualvoll geschrieen worden sein muss. Es waren drei Leidende, die auf Golgatha hingerichtet wurden. Doch Matthäus will nicht lange beim Akt der Kreuzigung verweilen. Er muss den Lesern seiner Zeit auch keine detaillierte Beschreibung dieses grausamen Vorganges liefern. Dazu war im 1. Jahrhundert in den römischen Provinzen das Kreuzigen viel zu sehr bekannt. So schreibt der antike jüdische Historiker Flavius Josephus in seinem Werk „Der Jüdische Krieg", dass um das Jahr 70 n. Chr. bei der Stürmung Jerusalems durch die Römer viele jüdische Widerstandskämpfer und Einwohner, die dem Feuerbrand noch entkommen wollten, von den Römern ergriffen und in Wassergräben ertränkt worden seien, weil „das Holz zum Kreuzigen ausgegangen war".

Es war den römischen Söldnern freigestellt, wie sadistisch oder wie schonungsvoll sie die Kreuzigungen vornahmen. Es sind über die außerchristliche antike Literatur keine genauen Exekutionsvorschriften bekannt geworden.[287] Die Soldaten nahmen die Kreuzigungen nach Lust und Laune vor. Matthäus jedenfalls will in seinem Evangelium möglichst bald zur Sterbeszene und zum Wunder der Auferweckung Jesu kommen. Ihn interessiert Gottes Handeln mehr als das Tun der Henker. Den Hinweis auf das Betäubungsgetränk und auf das Verlosen der Kleider wollte er allerdings nicht auslassen, sah er doch beides bereits in der Hebräischen Bibel mit Spr 31,6 und Ps 22,19 vorhergesagt. Vor allem die Psalmen 22 und 69, die das Leiden eines namentlich unbekannten „Gerechten" beschreiben, waren den Urchristen eine große Hilfe, den schimpflichen Kreuzestod Jesu nicht als eigenmächtiges Vorgehen der damaligen Machthaber, sondern als Gottes bewussten Plan zur Erlösung der Menschheit zu verstehen. Darum ist auch nicht auszuschließen, dass einige der von den Evangelisten beschriebenen Details der letzten Stunden Jesu erst von Psalmstellen und den so genannten Gottesknechtliedern Deuterojesajas her entworfen worden sind, zumal keiner der engeren Anhänger Jesu in unmittelbarer Nähe der Kreuzigung zuschauen konnte. Mussten sie doch alle fürchten, eventuell als „Komplizen" Jesu erkannt zu werden.

„Und sie (die Soldaten) saßen da und bewachten ihn" (V. 36). Auch wenn die Zwölf nicht als Hilfstruppe Jesu auf Golgatha dabei waren, hätte es immer-

286 Vgl. EG Nr. 87, Strophen 3+6. Siehe auch oben S. 22.

287 Vgl. W. Bösen, a. a. O., S. 277.

hin sein können, dass Jesus und die beiden Schächer noch in allerletzter Sekunde bei einem Überfall von Widerstandsgruppen freikommen konnten. Darum bewachten einige Soldaten die drei Kreuze und hielten auch die Zuschauer im Visier. Ob sie nun während dieses Wachdienstes zum Zeitvertreib – oder weil es ihnen wirklich ein paar Denare einbrachte –, die Kleider Jesu und wohl auch die der anderen beiden Schächer unter sich verlosten, wird immer eine ungelöste Frage bleiben. Durch den archäologischen Fund des Skelettes eines gekreuzigten jungen Mannes aus der Zeit Jesu im Nordosten Jerusalems im Jahr 1968 ist abgesichert, dass die zum Kreuzestod Verurteilten sich am Boden nackt mit ausgebreiteten Armen auf das Querholz legen mussten, um angenagelt, oder seltener um mit festen Stricken festgezurrt zu werden. Dass Jesus demnach nackt am Kreuz hing, hat die Scham der Christenheit seit ihren Anfängen verletzt. Darum hat sie in ihren bildhaften Darstellungen Golgathas Jesus und seine Mitgekreuzigten immer noch wenigstens mit einem Lendentuch bekleidet sein lassen. Die Darstellung intimer männlicher Attribute Jesu ist seit eh und je in der christlichen Kunst verpönt. Sie würde als völlig taktlos angesehen, obwohl auch sie zum Glauben an die „Fleischwerdung" Gottes in Jesus gehören könnte. Für jüdische Gläubige ist die öffentliche Enthüllung der Nacktheit ebenfalls eigentlich schon seit dem „Sündenfall" ein Tabu (Gen 3,7). Sie kommt einem totalen Würdeverlust gleich. Jesus selbst hat in der Bergpredigt das nackt vor Gericht Dastehen als letztes provokantes Mittel im Streit um mehr Gerechtigkeit dargestellt. „Schamloser", um nicht zu sagen „entmenschter", als bis auf die Haut ausgezogen, kann niemand vor anderen „hängen".[288]

„Und oben über sein Haupt setzten sie eine Aufschrift mit der Ursache seines Todes: Dies ist Jesus, der Juden König" (V. 37). Alle vier Evangelisten berichten von einer solchen Veröffentlichung des Schuldspruchs auf einer hölzernen Tafel. Sie wurde dem „Verbrecher" bereits auf dem Gang zur „Richtstätte" voran getragen oder ihm um den Hals gehängt und hernach über ihm am Kreuz befestigt. Damit sollte die juristische Legalität der Hinrichtung unterstrichen und der Öffentlichkeit zur weiteren Abschreckung bekannt gemacht werden. Allerdings unterscheiden sich alle vier Evangelisten in der wörtlichen Fassung des angeschriebenen titulus iuris, der gerichtlichen Beschuldigung. Markus bringt mit *„Der König der Juden"* die kürzeste Fassung der Tafelaufschrift (15,26). Matthäus erweitert auf zwei Zeilen: *„Dies ist Jesus der König der Juden"* (15,26). Lukas stellt diese Aussage unter Weglassung des Eigennamens Jesus etwas um: *„Der König der Juden ist dieser"* (23,38). Johannes setzt den Herkunftsort hinzu: *„Jesus der Nazoräer, der König der Juden"* (19,19). Alle vier Varianten sind durch vier lateinische Großbuchstaben zusammengefasst analog zur Fassung des Johannes weltweit bekannt geworden: „INRI" (Iesus Nazarenus Rex Judaeorum). Entscheidend ist, dass alle vier Varianten

[288] Vgl. M. Köhnlein, Die Bergpredigt, Stuttgart [2]2011, S. 113.

Jesus als „König" apostrophieren. Damit ist noch einmal klar, dass Jesus als Revolutionär gebrandmarkt wurde.[289] Johannes erwähnt noch besonders, die Aufschrift sei in drei Sprachen abgefasst gewesen: Hebräisch (er meint wohl aramäisch), lateinisch und griechisch (19,20). Aramäisch war die Volkssprache der Einheimischen, lateinisch die Amtssprache des römischen Imperiums, griechisch die Handelssprache. Johannes ist zwar im Blick auf die historische Echtheit im Allgemeinen nur bedingt zuverlässig. Er setzt mehr auf das Symbolische seiner Ausführungen. Für ihn war Jesus in der Tat der wahre universale König. So mag es ihm daran gelegen sein, mit den drei damals geläufigen Kommunikationssprachen den Anspruch Jesu auf den ganzen „Kosmos" symbolisch anzudeuten. Praktisch gesehen waren ja auch bei den Passafesten Diasporajuden der zweiten und dritten Generation aus allen möglichen Weltstädten zu Gast in Jerusalem, die des Aramäischen nicht mehr mächtig waren und mitinformiert werden sollten.

Johannes bringt auch die Besonderheit ins Spiel, dass die Hohenpriester sich bei Pilatus über die Fassung der „Schuldtafel" beschwert hätten: „Schreib nicht der König der Juden, sondern dass er gesagt hat: Ich bin der König der Juden" (Joh 19,21f.). Der Evangelist will noch einmal bestärken, dass die jüdischen Oberen den Präfekten bis zur letzten Minute vergewissern wollten, dass sie mit diesem „falschen" Messias nichts gemein hatten. Der sonst so schwankende Pilatus sei jedoch hart geblieben: „Was ich geschrieben habe, das habe ich geschrieben" (19,22). Damit, meint Johannes hintersinnig, sei eben doch die eigentliche Wahrheit zu Tage gekommen: Jesus war nach einem höheren Verständnis der wahre König, der Kyrios schlechthin. Die Herren haben nicht bloß den störenden Prediger, sondern den HERRN getötet und gedacht, damit sei die Akte Jesus von Nazaret für immer geschlossen. Der Sinn seines Leidens wäre dann nur gewesen, dass er „ausgelitten" hätte, wie auch heute nicht selten Angehörige von Leidenden erleichtert sind, „wenn alles vorbei ist", als wäre das Leiden etwas, was nicht eigentlich zum Menschsein hinzugehört und den Leidenden zum Sklaven seines Schicksals stempelt.

14 Der leidende Gottesknecht

Die „Akte" Jesus von Nazaret wurde aber nicht folgenlos geschlossen und der Fall des als „König der Juden" verspotteten Wanderpredigers auch nur insofern „*auf*gehoben", als die Erinnerung an sein Leiden einen höheren, unvergesslichen Rang erhielt. Der Gekreuzigte wurde erst bei seinen Anhängern und nach und nach weltweit zum Sinnbild der Leidenden aller Zeiten überhaupt. Zu groß war die Erschütterung über das Martyrium ihres „Meisters",

---

[289] Vgl. Bösen, a. a. O., S. 283–286.

als dass sie sein Schicksal hätten vergessen können. Die ihn angeklagt, geschunden und verachtet hatten, sollten sich schon früh nicht mehr hinter dem Vorhang der Vergänglichkeit der Geschichte verstecken können. Auch wenn seine engsten Jünger nicht unmittelbar bei der Kreuzigung zuschauen konnten, erlebten sie doch selbst früh genug Verfolgung und Martyrium und fanden genügend vergleichbares Anschauungsmaterial für das Martyrium von „Gerechten" in ihrer Umwelt, und vor allem in der Hebräischen Bibel, der Heiligen Schrift der jüdischen Vorväter. Aus der Zeit der Sklaverei Israels in Ägypten und den Jahrzehnten der Verschleppung nach Babel lag das kollektive Leiden Israels vor. In den Psalmen klagten einzelne Leidende über Hohn und Spott, die ihnen die Freude am Dasein nahmen, Hiob saß in den Trümmern seines Lebens und klagte Gott bitter an, Jeremia schrieb Klagelieder, in den er bekannte, seine Hoffnung auf den Herrn sei dahin, und vor allem im Buch des großen Propheten Jesaja fand sich die Beschreibung einer geschundenen Gestalt, des so genannten „Gottesknechtes", die nahe an das Leiden Jesu auf Golgatha herankam. Dabei war für die Urchristen tröstlich, dass die Freunde oder Schüler dieses namentlich unbekannten Gottesknechtes zugleich um den Sinn seines Leidens rangen und ihn als stellvertretende Sühne für Israel und sie selbst auffassten. Das Buch des Jesaja, das immer schon eine hohe liturgische Autorität bei den jüdischen Frommen einnahm, wurde zu einem Trostbuch der frühen Christen. Vor allem in seinem zweiten großen Teil, in den Kapiteln 40–55, die nach wissenschaftlicher Erkenntnis von einem Schüler Jesajas, dem so genannten Deuterojesaja, dem zweiten Jesaja, geschrieben wurden, fanden sich geradezu liturgisch klingende Lieder über die Opferbereitschaft des „Gottesknechtes", die mit dem Verhalten Jesu in seinen letzten Stunden gleichgesetzt werden konnten: „Siehe, da ist mein Knecht – ich halte ihn!" (Jes 42,1). Zugleich fanden die frühen Christen als weiteren Trost bei diesem Prophetenschüler den Ausblick auf die Auferstehung verkündet: „Siehe, meinem Knecht wird 's gelingen, er wird erhöht und sehr hoch erhaben sein" (Jes 52,13).

„Wie ein Lamm zur Schlachtbank"

Jes 53, 4f.7.11

4 Fürwahr, er trug unsere Krankheit und lud auf sich unsere Schmerzen. Wir aber hielten ihn für den, der geplagt und von Gott geschlagen und gemartert wäre. 5 Aber er ist um unserer Missetat willen verwundet und um unserer Sünde willen zerschlagen. Die Strafe liegt auf ihm, auf das wir Frieden hätten, und durch seine Wunden sind wir geheilt ... 7 Als er gemartert ward, litt er doch willig und tat seinen Mund nicht auf wie ein Lamm, das zur Schlachtbank geführt wird ... 11 Weil seine Seele sich abgemüht hat, wird er das Licht schauen und die Fülle haben ... er, mein Knecht, der Gerechte, (wird) den Vielen Gerechtigkeit schaffen, denn er trägt ihre Sünden.

„Fürwahr ...“ (V. 4) – eine vorausgehende Bekräftigung, welche die besondere Wichtigkeit des Folgenden einleitet, wie ein Stempel, der an den Anfang gesetzt wird, während wir ihn heute am Ende von Beglaubigungen erwarten. Wann das beschriebene Martyrium geschehen ist, lässt sich nur in etwa einkreisen, wahrscheinlich um 553 v. Chr., als sich der Siegeszug des Perserkönigs Kyros über die Babylonier bereits ankündigte, auf den die nach Babylon in die Gefangenschaft geführten Israeliten hoffnungsvoll vorausblickten. Die weggeführten Judäer litten an Zwangsarbeit und dem Entzug ihrer judäischen Heimat. Die großartigen babylonischen Götterfeiern verunsicherten sie in ihrem Glauben, dass Adonaj, der Gott ihrer Väter, auch außerhalb ihrer palästinensischen Heimat im Exil wirksam sei: „An den Wassern zu Babylon saßen wir und weinten, wenn wir an Zion gedachten“ (Ps 137,1). Der Schreiber des 53. Kapitels, der seinem Meister Jesaja als dessen Schüler aus Verehrung vier so genannte „Gottesknechtlieder“[290] unterstellt, aber selbst anonym bleibt, berichtet in geradezu poetischen Worten von einem bedrückenden Ereignis, bei dem ein einzelner Märtyrer eine unbekannte Schuld seiner Schicksalsgenossen stellvertretend auf sich nimmt: „Er ist um unserer Missetat willen verwundet und um unserer Sünde willen zerschlagen“ (V. 5a). Worin die „Missetat“ konkret bestand, erfahren wir nicht. Der Jesajaschüler musste vermutlich verdeckt schreiben, um nicht selbst ins Leiden zu geraten. Die meisten heutigen Exegeten verweilen dabei, sich mit der Lyrik der Gottesknechtlieder und der in ihnen enthaltenen Sühnetheorie zu beschäftigen. Sie übergehen dabei die Wahrscheinlichkeit, dass ein politischer Hintergrund zur Abfassung der Gottesknechtslieder führte. Es hat wohl ein verzweifelter Aufstand der Exilanten stattgefunden, der von den Babyloniern niedergeschlagen und bestraft wurde. Dabei wurden keine massenhaften Tötungen vorgenommen, sondern ein führender Sprecher der jüdischen Gefangenen nach dem Prinzip „Einer für alle“ zur Abschreckung stellvertretend grausam hingerichtet. Es kann ein mitverschleppter Spross des davidischen Königshauses, ein Toragelehrter, ein Mitglied der Prophetenschaft, irgendsonst eine herausragende jüdische Persönlichkeit gewesen sein, die zur Abschreckung weiterer Revolten leiden musste. Einer gab sein Leben zum „Schuldopfer“ für andere (V. 10a). Welche andere „Krankheit“ (V. 4) als die des ständig schwelenden Aufruhrs könnte denn sonst als „unsere“, das heißt als Leiden aller, metaphorisch gemeint sein, und warum sollten sonst dem „ebed adonaj“, dem Knecht Gottes Wunden zugefügt worden sein (V. 5b)? Und warum sollte hernach „Frieden“, das heißt Ruhe entstanden sein, auch wenn sie trügerisch war? Wie konnten die Verschleppten durch seine Wunden „geheilt werden“ (V. 5c), wenn sie nicht durch das Leiden des Gottesknechtes von jeden weiteren Aufstandsversuchen abgeschreckt wurden? Das stellvertretende Sühneleiden ist das erste Moment, das die Urchristen vom Jesajabuch her zur Sinngebung des

[290] Jes 42,1–4; 49,1–6; 50,4–9; 52,13–53,12.

Todes Jesu anregte (Apg 8,30–35). Es bestärkte ihre Erinnerung an den alten aaronitischen Ritus des „Sündenbocks“, dem in ihrer Heimat Israel am Großen Versöhnungstag vom Priester symbolisch die Sünden des Volkes aufgeladen wurden, um dann mit ihnen in die Wüste gejagt zu werden (Lev 16): „... denn er *trägt* ihre Sünden“ (V. 11c).

Nahe an Jesus herankommend empfanden die Urchristen zudem, dass der leidende Gottesknecht des Jesajabuches der „Gerechte“ genannt wurde, der sein Leben unschuldig und freiwillig für die „Vielen“ hergab (V. 11), so wie Jesus „den Übeltätern gleich gerechnet wurde“ und noch am Kreuz, für die Übeltäter „gebeten“ hat (Jes 53,12; Lk 23,34). Die allerdeutlichste Parallele der beiden „Gottesknechte“ aber fanden die hinterbliebenen Jünger und Anhänger Jesu im Bild des wehrlos sich fügenden Lammes: „Als er gemartert ward, litt er doch willig und tat seinen Mund nicht auf wie ein Lamm, das zur Schlachtbank geführt wird, und wie ein Schaf, das verstummt vor seinem Scherer ...“ (V. 7). Deuterojesaja benützt hier den Vergleich des „Gottesknechtes“ mit einem zu Tode erschrockenen oder sich instinktiv tot stellenden „Lamm“. Dabei ist entscheidend: Es handelt sich nur um einen Vergleich! Der Knecht Gottes ist nicht selbst das Lamm Gottes. Und auf der „Schlachtbank“ fließt auch kein Blut, sondern der Knecht verhielt sich, als würde er *wie* ein Lamm zur Schlachtung geführt. Es war vor allem der Evangelist Johannes, der aus dem Vergleich zwischen dem Knecht und dem Lamm eine Identifikation von Beiden gemacht und damit später die ganze Schlachtbluttheologie der Karfreitage beeinflusst hat: „Siehe, das ist Gottes Lamm, das der Welt Sünde trägt“ (Joh 1,29.36; auch 1Petr 1,19). Aus dem „ebed adonaj“ (Knecht Gottes) ist das „amnos adonaj“ (Lamm Gottes) geworden. Gemäß dieser Lammtheologie des Evangelisten Johannes ist Jesus darum auch bei ihm nicht erst am Karfreitag, sondern bereits am Gründonnerstag, dem 14. Nisan, als dem Rüsttag auf den folgenden Hauptfeiertag des Pessach gekreuzigt worden, als im Tempel die „fehlerlosen“ Lämmer geschlachtet wurden. Bis heute wird das Bild bzw. die Skulptur des Lammes auf vielen christlichen Altären verherrlicht.

Der Neutestamentler Joachim Jeremias hat zu der Verschiebung von „Knecht“ zu „Lamm“ eine interessante These aufgestellt, die aber leider von anderen Forschern nicht weiter verfolgt wurde. Jeremias suchte nachzuweisen, dass im Aramäischen, als dem Dialekt, den die frühen Judenchristen untereinander sprachen, der Begriff „talja“ als so genanntes „Teekesselwort“ in der Doppelbedeutung von „Knabe/Knecht“ sowie „Lamm“ benützt wurde.[291] Da nun Jesus am Passafest starb, an dem die Lämmer geschlachtet wurden, konnte es nahe liegen, ihn als unschuldiges Passalamm zu identifizieren, zumal auch heidnische Kulte der damaligen Zeit Tieropferszenen an ihren Wei-

[291] Notiert bei: EWNT I, ^{2}1992, Art. amnos, Sp. 169f.

hefesten kannten.[292] Vom Schlachtopfer Jesus war es dann im Christlichen Abendland nicht mehr weit bis zur Heiligung der Blutopfer auf den vaterländischen Schlachtfeldern. Wenn heute eine Deutung des Kreuzestodes Jesu gesucht wird, müssten sich weniger Gottesdienstbesucher daran stoßen, dass wir angeblich im Abendmahl Jesu Blut trinken, wenn wir darauf verweisen würden, dass bei Jesaja nicht ein „Lamm“ geschlachtet, sondern ein „Knecht Gottes“ bestraft wird (Jes 53,11), weil er die herrschenden Verhältnisse vom „Reich Gottes“ her kritisierte und mehr Gerechtigkeit und Frieden verlangte. Der Sinn des Todes Jesu wäre dann weniger dogmatisch und weniger mysteriös. Er wäre als politisch bedingt dem Verstand zugänglich und verlöre doch nichts von der Erschütterung, welche die Lektüre der Passionserzählungen über die Hinrichtung Jesu bewirken kann.

Am meisten Zweifel hat jedoch bei denen, die gerne glauben würden – wenn sie sich nur nicht an so viel Widersinnigem in der Karfreitagstheologie stoßen müssten –, die Behauptung ausgelöst, Jesus sei „von Gott geplagt und gemartert“ worden (V. 4b). Wie kann der Gott der Liebe und der Gerechtigkeit seinen „Sohn“, der sich, wo er nur konnte, für die Armen, Kranken und Entrechteten eintrat, selbst „plagen“ und „martern“ wollen? An dieser Stelle klingt der Jesajatext jedoch wie eine Entschuldigung der Exilanten: „Wir aber *hielten* ihn für den, der geplagt und von Gott geschlagen und gemartert wäre“ – „aber er war es nicht“, möchte man ergänzen. Es ist eine uralte Einstellung der „Hebräer“, selbst noch übermächtigen Feinden die Macht über das Schicksal aus der Hand zu nehmen, indem sie deren Grausamkeiten auf Gott selbst zurückführen. Gott züchtigt sein Volk immer wieder durch Feinde wegen dessen Abfalls vom rechten Tun und Glauben. Ein übles Ergehen wird als berechtigte Strafe verstanden. Gläubige Juden waren und sind davon überzeugt, dass der Ablauf der Geschichte immer etwas mit Gottes Willen zu tun hat. Plagen und Katastrophen sind göttliche Strafgerichte. Damit ist die Rachsucht der Feinde nicht entschuldigt, aber sie werden in ihrer Selbstherrlichkeit gebeugt, indem sie zu bloßen Werkzeugen Gottes degradiert werden. So gewinnen die faktisch hilflos Unterlegenen noch eine letzte, wenigstens religiöse Überlegenheit. Selbst noch in Auschwitz bekannten orthodoxe Rabbiner, Gott sei der gerechte Richter, der sein Volk im Holocaust für die Sünden seiner Vergangenheit strafe. Niemand könne den Ratschluss Gottes verstehen. Jeder aber sollte ihn anerkennen, denn Gott im Glück zu loben sei leicht, ihm aber auch im Leid zu huldigen, zeichne die Erwählten aus.“ Deuterojesaja wäre dann, noch viel zu wenig beachtet, der erste Prophet Israels, der die „Schuld“ für das Martyrium des unschuldigen Gerechten nicht mehr auf Gott Adonaj, sondern auf die Selbstverantwortung der Verschleppten zurückgeführt hätte. „Wir *hielten* ihn als von Gott geschlagen ...“ (V. 4). Das heißt doch wohl: „Wir *meinten* zunächst, Gott habe seinen Knecht für unsere Sünden

[292] So z. B. der Mithraskult.

büßen lassen. Doch dann erkannten wir, dass wir sein Martyrium in Wahrheit selbst zu verantworten hatten". Gott wird nicht erst groß, nachdem er selbst uns klein gemacht hat. Wird nun das Leiden des Gottesknechtes bei Deuterojesaja auf Jesu Passion und Tod übertragen, hieße das: Jesus starb von Menschenhand, ohne dadurch aus Gottes Händen zu fallen.

Die religiöse Anfechtung

Der Apostel Paulus schreibt von einer Leidensgemeinschaft der Christen mit Christus: „Wir tragen allezeit das Sterben Jesu an unserem Leibe" (2 Kor 4,10). Doch können wir wirklich die Tiefe des Leidens Jesu nachempfinden oder gar uns selber wünschen? Ist es für unseren Glauben noch erträglich, dass sich der Sohn Gottes am Kreuz, nicht nur von jeder menschlichen Hilfe, sondern auch von Gott verlassen fühlte? An Gottes Existenz hat Jesus damals noch nicht irre werden können, wohl aber an seiner Präsenz. Jesu „Sterbegebet" endet mit einem Schrei (Mt 27,50). Der Gott Vater, der sich ihm in der Taufe offenbart hat, hat sich ihm am Kreuz verborgen. Damit steht Jesus in der Reihe der vielen an Gott Verzweifelten zu allen Zeiten. So klagt ein Beter im 88. Psalm: „Meine Seele ist übervoll an Leiden" (V. 4). „Meine Freunde und Nächsten hast du mir entfremdet" (V. 19). „Ich bin wie ein Mann, der keine Kraft mehr hat" (V. 5). „Ich liege gefangen und kann nicht heraus" (V. 9). „Warum verstößt du, Herr, meine Seele und verbirgst dein Antlitz vor mir?" (V. 15). Das Leiden bedroht alle Lebensäußerungen. Es nimmt dem Leben seine Freiheit, seine Gewohnheiten, sein Ziel. Es erfasst den Körper, die Seele, die Beziehungen. Es verdunkelt den Glauben. Es schreit nach Gottes Gerechtigkeit. Es kann, wenn es alle Dimensionen umfasst, nur noch im Verstummen enden, im Fluch oder in der völligen Apathie. Auch wenn Jesus noch vor seinem Einzug in Jerusalem in seinen Leidensweissagungen sein baldiges Ende ahnte, hat er wohl nicht damit gerechnet, dass Gott Abba sich ihm verbergen und er bis in seine Seele hinein erschüttert und gelähmt werden könnte.

15 Verlassen oder geborgen?

Wie ein Todkranker gestorben ist, hat schon immer seine Angehörigen, Freunde, Nachbarn interessiert. Hat er sehr gelitten? Ist er „friedlich eingeschlafen?" Hat ihn sein Glaube gestützt? Wie lange war er noch bei Bewusstsein? Wollte er noch etwas sagen? Hat er bereits etwas anderes gesehen? War noch jemand bei ihm, der ihm die Hand hielt? Hat ihm noch jemand eine

Liedstrophe gesungen, ein Gebet zugesprochen? Oder kam das Aus überraschend, als niemand bei ihm war? Das „letzte Stündlein" eines Menschen spielte früher eine viel größere Rolle als heute, wo Narkotika das letzte Ringen erleichtern oder sogar zu einem allmählichen „Hinübergleiten" verhelfen. Sterben ist keine „Kunst" mehr und höchstens noch ein „Gewinn" für Krisenagenten und Erben. Das memento mori, „gedenke, dass du sterblich bist", wird verdrängt, auch wenn es die Medienbilder aus den Kriegsgegenden der Welt täglich vor Augen führen. Es wird den Kirchen übel genommen, dass sie mit ihren Traditionen ständig das Ende aller Vergnügungen und die Verantwortung für das Gelebte anmahnen. Es wird ihnen nicht mehr so leicht abgenommen, dass das Leiden eine Prüfung Gottes, eine Chance zur Läuterung oder gar eine Strafe Gottes für ein verfehltes Leben sei. Andererseits werden die Kirchen immer noch in letzter Not und Verlegenheit gerufen, wenn es Riten braucht, um erschreckende Ereignisse zu mildern und mit feierlichen Zeremonien zu überstehen. Dann kann es sein, dass das „Wort vom Kreuz" nicht mehr so sehr als „Torheit" empfunden wird (1 Kor 1,18), sondern als eine tiefe Wahrheit, die uns an die Vergänglichkeit alles Lebendigen erinnert. Christus hat für uns und mit uns gelitten. Und er hat jedem Sterbenden das Recht gegeben, so aus dieser Welt zu scheiden, wie es sein Leib und seine Seele von ihm verlangen. Sterben ist das Persönlichste, was es gibt. Und jeder stirbt seinen unverwechselbar anderen, eigenen Tod.

Die Evangelisten haben dies als Erzähler des Geschehens auf Golgatha erkannt. Und in den letzten Minuten Jesu gespiegelt, was sie selbst und ihre Gemeinden dringend an Sterbeerfahrung brauchten. Keiner der Evangelisten war ein Augenzeuge. Trotzdem war jeder von ihnen überzeugt, legitim vom Tod Jesu zu reden. Die Sterbeszene Jesu ist der überzeugendste Beweis dafür, dass die „Bibel" nicht einfach nur als objektiver, historischer Bericht zu lesen ist, sondern ihre Autoren subjektiv betroffen in äußerst unterschiedlicher Weise darstellen, wie Jesus starb und was seine letzten Worte waren. Sie stellen uns drei „Sterbemodelle" vor Augen – und das ist kein Schaden, sondern bietet eine breitere Anregung, über den Ernst des letzten Daseins zu meditieren und Christus mit uns leben und sterben zu lassen. Es wird uns der verzweifelte, der ergebene und der triumphierende Tod Jesu vor Augen gehalten. Dabei ist es jedes Mal nur der von Anderen beobachtete Tod. Die „Innenansicht" des Sterbens lässt sich wie bei Jesus so bei allen Sterbenden nur von ihrer „Außenansicht" her erahnen. Was wirklich mit ihm geschieht, erfährt nur der Sterbende selbst.

Die sieben Worte Jesu am Kreuz
Mk 15,34; Mt 27,46; Lk 23,34.46; Joh 19,26f.28.30

Markus und Matthäus überliefern den letzten Ruf Jesu als Verzweiflungsschrei: *„Mein Gott, mein Gott, warum hast du mich verlassen?" (Mk 15,34; Mt 27,46).* Die meisten Exegeten verstehen diese Anklage Gottes als mit letzter Kraft versuchten Einstieg Jesu in den Sterbepsalm 22, der ihm von Jugend an aus der jüdischen Liturgie vertraut war, so wie schon manchmal Christen bei uns auf ihren Sterbebetten aus den Tiefen ihrer Erinnerung die Lieder „Jesu geh voran ..." oder „Befiehl du deine Wege ..." auf ihre Lippen zurückriefen. Aus Atemnot sei Jesus aber dann über den ersten Vers dieses Psalms nicht mehr hinausgekommen und habe das bewusste Beten abbrechen müssen. Es sei zugestanden, dass die Evangelisten hier und da einzelne Szenen der Passionsgeschichten von Psalmzitaten her entworfen haben, nicht um zu fälschen, sondern im aufrichtigen Glauben, dass im Christusgeschehen „die Schrift erfüllt" worden sein. So gibt es die These, die beiden Evangelisten hätten den letzten, unheimlichen und unartikulierten Schrei Jesu nicht ertragen und ihn durch das Zitat von Psalm 22,2 aufgefüllt. Dabei müssten aber doch Markus und Matthäus bemerkt haben, dass Jesus in Gethsemane, als „seine Seele" schon „bis an den Tod betrübt war", trotzdem noch innig beten konnte: „Mein Vater ..." (Mt 26,19), beziehungsweise „Abba, mein Vater" (Mk 14,36). Und nun soll er auf Golgatha nur noch blass und allgemein „Mein Gott, mein Gott ..." zitiert haben? Warum nicht? Das körperliche Leiden kann die seelische Kraft beschädigen. Warum darf der Mensch gewordene Gottessohn nicht wie ein Mensch in letzte Verzweiflung geraten? Musste Jesus bis ins letzte Martyrium hinein fromm bleiben, nur weil wir uns das von einem Gottessohn nicht anders vorstellen können? Der Gekreuzigte hat ja nicht das Sein Gottes bezweifelt, sondern nur unter dessen Verborgenheit gelitten. Er hat „Abba" verloren, aber Gott behalten. Ein völliger Atheismus war zur Zeit Jesu noch nicht vorstellbar. Gott, die Welt und das Schicksal gehörten noch eng zusammen.

Der Ruf „Mein Gott, mein Gott ...!" muss also kein einmal in der Synagoge auswendig gelerntes, ergebenes Sterbegebet gewesen sein. Er kann durchaus als tiefe Verzweiflung an Gott von Jesus neu und mit eigenen Worten aus ihm heraus geschrieen und von Augenzeugen an Markus und über ihn an Matthäus überliefert worden sein. Nur als Angefochtener kann Jesus heutzutage zu einem Identifikationsangebot für verfolgte und geschundene Christen in aller Welt und auf vielen Sterbebetten werden. Der Verlassenheitsschrei Jesu wäre dann nicht nur ein Einstieg in vertraute fromme Sätze, sondern ein letzter Gefühlsausbruch seiner Seele gewesen. Aber auch selbst dann, wenn Jesus wirklich „nur" Psalm 22 als vertrautes Sterbegebet zitiert hätte und ihm die Kraft zu weiteren Versen dieses Psalms geblieben wäre, hätte er noch Aussagen von tiefer Bitterkeit „aufsagen" müssen, denn es folgen in Psalm 22 weitere Vorwürfe an Gott wie: „... Angst ist nahe, denn es ist hier kein Helfer" (V. 12), oder: „Meine Kräfte sind vertrocknet wie eine Scherbe, und meine Zunge klebt mir am Gaumen, und du legst mich in des Todes Staub" (V. 16). Das Phänomen einer letzten Verzweiflung Jesu an Gott macht das Wunder seiner Auferweckung aus dem Grab eher größer als kleiner. Gott hat auf Golgatha bei dem Gekreuzigten ausgehalten, auch wenn seine Nähe verdeckt blieb. Markus und Matthäus haben in den 79er und 80er Jahren des ersten Jahrhunderts n. Chr. mit ihren Gemeinden viel bittere Leidenserfahrungen miterleben müssen. Besonders Matthäus hat seine Gemeindeglieder immer wieder vor allem mit seinen Gleichnissen Jesu ermahnen müssen, zum Glauben zu stehen und sich nicht anfechten zu lassen.[293] Es ist nahe liegend, dass er – und auch Markus – ihren aus Angst vor dem Martyrium zum „Abfall" neigenden, oftmals verzweifelten Mitchristen zeigen wollten, dass das „Kreuz" nicht schon unbedingt auch das Ende von Gottes Allmacht sein muss.

Lukas, der Arzt gewesen sein soll (Kol 4,11)[294], hält uns einen ganz anderen „Jesus am Kreuz" vor Augen. Wie es im Arztberuf darum geht, Schmerzen zu lindern und zu heilen, schildert er in drei Äußerungen des Gekreuzigten einen Jesus, der noch im Martyrium helfend und heilend an andere denkt und sich am Ende getrost in Gottes Hände gibt. Jesus stirbt, wie er gelebt hat, fest im Glauben an Gott Vater verankert – ein Vorbild für alle verfolgten Christen seiner Zeit. *„Vater, vergib ihnen, denn sie wissen nicht, was sie tun" (23,34)*, bittet er für die Soldaten, die ihn ans Holz nageln (23,33). Noch in seinen letzten Stunden hält Jesus bei Lukas die Feindesliebe durch, die er in seinen galiläischen Anfängen in seiner Feldrede predigte: „Liebt eure Feinde; tut wohl denen, die euch hassen; segnet, die euch verfluchen; bittet für die, die euch beleidigen" (6,27f.).

Den reuigen Schächer tröstet er: *„Wahrlich, ich sage dir: Heute wirst du mit mir im Paradies sein" (23,43)*. Lukas, der ein Paulusschüler war,[295] erinnert mit diesem Spruch, den er den „Heiland" – wie er Jesus seit dessen Geburt nennt –,[296] noch dem Sünder neben ihm zusprechen lässt, an die Theologie seines Lehrmeisters, der im Römerbrief vom „Mitleben und Mitsterben" mit Christus schreibt (Röm 6,6–8). Jede Stunde, auch die allerletzte, ist eine Chance umzukehren. Auch vertritt Lukas an dieser Stelle eine so genannte präsentische Eschatologie. Die Verstorbenen müssen nicht bis zum apokalyptischen Ende der Welt warten, bis sie ins „Paradies" aufgenommen werden. Im Sterben überschreiten die Seelen der Toten die Zeitengrenze und können „heute" schon im Reich Gottes sein. Da Lukas für griechische Leser schreibt, übersetzt er den jüdischen Begriff „Reich Gottes" in die persisch-hellenistische Vorstellung des „Paradieses" als einem Ort der Ruhe und Erholung. Jesus verleiht

---

[293] Vgl. oben S. 17.83.
[294] Vgl. oben S. 20.
[295] Phlm 24; 2 Tim 4,11.
[296] Lk 1,47; 2,11.30; 3,6.

damit als Sterbender dem Mitsterbenden neben ihm einen Hoffnungsschimmer als seine letzte Heilandstat. Bezeichnenderweise verurteilt er zugleich den anderen Schächer zu seiner Linken nicht, der ihn in einer letzten Aggression noch lästert: „Bist du nicht der Christus? Hilf dir selbst und uns!“ (23,39). Das meint: „Wenn du der Messias bist, dann erweise es an dir und an uns!“ Auf der Annahme des reuigen Schächers haben die Kirchen früher eine ganze Theologie des „letzten Stündleins“ aufgebaut, und an den Sterbebetten, solange die Todkranken noch bei Bewusstsein waren, auf ein letztes Sündenbekenntnis gewartet, das sie dann mit dem Beichtsakrament der Sündenvergebung verbanden. Doch der Schächer zur Rechten weist den Schächer zur Linken zurecht, nicht der „Heiland“ selbst: „Und du fürchtest dich auch nicht vor Gott, der du doch in gleicher Verdammnis bist?“ (23,40). Es verlangt seelsorgerliches Gespür, ob ein Bußbekenntnis einen Sterbenden erleichtert und oder noch mehr erschöpft.

Erst mit seinem dritten und allerletzten Wort denkt dann der sterbende Jesus bei Lukas noch an sich selbst. Als die „Sonne ihren Schein verliert“ und drei Stunden lang eine unheimliche „Finsternis über das ganze Land kommt“ (23,44f.), bricht Jesus auch bei dem dritten Evangelisten in einen lauten Ruf aus. Allerdings entringt sich ihm kein Schrei der verzweifelten Verlassenheit wie bei Markus und Matthäus, sondern er ruft im Gegenteil vertrauensvoll: *„Vater, ich befehle meinen Geist in deine Hände!“ (23,46).* Dann verschied Jesus auch bei Lukas, wenn auch nicht mit einem weiteren, noch lauteren Schrei wie bei den ersten beiden Evangelisten. Wieder steht im Griechischen, wie schon bei Mk 15,36, so auch bei Lukas der Begriff „er hauchte aus“. Jesus gibt den „Odem“ zurück, den er bei seiner Geburt wie jeder „adam“ von seinem Schöpfer empfangen hat (Gen 2,7). Das hebräische Denken liebt die Struktur pars pro toto (ein Teil steht für das Ganze). Anstatt des Personalpronomens „ich“ redet der antike Sprecher ersatzweise nur von einem Teil seines Ichs. Entweder sagt er mein Leib, meine Seele oder mein Geist, meint aber damit immer den ganzen Menschen mit Gefühl, Vernunft und Körper. Das persönliche Sterbegebet Jesu wäre also zu lesen: „Vater, ich übergebe mich in deine Hände!“ „Vater!“ ruft Jesus bei Lukas am Kreuz. Anders als der Jesus des Markus und des Matthäus hat er bei Lukas weder im Leben, noch im Sterben den nahen Vater an den fernen Gott „verloren“. Auch das ist ein hilfreiches Sterbemodell, bei dem sich der Sterbende der Erlösung gewiss ist, wie sich schon in Psalm 31,6 – an den Lukas wohl an dieser Stelle gedacht hat –, der aus dieser Welt Scheidende der Aufnahme in Gottes Hände gewiss ist: „In deine Hände befehle ich meinen Geist; du hast mich erlöst, Herr, du treuer Gott“.

Johannes berichtet ebenfalls wie Lukas drei Worte Jesu am Kreuz. Alle drei Äußerungen gelten in der neutestamentlichen Wissenschaft als aus der Theologie des vierten Evangelisten heraus entworfen und in eigene Rahmenerzählungen gesetzt: „Es standen aber bei dem Kreuz Jesu seine Mutter und seiner

Mutter Schwester, Maria, die Frau des Klopas, und Maria von Magdala" (19,25). Frauen war es eher als Männern erlaubt, nahe an Gekreuzigte heranzutreten. und sie, sofern sie mit ihnen vertraut waren, laut zu beklagen. Johannes benennt in dieser Frauengruppe drei Marien und eine namentlich unbekannte Schwester seiner Mutter. Diese starke Präsenz von Jesus nahen Frauen auf Golgatha versteht Johannes wohl als eine Hommage an die besonders aktiven Rollen der Frauen in den frühen Gemeinden. Sie waren die nächsten Zeuginnen seines Todes am Kreuz und ebenso die ersten Zeuginnen des leeren Grabes (Mt 28,1). Die Männer aus dem Jünger- und Freundeskreis Jesu waren geflohen oder standen nur in der Ferne. Eine Ausnahme bildet bei Johannes jedoch der „Jünger, den er lieb hatte" (19,26), und dessen Verhalten der Evangelist zwischen den Zeilen mit seinem eigenen identifiziert. Er erscheint unvermittelt neben den Frauen, die sich nach Golgatha gewagt hatten, und bewirkt beim vierten Evangelisten das erste Wort des Gekreuzigten: „Als nun Jesus seine Muter sah und bei ihr den Jünger, den er liebhatte, spricht er zu seiner Mutter: *„Frau, siehe, das ist dein Sohn!" (19,26)*. „Danach spricht er zu dem Jünger: *„Siehe, das ist deine Mutter!" (19,27)*. Der Leidende empfiehlt seiner Mutter und seinem Lieblingsjünger einander zu adoptieren, um füreinander zu sorgen und sich gegenseitig zu beschützen. „Und von der Stunde an nahm sie der Jünger zu sich" (19,27b). Diese gegenseitige „Adoption" dürfte geistig und sozial gemeint sein. Wenn der Evangelist Johannes mit dem Lieblingsjünger Johannes identisch war und Mutter Maria in den frühen Gemeinden das hohe Ansehen genoss, von dem ihre Anwesenheit im Kreis der Apostel bezeugt (Apg 1,14), dann half sie ihm, seine der Gnosis nahe Symboltheologie gegen „rechtgläubiges" Misstrauen führender Urchristen zu verteidigen. Mutter Maria galt schon früh als Erzpatronin der Kirche und wenn sie sich in das Haus des Jüngers Johannes begibt, erhält dessen Theologie die Legitimität der Kirchlichkeit. Zumindest scheint sich das der Evangelist gewünscht zu haben. Obwohl von den Anfängen Jesu in Galiläa an bis zu Golgatha eine leichte Distanzierung zwischen Jesus und seiner Mutter herrschte, scheint Jesus doch noch irgendwie Maria die besondere Rolle einer Vermittlerin unter seinen Jüngern hinterlassen zu haben. Zwar redet er sie am Kreuz nur noch mit „Frau", statt mit „Mutter" an (19,27), wie er sich schon in Galiläa gegen ihren Versuch wehrte, ihn zu „übermuttern" und heimzuholen (Mt 12,48–50), und ebenso hatte er ihren Übereifer bei der Hochzeit zu Kana getadelt: „Was geht's dich an, Frau, was ich tue!" (2,4). Alle vier Evangelisten sehen die Mutter Maria kritisch. Trotzdem hatte sie schon früh diese Stellung der „Gottesgebärerin", wie sie dann später die Kirchenväter bekannten, die ihr keiner nehmen konnte. Die Mutter Maria hat in der christlichen Kunstgeschichte immer zusammen mit dem Jünger Johannes und Maria Magdalena die klassische Kreuzigungsgruppe dargestellt. Mit der Anweisung der gegenseitigen Adoption hat Jesus auf Golgatha den frühen Gemeinden ein neues Verständnis von Familiarität in hinterlassen: Er gab der geistlichen Verwandtschaft unter Christen den Vorrang vor der leiblich-biologischen. Alle Getauften sind untereinander Brüder und Schwestern. Der Geist ist noch vor dem Blut das Siegel der Verbundenheit.

Johannes lässt Jesus noch als zweites Wort am Kreuz die Bitte aussprechen: *„Mich dürstet" (19,28).* Es wundert, dass der Evangelist den für ihn mit überirdischen Gaben ausgestatteten Gottessohn noch ein so natürliches Bedürfnis ausdrücken lässt. Eigentlich war Johannes der Überzeugung, dass Jesus hoheitsvoll die Tage seiner Passion durchschritt. Andererseits verstärkt er gegen Ende seines Buches mit dem „Durst" Jesu noch einmal seine anfängliche theologische Auffassung von der „Fleischwerdung des Logos" (Joh 1,14a). Die letzte menschliche Bitte des Gekreuzigten ist die Bitte um einen Schluck Wasser. Trotzdem ist diese Bitte von Johannes selbst nur ausgedacht, um einen Schriftbeweis führen zu können und damit seine „Kirchlichkeit" zu belegen, denn er leitet die Wasserbitte mit dem Hinweis ein: „... als Jesus wusste, dass schon alles vollbracht war, spricht er, damit die Schrift erfüllt würde: Mich dürstet" (19,28b). Der Evangelist hat sich offensichtlich von Ps 22,16 zu diesem Seufzer Jesu anregen lassen: „... meine Zunge klebt mir am Gaumen". Seine Bewacher „steckten dann einen Schwamm mit Essig auf ein Ysoprohr und hielten es ihm an den Mund" (19,29). Und der Dürstende verweigert sich dann auch nicht diesem Angebot (19,30).

Johannes überliefert – wie schon Lukas – den bestürzenden Verlassenheitsruf Jesu nicht. Trotz seines Verweises auf den „kreatürlichen" Durst Jesu fügt sich eine solche Tiefe des Leidenmüssens nicht in seine Theologie vom aus der himmlischen Präexistenz herabgekommenen Logos (Joh 1,1.14). Für den vierten Evangelisten ist die Annagelung Jesu an das aufgerichtete Kreuz zugleich dessen Erhöhung zum König.[297] Er schreibt das Leiden Jesu zu einem hoheitsvollen Gang zum Thron des Gottessohnes um, indem er den Gekreuzigten als allerletztes Wort sieghaft ausrufen lässt: *„Es ist vollbracht!"* (19,30). Der Kreis der Offenbarung ist geschlossen. Das irdische Werk Jesu ist vollendet. Der in die Welt zur Einsammlung der Glaubenden gesandte Logos kann wieder heimkehren zu seinem himmlischen Vater. Jesus endet bei Johannes nicht wie bei Matthäus und Markus mit einem letzten weit in die Welt hinaushallenden, unartikulierten Schrei. Er verlässt auch diese Welt nicht in leiser Ergebenheit an Gott Vater wie bei Lukas, sondern er „neigt sein Haupt" und „gibt seinen Geist auf" (19,30 wörtlich). Er verlässt seine irdische Verfasstheit, seine Inkarnation, wie ein König, der seine Regierungsaufgaben vollendet. „Es ist vollbracht!" lautet im Griechischen „Es ist ans Ziel gebracht!"

Für den kunstgeschichtlich Interessierten ist es jeweils eine spannende Sache, nach welchem Evangelisten der Kruzifixus gestaltet ist. Da die letzten Äußerungen Jesu am Kreuz in den Evangelien so grundverschieden überliefert werden, mussten sich die Maler und Bildhauer entscheiden, welchen Golgo-

297 Vgl. W. Bösen, a. a. O., S. 292.

tatext sie als Vorlage benützen wollten, wobei sie damit zugleich etwas über ihre eigene Glaubensauffassung ausdrückten, beziehungsweise über die Umgebung, in die sie ihr Kunstwerk einzufügen hatten: Einen Hochaltar, eine Andachtsnische, ein Feldkreuz, eine Siechenhauskapelle, etc. Ist der Kruzifixus nach Markus und Matthäus gestaltet, so ist der Körper Jesu schmerzhaft gekrümmt, das Gesicht schaut geradeaus mit aufgerissenen Augen wie ins Leere. Ist der Sterbende nach Lukas abgebildet, so ist der Kopf demütig ergeben zur Seite geneigt. Bei einem Anklang an Johannes ist das Haupt hochgeworfen und ein sieghafter Blick schaut nach oben. Es sind aber nicht nur die verschiedenen Sterbeberichte der Evangelien, welche die Künstler aufgreifen. Es ist auch ihre Zeitstimmung, die sie in der Darstellung des Gekreuzigten verkörpern. Die ständisch aufgebaute Romanik stilisiert den Gekreuzigten nach Johannes zum König des Universums, der auf Tympanoi (Türbögen) an Kircheneingängen mit dem Kopf den Horizont berührt und mit den Füßen auf dem Boden steht und so Himmel und Erde verbindet. Die Gotik mit dem Schwarzen Tod der Pest hält sich an Markus und Matthäus und betont das aus den Wunden fließende Blut. Der Barock setzt von Lukas angeregt um den Kopf Jesu den Strahlenkranz des demütigen Märtyrers oder vergoldet das Lendentuch des Gekreuzigten.

Jedes Phänomen des Leidens, der Erlösung oder der Verzweiflung an Gott kann in Jesus Christus sein Gesicht und sein Urbild finden. Einen letzten qualvollen Schrei oder auch nur einen schwächeren Ruf berichten alle drei Synoptiker. Nur bei Johannes tastet das Martyrium die Seele Jesu nicht an. Weil aber die Sterbeszenen Jesu bei den Evangelisten so grundverschieden gestaltet sind, können sich Leidende gleich welcher Leidensform zu allen Zeiten mit dem Gekreuzigten auf Golgatha identifizieren. Andererseits sind gerade die so sehr verschiedenen Überlieferungen des Sterbens Jesu ein Beleg dafür, dass die „Bibel" nicht an allen Stellen und immer nur verbalinspiriert und historisch zu verstehen ist, sonst wäre rückzufragen, welcher Evangelist bringt nun den „richtigen" und gültigen Bericht? Es kann doch nicht verschiedene „Christuse" gegeben haben! Wohl aber sind uns immer nur verschiedene „Christusbilder" überliefert, aus denen verschiedene Lebenserfahrungen und Betroffenheiten der Überlieferer und ihrer Gemeinden sprechen? Darum sind auch kirchengeschichtlich und systematisch die „Gemeinden" (Plural!) älter als die „Kirche" (Singular!). Dass es im Christentum „Konfessionen" gibt, ist keine „Sünde" der Reformation, sondern das früheste Phänomen der Christenheit, und liegt bereits in den verschiedenen Golgathaberichten von vier Evangelien begründet. Die Verschiedenheit der Evangelien steigert die Chancen der Verkündigung, zu verschiedenen Zeiten in verschiedenen Kontinenten und Kulturen ansprechende Antworten auf die Schicksale der Völker wie der Individuen geben zu können.

16 Der letzte Schrei

Es ist gegen zwölf Uhr. Die Sonne steht im Zenit, als sie sich plötzlich drei Stunden lang total verdunkelt (V. 45). Das Leiden Jesu hat sich ausgedehnt auf das ganze Universum. Jesus ringt mit dem Tod und die ganze Schöpfung leidet mit. Es ist keine reale Szene. Kein antiker Historiker hat von einer ungewöhnlichen Sonnenfinsternis aus den Jahren 30–33 n. Chr. berichtet. Matthäus will mit diesem Bild – wie auch die anderen beiden Synoptiker – ausdrücken, dass Jesus, der Sohn Gottes, die „Sonne der Gerechtigkeit", das Licht der Welt, diese Erde verlässt. Die Natur wenigstens hat begriffen, was die Menschen nicht verstanden haben: Sie haben den Sohn Gottes verworfen und sich selbst um ihr Heil gebracht. So scheint es! Nicht einmal Jesus selbst kann noch an eine Wende glauben.

Der Tod Jesu

Mt 27,45–50 (Mk 15,33–37; Lk 23,44.46; Joh19,29–37)
45 Und von der sechsten Stunde an kam eine Finsternis über das ganze Land bis zur neunten Stunde. 46 Und um die neunte Stunde schrie Jesus laut: Eli, Eli, lama asabtani? das heißt: Mein Gott, mein Gott, warum hast du mich verlassen? 47 Einige aber, die da standen, als sie das hörten, sprachen sie: Der ruft nach Elia. 48 Und sogleich lief einer von ihnen, nahm einen Schwamm und füllte ihn mit Essig und steckte ihn auf ein Rohr und gab ihm zu trinken. 49 Die andern aber sprachen: Halt, lass uns sehen, ob Elia komme und ihm helfe! 50 Aber Jesus schrie abermals laut und verschied.

Um die neunte Stunde, das ist um drei Uhr, hallt sein Verlassenheitsschrei vom Hügel im Steinbruch Golgatha hin bis zu den Mauern Jerusalems: „Eli, eli, lama asabtani!" (V. 46). Matthäus lässt diesen Ruf, wie auch schon Markus (15,34), „sehr laut" erschallen, wo doch sonst ein Gekreuzigter entkräftet verröchelt. Niemand sollte den sterbenden Sohn Gottes überhören, ja die ganze Welt sollte ihn vernehmen. So wichtig ist es den beiden ersten Evangelisten, dass Jesus im Bewusstsein der Verlassenheit stirbt, dass Matthäus den Ruf Jesu mit „Eli, Eli! Mein Gott, mein Gott!" beginnen lässt – und nicht mehr wie in Gethsemane mit „Mein Vater!" (26,39); oder gar wie Markus dort Jesus rufen ließ: „Abba, mein Vater!" (14,36). Markus und Matthäus leben in Gemeinden, deren Glieder sich noch großenteils an die Katastrophe der Zerstörung Jerusalems durch die Römer erinnern und ihr vielleicht gerade noch entkommen konnten. Sie wissen noch, wie verzweifelt die Hilfeschreie zum Himmel gesandt wurden, und was es heißt, wenn der Glaube an den Allmächtigen sich auf einmal „verdunkelt". Sie empfinden sich mit dem leidenden und geschundenen Jesus solidarisch. Allerdings können sie, die inzwischen von dem großen Wunder der Auferweckung Jesu von den Toten durch seinen himmlischen Vater gehört haben, sich im Blick zurück die scheinbare „Blasphemie“ erlauben, dass Gott nur zugesehen hat, wie sein Sohn am Kreuz sein Leben aushaucht. Entscheidend ist für sie, dass der Sohn Gottes am eigenen Leib selbst erfahren hat, was ein Martyrium ist.

Auffallend ist, dass Markus Jesus, um die Aktualität des Verzweiflungsschreis zu verstärken, Gott auf aramäisch anrufen lässt, denn, genau beobachtet, schreit Jesus bei ihm „Eloi, Eloi!“ (15,34). Aramäisch war die Umgangssprache zur Zeit Jesu. Damit spricht Markus direkt seine Zeitgenossen an. Bei Matthäus hingegen ruft Jesus in biblisch-hebräischer Sprache zu Gott: „Eli, Eli!“ (V. 46), weil es dem Evangelisten wichtig ist, dass es eine „heilsgeschichtliche“ Linie zu den Propheten und den Psalmen gibt. Beide Evangelisten übersetzen den Psalmvers zugleich ins Griechische und erreichen damit noch eine dritte Sprache, die damals ein allgemeines Kulturgut war. Dabei war keiner der Evangelisten ein Augenzeuge auf Golgatha gewesen. Jeder hat den sterbenden Jesus nach dem Hörensagen oder nach seinem persönlichen Glauben geschaffen. Es ist einerseits nahe liegend, dass Matthäus Jesus den Anfang des damals als jüdisches Sterbegebet bekannten Psalms 22 in den Mund gelegt hat, weil er Jesus als frommen Gläubigen „heimgehen“ lassen wollte. Andererseits kennt dieser Psalm durchaus noch mehr verzweifelte Zeilen wie „Ich schreie, aber meine Hilfe ist ferne (V. 2b) ... Ich rufe, doch du antwortest nicht“ (V. 3a). Das Gottvertrauen wird im Psalm 22 geradezu überdeckt von der Verzweiflung an Gott. Das bedeutet, dass selbst wenn heutige Exegeten, den letzten Gebetsruf Jesu nicht als Verzweiflungsschrei ertragen und ihn eher für ein frommes Psalmzitat halten, Jesus mit diesem Psalm am Kreuz doch zumindest in die Gesellschaft der großen Gottesankläger wie Hiob und Jeremia gerät. Das Bekenntnis zur Menschwerdung Gottes in Jesus Christus darf auch die äußerste Grenze des Menschlichen, die Todesangst, erreichen. Jesus starb am Karfreitag zunächst „unerlöst“.

„Einige aber, die da standen ... sprachen: Der ruft nach Elia“ (V. 47). Die Evangelisten lassen Jesus in seinen Jerusalemer Tagen bis hin zum Kreuz durchweg von den „Juden“ missverstanden“ werden. Obwohl Jesus laut „Eli, Eli“ bzw. „Eloi, Eloi“ schrie, sollen einige derer, die dabeistanden, gemeint haben, er rufe nach dem Propheten Elia, der allgemein als Vorbote des Messias galt. Das Missverständnis soll nicht die Bosheit, aber immerhin die Blindheit der „Juden“ charakterisieren, die immer noch nicht gemerkt hatten, dass der Messias bereits gekommen war und vor ihnen hing. Wie sollten sie auch in dieser „Jammergestalt“ den Messias erkannt haben, der nach ihrer Erwartung mit Macht und Pracht in Jerusalem einziehen würde. Immerhin blieben sie neugierig stehen, um vielleicht doch noch eine Sensation zu erleben. Rasch tränkte einer der Zuschauer einen Schwamm mit einer Mixtur aus Wein und Essig, wie sie die Soldaten damals in des Tages Hitze zu trinken pflegten, steckte den Schwamm auf einen Stab und streckte ihn hoch, um ihn dem Gekreuzigten an die Lippen zu führen. Das erscheint wie ein Akt letzter

Barmherzigkeit, um wenigstens den brennenden Durst des am Kreuz Hängenden zu lindern. Es kann aber auch die kühle Berechnung gewesen sein, das „Austrocknen" der Kehle des Gekreuzigten noch ein wenig in die Länge zu ziehen, um zu sehen, ob nicht Elia vielleicht doch noch käme, wie auch weitere Umstehende dachten: „Lass sehen, ob Elia komme und ihm helfe!" (V. 49). Vielleicht hat auch Jesus selbst, solange er noch einen Rest von Bewusstsein hatte, gehofft, Elia werde im Auftrag seines himmlischen Vaters erscheinen und ihn in einem „feurigen Wagen" gen Himmel bringen (2 Kön 2,11). Er konnte aber diesen sauren, letzten Trunk nicht mehr zu sich nehmen, denn plötzlich erfuhr er eine Art von Kreislaufzusammenbruch. „Aber Jesus schrie abermals laut und verschied" (V. 50). Es soll ein unartikulierter, „unheimlich" lauter Todesschrei gewesen sein – ein Schrei, der einen ganzen Äon beendete. Jesus stirbt von der Welt und scheinbar auch von Gott verlassen. So sehen es Markus und Matthäus, die Golgatha zeitlich noch am nächsten kamen. „Er gab seinen Geist auf", schreibt Matthäus (V. 50). Lukas formuliert noch elementarer: „Er hauchte aus" (23,46).

Der Theologe und spätere „Urwaldarzt" Albert Schweitzer hat auf diesem letzten Schrei Jesu seine ganze „negative" Theologie aufgebaut. Jesus habe als Apokalyptiker mit allerletzter Kraft darauf gewartet, dass das Reich Gottes in letzter Minute aus den Wolken des Himmels auf die Erde herabsänke und er der ganzen Welt an der Seite Gottes als der Weltenrichter präsentiert werde. Als dies nicht geschah, sei er in letzter Enttäuschung in sich zusammengebrochen und gestorben. „Er hatte den Betäubungstrunk zurückgewiesen (Mk 15,23), um bis zuletzt bei klarer Besinnung zu bleiben"[298]. Jesus hat sich jedoch am Ende seines Lebens kein Gott Abba mehr erwiesen. Von einer Auferweckung Jesu Christi von den Toten redet Schweitzer nicht mehr. Und ob Jesus selbst an seine Auferstehung geglaubt habe, sei sehr fraglich.[299] Schweitzer jedenfalls konnte sich die göttliche Verehrung eines Mannes, der sich seiner Meinung nach geirrt hat, nicht vorstellen. Entsprechend verließ Schweitzer die Theologie und ging als „Urwaldarzt" nach Afrika. Was von Jesus geblieben sei, sei sein Ansporn zu „einer starken Ausprägung des Wollens und Hoffens auf die sittliche Endvollendung der Welt" (a. a. O.) Jesus von Nazaret sei gewiss eine der größten Persönlichkeiten der Religionsgeschichte gewesen – aber auch nicht mehr. Es wundert nicht, dass so mancher evangelische Kirchengemeinderat bei aller Bewunderung der humanitären Leistungen Schweitzers nach 1950 zögerte, dem Verlangen von Gemeindegliedern nachzugeben, dem Neubau eines Gemeindezentrums den Namen Albert-Schweitzer-Haus zu verleihen, starb doch Jesus bei Schweitzer als ein von Gott im Stich gelassener Gescheiterter. Völlig anders lässt Matthäus, als Jesus stirbt,

[298] A, Schweitzer, Die Geschichte der Leben-Jesu-Forschung, Schlusssätze des Kapitels „Die Lösung der konsequenten Eschatologie", sowie in der „Schlussbetrachtung" des Buches, seit 1906/13 in den verschiedensten Ausgaben aufgelegt.

[299] Vgl. oben S. 23.

den ganzen Kosmos reagieren und mittrauern. Mit dem Wanderprediger Jesus von Nazaret stirbt eine alte Welt mit und ein neuer Äon kündigt sich an.

Spektakuläre Wunder beim Tod Jesu

Mt 27,51–53 (Mk 15,38–40; Lk 23,45–49)

51 Und siehe, der Vorhang im Tempel zerriss in zwei Stücke von oben an bis unten aus. 52 Und die Erde erbebte und die Felsen zerrissen, und die Gräber taten sich auf, und viele Leiber der entschlafenen Heiligen standen auf 53 und gingen aus den Gräbern nach seiner Auferstehung und kamen in die heilige Stadt und erschienen vielen.

„Und siehe!" (V. 51) – der impulsive Hinweis will die Bedeutsamkeit der folgenden, ungewöhnlichen Erzählung hervorheben. Er ist wie ein erhobener Zeigefinger: „Schaut genau hin! Öffnet die Augen! Überlegt, was gemeint ist!" Drei gewaltige, apokalyptische Zeichen begleiten den Wechsel der Äonen: Der Tempelkult wird schlagartig beendet, die Natur bäumt sich auf, der Tod ist nicht mehr das Ende der Lebendigkeit.

„Der Vorhang im Tempel zerriss!" (V. 51). Der Zugang zum Allerheiligsten wird frei. Er muss nicht mehr ausschließlich durch Priester und zelebrierte Opfer gewährleistet werden. Das Volk Gottes tritt unmittelbar vor Elohim, seinen Gott. Matthäus, der nach dem katastrophalen Jüdischen Krieg lebt und schreibt, muss mit diesen Zeilen nicht nur auf den von ihm erlebten Untergang Jerusalems und seines Tempels angespielt, sondern in viel grundsätzlicherer Weise für immer die Konzentration der Religiosität auf Mysterien und Altardienst angezweifelt haben. Adonaj weilt nicht mehr unsichtbar verborgen im Dunkel hinter Vorhängen, sondern ist öffentlich sichtbar geworden in der Gestalt Jesu, im Leben und Sterben seines Sohnes, der ihn mit allen Befugnissen vertritt. Es braucht keine Unterscheidung zwischen profanen und sakralen Räumen mehr, um Kontakt mit dem „Allerheiligsten" zu finden. Der Vorhang des Tempels ist vollständig von oben bis unter durchgerissen. Er muss auch nicht mehr wieder durch einen neuen Kult zusammengenäht werden. Die Unmittelbarkeit des zu Gott Abba hoch schauenden Gewissens ersetzt den Rauch der Altaropfer. Das Urbild einer weltnahen, offenen Kirche ist gesetzt. Eine andere Deutung des zerreißenden Vorhangs ließe sich der Klagetradition Israels entnehmen, aus welcher der Evangelist herstammt. Sie wird von der Bemerkung des Lukas unterstützt: „Und die Sonne verlor ihren Schein" (23,45a), was sich symbolisch auslegen ließe als „eine tiefe Trauer erfasste das ganze Universum", aber auch als „Jesus von Nazaret, die Sonne der Gerechtigkeit, ist erloschen." Das spontane Zerreißen von Kleidern war in Trauerfällen eine alte Sitte der Klage in Israel für etwas unwiederbringlich Verlorenes. Gott selbst, von dem man überzeugt war, dass er im Tempel wohnte, „zerreißt das Gewand seines Hauses"[300]. Der Allmächtige trauert um seinen Sohn, repräsentiert in der Reaktion seiner Schöpfung: „Die Erde erbebte, und die Felsen zerrissen" (V. 52a). Das sind in der jüdischen Literatur oft erwähnte apokalyptische Zeichen der Endzeit. Noch bevor fehlbare Gläubige die Gottessohnschaft Jesu bezeugen können, geben größere Mächte wie die Natur und die Religion ihr Zeugnis für die weltumstürzende Bedeutung des Todes Jesu ab. Epiphaniezeichen geschehen, die der Leserschaft des Evangelisten damals als unmittelbar von Gott verursachte Hinweise für die, die sehen und hören wollen, bekannt waren.

Ein gewaltiges Erdbeben erschütterte die Grundfesten der Erde (V. 52a), ein Vorgang, der in der apokalyptischen Tradition des Spätjudentums als Theophaniezeichen galt und für besondere Eingriffe Gottes in die Weltgeschichte stand. Das Beben war so stark, dass es Felsen zerriss (V. 52b) und die Gräber öffnete (V. 52c). Im Jerusalemer Kidrontal waren damals zahlreiche Felsengräber angelegt, auf die Matthäus anspielen könnte, um seiner apokalyptischen Vision einen realen Anschein zu geben, denn nach ihm sollen ja die auferstandenen „Heiligen" in der „Heiligen Stadt vielen erschienen" sein (V. 53b). Trotzdem bleibt es merkwürdig, dass Matthäus die Auferstehung der Verstorbenen als Zeichen für die Zeitenwende an dieser Stelle auf Jerusalem beschränkt und damit noch nicht auf die universale Auferstehung der Toten zu allen Zeiten ausdehnt. Wahrscheinlich wollte er diese umfassende Stelle des späteren Glaubensbekenntnisses erst am „dritten Tag" nach dem Kreuzestod Jesu als dessen Folge eröffnet und hier nur vorweg angedeutet sehen. Matthäus redet ausdrücklich von einer Auferstehung der „Leiber der entschlafenen Heiligen" und wehrt damit bereits die griechisch-platonische Lehre von der Unsterblichkeit der Seelen ab. Es ist für ihn als Judenchristen nicht vorstellbar, dass nur eine leiblose, gewissermaßen ätherische Seele fortexistieren werde. Wer die „auferstandenen Heiligen" waren, entfaltet Matthäus jedoch nicht. Man hätte erwartet, dass er große Glaubensgestalten aus der Geschichte Israels namentlich aufführt. Der Evangelist will jedoch seine Vision von den universalen Folgen des Todes Jesu nicht weiter ausdehnen. Markus hat ihm keine Vorlage dazu vorgegeben und auch Lukas enthält sich jeder apokalyptischen „Spekulation" an dieser Stelle. Anders hat die altkirchlich-mittelalterliche Dogmatik den matthäischen Vermerk der sich „auftuenden Gräber" als Beleg für ihre Lehre von der „Höllenfahrt Christi" benützt (V. 53c).[301] Der verstorbene Jesus habe sich drei Tage lang bis zu seiner Auferstehung in der Unterwelt von Tod und Teufel aufgehalten, um die dort festgehaltenen „Heiligen" zu entfesseln, ihnen die Sündenvergebung zu erteilen und sie dann bei seiner Auferstehung in das „Reich Gottes" mitzuführen. Eingefordert wurde diese „mythologische" Lehre von der brennenden Frage, was denn mit den

---

300 U. Luz führt hierzu a. a. O., S. 363, die Stellen Gen 37,29.34 und 2 Kön 2,12 an.

301 Fragwürdig herbeigezogen wurden als biblische Belege vor allem 1 Petr 4,6; 3,19f.

„Gerechten" wie mit den „Ungerechten" geschehe, die vor Christus gelebt haben und nie von ihm hätten hören können. Auch sie würden zu den durch Christi Opfertod Geretteten gehören.

Nach diesen ungewöhnlichen Zeichen der Beglaubigung einer Zeitenwende durch die Religion und Natur kehrt Matthäus zu weniger mysteriösen Zeugen zurück. Er bringt sich wieder ein in fassbare Bezeugungen der Trauer um den Tod Jesu durch wie auch immer „historische" Personen, selbst wenn diese damals für jüdisches Denken juristisch als nicht zeugnisfähig galten: der heidnische Hauptmann der Kreuzigungstruppe und die „Jüngerinnen" Jesu.

Ungewöhnliche Zeugen des Todes Jesu

Mt 27,54–56 (Mk 15,39f.; Lk 23,47–49; Joh 19,25–27)
54 Als aber der Hauptmann und die mit ihm Jesus bewachten das Erdbeben sahen und was geschah, erschraken sie sehr und sprachen: Wahrlich, dieser ist Gottes Sohn gewesen!
55 Und es waren viele Frauen da, die von ferne zusahen; die waren Jesus aus Galiläa nachgefolgt und hatten ihm gedient; 56 unter ihnen war Maria von Magdala und Maria, die Mutter des Jakobus und Josef, und die Mutter der Söhne des Zebedäus.

Zuerst haben die Repräsentanten der Schöpfung und der Kultur auf den Tod Jesu reagiert: die Gestirne, die Erde, der Tempel. Nun folgen die Menschen mit ihrer Reaktion. Es sind jedoch wieder nicht die „Großen" wie der Hohepriester oder der Prokurator, die den am Kreuz Verstorbenen als „Sohn Gottes" bekennen, sondern die „Kleinen", die sich nun von den apokalyptischen „Wundern" berühren lassen: die Soldaten, die zur Exekution abkommandiert worden waren (V. 54), und „in der Ferne" viele Frauen (V. 55). Eigentlich galt nach damaliger jüdischer Auffassung das Zeugnis beider Gruppen wenig. Die Soldaten waren fremdländische, heidnische Söldner und das Zeugnis der Frauen wäre bei einer juristischen Untersuchung der Kreuzigung Jesu in der damaligen patriarchalischen Gesellschaft wenig wert gewesen. Doch das Zeugnis der beiden, nach jüdischem Denken außenseiterischen Gruppen ist ein Beispiel dafür, dass der Kreuzestod Jesu nicht nur eine religiöse, sondern auch eine soziologische Wende brachte. Paulus hat es im Galaterbrief auf die Bekenntnisformel gebracht: „Hier ist nicht Jude noch Grieche, hier ist nicht Sklave noch Freier, hier ist nicht Mann noch Frau; denn ihr seid allesamt einer in Christus Jesus" (3,28). Es ist durch den „Opfertod" Jesu nicht nur der Vorhang im Tempel zerrissen und damit der Unterschied zwischen Priestern und Laien beseitigt, sondern es wurden auch die Gräben zwischen den Völkern überbrückt und die Geschlechterhierarchie zwischen Männern und Frauen aufgehoben. Alle Menschen, die sich Jesus Christus öffnen wollen, sind befugt, seine Zeugen zu werden. Allerdings weichen die vier Evangelisten bei den einzelnen Angaben zu dieser Szene erheblich von einander ab.

Matthäus lässt nicht nur den Hauptmann[302], sondern auch seine ganze Wache von den „übernatürlichen“ Ereignissen beim Tod Jesu beeindruckt sein. Und alle Soldaten, die unterm Kreuz standen, weisen bei ihm gemeinsam mit dem ausgestreckten Finger auf den Leichnam am Kreuz: „Dieser ist Gottes Sohn gewesen!“ Dabei klingt dieser Ausruf: *„gewesen!“* so, als sei es der Verstorbene jetzt nicht mehr. Eine Auferstehung Jesu als Christus der Welt ist für das „heidnische“ Hinrichtungskommando trotz der gewaltigen Wunder, die Matthäus sie erleben ließ, und über die „sie sehr erschrocken waren“ (V. 54), nicht in ihrem kulturellen Horizont. Bei Markus und Lukas hingegen bricht allein der Zenturio in das Bekenntnis aus. Die anderen einfachen Soldaten um ihn treten nicht als Zeugen auf, als wäre es eine höchst persönliche und keine gemeinsame Sache, sich zu dem Gekreuzigten zu bekennen. Im Unterschied zu Matthäus hat Markus hier auch einen Grundstein für die spätere kirchliche Zwei-Naturen-Lehre Jesu Christi gelegt. Er lässt den Hauptmann rufen: „Wahrlich, dieser *Mensch* ist *Gottes Sohn* gewesen!“ Matthäus benötigte diesen Hinweis auf das Gottmenschsein Jesu nicht mehr ausdrücklich, denn die Gottessohnschaft Jesu hat er schon seit Beginn seines Evangeliums immer wieder hervorgehoben.[303] Mit seinem Sondergut der gewaltigen Weltwunder im Moment des Sterbens Jesu hat der Evangelist betont, dass nur Gott Adonaj selbst Jesus als seinen Sohn vollmächtig enthüllen konnte. Nun folgen die Menschen mit teils vollem, teils halbem Bekenntnis nach. So äußert bei Lukas der Hauptmann nur: „... dieser ist ein *frommer Mensch* gewesen!“, genauer übersetzt: „ein gerechter Mensch“ (23,47). Mehr möchte Lukas niemand vor der Auferstehung und Himmelfahrt Jesu Christi bekennen lassen. Lukas ist auch der einzige Evangelist, der alles dabeistehende „Volk“ und damit die Juden Reue zeigen lässt, erschüttert von dem, „was da geschah“ (23,48). Er schreibt: „(Sie) schlugen sich an ihre Brust und kehrten wieder um“ (a. a. O.). Lukas meint mit dem „Umkehren“ wohl nicht nur, dass die „Zuschauer“ nach Jerusalem zurückkehrten, sondern auch im übertragenen Sinn, dass sie sich reuevoll „bekehrten“. Lukas ist wie kein anderer der Evangelist der zur Buße Bereiten; seien es nun Juden oder Heiden. Er allein überliefert auch das Gleichnis von dem reumütig heimkehrenden „verlorenen Sohn“ (Lk 15,17-21). Er gibt, anders als Matthäus, die Juden als Landsleute Jesu nicht auf, wie es auch schon Paulus, dessen Begleiter Lukas war, in seinem Ölbaumgleichnis ausgedrückt hatte (Röm 11,2; 17f.).

Die Synoptiker treiben bei der Beschreibung der Reaktion der Menschen auf den Tod Jesu gewissermaßen eine symbolische Dialektik: Die „Fernen“ – die heidnischen Soldaten und das Volk – sind dem Gekreuzigten „nah“; die bislang „Nahen“ aber – die Jünger und die Jüngerinnen – schauen nur „von ferne“ zu (Mt 27,55; Mk 15,40; Lk 23,49). Die Anhänger Jesu litten unter der

[302] Vgl. oben S. 111.176.

[303] Mt 2,15; 3,17; 8,29; 14,33; 16,16; 27,43.

Furcht, sich öffentlich zu bekennen, zumal sie, die mehrheitlich Galiläer waren, in Jerusalem leicht an ihrem Dialekt erkennbar gewesen wären. Johannes allerdings, der Jüngste der Evangelisten, stellt auf Golgatha die Treuesten der Verwandten und Freunde Jesu direkt unter den Gekreuzigten. Er drückt damit aus, dass die dritte Generation der Urchristen, zu der er zu rechnen ist, ihre Bekenntnisfurcht überwunden hat. So lässt er Maria, die Mutter Jesu, und Johannes, den „Lieblingsjünger“, direkt am Kreuz, von Jesus noch in den letzten Minuten seines Sterbens zur gegenseitigen Fürsorge verpflichten (Joh 19,25–27).[304] Diese so genannte „Kreuzigungsgruppe“ ist in der christlichen Kunst- und Frömmigkeitsgeschichte zu einem der bekanntesten ikonographischen oder plastischen Topos geworden, die als Zweiergruppe der Mutter Maria und Johannes, beide stehend, oder als Dreiergruppe mit der in Mitte knienden Maria Magdalena, an Altären, in Kapellen, in Grotten zur verweilenden Andacht einladen.

Ob nun die Frauen, „die Jesus aus Galiläa nachgefolgt und ihm gedient hatten“ (V. 55), nahe am oder fern vom Kreuz standen, sie wurden Zeuginnen der von den Synoptikern beschriebenen „Wunder“ beim Tod Jesu. Damit standen die Frauen mit den Männern in der ersten Reihe der Urgemeinden, anders als in den heutigen Kirchen, wo sie im Wesentlichen das praktische Gemeindeleben aufrecht erhalten dürfen, aber immer noch in der Hierarchie unterrepräsentiert sind. Doch schon in den Urgemeinden scheint die Bedeutung der Frauen verschieden gesehen worden zu sein. So schreibt Matthäus: „Und es waren *viele* Frauen da“ (V. 55), wie die Frauen auch heute noch die Mehrheit der aktiven Gemeindechristen bilden. Markus hingegen schwächt ihre Bedeutung leicht ab, wenn er vermerkt: „Und es waren *auch* Frauen da“ (15,40). Schaut man sich die Namen der „Frauen auf Golgatha“ an, so fällt auf, dass Maria, die Mutter Jesu, nur im Johannesevangelium als Zeugin persönlich erwähnt wird. Bei den drei älteren Synoptikern hingegen wird sie nicht als Zeugin des Sterbens Jesu genannt, während Maria Magdalena bei Markus und Matthäus an erster Stelle steht, wie die Mutter Jesu auch später nicht zu den Frauen gehört, die Zeuginnen des offenen Grabes und damit der Auferweckung Jesu wurden.[305] Damit steht auch der Marienkult der katholischen Kirche, der die Trinität in ihrer Frömmigkeitsgeschichte oft wie eine Quaternität aussehen lässt, zumindest neutestamentlich auf schwachen Füßen. Maria, die Mutter Jesu, war gewiss bedeutsam am Anfang des Lebens Jesu, aber eine starke Zeugin seines Leidens, Sterbens und seiner Auferstehung war und ist sie, abgesehen von Aussagen im Johannesevangelium, nicht. Und trotzdem mag „durch ihre Seele ein Schwert gegangen sein“ (Lk 2,34), als sie vom Kreuzestod ihres Sohnes erfuhr. Dass drei andere der „vielen Frauen auf Golgatha“ bei Markus und Matthäus namentlich – wenn auch teils verschieden – ge-

[304] Vgl. oben S. 305.
[305] Mk 16,1; Mt 28,1; Joh 20,1ff.

nannt werden, soll sie der Leserschaft der Evangelisten als wirklich dabei gewesen erscheinen lassen und vermutlich waren sie es auch. Und wenn sie Jesus und dem Männerkreis um ihn auf seiner Wanderschaft „gedient" haben (V. 55), so sollte man sich diese Dienste nicht als zu niedrig vorstellen. Frauen hatten ihr eigenes Vermögen und waren nicht selten Haushaltsvorstände. Sie gründeten in den galiläischen Siedlungen Sympathisantenkreise für die damals nicht seltenen Wanderprediger und organisierten über ihre Verwandtschaftsnetze die abendlichen Ruheplätze der Umherziehenden. Zur vermeintlich letzten und endgültigen Ruhe wurde nun auch der verstorbene Jesus von seinen Anhängern In Jerusalem zu Grabe gelegt.

Die Grablegung

Das Drama scheint „ausgelitten" zu sein. Es folgen aber noch Nachspiele zum „Karfreitag", die in Wahrheit zugleich Vorspiele zu „Ostern" sind. Der Leichnam Jesu kann nicht einfach am „Galgen" hängen und hungrigen Raben zum Fraß überlassen bleiben. Das hätte die Leserschaft der Evangelisten nicht verkraftet. Sie erzählen deshalb noch von einem versuchten letzten Dienst am „Aus".

Mt 27, 57–66 (Mk 15,42–47; Lk 23,50–56; Joh 19,38–42)
57 Am Abend aber kam ein reicher Mann aus Arimathäa, der hieß Josef und war auch ein Jünger Jesu. 58 Der ging zu Pilatus und bat um den Leib Jesu. Da befahl Pilatus, man sollte ihn ihm geben. 59 Und Josef nahm den Leib und wickelte ihn in ein reines Leinentuch 60 und legte ihn in sein eigenes neues Grab, das er in einen Felsen hatte hauen lassen, und wälzte einen großen Stein vor die Tür des Grabes und ging davon. 61 Es waren aber dort Maria von Magdala und die andere Maria; die saßen dem Grab gegenüber.
62 Am nächsten Tag, der auf den Rüsttag folgt, kamen die Hohenpriester mit den Pharisäern zu Pilatus 63 und sprachen: Herr, wir haben daran gedacht, dass dieser Verführer sprach, als er noch lebte: Ich will nach drei Tagen auferstehen. 64 Darum befiehl, dass man das Grab bewache bis zum dritten Tag, damit nicht seine Jünger kommen und ihn stehlen und zum Volk sagen: Er ist auferstanden von den Toten, und der letzte Betrug ärger wird als der erste. 65 Pilatus sprach zu ihnen. Da habt ihr die Wache; geht hin und bewacht es, so gut ihr könnt. 66 Sie gingen hin und sicherten das Grab mit der Wache und versiegelten den Stein.

Dem verstorbenen „Lehrer" wird eine Ehre erwiesen, die er zu Lebzeiten nur von der unbekannten Salberin erhalten hatte (26,12). Er wird gewissermaßen in einem Ehrengrab bestattet. Die würdevolle Bestattung ist einem mutigen Mann zu verdanken, der von allen vier Evangelisten seinem Namen und seiner Herkunft nach gleich, aber in seinen Rollen verschieden benannt wird: Josef von Arimathäa, einer alten Siedlung im westlichen Judäa. Er ist bei Matthäus ein „reicher Mann und auch ein Jünger Jesu" (V. 57), bei Johannes ebenfalls ein „Jünger Jesu", der jedoch beim vierten Evangelisten „Furcht vor den Juden“ hatte (19,38), der bei Markus ein „angesehener Ratsherr“ und damit ein Mitglied des Synhedriums war, der „auch auf das Reich Gottes wartete“ (15,43), bei Lukas ebenfalls ein „Ratsherr“ und ein „guter, frommer Mann, der ihren Rat und ihr Handeln nicht gebilligt hatte“ (23,50f.). Wie ihn die Evangelisten auch charakterisierten, er war ein ungewöhnlicher Fürsprecher des Gekreuzigten, wo doch gerade nicht die Reichen und Hochstehenden, sondern zumeist die Armen und Rechtsschwachen die Freunde Jesu gewesen waren. „Der ging zu Pilatus und bat um den Leib Jesu“ (V. 58a). Josef von Arimathäa hatte offensichtlich einen direkten Zugang zu dem Präfekten. Die Intervention bei Pilatus musste rasch erfolgen, weil am Abend der Sabbat begann und dann nach jüdischer Sitte keine Bestattung mehr erlaubt gewesen wäre. Diese Sorge soll nach der Darstellung des Evangelisten Johannes auch die „Juden“ bewogen haben, die er leider wie immer undifferenziert kollektiv benennt. Auch sie seien zu Pilatus gegangen und hätten ihn gebeten, die Leichname aller drei Gehenkten vom Kreuz abzunehmen, „weil es Rüsttag war und die Leichname nicht am Kreuz bleiben sollten den Sabbat über“ (Joh 19,31). Es wäre den „Juden“ demnach um die Einhaltung der Sabbatvorschriften gegangen, aber nicht um weitere Schmähungen und Schändungen der Gekreuzigten zu verhindern.

Nachdem sich nun bei der Kreuzigung Jesu kein Volksaufstand ereignet hatte, konnte der Statthalter Roms die Leiche Jesu ohne weitere Bedenken freigeben (V. 58b) – wahrscheinlich nicht ohne eine entsprechende „Vergütung“. „Und Josef nahm den Leib und wickelte ihn in ein reines Leinentuch ...“ (V. 59). Die Kreuzabnahme, welche in der späteren Tradition des Kreuzweggehens die XIII. Station wurde, führt der Evangelist Matthäus nicht aus. Ihm ist wichtig, dass das Leichentuch „rein“ war und er Jesus in sein „eigenes“ Grab legen ließ (V. 59f.). Das war die letzte Liebestat, die er dem verehrten Rabbi erweisen konnte. Wollte er mit dem „reinen Tuch“ die schamlose Entkleidung Jesu bei seiner Kreuzigung wieder gut machen oder noch einmal nachträglich die Unschuld Jesu betonen? Gab er mit dem „eigenen“ Grab, dessen Einbau in den Felsen ein großer Aufwand und eine teure Sache gewesen war (V. 60), seinen wertvollsten Besitz her? Oder wollte er wieder gut machen, dass er als Mitglied des Hohen Rates nicht schärfer gegen die Verurteilung Jesu protestiert hatte (Lk 23,51a)? Hat er als einer, der „auf das Reich Gottes wartete“ (Mk 15,43), ohnehin auf eine baldige Auferstehung der Toten gehofft? Das sind rein spekulative Überlegungen (Lk 53a). Matthäus berichtet nur, dass Josef einen „großen Stein vor die Tür des Grabes“ wälzen ließ und „davon ging“ (V. 60). Jedenfalls demonstrierte er keine weitere öffentliche Trauer wie die beiden Marien, die dem verschlossenen Grab gegenüber sitzen blieben (V. 61). Das Trauern und Wehklagen war vor allem Frauensache. Die Aufgabe der Männer bestand darin, die Fakten hinzunehmen. Es fällt jedoch auf, dass die Synoptiker wieder, wie schon bei der Kreuzigung, so auch jetzt bei der Bestattung Jesu, von keiner Anwesenheit der Mutter Maria berichten.

Möglicherweise war sie überhaupt nicht zum Passafest nach Jerusalem gekommen und hatte erst später vom Leiden und Tod ihres Sohnes erfahren. Die beiden Marien hatten sich wohl auf sieben Tage der Trauer am Grab eingerichtet, wie es die Trauersitte gebot. Hinterbliebenen wurde damals abverlangt, sich mindestens eine Woche lang eine Auszeit vom täglichen Leben zu nehmen, in der Nähe der Verstorbenen auf der Erde oder auf einem niedrigen Schemel zu sitzen, keine Arbeit zu erledigen, Totengebete zu sprechen und immer wieder in Klagen auszubrechen. Nur der Sabbat durfte diese „schiwa" unterbrechen.

Josef von Arimathäa verließ das Grab Jesu sofort, nachdem der Rollstein es verschlossen hatte. Er war vorher in den Evangelien nicht erwähnt worden und wurde auch später von ihnen nicht mehr erwähnt, obwohl alle vier Evangelisten ihn namentlich festhalten. Seine Aufgabe, als hochgestellter, renommierter Ratsherr das ordentliche Begräbnis Jesu zu bezeugen, war erledigt. Niemand sollte an ihm vorbei mutmaßen, die Jünger Jesu hätten den Leichnam Jesu gestohlen und dann die Rede von seiner Auferstehung und dem leeren Grab inszeniert. Außerdem war bereits zu den Zeiten der Evangelisten das Grab des Josefs von Arimathäa ein Wallfahrtsort der Urchristen geworden, sofern sie nach der Zerstörung Israels in Palästina bleiben und die Ruinen der Stadt besuchen konnten.

Einen Diebstahlsbetrug befürchteten auch die „Hohenpriester mit den Pharisäern" (V. 62), berichtet Matthäus in einem Sondergut seines Evangeliums. Auch sie seien zu Pilatus in eine Sonderaudienz gegangen und hätten ihm vorgetragen, dieser „Verführer" habe geweissagt: „Ich will nach drei Tagen auferstehen" (V. 63). In der Tat hatte Jesus Matthäus zufolge den Schriftgelehrten und Pharisäern noch in Galiläa, als sie ein Zeichen von ihm forderten, verheißen: „... wie Jona drei Tage und drei Nächte im Bauch des Fisches war, so wird der Menschensohn drei Tage und drei Nächte im Schoß der Erde sein" (Mt 12,39f.). Die Hohenpriester nahmen die Pharisäer, die sich während des Prozesses Jesu zurückgehalten hatten, zu Pilatus mit, damit sie ihm die Richtigkeit dieser Erinnerung an die Weissagung Jesu bezeugten. Der Statthalter möge deshalb anordnen, dass das Grab bis zum dritten Tag von Soldaten bewacht werde (V. 64), „damit nicht seine Jünger kommen und ihn stehlen und zum Volk sagen: Er ist auferstanden von den Toten" (V. 64). Vielleicht war die Mitnahme der Pharisäer zu Pilatus auch eine Warnung an diese fromme Bruderschaft, sich keinesfalls einem solchen „Trick" der Jünger anzuschließen, denn gerade sie traten ja im Unterschied zu den meist sadduzäischen Hohenpriestern für ein „Bekenntnis" zur Auferstehung der Toten ein – allerdings erst am Jüngsten Tag und nicht gleich nach deren Bestattung. Die Hohenpriester wollten auf keinen Fall, dass in der Sache Jesu ein „letzter Betrug" eintrete, der noch „ärger als der erste sei" (V. 64), womit sie indirekt behaupteten, das ganze Auftreten Jesu sei ein unechtes Spiel und eine Täuschung der Bevölkerung gewesen. Wieder charakterisiert U. Luz, den Verweis der jüdischen Oberen auf die Verheißung Jesu unbedacht als „bösartige Worte“[306]. Er bedenkt nicht die gefährliche, vorrevolutionäre Stimmung des jüdischen Volkes zur Zeit Jesu und entwickelt deshalb auch keinen Sinn für die politische Verantwortung seiner Führer.

Pilatus gab dem Begehren der jüdischen Repräsentanten nach. Er ließ das Grab durch eine Wache sichern und den Rollstein versiegeln (V. 65f.). So konnte nach menschlichem Ermessen kein Betrug geschehen. Es war dem Präfekten wichtig, zu den führenden Männern Israels ein beruhigtes Verhältnis durchzuhalten. Er selbst glaubte ebenso wenig wie die „Juden“, dass der Stein vom Inneren des Grabes her zur Seite geschoben werden und Jesus dann aus dem Grab heraus auferstehen könnte. Pilatus und die jüdischen Oberen sahen nur die Möglichkeit, dass jemand von außen in das Grab eindringen und die Legende von einer Auferstehung Jesu in die Welt setzen könnte. Es sollte auf gar keinen Fall ein „leeres“ Grab geben. Der Präfekt dachte im Einklang mit den Hohenpriestern mit einer Versiegelung des Grabes Jesu sei nun endgültig ein Schlusspunkt unter die Geschichte des Wanderpredigers Jesus von Nazaret gesetzt, ob nun dessen Hinrichtung juristisch wie religiös rechtens war oder nicht. Der brüchige Frieden im Land schien wieder für eine Weile gerettet und die „Sache Jesu“ aus der Welt geschafft zu sein.

Wozu war Jesus dann gestorben? Wozu hatte er „gelitten unter Pontius Pilatus“? Wozu wurde er „gekreuzigt und begraben?“, wie es heute noch im Apostolischen Glaubensbekenntnis heißt? Aus welcher Notwendigkeit heraus wurde er von Gott Adonaj zu den Menschen gesandt? Es ist die Frage nach dem Sinn seines Leidens und Sterbens.

17 Sinndeutungen des Todes Jesu

Warum „musste“ Jesus Christus, der „Herr“, so schwer wie ein Verbrecher am Kreuz leiden und sterben? Das war die zentrale Glaubensfrage, welche schon die Urchristen bewegte und sie zu quälendem Nachdenken zwang. Wie konnte Gott zulassen, dass sein „Sohn“ vergeblich nach seiner Hilfe schrie: „Mein Gott, mein Gott, warum hast du mich verlassen!?“ (Mt 27,46). Immer schon stehen die Prediger in drängender Erklärungsnot. Einige weichen der Gottesfrage aus und suchen die Schuld am Tod Jesu auf die Juden abzuwälzen, andere auf die Römer, auf das Risiko, das Jesus mit seinem Zug nach Jerusalem einging. Die meisten aber beziehen sie grundsätzlich auf uns selbst. Gott hat Jesus um unsertwillen „dahingegeben“. Doch hinter jeder dogmatischen Formel taucht sofort wieder eine andere auf. Was heißt das „für uns“? Bedeutet es „an unserer Statt“ oder „uns herausfordernd“. Kann überhaupt

[306] A. a. O., S. 393.

ein unschuldiger Gerechter für schuldig gewordene Andere büßen? Sind wir vor Gott vertretbar? Können wir uns gewissermaßen hinter dem Gekreuzigten verstecken? Muss überhaupt das antike Bild eines zürnenden Gottes aufrecht erhalten bleiben? Ist nicht der Begriff des Opfers des „Einen für alle" heutzutage nach so viel sinnlosen Kriegen und Pogromen endgültig abgenützt? Was haben wir überhaupt aus dem Leiden und Sterben Jesu gelernt? Bedeutet das Leiden Jesu, dass kein Mensch jemals dem Leiden ausweichen kann, sei es nun dem eigenen Leiden oder dem Mitansehenmüssen des Leidens anderer?

Auf der Suche nach Antwort griffen schon die Urchristen zur „Schrift", um zu hören, dass es nicht einfach der Menschen Willkür, sondern Gottes eigener Plan war, durch die Hergabe des Teuersten, das ER hatte, selbst Trauer und Leid zu verspüren und damit uns nahe zu kommen und nicht als der unantastbar Erhabene über allem zu stehen. Wie bei allem Unfassbaren gibt es nicht die eine schlüssige Antwort, sondern nur die vielen situations- und zeitgebundenen alten und neuen Antwortversuche. Das Kreuz Christi ist und bleibt ein ewiges Mahnmal, zu „hungern und zu dürsten nach Gerechtigkeit" für sich selbst und für andere (Mt 5,6). Wer als religiöser Mensch Antworten auf die Ereignisse des Lebens sucht, kommt nicht aus ohne Dogmatik, das heißt nicht ohne reflektierte Glaubenssätze, wobei er festhalten sollte, dass der Glaube nicht der Gegensatz zur Vernunft, sondern „höher", umfassender ist als alle Vernunft (Phil 4,7), sie also einschließt. Glauben und Denken widersprechen sich nur, wenn der eine Teil den anderen unterdrücken und nicht freigeben will. So wie es keine absolute Vernunft geben kann angesichts der Vergänglichkeit alles Wissens, so gibt es auch keine Religiosität, welche die Wahrheit des Seins vor Gott für alle Zeiten in gleichen Vorstellungen und Bekenntnissen festhalten kann. „Deus est mutabilis quam maxime" – Gott ist auf das Höchstmögliche veränderlich, hat Martin Luther 1515/1516 in seiner Römerbriefvorlesung gesagt. Er verstand unter glauben, „immer wieder beginnend und suchend und das Gesuchte immer wieder suchend. Denn wer auf dem Wege Gottes nicht vorwärts geht, der bleibt zurück ... weil man auf dem Weg zu Gott nicht stehen bleiben darf".[307] So sind auch die liturgischen Glaubensbekenntnisse, die wir heute im gottesdienstlichen Rezitieren als statisch empfinden, anfänglich textlich offen gewesen und erst im Laufe der Jahrhunderte zu fest gefügtem, scheinbar unverrückbarem Glaubensgestein geworden. Das begann schon beim Werden des Neuen Testamentes. Das vielleicht älteste Credo, das wir im Neuen Testament finden, dürfte im 1. Korintherbrief des Apostels Paulus stehen, geschrieben im Zeitraum 52–55 n. Chr.

[307] M. Luther, Ausgewählte Werke, Münchner Ausgabe, hrsg. von H.-H. Borchert / G. Merz, ^{3}1957, S. 112.

„Gestorben für uns“

1 Kor 15,3f.
3 Als erstes habe ich euch weitergegeben, was ich auch empfangen habe: Dass Christus gestorben ist für unsere Sünden nach der Schrift; 4 und dass er begraben worden ist; und dass er auferstanden ist am dritten Tage nach der Schrift; 5 und dass er gesehen worden ist von Kephas, danach von den Zwölfen …

Geradezu feierlich leitet Paulus das Credo mit der Beteuerung ein, das Folgende sei nicht seine eigene Konstruktion, sondern ein überkommenes Vermächtnis. Es ist also noch älter als sein Brief und kommt damit nahe an die erste bis zweite Generation der Jerusalemer Urgemeinde heran. Die einzelnen Stationen dieses Glaubensbekenntnisses zu Jesus Christus lassen sich bei näherem Zusehen systematisch in 3 × 3 Glieder aufteilen, die in den Gottesdiensten der urchristlichen Gemeinden nach und nach „gewachsen“ sind. Am Anfang des urchristlichen Credos dürfte der einfache, katechetisch leicht lernbare Hinweis auf 3 „Heilsstationen“ gestanden haben, die dann durch 3 weitere hinzugefügte „Belege“ abgesichert wurden, denen wiederum 3 spätere „Erläuterungen“ nachfolgten. So ergab sich folgende „Schichtung“ des Glaubensbekenntnisses der Urgemeinden:

a	gestorben	–	auferstanden	–	erschienen
b	begraben	–	am dritten Tag	–	Kephas
c	für unsere Sünden	–	nach der Schrift	–	die Zwölf (die Gemeinde).

Fundamental sind in diesem Credo die Glieder der Reihe a. Sie gehören zu den schon in der Hebräischen Bibel so genannten „Großtaten Gottes“. Die Reihe b steht dann für ihre weitere narrative Entfaltung. Schließlich bildet die Reihe c die dogmatische Anwendung auf die Gewissen und die „Beglaubigung“ durch die Gemeinde. Es wird also deutlich, dass die Abzielung auf „für unsere Sünden“ ein späteres Interpretament der Gemeinde ist aufgrund ihres Rückblicks auf die Propheten und Psalmen. Die Opfer- und Sühnedeutungen sind somit nicht unbedingt der Glaube selbst, sondern hinzugekommene theologische Theorien, die erklären wollen, aber nicht an erster Stelle zum Credo gehören und darum nicht zwingend glaubensentscheidend sind. Unerlässlich für den Glauben sind eigentlich nur die 3 ersten Ereignisse, die im Sprachgebrauch der Theologen gemeinhin „Heilstatsachen“ genannt werden. Festhalten sollten Christen auch unbedingt das „für uns“ im Sinne von „uns herausfordernd“, „unser Gewissen betreffend“.

Die Veranschaulichung dessen, was uns betreffen will, muss nicht durch eine zeitgebundene theologische Erklärung wie die des stellvertretenden Sühnetodes oder der Opferung Jesu durch den Vater erfolgen. Sie steht dem Wandel der Verständnisse im Laufe der Zeit frei. Dabei darf die kritische

Hinterfragung von Gewaltvorbereitung und Gewaltanwendung, für welche das Kreuz Christi ein Ursymbol geworden ist, nie aufgegeben werden. Todesstrafe, Verhungernlassen, Waffenhandel sind für Christenmenschen als Wiederholung der Kreuzigung Jesu unentschuldbar. Jede Art von Tötungen sind Dienstboten des Todes, auch dann wenn sie zur so genannten Vorausverteidigung eingesetzt und von einem so genannten Rechtsstaat legalisiert worden sind. Gewalt stellt keinen Frieden her und das Prinzip Auge um Auge, Zahn um Zahn ist in Wahrheit kein Ausgleich, sondern ein Einstieg in eine Spirale von Vergeltungen. Vor allem grenzt es an Blasphemie anzunehmen, Gott benötige oder legitimiere zur Besänftigung seines ihm unterstellten Zornes Opfer, denn wie könnten wir je die Emotionen Gottes wissen oder gar über Mittel zu ihrer Besänftigung verfügen? Trotzdem beherrscht bis heute die so genannte Satisfaktionslehre, die Rede vom stellvertretenden Opfertod Jesu, das Glauben und Denken vieler Christen. Für die katholische Kirche ist die „unblutige" Wiederholung des „Opfers" Christi auf Golgatha sogar das Zentrum der Messfeier. Im Neuen Testament zeigt sich Paulus als der große Theoretiker der Bedeutung des Kreuzes Christi und damit auch der Leiden, die Christus „für uns" durchstehen musste. Dabei schlägt er je nach den Problemen, in denen die Gemeinden, die er mit seinen Briefen anspricht, stecken, die verschiedensten Deutungen des „Zwecks" von Christi Kreuzestod vor.

„statt unser"

Der stellvertretende Sühnetod

Röm 4,25 (Röm 3,24f.; Gal 1,4; Mt 26,28)
„... welcher ist um unsrer Sünden willen dahingegeben ..."

Den Christen zu Rom, die aus der kaiserlichen Gesetzgebung den Gedanken des crimen laesae maiestatis, des Verbrechens der verletzten Hoheit des Herrschers, kannten, schlägt Paulus vor, die Kreuzigung Jesu als Strafe für ihre Sünden gegenüber der Heiligkeit Gottes zu sehen. Dabei geht Paulus davon aus, dass bevor Jesus Christus als Mittler kam, Gott und die Menschen sich unversöhnt gegenüberstanden, getrennt durch den Abgrund der Sünde, den die Menschheit durch ihr verfehltes Handeln aufgerissen hat. Befriedigt durch das hochqualifizierte Opfer seines sündlosen Sohnes habe sich Gott nach Golgatha wieder mit den Menschen versöhnt. Vor allem der frühmittelalterliche Kirchenvater Anselm von Canterbury hat dann in seinem Werk „Cur deus homo"[308] vom germanischen Rechtsdenken her und angeregt durch die pauli-

[308] „Warum Gott Mensch wurde", geschrieben 1094–98.

nische Stellvertretertheorie ausgeführt, die Sünden der Menschen hätten die Ehre Gottes verletzt, der die Menschheit doch zum Tun des Guten und nicht des Bösen geschaffen habe. Gott stehe nun als einer da, dem sein Schöpfungswerk misslungen sei. Die Menschen hätten ihm deshalb Wiedergutmachung zu leisten. Das hätten sie aber nur erreichen können, indem sie das aus der Ehre Gottes heraus gebrochene Stück seiner Herrlichkeit durch einen unendlich wertvollen Gegenwert wieder ersetzten. Die einzig teure Genugtuung, welche die Menschen Gott anbieten konnten, sei nun das Blut seines Sohnes gewesen. Gott selbst habe diesen Ausgleich durch die Opferung seines Sohnes in die Wege geleitet. Das Leiden Christi steht dabei hinter der Erreichung des höheren Zieles der Versöhnung Gottes mit der Menschheit zurück. Aus Liebe zu den Menschen, die er eigentlich in einer zweiten Sintflut hätte vernichten müssen, opferte Gott „sich selbst" seinen einzigen Sohn, auf dass die Menschen wieder „Frieden hätten mit Gott durch unseren Herrn Jesus Christus", wie Paulus im Anschluss an seine Lehre von der Hingabe Jesu durch Gott selbst schreibt (Röm 5,1). Das Blut eines Opfertieres hätte, wie am Großen Versöhnungstag im Alten Israel, zur Stellvertretung nicht genügt. Die Sühne sollte von einem Menschen als Stellvertreter der Menschheit durchlitten werden. Sie war nicht etwas Stoffliches, das einfach nur weg geschaffen, in die Wüste verjagt werden konnte wie einst beim aaronitischen Priestertum (Lev 16,21).[309] Gott musste mit einem höchstmöglichen Preis wieder versöhnt werden. Sein Bild ist der strafende Allmächtige, der unspontan und leistungsorientiert mit den Menschen abrechnet.

Der Loskauf von der Macht des Bösen

Gal 3,13
13 Christus hat uns vom Fluch des Gesetzes losgekauft, indem er für uns zum Fluch geworden ist.

Paulus hält den Galatern ein Bild vor, das sie aus den Gepflogenheiten der damaligen Kriegsführung kannten. Kriegsgefangene konnten befreit werden und heimkehren, wenn ein ausgehandeltes Lösegeld für sie bezahlt wurde. Die Sünde war nun für ihn eine solche Kriegsherrin, die uns durch die Fesseln des Gesetzes gefangen hält. Das war für ihn nicht nur ein Bild, sondern eine mythische Realität. Dabei hatte er eine negative Vorstellung vom Gesetz. Es terrorisiert unsere Freiheit Tag für Tag mit seinen Vorschriften und Geboten: „Du sollst! Du darfst nicht!", so dass wir unsere Werke im Grunde genommen nicht mehr um unserer Nächsten willen tun, sondern noch nur in der Angst, ja keine Gebote zu missachten, keine Verbote zu übertreten und keine Tradi-

[309] Vgl. hierzu Dorothee Sölle, a. a. O., S. 82f.

tionen zu versäumen. So waren zahlreiche jüdischstämmige Gemeindeglieder in Galatien wieder zu den alten Vorschriften der Toragesetze zurückgekehrt. Sie beachteten wieder streng die Speisegebote, ließen ihre Söhne wieder beschneiden, verweigerten ihren heidnischen Nachbarn die Tischgemeinschaft. Einige Heidenchristen unter den Galatern fingen sogar wieder an, wie in ihrem heidnischen Vorleben die Gestirne zu verehren und sich mehr an Wahrsager und Kalender als an das Evangelium zu halten. Sie bestanden nicht mehr „in der Freiheit, zu der sie Christus" befreit hatte (Gal 5,1). Wozu hat euch dann Christus mit seinem Leiden und Sterben vom „Fluch des Gesetzes losgekauft?" wurden sie von Paulus gefragt. Wobei er unter dem „Fluch des Gesetzes" die Sucht verstand, sich in der täglichen Sorge um die Reinheit ihres Lebens selbst für gut und gerecht zu halten. Das wurde ihnen zum „Fluch", denn sie konnten die gewünschte Vollkommenheit nie erreichen, so sehr sie sich auch mühten wenn sie sich von Christus keine Gnade schenken und sich von ihm keine Gewissenslast abnehmen lassen ließen. Christus durfte für sie nicht vor seinen Vater treten und sie nicht um das „Entgelt" seines Lebens freikaufen. Darum blieben die „Sünden", die sie doch vermeiden wollten, ihre „Kriegsherren", die sie wie Sklaven hielten und in Wahrheit zu immer neuen Übertretungen anstachelten, denn ohne das Gesetz hätten sie die Sünden gar nicht gekannt. Der Kreuzestod Jesu war also nach dieser theologischen Theorie das Ablösegeld, das der Unschuldige mit seinem Leben für die Schuldigen bezahlte. Er starb den „Fluchtod", das hieß, er hing wie ein verfluchter Verbrecher am Kreuz, damit sie von der Sünde befreit würden. Paulus stellte sich die Sünde wie eine mythologische Macht vor, wie eine ständige Sucht, die Gesetze der Tora zu übertreten. Denn indem die Sünde den „Reinen" anstelle der „Unreinen" auf Golgatha tötete, wurde sie als die große Versucherin, die täuschen kann, entlarvt. Dieses paulinische Konzept der Sünde als Kriegs- und Sklavenherrin überzeugt heute als übernatürliche Großmacht nicht mehr. Wohl kennen wir heute noch die zerstörerische Macht der „Sünde" aller Art, aber wir halten diejenigen, die ihr verfallen, nicht mehr für „dämonisch" besetzt, sondern für falsch erzogene, in ihren Schwächen Verführte, an Versuchungen gescheiterte, chancenlose Versager, die menschliche Zuneigung und professionelle Hilfe brauchen. Das Sündigen wird heute rational betrachtet. Es wird keine mythische Macht mehr angenommen, die gewissermaßen mit Klauen nach den Menschen greift, obwohl immer noch in vielen Fällen Sucht und Aggressivität als unheimliche Zwänge erfahren werden, für die es Ablösetherapien braucht. Manchmal kann auch eine sensible Seelsorge helfen, die jene Mitmenschen, die an sich selbst leiden, an den gekreuzigten Jesus verweist, der ihre Not kennt und „sich selbst für uns dahingegeben hat". Nach dieser theologischen Theorie ist nun Christus anstelle Gottes der Handelnde.

Die Versöhnung mit Gott

2 Kor 5,19
19 Denn Gott war in Christus und versöhnte die Welt mit sich selber und rechnete ihnen ihre Sünden nicht zu und hat unter uns aufgerichtet das Wort von der Versöhnung.

Weil Jesus Christus nach dem Glauben der frühen Christen willens- und handlungseins war mit Gott, seinem Vater, konnten die Apostel in ihren Predigten und Briefen die Urheberschaft seines Kreuzestodes ein Mal als Tat Gottes selbst, ein anderes Mal wieder als Werk Christi Gott gegenüber beschreiben.

So konnte Gott nach der Ansicht des Paulus, die er in seinen Korintherbriefen äußerte, die Trennung der Menschen von ihm durch ihre Sünden nicht ertragen und suchte einen Ausweg, die Menschheit nicht wieder, wie schon einmal bei der Sintflut, bestrafen zu müssen. Er ergriff die Initiative, indem er um den Preis der „Dahingabe" seines geliebten Sohnes das Sündenkonto der Menschheit tilgte. Als majestätischer Schöpfer der Welt konnte er die Sünden seiner Geschöpfe nicht einfach nur um nichts erlassen, zumal auch alle Selbsterlösungsversuche der Menschen erfolglos blieben. Darum stellte sich Paulus die neue Regulierung des Verhältnisses zwischen Gott und den Menschen als einen Vertrag vor, der auf einem Preis basierte, wie ihn bei einem Friedensschluss in der antiken Welt die schwächere Partei mit hochgestellten Geiseln als Gewährleistung für die Einhaltung des Vertrages leisten musste. Der Sohn Gottes wurde zum Bürgen der Versöhnung zwischen Gott und den Menschen. Er vollbrachte ein doppeltes Werk: Zum einen bewirkte er die Befriedigung Gottes, zum anderen die Befriedung der Menschheit. Heute sind diese schweren mythischen Gedanken eines universalen Dramas zwischen Himmel und Erde, in dem beide Partner, Gott und Mensch, zur Ruhe kommen müssen, kaum noch nachvollziehbar. Eher ist uns die religiöse Deutung zugänglich, dass Christus am Kreuz so sehr gelitten hat, damit sich die Leidenden aller Zeiten in ihrem Leid mit ihm identifizieren und mit Gebet und Liedern zu ihm rufen können, weil sie wissen, dass er sie in ihrem Leid versteht.

Die mystische Vereinigung

Gal 2,19f.
19 Ich bin durchs Gesetz dem Gesetz gestorben, damit ich Gott lebe. Ich bin mit Christus gekreuzigt. 20 Ich lebe, doch nicht ich, sondern Christus lebt in mir. Denn was ich jetzt lebe im Fleisch, das lebe ich im Glauben an den Sohn Gottes, der mich geliebt hat und sich selbst für mich dahingegeben.

Die Sprache des Paulus ist nicht leicht verständlich, weil sie aus kreisenden Gedanken besteht. Deutlich ist, dass Paulus hier an so etwas wie an einen Ich-Austausch denkt. Der Christ versetzt sich so intensiv in Christus am Kreuz, dass ein „fröhlicher Wechsel" stattfindet, wie Luther die mystische Vereinigung des Christen mit Christus genannt hat. Der Christ spürt Jesu Leiden nach und Christus nimmt dafür des Menschen Schuld auf sich. In seinem Sendbrief an Papst Leo X., den er „Von der Freiheit eines Christenmenschen" überschreibt, bringt Luther das Bild vom hochzeitlichen Ringtausch zwischen Christus und der Seele, „wo der reiche, edle, fromme Bräutigam Christus das arme, verachtete, böse Hürlein zur Ehe nimmt und sie entledigt von allem Übel, zieret mit allen Gütern".[310] Ähnlich beschreibt dann 1560 der lutherische Pädagoge Nikolaus Hermann in seinem Weihnachtslied „Lobt Gott, ihr Christen alle gleich" den „fröhlichen Wechsel": „Er wird ein Knecht und ich ein Herr; das mag ein Wechsel sein!"[311]. Und so fühlte sich auch Paul Gerhardt, der bis heute beliebteste Dichter des Evangelischen Gesangbuches, mit Christus in mystischer Vereinigung am Kreuz hängen: „Ich will ans Kreuz mich schlagen mit dir und dem absagen, was meinem Fleisch gelüst ..."[312] Wie Christus das Leiden und Sterben aushalten, war seine seelische Stütze in den schweren Zeiten des Dreißigjährigen Krieges und der Pest, die ihm eins ums andere seiner Familienglieder raubten. Er versuchte, Christi Blut gegen das viele Blut zu setzen, das sinnlos und grausam um ihn herum vergossen wurde. Er wollte in inniger Versenkung unterm Kreuz Christi stehen und den sterbenden Heiland in seinen Armen fassen.[313] Diese jede Realität überspringende Kunst des Meditierens ist uns heute verloren gegangen. Die demütige Leidenswilligkeit ist dem Zorn auf die Leidverursacher in aller Welt gewichen. Politisch verursachtes Leiden ist kein hinzunehmendes Schicksal mehr. Körperliches Leiden wird medizinisch möglichst schmerzarm gehalten, und seelisches Leid wird von ausgebildeten Therapeuten „abgebaut". Trotzdem erreicht die Menschheit keine Glückseligkeit, weil sich das Leidzufügen ständig neue Formen und Mittel des Quälens und Zerstörens ausdenkt. Dabei ist allerdings auch eine gewisse Entlastung Gottes geschehen. Die allgemeine Säkularisierung hat mit sich gebracht, dass Gott nicht mehr unbedingt für alles Schreckliche verantwortlich gemacht wird. Die Theodizeefrage „Wie kann Gott das zulassen?" ist verblasst und die Verantwortlichkeit des Menschen für seine Mitmenschen zumindest theoretisch gestärkt worden. Bei gewalttätigen, aber auch bei tragischen Vorfällen wird nicht mehr gleich gefragt, wie Gott so etwas zulassen konnte, sondern zuallererst unüberhörbar nach den menschlichen Schuldigen. Das ergebene „Der Herr hat's gegeben, der Herr hat's genommen" kommt kaum noch jemand über die Lippen (Ijob 1,21). Leiden

---

310 In vielen Ausgaben erschienen als Artikel 12 der Freiheitsschrift von 1520. Auch in WA 7,25f.

311 EG Nr. 27, Strophe 5.

312 In: O Welt, sieh hier dein Leben am Stamm des Kreuzes schweben ..., EG 84, Strophe 12.

313 In: O Haupt voll Blut und Wunden, EG 85, Strophe 6.

wird als eine unmenschliche Zumutung, als etwas völlig Unverdientes, als Unfall des Schicksals verstanden, der unbedingt „repariert" werden sollte.

Der Ratschluss Gottes

Apg 2,23
23 „... diesen Mann, der durch Gottes Ratschluss und Vorsehung dahingegeben war, habt ihr durch die Hand der Heiden ans Kreuz geschlagen und umgebracht."

Anders als Paulus sucht Lukas in seiner Apostelgeschichte die Frage nach der Schuld am Tod Jesu paradox zu lösen. Er lässt Petrus einerseits in seiner Jerusalemer Pfingstpredigt betonen, Gott selbst habe nach seinem den Ereignissen voraus laufenden Heilsplan Jesus „dahingegeben" (V. 23a). Das klingt, als wären die Richter und Henker Jesu entlastet, weil sie nur Werkzeuge Gottes gewesen wären. Andererseits spricht Petrus im selben Atemzug die „Männer von Israel" direkt an, sie hätten Jesus durch die Hand der „Heiden" – gemeint sind die römischen Söldner – „ans Kreuz geschlagen und umgebracht" (V. 23b). Wieder muss zuerst die Übersetzung des Textes aus dem Griechischen durch die Bibelkommission der EKD verbessert werden. Im Urtext ist nicht von einem hinterlistigen „umbringen" lassen, sondern sachlicher von einem „töten" die Rede. Gerade in unserer Zeit der Palästinakonflikte sollte die Bibelsprache keinen Anreiz zu antijüdischem Denken liefern. Jedenfalls werden die damals an der Verurteilung Jesu Beteiligten dadurch, dass Gott selbst als der eigentlich Handelnde angesprochen wird, von Lukas genauso entschuldigt wie als Handlanger Gottes beschuldigt. Es ist eben schwer, Gottes Vorsehung und der Menschen Schuld miteinander zu verrechnen, weil göttliche Allmacht und menschliche Selbstverantwortung eben nicht deckungsgleich zu machen sind. Es gibt nur die Möglichkeit, die historische Ebene und die dogmatische Deutung voneinander zu trennen und in gesonderten Perspektiven zu betrachten oder sich einseitig entweder für den Glauben an Gottes Prädestination der Dinge oder für einen von Jesus bewusst gewollten Opfergang, beziehungsweise für die Schuldzuschreibung an die damaligen Zeitgenossen Jesu zu entscheiden. Es sei denn, man sehe im Leiden und Sterben Jesu eine zu allen Zeiten gültige existenzielle Herausforderung des Gewissens aller, nie wieder einen solchen Justizirrtum und eine so grausame Hinrichtung zuzulassen. So ist im 1. Petrusbrief zu lesen: Christus habe „ein für allemal für die Sünden gelitten" (3,18) – gemeint ist „als der Letzte" – nach ihm sollte es keine Kreuzigung mehr geben. Der Verfasser des Hebräerbriefes bekräftigt dieses kategorische Verbot aller Tötungen seinerseits, indem er den Gewissen vorhält, niemand sollte wieder für andere sterben müssen (9,28). Damit ist jede Art von stellvertretendem Leiden und Geopfertwerden in christlicher Hinsicht unerlaubt, es sei denn, es rette einer mit seinem Selbstopfer alternativlos anderes Leben Das Kreuz steht als Symbol dafür, dass niemand das Recht hat, Mitmenschen Leiden zuzufügen, – um keiner angeblich objektiven Gerechtigkeit, keiner Abschreckung, keiner Staatsräson und schon gar nicht um der Befriedigung von Schaulustigen willen. Was aber bleibt dann nach der Ablehnung aller Straftheorien der Sinn des Leidens Jesu für uns heute? Gibt es auch noch andere biblische Deutungen des „gelitten und gestorben für uns", die uns heute noch ansprechen können?

„uns zur Mahnung"

Muss das „gestorben für uns" unbedingt opfertheologisch auf ein griechisches „hyper hämon" zurückgeführt werden, das mit „anstelle von uns" zu übersetzen wäre? Kann es nicht auch auf ein existenziales „peri" im Sinne von „in Hinsicht auf", „uns betreffend, uns zur Mahnung, uns berührend" zurückgehen?[314] In der Tat finden wir im matthäischen Abendmahlstext nicht das „hyper", sondern das „peri": „Das ist mein Blut des Bundes, das für (peri) viele vergossen wird ..." (Mt 26,28). Das „für uns" erlaubt uns eben nicht nur *eine* Deutung. Es kann auch uns zum Ansporn, zur Nachdenklichkeit, oder biblischer ausgedrückt „zur Nachfolge" bedeuten.

Vorbild im Leiden

1 Petr 2,21
21 Denn dazu seid ihr berufen, da auch Christus gelitten hat für euch und euch ein Vorbild hinterlassen, dass ihr soll nachfolgen seinen Fußstapfen.

Die Autorenangabe dieser relativ späten „apostolischen" Schrift täuscht. Sie kann nicht vom Apostel Petrus selbst verfasst worden sein, denn sie bezieht sich nirgendwo auf die Wanderung mit dem irdischen Jesus, sondern wendet sich an missionierte kleinasiatische Heidenchristen, deren erste Generationen zum paulinischen Missionsfeld gehörten und jetzt unter römischer Verfolgung leiden.[315] Der Verfasser möchte besonders den Sklaven unter den Gemeindegliedern Trost zusprechen, wenn sie von ihren Herren oder von den Behörden hart angefasst werden. Er führt aus, dass alle Christen, ob höher oder niedriger gestellt, gleichermaßen „Fremdlinge und Pilger" auf Erden seien (2,11), die lernen könnten, Unrecht und Leiden zu ertragen, wie es Christus bis an sein Ende getan habe. Das Vorbild des geduldigen Ertragens, das er hinterlassen habe, könne in seinen „Fußtapfen" nachgelebt werden. Christus

[314] Art. „peri", a. a. O., Bd. III, ^{2}1992, Sp. 170; Art. hyper, a. a. O., Bd. III, Sp. 949.
[315] Vgl. H. W. Wolff / Günther Bornkamm, Zugang zur Bibel, Stuttgart 1970, S. 310. Die Abfassungszeit von 1 Petr dürfte in die Ära Kaiser Domitians (81–96 n. Chr.) fallen.

habe nicht „widergeschmäht, als er geschmäht wurde, nicht gedroht, als er litt, sondern es dem anheim gestellt, der gerecht richtet“ (2,23). Der unbekannte Verfasser reflektiert nicht, ob es Christen erlaubt ist, Sklaven ungerecht zu behandeln. Leibeigene gehören zu seinem antiken Umfeld wie selbstverständlich dazu. Der Schreiber hält noch an der Naherwartung der Wiederkunft Christi zum Weltgericht fest und fordert die unter den gesellschaftlichen Verhältnissen Leidenden auf, die „kleine Zeit“ bis dahin als eine Chance der Läuterung zu betrachten (1,6f.). Die Sklaven sollten sich einstweilen „in aller Furcht den Herren unterordnen, nicht allein den gütigen und freundlichen, sondern auch den wunderlichen“ (2,18). Der Verfasser kann also unbekümmert auf die Kreuzesnachfolge verweisen, weil er nicht sieht, dass die Fußtapfen Jesu zu groß sein könnten für einfache Christen. Er ruft geradezu enthusiastisch aus: „Freut euch, dass ihr mit Christus leidet“ (4,13), denn „selig seid ihr, wenn ihr geschmäht werdet um des Namens Christi willen“ (4,14). Ein Psychologe könnte diesen Aufruf als Einladung zum Masochismus deuten, doch die entschlossene Leidensnachfolge Jesu war wohl für viele Christen im römischen Reich die einzige Chance, die schweren staatlichen Verfolgungen, die Kaiser Domitian über sie als vermeintliche Götterlästerer hereinbrechen ließ, durchzustehen. Verfolgungen um des Glaubens willen können heute nicht mehr gerechtfertigt werden. Aber sich an Jesus Christus als vorbildlichen Streiter um eine „bessere Gerechtigkeit“ und einen „friedlicheren Frieden“ zu erinnern und ihm nachzueifern, ist ein bleibendes Gebot. Und zwar Jesus nicht nur als Prediger, sondern vor allem als Heiland der Kranken und Anwalt der Armen, der so konsequent die Unrechtszustände seiner Zeit aufdeckte, dass die damaligen Herrschenden meinten, ihn aus der Gesellschaft entfernen zu müssen. Jesus war gewiss nicht leidenssüchtig, aber auch alles andere als leidensscheu. Jedes Kruzifix möchte den heutigen Menschen ins Gedächtnis zurückrufen, dass da einer lebte, der die Menschenliebe über alles setzte und mit dem hohen Anspruch, für seinen himmlischen Vater zu handeln und zu sprechen, Tabus brach und für die Wahrheit seiner Botschaft sogar starb, auch wenn er zunächst wie ein Gescheiterter aussah.

Absolut gehorsam?

Phil 2,5–8

5 Seid so unter euch gesinnt, wie es auch der Gemeinschaft in Christus Jesus entspricht: 6 Er, der in göttlicher Gestalt war, hielt es nicht für einen Raub, Gott gleich zu sein, 7 sondern entäußerte sich selbst und nahm Knechtsgestalt an, ward den Menschen gleich und der Erscheinung nach als Mensch erkannt. 8 Er erniedrigte sich selbst und ward gehorsam bis zum Tode, ja zum Tode am Kreuz.

Als Paulus der Gemeinde zu Philippi diesen Brief schreibt, trägt er „Fesseln" (1,13). Er befindet sich also in „Gefangenschaft" (1,14). Es kann bei seiner Überstellung nach Rom in Ephesus oder bereits in der Reichshauptstadt selbst gewesen sein. Seine Stimmung ist gelassen. Der Apostel nimmt an, dass ihm am Ende seiner Gefangenschaft das Martyrium drohen kann (1,19–23). Dennoch bleibt er getrost, zumal er an der Naherwartung Christi zum Weltgericht festhält. Die Gemeinde zu Philippi hat der Apostel immer besonders geliebt. Er hat sie dereinst selbst als seine erste Gemeinde auf europäischem Boden gegründet. Im Rückblick auf sein Leben und Werk hinterlässt er ein geistiges Vermächtnis. Er fordert sie auf, stets uneigennützig (2,3f.) und „eines Sinnes" zu bleiben (4,2) und die Verehrung Christi in den Mittelpunkt ihres Gemeindelebens zu stellen. Dazu übergibt er der Gemeinde einen fast lyrisch geformten Christushymnus, den er selbst schon überliefert bekommen hat und den er an einzelnen Stellen noch anreichert (2,5–11). Dieses „Christuslied" wurde schon immer als gnostischen Ursprungs vermutet, weil es mythisch von der Herabkunft und vom nachfolgenden Aufstieg des Erlösers redet. Im Gegensatz zur oben beschriebenen Kulttheologie vom stellvertretenden Sühneopfer Christi kann der Hymnus als Aufruf zu einer „Gesinnungsethik" verstanden werden, zumal seine Einleitung auch so beginnt: „Seid so unter euch gesinnt, wie es auch der Gemeinschaft in Christus Jesus entspricht" (V. 5). Allerdings ist diese anempfohlene Gesinnungshaltung nicht praktisch orientiert, denn sittliches Vorbild ist nicht das Reden und Tun des irdischen Jesus, sondern „der Gehorsam des präexistenten und inkarnierten Christus".[316] Obwohl „er in göttlicher Gestalt war, entäußerte er sich selbst und nahm Knechtsgestalt an". Es mag zunächst eine Zumutung für die Christen in Philippi gewesen sein, von Paulus zu hören, dass sie sich wie Christus zum Machtverzicht, also zum Leben in „Knechtsgestalt" bekennen sollten, wo doch ohnehin die Mehrheit von ihnen bereits schwer arbeitende Sklaven waren. Ob Paulus sie mit diesem Aufruf vor einem im Hintergrund lauernden Sklavenaufstand warnen wollte, wie es ihn immer wieder in der Antike gab, oder ob er ihnen noch einmal nahe bringen wollte, dass ohnehin bald mit der Parusie Christi eine völlige Weltveränderung stattfinden würde, ist nicht mehr zu erheben. Jedenfalls entwirft der Apostel mit diesem Hymnus das Bild eines bewusst demütigen Christus, der sich doch eigentlich hätte als Herr der Herren präsentieren können.

Dieser gnostisch-paulinische Christus erwies vor allem Gott gegenüber einen vorbildlichen „Gehorsam bis zum Tode, ja zum Tode am Kreuz" (V. 8)! Eine dogmatische Behauptung von großem wirkungsgeschichtlichem Ausmaß! Vor allem später im lutherischen Preußentum wurde der absolute, ja fast blinde Gehorsam zur militärischen Säule des Staates. Auch in der Erziehung wurde propagiert, dass Kinder und Untergebene „gleich, ganz und gern" zu gehor-

[316] Vgl. H. Conzelmann / A. Lindemann, Arbeitsbuch zum Neuen Testament, 1975, S. 222f.

chen hätten. Und als im Dritten Reich im Soldaten- und Beamtentum der sachliche Eid auf die Verfassung durch den Eid auf die Person des Führers abgelöst wurde, kam es zu der folgenschweren „Nibelungentreue" der Heerführer, die einen rechtzeitigen Umsturz des mörderischen Regimes verhinderte. Selbst ein großer Dichter wie Friedrich Schiller identifizierte in seiner Ballade „Der Kampf mit dem Drachen" das Christsein unbedacht mit gehorchen können: „Mut zeiget auch der Mameluck, Gehorsam ist des Christen Schmuck".[317] Es wäre eine sich heute noch lohnende Arbeit, einmal die Gesang- und Gebetsbücher der deutschen Landeskirchen auf ihre Gehorsamsvorstellungen zu untersuchen.[318]

Eine Hauptstütze für diesen für besonders christlich gehaltenen „Autoritätsgehorsam" war immer schon gemäß dem Philipperhymnus: sich selbst erniedrigen und gehorsam bleiben „bis zum Tode, ja zum Tode am Kreuz" (2,8). Der Hymnus hat bis zum heutigen Tag in den Liturgien der Evangelischen Gottesdienste den Rang eines Psalms (EG Nr. 764!). Dabei wäre exegetisch zu fragen, ob „gehorsam bis zum Tode" überhaupt die einzig korrekte Übersetzung des griechischen Textes des Philipperbriefes ist. Wo die Lutherbibel „gehorsam" schreibt, steht im griechischen „hypäkoos". Der Stamm dieses modalen Adverbs ist „akouo, hören" und von ihm wiederum ist „hypakouo, horchen, gehorchen" abgeleitet.[319] Mit einem gewissen Recht kann deshalb auch der umstrittene Vers 8b mit „horchend" statt mit „gehorsam" wiedergegeben werden: Christus war „horchend" bis zu seinem Tod. Dann wäre der Sinn des Kreuzestodes Jesu, vorbildlich zu zeigen, wie der Christ selbst noch im schwersten Leiden „auf Gott horchend, nach Gott lauschend" bleiben kann, und zwar selbst auch dann noch, wenn er kein unmittelbar rettendes Eingreifen Gottes mehr erlebt, sondern im Todeskampf stirbt. Jesus hätte dann am Kreuz die Paradoxie gezeigt: klagend an Gott bleiben, auch wenn man sich von Gott und der Welt verlassen fühlt. Aber hat ein Sterbender überhaupt noch die Kraft dazu? Müsste sie nicht geradezu „übermenschlich" sein?

„Überkreuz" oder „Gleichkreuz"?

1 Kor 1,23
23 Wir aber predigen den gekreuzigten Christus, den Juden ein Ärgernis und den Griechen eine Torheit.

Dass wir heute noch das Kreuz Christi predigen, in der Seelsorge darauf verweisen, es im Unterricht erzählen, es zur Kennzeichnung kirchlicher Räume

317 Erschienen im „Musenalmanach für das Jahr 1799".

318 Besonders anregend zur Gehorsamsfrage ist immer noch die breit bekannte Broschüre von Dorothee Sölle „Phantasie und Gehorsam – Überlegungen zu einer künftigen christlichen Ethik", 1968.

319 Vgl. EWNT I, ^{2}1992, Sp. 127; III, ^{2}1992, Sp. 943.

benützen, es bei Protestaktionen als Zeichen der Mahnung und des Widerspruchs vorantragen, steht außer Frage. Aber welches Kreuz, welches Ausmaß an Leiden und Ungerechtigkeit ist damit gemeint? War und ist Jesu Kreuz das besondere, das außerordentliche Kreuz? Steht es als Leidenszeichen über allem anderen Leiden in Geschichte und Gegenwart? Im Mittelalter haben die christlichen Maler und Bildhauer bei ihren Passionsdarstellungen häufig mit den Größenverhältnissen der Personen gespielt. So wurde nach der Kreuzabnahme der tote Christus seiner Mutter Maria als der Verkörperung der Pieta, der „mitleidenden Frömmigkeit", entweder in Übergröße als der HERR oder verkleinert in Erinnerung an das Jesuskind in den Schoß gelegt. Bei der Repräsentation der Golgotaszene pflegte man das in der Mitte stehende Kreuz Christi und seinen Kruzifixus größer und höher anzufertigen als die anderen beiden Kreuze der Schächern. Diese „Verschiebungen" der realen Größenverhältnisse sollten das „gekreuzigt und gestorben *für uns*" hervorheben. Jesus wurde in der religiösen Verehrung ein Leiden zugesprochen, das so hart und so ungerecht war, wie vor und nach ihm kein anderes wieder, zumal der HERR als der Unschuldige und Reine „unverdient" hingerichtet wurde. Unter der Voraussetzung der Opfer- und Sühnetheorie war diese Stilisierung des Kreuzestodes Jesu zu einem einmaligen und unüberbietbaren Akt der Menschheitsgeschichte angebracht. Kein Anderer hätte Gott so versöhnen können, wie er, lautete das Dogma. Nachdem aber heute die vielen Gewalttaten, Kriege und Tötungen unschuldiger Menschen in der Weltgeschichte den Opfergedanken verbieten, ist es unmöglich geworden, das Kreuz Christi zu einem absoluten Überkreuz zu stilisieren. Jesus starb mitten unter den vielen gequälten und getöteten Menschen aller Zeiten, als einer der Ihrigen in voller Solidarität mit und zwischen ihnen. Golgota ist nicht die letzte Greueltat geblieben – und nicht das letzte Leid. Gekreuzigt wird zum Beispiel heute noch das palästinensische oder das jüdische Kind, das von den Kriegsherren als Kollateralschaden, als bedauerliches Nebenprodukt feindlicher Auseinandersetzungen in Kauf genommen wird. Gekreuzigt wird auch die Mutter in einem Entwicklungsland, die ihren Kindern kein Essen mehr geben kann, weil die Felder der Familie verwüstet oder enteignet worden sind.

Christus steht auch als der Mitleidende neben den Krankenbetten. Er leidet mit den Süchtigen und mit denen, die wegen ihrer Schuld nicht mehr froh werden können. Gott ist kein Moloch. Er musste nicht mit Jesu Tod abgespeist werden. Er muss heute aber auch nicht ständig schicksalswendend eingreifen. Ihr Gewissen sagt den Menschen sehr wohl, was sie dürfen und was sie lassen sollten, was ihren Mitmenschen gut oder weh tut (Mi 6,8). Besonders der Evangelist Matthäus hat hervorgehoben, dass der von Gott zum himmlischen Weltenrichter erhobene Christus eines Tages alle Leiden und alle Ungerechtigkeit aufdecken wird, wie er sich immer schon als irdischer Jesus mit den Leidtragenden aller Art identifiziert hat (Mt 25,35–40). Wir sind religiös gesehen keine naiven Kinder mehr, die ohne zu wissen, was sie tun, mit dem Leben anderer spielen dürfen, sondern sind aufgerufen, „Gottes Mitarbeiter“ am Bau einer besseren Welt zu sein. Jesus Christus ist insofern unser Erlöser, als er uns mit dem Vorbild seines Lebens befreiende Impulse gibt, aber nicht weil er für uns bluten musste. Er hat uns Schritte zum Guten vorgelebt. Kaum jemand im Abendland kann sich entschuldigen, er sei nie darüber informiert worden, was Nächstenliebe sei. Ein bedeutsamer Nebensinn des Leidens ist, dass die, welche bei den Leidenden ausharren und ihnen Hände reichen, sich dabei ihrer eigenen Vergänglichkeit bewusst werden. Es ist nicht nur uns für unser eigenes Ende die Auferstehung von den Toten verheißen. Wir können auch selbst anderen, die am Boden liegen, kleine tägliche Auferstehungen als Rückkehr ins Leben bereiten. Wir brauchen nur den Mut, den Kranken und Verzweifelten unser Augenmerk und unsere Zeit zu schenken, uns von Abstand bewirkenden Gewohnheiten zu „entäußern“ und unserem Herzen mehr Sensibilität zu erlauben. Es zahlt sich gewiss nicht jede Teilnahme am Schicksal anderer aus, aber es kann uns neue Kraft und neuen Sinn geben, anderen zu helfen, von ihren Annagelungen an Kreuze freizukommen. Wir sollten nicht erst die Gräber pflegen. Wir können bereits das Leben stärken.

Teil II Die Auferstehung Jesu

Der Glaube an die Auferstehung Jesu von den Toten ist der Kern des Christentums. Ohne dieses Bekenntnis wäre das Evangelium nie eine Weltreligion geworden. Da der Tod der schlimmste „Feind" des Lebens ist (1 Kor 15,26), setzt sich bei den Menschen nur der Glaube durch, der eine Antwort auf die Frage „Und was kommt hernach?" hat. Die Sachverständigen sind dabei weniger die Wissenschaftler als vielmehr die Trauernden, die sich damit nicht abfinden können, dass sie verlassen worden sind. Es gibt an Sterbebetten nicht nur den Beweis des augenscheinlichen Aus. Wir werden auch geführt von der Stimme unseres Herzens, das nicht für wahr halten kann, dass das, was an einer Person ihre „Seele", ihr Ich, ihre unvergleichliche Individualität und Lebenskraft war, sich auf einmal nur noch in bloße chemische Elemente aufgelöst haben soll. Es ist zunächst der Widerspruch der Liebe, die sich nicht vorstellen kann, dass eine Person, die einmal von Gott für wertvoll genug erachtet worden ist, erschaffen zu werden, plötzlich aus Seinen Händen entglitten und vom Schicksal weggespült sein soll. Es war etwas Geistiges an dem Verstorbenen, etwas, das lieben, lächeln, sprechen und widersprechen konnte. Wohin soll es gegangen sein? Soll es wirklich nur Erde, Asche, Staub, reine Materie geworden sein? Wer könnte beweisen, dass die Wirklichkeit an unseren Realitäten endet und in der Schöpfung nicht Dimensionen vorhanden sind, die zur Weiterexistenz in anderer Lebensform führen?

Wenn wir „Gott" sagen, denken wir das Ewige. Wenn wir jedoch dem Tod die Begrenzung aller Wirklichkeiten überlassen, wird das Aus und Vorbei zum Gegengott. Martin Luther hat den Tod durch die Auferweckung Jesu entmachtet gesehen und nur „phase et transitus quiddam", Abschnitt und Durchgang, genannt. Dabei hängt der christliche Glaube an eine Fortexistenz nach dem Tod von einer strengen Reduktion ab. Er lebt nicht nur existenziell aus dem Widerspruch der Hinterbliebenen gegen die Behauptung, mit dem Tod sei alles aus. Er gründet vor allem auf der einen vorausgegangenen Auferstehung Jesu Christi. Das Bekenntnis „weil er, so auch wir" ist unumkehrbar. Die Auferstehung ist keine anthropologische, sondern eine rein christologische Möglichkeit. Nicht weil Menschen grundsätzlich auferstehen können, ist auch Christus auferstanden, sondern weil ER auferstanden ist, werden auch wir auferstehen, – wann und in welcher Gestalt auch immer. „ER ist auferstanden von den Toten als Erstling unter denen, die entschlafen sind" (1 Kor 15,20), schreibt Paulus und hält Christus für den „Anführer" der in die Ewigkeit Gerufenen. Dann gilt aber auch der Umkehrschluss, wie ihn Paulus formuliert hat: „Ist aber Christus nicht auferstanden, ... so ist auch euer Glaube vergeblich" (1 Kor 15,14). Paul Gerhardt hat nicht nur klagende Passionslieder, sondern auch jubelnde Osterlieder gedichtet: „Ich hang und bleib auch hangen an Christus als ein Glied; wo mein Haupt durch ist gangen, da nimmt er mich auch mit" (EG 112,6). Wie das geschehen soll, ist nicht mehr unsere Sache. Gott, der unseren Anfang verantwortet hat, verantwortet auch unser Ende. Wie „in den Anfängen der Welt"[320] die Schöpfung in welchen Zeiträumen auch immer aus dem Chaos heraus entstand, so geschieht auch die Neuschöpfung der Menschen nach ihrem Tode ohne Zeugen aus ihren Gräbern heraus. „Darum sind wir nicht traurig wie die, die keine Hoffnung haben" (1 Thess 4,13). Wir mögen ein Leben lang Gott vernachlässigen, am Ende brauchen wir ihn doch. Wir können bestreiten, dass Gott unser Vater, unser Herr, unser Richter ist; den Schöpfer, der aus dem Dunkel das Licht hervorholt und das Nichts zu einem Seienden formt, werden wir nicht los. Selbst Christus ist von Gott „auferweckt" worden und nicht aus eigener Kraft „auferstanden." Nicht wir können die Todesfrage beantworten, sondern der Gott. der uns ins Dasein rief, ruft auch im Tod nach uns.

Das Kreuz wäre eine einzige Katastrophe ohne die Auferstehung, und die Auferstehung hätte ohne das Kreuz keinen Grund. Es war in der Frömmigkeitsgeschichte ein falscher Weg, den Karfreitag als kirchliches Hauptfest den Protestanten und den Ostersonntag den Katholiken zuzusprechen. Beide Feiertag bedingen einander wie die beiden Flügel einer Flügeltüre. Darum wirkt es auf manche Mitmenschen trostlos, an religiösen Orten nur einen gemarterten Kruzifixus oder ein blankes Holzkreuz hängen zu sehen. Das Kreuz und eine Sonne, die hinter seinen Balken aufscheint, gehören zusammen wie Frage und Antwort. Und die schönsten Kreuze in der Kunst sind diejenigen, die an den Enden ihrer Balken bereits Knospen ausschlagen lassen. Das Leiden darf nicht allein dem Leid, und die Hoffnung nicht allein dem Glück überlassen werden. Wir erleben meist beides in vermischter Gestalt und erst beide Phänomene machen sich gegenseitig wesentlich.

18 Die Verkündigung der Hoffnung

Die Theologie hat sich in der zweiten Hälfte des 20. Jahrhunderts vor allem um die Klärung einer Alternative bemüht: War das Grab leer, weil Christus auferstanden ist, oder ist Jesus auferstanden, weil das Grab leer war? Bei der ersten Möglichkeit geht der Glaube dem Faktum voraus, bei der zweiten das Faktum dem Glauben. Der Streit war müßig, weil sich Gottes Schaffen und des Menschen Tun nicht miteinander verrechnen lassen. Nicht der geschundene Leichnam Jesu hat sich selbst im Grab zum verklärten Christus verwandelt, sondern Gott hat ihn aus der Tiefe des Nicht-mehr-Seins in die Höhe eines neuen Seins gerufen. Es hat eine höchste Bedeutsamkeit, in welcher grammatikalischen Form wir von diesem neuen Schöpfungsakt Gottes spre-

[320] Der hebräische Begriff für „am Anfang" steht in Gen 1,1 eigentlich im Plural „in den Anfängen ...".

chen - im Aktiv oder im Passiv.[321] Das Neue Testament redet wechselweise von beidem: Christus ist von den Toten auferstanden - dann war sein neues Sein seine eigene Tat. Wir lesen aber auch: Christus ist von Gott auferweckt worden - dann hat Gott an ihm gehandelt. Das Apostolische Glaubensbekenntnis hat sich für das Aktiv entschieden: „Am dritten Tage auferstanden von den Toten" (EG Nr. 686), wohl weil die Kirchenväter wie schon Paulus in Christus schon seit dessen Menschwerdung die zwei Naturen des Gottmenschentums angelegt sahen und Jesus Christus deshalb die Kraft hatte, sich selbst aus dem Grab zu befreien. Bei dieser Annahme kommt das griechische Verb „anistemi" - sich erheben, bzw. das Substantiv „anastasis" - die Auferstehung, ins Spiel. Die Evangelisten hingegen bevorzugten das Passiv „egeiro" - geweckt werden, sich erheben. Sie dachten wohl an eine Handlung Gottes an Jesus. Besonders den Engelsboten im offenen Felsengrab lassen sie bei seiner Verkündigung an die Frauen das Perfekt Passiv „er ist auf*erweckt* worden" wählen.[322] Theologisch kommt auch das Passiv „auferweckt" eher als das Aktiv „auferstanden" in Frage, wenn man die Inkarnation als wirkliches Mensch-geworden-sein versteht. Der geschundene Kruzifixus, der mit dem Verzweiflungsschrei starb, kann nicht auf einmal im Grab die schöpferische Kraft besessen haben, sich selbst in einen neuen Auferstehungsleib zu verwandeln. Im Vergleich zur kirchlichen Dogmatik leuchten die Evangelien mehr ein. Besonders Matthäus unterstreicht diesen Vorrang des Handelns Gottes an Jesus vor dessen eigenem Tun. Da jedoch in der kirchlichen Tradition vor allem der Begriff „Auferstehung" verwendet wird, verzichten wir in diesem Buch darauf, ihn ständig bei seinem Vorkommen durch „Auferweckung" zu ersetzen, der in theologischer Sicht sachlich angemessener wäre und verwenden beide Begriffe wechselweise.

Das leere Grab

Mt 28,1–8 (Mk 16,1–8; Lk 24,1–11; Joh 20,1–10)

1 Als aber der Sabbat vorüber war und der erste Tag der Woche anbrach, kamen Maria von Magdala und die andere Maria, um nach dem Grab zu sehen. 2 Und siehe, es geschah ein großes Erdbeben. Denn der Engel des Herrn kam vom Himmel herab, trat hinzu und wälzte den Stein weg und setzte sich darauf. 3 Seine Gestalt war wie der Blitz und sein Gewand weiß wie der Schnee. 4 Die Wachen aber erschraken aus Furcht vor ihm und wurden, als wären sie tot.
5 Aber der Engel sprach zu den Frauen: Fürchtet euch nicht. Ich weiß, dass ihr Jesus, den Gekreuzigten sucht. 6 Er ist nicht hier; er ist auferstanden (griech. auferweckt worden), wie er gesagt hat. Kommt her und sehr die Stätte. wo er gelegen hat; 7 und geht eilends hin und sagt seinen Jüngern, dass er auferstanden ist von den Toten (griech. auferweckt worden). Und siehe, er wird vor euch hingehen nach Galiläa; dort werdet ihr ihn sehen. Siehe, ich habe es euch

[321] Siehe unten S. 248; 300f.
[322] Mt 28,6; Mk 16,6; Lk 24,6.

gesagt. 8 Und sie gingen eilends weg vom Grab mit Furcht und großer Freude und liefen, um es seinen Jüngern zu verkündigen.

„Als aber der Sabbat vorüber war ..." (V. 1). Keiner seiner Anhänger, die ihm gefolgt waren, hatte erwartet, Gott würde so rasch eingreifen und Jesus von den Toten auferwecken.[323] Zwar soll Jesus selbst während seiner Wanderschaft in drei Leidensweissagungen seine „Auferstehung" geweissagt haben, aber diese Texte werden von den meisten Forschern für nachträgliche redaktionelle Beiträge der Evangelisten, so genannte vaticinia ex eventu, gehalten.[324] Die Pharisäer hatten zwar immer schon eine Auferstehung der Toten gelehrt, sie sich jedoch erst für den Jüngsten Tag vorgestellt. Selbst die Frauen, denen man damals einen besonderen Sinn für übernatürliche Ereignisse nachsagte, hatten nicht auf eine so rasche Wende gehofft, sonst wären sie nicht mit „wohlriechenden Ölen" zum Felsengrab gelaufen, um den Leichnam Jesu zu „salben" (Mk 16,1). Ob sie dem Toten damit eine letzte Ehre erweisen wollten oder dachten, den verstorbenen „Meister" mit einer Balsamierung noch eine kurze Zeit länger bei sich „behalten" zu können, ist nicht überliefert. Jedenfalls müssen sie nach der Kreuzabnahme den Dienern des Josef von Arimathäa nachgefolgt sein und gesehen haben, dass der Leichnam in ein Felsengrab gebracht worden war, sonst hätten sie sich unterwegs nicht gesorgt: „Wer wälzt uns den Stein von des Grabes Tür?" (Mk 16,3). Während des Sabbats war ihnen der Grabgang, wie überhaupt jede „Arbeit", durch die Weisungen der Tora verboten gewesen. Nun sollten sie in aller „Herrgottsfrühe" zu den ersten Zeugen des „leeren Grabes" werden. Ob die Auferweckung Jesu noch in der Nacht geschehen war oder erst in der Morgendämmerung – und vor allem wie sie ablief –, darüber gibt es keine Auskunft. Die Evangelisten wollten sie möglichst als eine wundersame Schöpfungstat Gottes unausgeführt im Raum stehen lassen und sie nur verkünden, aber nicht erklären. Gott braucht für seine Taten keine Augenzeugen, die seine Werke legitimieren. Er handelt autonom. So denkt Markus. Er hält sich nur an das Symbol der Sonne. Er lässt die Frauen ausdrücklich „sehr früh, als die Sonne aufging" (16,2) zum Grab kommen. Der Aufgang der Sonne steht bei ihm für den Neuanfang, so wie er bei der Erschaffung der Welt aus der Dunkelheit des Chaos aufbrach. Die „Sonne" ist für Markus als Inbegriff der strahlenden Helligkeit das persönliche Wahrzeichen Gottes. Auch Matthäus beschreibt den Vorgang der Auferweckung als solchen nicht direkt, wohl aber dessen Begleiterscheinungen. Er redet von typischen Theophaniezeichen, die Gott repräsentierten: von einem „großen Erdbeben" und vom „Engel des Herrn" (V. 2). Matthäus will durch sie belegen, dass der unbeschreibbare „Herr des Himmels und der Erde" endlich selbst eingriff. Der Schöpfer hat nicht schon

[323] Siehe zum Forschungsstand um das „leere Grab": G. Theißen / A. Merz, Der historische Jesus, 1996, S. 435–439. Zur obigen Perikope Matthäus 28,1–10 vgl. auch M. Köhnlein, Ecce homo I, S. 143–149.

[324] Vgl. oben S. 22ff.

am Kreuz das Leiden Jesu wenden müssen. Der Tod war und ist keine Grenze für Sein Tun.

Die Bemerkung des Markus: „... am ersten Tag der Woche sehr früh, als die Sonne aufging“ (16,2), hat zu einem bis heute bestehenden einschneidenden Unterschied im Zeitverständnis von Juden und Christen geführt. Nach dem alttestamentlichen Schöpfungsbericht von Gen 1 eilt die Woche auf den Sabbat als ihrem siebten und letzten Tag zu: „Und Gott segnete den siebenten Tag und heiligte ihn“ (Gen 2,3). Der regelmäßige Sabbat wird als Fest sogar höher eingestuft als alle anderen Tage und Themenfeste im Kalenderlauf. Umgekehrt beginnt nach neutestamenlicher Auffassung die Woche mit dem „Sonntag“ als Tag der Auferstehung Jesu und Symbol von Gottes „zweiter“ Schöpfung. Die Woche geht dann auf ihren Abschluss am „Sonnabend“ zu.

Matthäus denkt eschatologisch, das heißt, er schreibt hier der Auferweckung Jesu endzeitliche Vorgänge zu, die er sonst dem Jüngsten Tag zurechnet (24,29). Der „Engel des Herrn“ kam „vom Himmel herab wie der Blitz“ (V. 3). Er blendete den Frauen und Wächtern die Augen, bevor sie sich ihn „einbilden“ konnten. Der Engel trug ein „schneeweißes Gewand“ als Zeichen der Reinheit (a. a. O.). „Die Wachen aber erschraken aus Furcht vor ihm“ (V. 4) – nicht nur aus simpler Angst, sondern aus ehrfürchtiger Scheu. „Sie wurden, als wären sie tot“ (V. 4). U. Luz bemerkt feinsinnig: „Die äußere Erschütterung des Erdbebens setzt sich in ihrer inneren Erschütterung fort“[325]. Ihr „heilloses“ Erschrecken ist ebenfalls ein Theophaniezeichen, das „unreine“ Menschen bewusstlos werden lässt, wenn in ihrer Nähe der „Himmel“. das Heilige, die Erde berührt (14,33; 17,2.6). Was den Behörden unmöglich erschien, bewirkte der „Engel des Herrn“. Er trat als Repräsentant des Allmächtigen „hinzu und wälzte den kolossalen Rollstein weg“ (V. 2). Die Frauen sollten in das Felsengrab eintreten und sich überzeugen, dass es leer war. Dann musste aber auch das Siegel des Pilatus zerbrochen worden sein. Der Engel „besetzte“ den Rollstein und ließ damit die kaiserliche Macht klein sein vor der göttlichen Allmacht. Der Tod Jesu war durch ein staatliches Grabsiegel dokumentiert worden. Die Auferstehung Jesu verbürgte ein strahlender Engel. Es ist jedoch von den Texten her unklar, ob der Engel schon in der Nacht oder erst in Gegenwart der Frauen erschienen war (V. 2). Bei Matthäus sitzt er *vor* dem Felsengrab als „Wächter“ (V. 2), bei Markus bezeugt er als „Jüngling“ *im* Grab, dass Gott selbst den toten Jesus zu sich genommen hatte – und keine Grabräuber (Mk 16,5f.). Der Engel lädt die Frauen ein, das Felsengrab zu betreten. Dahinter steht die Auffassung, ein Glaube vom Hörensagen allein genügt nicht. Er muss zu einer persönlichen Überzeugung führen. Die Frauen haben zwar nicht die Auferstehung selbst, aber doch das leere Grab gesehen. Die Besichtigung allein hätte aber nur ihre Trauer verstärkt, wenn ihnen der Engel nicht eine weitere Zukunft mit Jesus Christus

[325] A. a. O., S. 403.

eröffnet hätte. Er verheißt ihnen neue Begegnungen mit ihrem HERRN in Galiläa. In Jerusalem als der Stadt, die ihn verurteilt hat, werden sie Jesus nicht wieder sehen. Wohl aber dort, wo sein Wanderweg begonnen hat, werden sie weitere Erlebnisse mit ihm haben (V. 7). Matthäus ist der einzige Synoptiker, der auch räumlich den Kreis des Wirkens Jesu schließt.

Die Frauen „Maria aus Magdala und die andere Maria" sind die Ersten, die von der Auferweckung Jesu hören (V. 1). Sie waren schon Zeuginnen der Kreuzigung Jesu gewesen (27,56). Dabei ist mit der „anderen Maria" wieder nicht die Mutter Jesu, sondern die Mutter der beiden Brüder Jakobus und Josef gemeint. Sie war mit dem Kreis um Jesus von Galiläa her gewandert (27,55). Diese beiden Frauen[326] sind bei Matthäus auch die ersten Botinnen des „Auferstandenen", denn der Engel schickt sie vom Grab weg zu den Jüngern, um ihnen die Botschaft der Auferweckung Jesu zu bringen (V. 7). Es sollte in den Kirchen nicht vergessen werden, dass die Osterbotschaft zuerst über die Frauen in die Welt kam, – und nicht über die alles bestimmenden Männer. Gott ließ sich bei der Auferweckung Jesu nicht zuschauen, und er bevorzugte auch nicht die Männer, das Heil weiterzutragen. Die Auferweckung Jesu hat nicht nur die Abfolge der Wochentage umgekehrt, sondern auch die Rangordnung der Hierarchie der Geschlechter verändert. Sie hat die Frauen ein Stück weit aus ihrer Geringschätzung „mitauferstehen" lassen. Anders als damals im Judentum, wo das Zeugenrecht der Frauen bezweifelt wurde, haben die ältesten christlichen Überlieferungen der Auferstehung Jesu zuallererst Frauen die „amtliche" Meldung der Auferweckung Jesu übertragen. Aber die Männer haben sich dieses Privileg dann schon sehr früh wieder zurückerobert. Schon in der Auferstehungserzählung des Evangelisten Johannes ist es wieder Petrus, der als Erster das leere Grab betritt (Joh 20,4ff.). Maria Magdalena und der „andere Jünger, den Jesus lieb hatte" mussten zunächst draußen bleiben (a. a. O.).

Der Auferweckte zeigt sich den Frauen

Mt 28,9f. (Mk 16,8; Lk 24,9–1)
9 Und siehe. da begegnete ihnen Jesus und sprach: Seid gegrüßt! Und sie traten zu ihm und umfassten seine Füße und fielen vor ihm nieder. 10 Da sprach Jesus zu ihnen: Fürchtet euch nicht! Geht hin und verkündigt es meinen Brüdern; dass sie nach Galiäa gehen; dort werden sie mich sehen.

---

326 Wie ungefestigt dennoch die Stellung der Frauen in der allerersten Zeit der Urgemeinde war, zeigt sich daran, dass alle vier Evangelisten im Blick auf Namen und Anzahl ersten Zeuginnen verschiedene Angaben machen. Vgl. miteinander Mk 16,1; Mt 28,1; Lk 24,10; Joh 20,1. –Zur Verarbeitung der Auferstehung Jesu in Kunst und Wirkungsgeschichte siehe U. Luz, a. a. O., S. 406–416.

„Und siehe!" (V. 9). Dieses kleine Partikel ist keine bloße Verknüpfungsfloskel zweier Sätze, sondern will andeuten, dass nun etwas Besonderes berichtet wird. Es meint so viel wie: „Achtung! Augen auf!" Die Botschaft des Engels sollte noch einmal bekräftigt werden. Nicht dass die Frauen meinen, sie wären vielleicht einer Sinnestäuschung unterlegen. Irgendwo außerhalb des Felsengrabes begegnet ihnen Jesus höchstpersönlich, als sie gerade noch ganz atemlos durcheinander „mit Furcht und großer Freude" zu den Jüngern laufen wollen, um ihnen die Freudenbotschaft zu „verkündigen" (V. 8). „apaggello", das griechische Verb an dieser Stelle ist ein voll amtlicher Ausdruck, der das bloße „Weitersagen" von V. 7 überhöht. Insofern liegt bei U. Luz ein unfreundliches Vorurteil vor, wenn er in seinem Kommentar zu V. 10 schreibt: „Wieder erhalten die Frauen keinen eigenen Verkündigungsauftrag". Es sei (von Christus selbst!) gesagt, dass sie bei seiner angekündigten „entscheidenden Erscheinung auf dem Berg in Galiläa", wo laut 28,16–20 der weltweite Missionsauftrag erfolgte, „nicht dabei sein werden" (a. a. O., 419). Das klingt, als wären die Frauen nur Zulieferinnen zu den eigentlichen männlichen Adressaten gewesen.[327] Jesus aber hatte sie nach Matthäus ausdrücklich persönlich angesprochen und ihnen erlaubt, als ersten Zeuginnen seiner leibhaften Gegenwart vor ihm niederzufallen und seine Füße zu umfassen (V. 9), der damalige Huldigungsritus gegenüber einem erhabenen Herrn (kyrios). Wenn der Evangelist auf das Umfassen der Füße des HERRN Wert legt, muss die Erscheinung Jesu leibhaftig und nicht nur irgendwie ätherisch gewesen sein. Matthäus lässt sich aber nicht darauf ein, die Erscheinungsform Jesu biologisch-physikalisch näher zu beschreiben. Er konzentriert sich mehr auf Jesu Sendung der Frauen als auf das, was sie gesehen hatten. Er hat mit seinem anfänglichen „und siehe!" mehr seine Leserschaft als die Sinneseindrücke der beiden Marien im Blick.

Nach Matthäus vollziehen die Frauen den Auftrag des Engels und „verkündigen" den Jüngern die Auferweckung Jesu von den Toten. Dass sie die geeigneten Personen dafür waren, unterstreicht der Evangelist dadurch, dass sie bei ihm den Auftrag zweimal erhalten. Zuerst aus dem Mund des Engels (V. 7) und dann noch vom Auferweckten selbst (V. 10). Bei Markus „sagten sie niemanden etwas, denn sie fürchteten sich" (16,8), wobei unklar war bleibt, ob sie sich vor der Größe des Auftrags oder vor dem Spott der Jünger fürchteten. Bei Lukas holen sich die beiden Marien, als sie den Jüngern ihren Auftrag ausrichten, noch eine Johanna und weitere Frauen zur Verstärkung hinzu. Sie konnten auch nicht genug Freundinnen sein, die die Auferweckung Jesu für wahr hielten, denn den Jüngern „erschienen diese Worte, als wär's Geschwätz, und sie glaubten ihnen nicht" (24,9–11). Die Botschaft der Auferweckung

[327] Anders hatte U. Luz zwei Seiten zuvor ausgeführt: „Immerhin denke ich, dass diese Erscheinung vor einer Frau dem in der Institution Kirche herrschenden Trend, die Ehre der Ersterscheinung Petrus und den Aposteln zukommen zu lassen, widerspricht und gerade darum wohl auf einer alten Tradition beruht", a. a. O., S. 417.

Jesu von den Toten hat also schon immer, selbst unter Christen, unter Skepsis „gelitten".

Dennoch beginnt nun eine ganze Kette von Zeugen das eine Mal das leere Grab, das andere Mal den Auferstandenen selbst zu sehen. Eine besonders interessante Version der Entdeckung des leeren Grabes schildert der Evangelist Johannes als sein Sondergut. Da er als der jüngste der vier Evangelisten sein Evangelium um ca. 100 n. Chr. schreibt, dürfen wir vermuten, dass sich in seiner Erzählung bereits Gemeindeverhältnisse spiegeln, was vor allem der Tübinger Neutestamentler Ernst Käsemann[328] herausgearbeitet hat. Obwohl unser Schwerpunkt beim Matthäusevangelium liegt, möchten wir trotzdem diese johanneische Perikope herzuziehen.

Der Wettlauf der Jünger zum Grab

Joh 20,1–10
1 Am ersten Tag der Woche kommt Maria von Magdala früh, als es noch finster war, zum Grab und sieht, dass der Stein vom Grab weg war. 2 Da läuft sie und kommt zu Simon Petrus und zu dem andern Jünger, den Jesus lieb hatte, und spricht zu ihnen: Sie haben den Herrn weggenommen aus dem Grab, und wir wissen nicht, wo sie ihn hingelegt haben.
3 Da ging Petrus und der andere Jünger hinaus, und sie kamen zum Grab. 4 Es liefen aber die zwei miteinander, und der andere Jünger lief voraus, schneller als Petrus, und kam zuerst zum Grab, 5 schaut hinein und sieht die Leinentücher liegen; er ging aber nicht hinein.
6 Da kam Simon Petrus ihm nach und ging in das Grab hinein und sieht die Leinentücher liegen, 7 aber das Schweißtuch, das Jesus um das Haupt gebunden war, nicht bei den Leinentüchern liegen, sondern daneben, zusammengewickelt an einem besonderen Ort.
8 Da ging auch der andere Jünger hinein, der zuerst zum Grab gekommen war, und sah und glaubte. 9 Denn sie verstanden die Schrift noch nicht, dass er von den Toten auferstehen müsste.
10 Da gingen die Jünger wieder heim.

Maria aus Magdala im Nordwesten des Sees Genezaret, die Jesus besonders nahe stand, weil er ihr Therapeut gewesen war, kommt „früh, als es noch finster war, zum (Felsen)grab" (V. 1). Die äußere Nacht spiegelt zugleich die Trauer und Hoffnungslosigkeit ihres Herzens. Sie erwartet nichts und wird von dem geöffneten Grab völlig überrascht. Weil sie mit diesem merkwürdigen Ereignis nicht zurechtkommt, läuft sie zu Petrus, dem „Fels der Gemeinde", und zu dem „andern Jünger, den Jesus lieb hatte" (V. 2). Sie kann das Ereignis nicht allein fassen, und müsste es eigentlich auch gar nicht tun, denn es muss mindestens noch eine weitere Frau dabei gewesen sein, da doch das Subjekt ihrer Nachricht im Plural steht: „*Wir* wissen nicht, wo sie ihn hingelegt haben." Wie hätte sie sich auch in der noch anhaltenden Dunkelheit als Frau ins Tal der Felsengräber wagen können, in dem, wie in der Antike üb-

[328] E. Käsemann, Ketzer und Zeuge, in: Exeget. Versuche und Besinnungen, Band 1, 1960, S. 168–187.

lich, auch Obdachlose und Ausgestoßene übernachteten. Es sei denn, man löst die Nachricht der M. Magdalena in den Kurzdialog auf, in dem M. Magdalena, bei den Jüngern angekommen, konsterniert ausruft: „Sie haben den Herrn weggenommen aus dem Grab!" (V. 7b) und die Jünger als „wir" ratlos antworten: „*Wir* wissen nicht, wo sie ihn hingelegt haben" (V. 7c). Beide, M. Magdalena und die Jünger, konnten sich nur eine Umbettung des Leichnams Jesu vorstellen. Aber wann und warum sollte das geschehen sein? Die Sache blieb für M. Magdalena mysteriös und zunächst auch schmerzlich, denn sie hatte sich eigentlich am Grab ihres geliebten Meisters ungestört der Trauer hingeben wollen. Aber wer sollte ein Interesse an einer Entfernung des toten Jesus aus dem Felsengrab gehabt haben. Weder Petrus, welcher der Sprecher der Jünger war, noch der „andere" Jünger, der Jesus besonders nahe stand, waren von irgendwelchen Verantwortlichen über eine Umbettung informiert worden. Hatten die Frauen sich vielleicht in einer gewissen Trauerhysterie geirrt?

Wieder holpert der Text und die Vermutung wird nicht daneben liegen, dass der Evangelist Johannes ältere Vorlagen etwas ungeschickt ineinander verflochten hat. Die beiden Jünger „gehen" und „kommen" zum Grab in einer gewissen würdevollen Ruhe (V. 3). Doch dann wiederum sollen sie sich einem „Wettlauf" zum Grab unterzogen haben V. 4). Man sieht, die Verkündigung der Auferweckung Jesu bringt noch Jahrzehnte hernach die Urchristen durcheinander. Der „andere Jünger" läuft voraus und „kam zuerst zum Grab" (V. 4). Ihm hätte eigentlich die Ehre gehört, als erster Jünger das Grab als offen entdeckt zu haben. „Er schaut hinein und sieht die Leinentücher liegen; er ging aber nicht hinein" (V. 5). Er durfte nicht hineingehen, denn zu der Zeit, als der Evangelist Johannes schreibt, hat Petrus längst eine Art von Primat in den Urgemeinden inne. Schon früh haben die urchristlichen Autoritäten die Bruderliebe in der Wertstellung auf den zweiten Platz hinter die „Rechtgläubigkeit" verdrängt. Und der Wächter der Rechtgläubigkeit scheint Petrus nach einiger Auseinandersetzung mit Paulus geworden zu sein. Matthäus hat dies bereits während der Lebenszeit Jesu in dem Dialog, den er Jesus mit Petrus bei Caesarea Philippi führen lässt, begründet (16,18). Petrus ist der „Fels", neuerdings auch als „Schmuckstein" übersetzt, auf den Jesus, trotz dessen Missverständnis der Messiasrolle Jesu (a. a. O.), seine „Gemeinde" bauen will. Das „Schmuckstück" der Gemeinde aber ist die Verkündigung der Auferweckung Jesu und die sollte in die „Regie" des Petrusamtes gehören. So früh begann die Hierarchisierung der Verkündigung. Und darum musste der Jünger, „den Jesus lieb hatte" zunächst draußen bleiben. Der Evangelist Johannes lässt ihn bewusst anonym. Er hätte ihn gern mit sich selbst identifiziert, aber das kann er chronologisch nicht wagen. Denn bei aller möglichen Lebenslänge war um 100 n. Chr., als Johannes der Evangelist sein Jesusbuch abfasst, der Zebedaide Johannes, der beim Abschiedsessen Jesu an der „Brust Jesu gelegen" haben soll (Joh 13,23–25), schon längst verstorben. Es spricht

deshalb einiges für die exegetische These Käsemanns, dass das Johannesevangelium ursprünglich in den Urgemeinden verketzert gewesen war, weil sein Autor versuchen wollte, religionsphilosophische Gnostiker für die Urgemeinden zu gewinnen, indem er zum Beispiel sein Evangelium in typisch gnostischer Manier mit dem Lobpreis Christi als des vom Himmel herabgestiegenen „Logos" begann (Joh 1). E. Käsemann hat sogar unter Einbeziehung der drei Johannesbriefe gefolgert, der Evangelist sei ein Presbyter der dritten Generation gewesen, der von einem herrschsüchtigen Bischof Diotrephes als Irrlehrer exkommuniziert worden sei.[329] Schließlich kämen die kirchlichen Sakramente im Johannesevangelium nicht vor. Statt der Eucharistie werde die Bruderliebe und anstelle der Wassertaufe die Geisttaufe betont. Die frühen Gemeinden scheinen aber trotzdem das Johannesevangelium wegen seiner poetischen Qualität geliebt zu haben und so konnte es sich doch einen Platz im neutestamentlichen Kanon erobern, nachdem es von irgendeiner „kirchlichen Hand gereinigt" worden war.[330] Der Name Johannes sollte aber möglichst nicht fallen, darum musste Petrus als erster ins Innere des Grabes hineingehen und sein Begleiter nur der „andere Jünger" genannt werden.

Merkwürdigerweise wird in dem Bericht des Evangelisten Johannes noch ein scheinbar unbedeutendes Detail ausdrücklich hervorgehoben. Das „Schweißtuch, das Jesus um das Haupt gebunden war, lag nicht bei den Leinentüchern, sondern daneben zusammengewickelt an einem besonderen Ort" (V. 7). Es muss dem Leichnam Jesus sogleich anstelle der Dornenkrone umgebunden und blutgetränkt gewesen sein. Nun lag es abseits zusammengewickelt. Möglicherweise eine symbolische Andeutung, dass nun die Passion Jesu beendet war und nun ein Glorienschein sein Haupt umgab. Nach Petrus durfte dann auch der „andere Jünger" an zweiter Stelle das Grab betreten. Während der Evangelist die Reaktion des Petrus auf das leere Grab bezeichnenderweise nicht beschreibt, berichtet er von dem anderen Jünger ohne Umschweife „(er) sah und glaubte" (V. 8). Und wieder fällt auf, dass Überlieferungsstücke „zusammengebaut" wurden, denn trotz des spontanen „Glaubens" des anonymen Jüngers heißt es von beiden Zeugen: „Sie verstanden die Schrift noch nicht, dass er von den Toten auferstehen müsste" (V. 9); ein Hinweis darauf, dass das leere Grab allein nicht zum Erweis der Auferweckung Jesu führte, sondern dass es für einen hinreichenden Nachweis der Auferweckung Jesu einen so genannten Schriftbeweis brauchte, um die „Hinterbliebenen Jesu" von seiner Verwandlung in ein neues Leben zu überzeugen. „Da gingen die Jünger wieder heim", um ihre Bibel, d. h. im Wesentlichen die Schriften der Propheten und die Psalmen, auf Prophezeiungen hin durchzulesen. Doch wie reagierte Obrigkeit auf die sensationelle Meldung?

---

[329] A. a. O., 172ff.

[330] Vgl. oben S. 125.

Der Vertuschungsversuch der Obrigkeit

Mt *28,11–15*
11 Als sie aber hingingen, siehe, da kamen einige von der Wache in die Stadt und verkündeten den Hohenpriestern alles, was geschehen war. 12 Und sie kamen mit den Ältesten zusammen, hielten Rat und gaben den Soldaten viel Geld 13 und sprachen: Sagt, seine Jünger sind in der Nacht gekommen und haben ihn gestohlen, während wir schliefen. 14 Und wenn es dem Statthalter zu Ohren kommt, wollen wir ihn beschwichtigen und dafür sorgen, dass ihr sicher seid. 15 Sie nahmen das Geld und taten, wie sie angewiesen waren. Und so ist dies zum Gerede geworden bei den Juden bis auf den heutigen Tag.

Matthäus kann und will nicht direkt beschreiben, wie die Auferweckung Jesu durch den Eingriff Gottes in das Felsengrab geschehen ist. Aber er benützt jede weltliche Möglichkeit abzusichern, dass das Grab leer war. Dazu müssen ihm noch einmal alle Vertreter der „Gegenseite" dienen: die Hohenpriester, Pilatus, die Grabwache. Dabei ist wenig glaubwürdig, was er sie aussagen lässt und es springt seinem „Sondergut" auch keiner der anderen Evangelisten mit einer Parallele bei. Fatal sind auch die Ansätze zu Antijudaismen, die wieder einmal seine Erzählung einfärben, mindestens drei Jahrzehnte bevor der Evangelist Johannes seinerseits „die Juden" kollektiv zu den Vertretern des „Bösen" stilisiert. Es ist bedauerlich, dass durch die Zerstörung Jerusalems im Jahr 70 n. Chr. und damit auch seiner Bibliotheken so wenig innerjüdische Quellen über die frühe Auseinandersetzung zwischen den Christen und den „Israeliten" hinterlassen wurden, so dass wir auch nicht mehr erfahren können, welche Gründe insbesonders Matthäus für seine „Judenabneigung" hatte, zumal er doch selbst ethnisch zum jüdischen Volk gehörte.

Wenn wir nun aber doch zunächst bei aller Skepsis Matthäus zu folgen versuchen, wäre zu fragen, hatte die „Wache" die „Entleerung" des Felsengrabes unbedingt den Hohenpriestern melden müssen? Gewiss hatte Pilatus die Wachsoldaten vorübergehend in die Verfügungsgewalt der jüdischen Obrigkeit gestellt, der sie damit meldepflichtig geworden waren (27,65). Die Wachen hätten aber auch die Frauen bedrohen können, für immer zu schweigen, um sie dann bei Wortbruch als Lügnerinnen hinzustellen. Sie hätten dann einfach den Rollstein wieder vor das geöffnete Grab zurückwälzen können, nachdem sie sich vom Schrecken des „Erdbebens" und der „Engelserscheinung" erholt hatten (28,2–4). Oder hatten die Wachen vielleicht Angst bekommen, den Stein, auf den sich der Engel gesetzt hatte (28,2), als magisch aufgeladen zu berühren? Die Soldaten mögen nachlässig, aber nicht so naiv gewesen sein, ihre Blamage als Wächter den jüdischen Führern zu melden. Es scheint so, dass Matthäus die Soldaten in seiner Erzählung gebraucht hat, um die Hohenpriester noch ein letztes Mal charakterlich negativ einzufärben.[331]

[331] Wieder folgt U. Luz unbedacht der Polemik des Evangelisten und redet von den jüdischen Führern als „Lehrern der Lüge" (a. a. O., S. 423) und von der „Bosheit der jesusfeindlichen Führer Israels" (a. a. O., S. 424).

Die jüdischen Oberen wussten, so wollte er andeuten, dass man mit „viel Geld“ alles bewirken kann (V. 12). Damit hat der Evangelist nach der Tragödie um Judas Ischariot die „Juden und das Geld“ zum zweiten Mal zusammengebracht – eine Kombination, die in der Folge zu einer der Wurzeln des späteren Antisemitismus wurde. Zwar benützt Matthäus hier am Ende seines Evangeliums den Kollektivbegriff „die Juden“ zum ersten Mal (V. 15a), aber er lässt doch seine Überzeugung durchscheinen, dass es „den Juden“ immer wieder gelingt, Nichtjuden wie die Wächter und Pilatus zu manipulieren. Und das ist in der Tat ein „Gerede“ geblieben „bis auf den heutigen Tag“ (V. 15b).

19 Erscheinungen des Auferstandenen

Die Botschaft der Auferweckung Jesu von den Toten stützt sich in den Evangelien auf vier Beweisversuche: Die persönlichen Leidensweissagungen Jesu, das leere Grab, die Erscheinungen des Auferstandenen und den so genannten Schriftbeweis. Alle vier Bereiche unterliegen der Eigenart der antiken Geschichtsschreibung. Sie kennen noch nicht die moderne Trennung von Objektivität und Subjektivität, Tatsachennachweis und Glaubensüberzeugung. Das erschwert uns die Interpretation und nährt unsere Zweifel. Nach unserer heutigen Erkenntnis sind zum Beispiel die Leidensweissagungen Jesu so genannte vaticinia ex eventu, Rückspiegelungen der Evangelisten aus den bereits erfolgten Geschehnissen. Das leere Grab kann ebenfalls eine nachträgliche Schlussfolgerung aus der Botschaft der Auferweckung Jesu sein. Die Erscheinungen des Auferweckten vor seinen Jüngern können sich nicht gegen den Verdacht der Wunscheinbildung seiner Anhänger wehren und der alttestamentliche Schriftbeweis vermag vielleicht den bereits vorhandenen Auferstehungsglauben zu stützen, aber er kann ihn nicht begründen. Hilfreiche Antworten können für den Fragenden eher entstehen, wenn er mit einer wachsamen und offenen Einstellung die Möglichkeiten des Schöpfers nicht von unserem begrenzten Horizont her einschränkt und sich in der Gemeinschaft der Glaubenden von den Überzeugten überzeugen lässt.

Der Evangelist Johannes muss in besonderem Maße darauf vertraut haben, dass Zeugenberichte von Erscheinungen des auferweckten Jesus die Menschen von der Glaubwürdigkeit der Auferstehungsbotschaft überzeugen könnten. Er schildert vier dramatische Begegnungen des Auferweckten mit seinen früheren Wanderkameraden, die ihren „Meister“ am längsten gekannt und auch in seiner neuen Gestalt am leichtesten identifizieren konnten. Andererseits könnte gerade ihnen der Vorwurf entgegen gehalten werden, dass ihre Liebe zu dem Verstorbenen zu Einbildungen geführt habe, wie manchmal heute noch trauernde Hinterbliebene meinen, ihre verlorenen Angehörigen plötzlich für Sekunden wieder vor sich stehen und winken oder lächeln gesehen zu haben. Kein vermeintlich kühler Kopf hat dabei das Recht, solche Visionen von Trauernden unbarmherzig als Halluzinationen abzuwerten. Trauernde leben in ihrer eigenen „Realität".

Thomas, der rationale Zweifler

Joh 20,19f., 24–29
19 Am Abend aber dieses ersten Tages der Woche, als die Jünger versammelt und die Türen verschlossen waren aus Furcht vor den Juden, kam Jesus und trat mitten unter sie und spricht zu ihnen: Friede sei mit euch! 20 Und als er das gesagt hatte, zeigte er ihnen die Hände und seine Seite. Da wurden die Jünger froh, dass sie den Herrn sahen …
24 Thomas aber, der Zwilling genannt wird, einer der Zwölf, war nicht bei ihnen, als Jesus kam. 25 Da sagten die andern Jünger zu ihm: Wir haben den Herrn gesehen. Er aber sprach zu ihnen: Wenn ich nicht in seinen Händen die Nägelmale sehe und meinen Finger in die Nägelmale lege und meine Hand in seine Seite lege, kann ich 's nicht glauben.
26 Und nach acht Tagen waren seine Jünger abermals drinnen versammelt, und Thomas war bei ihnen. Kommt Jesus, als die Türen verschlossen waren, und tritt mitten unter sie und spricht: Friede sei mit euch!
27 Danach spricht er zu Thomas: Reiche deinen Finger her und sieh meine Hände und reiche deine Hand her und lege sie in meine Seite, und sei nicht ungläubig, sondern gläubig! 28 Thomas antwortete und sprach zu ihm: Mein Herr und mein Gott! 29 Spricht Jesus zu ihm: Weil du mich gesehen hast, Thomas, darum glaubst du. Selig sind, die nicht sehen und doch glauben![332]

Thomas ist der Vertreter einer rationalistischen Weltanschauung. Ihm ist nur glaubhaft, was er mit eigenen Augen sehen und mit eigenen Händen berühren kann. Der Evangelist Johannes widmet ihm eine Sondererzählung, weil er ihn wohl für einen immer wieder vorkommenden Typ hält, der ihm in seinem Umfeld die Verkündigung erschwert, den er aber trotz seines Widerstands überzeugen will. Thomas traut nicht dem bloßen Hörensagen. Die anderen Jünger haben ihm erzählt, dass ihnen der Auferweckte bei verschlossenen Türen durch die Wände hindurch erschienen sei (V. 19). Er hatte sie mit dem Friedensgruß angesprochen, sich mit seinen Wundmalen ausgewiesen, und ihnen den Heiligen Geist „zugehaucht". Das erinnert daran, wie Gott am Anfang der Schöpfung Adam den Lebensatem einblies (Gen 2,7). Thomas war bei der Begegnung mit dem Auferweckten nicht zugegen. Der Grund ist nicht bekannt. Hatte er als Einziger keine „Furcht vor den Juden" (V. 19)? Hatte er es auch ohne Ermutigung durch den Heiligen Geist gewagt, aus dem Untergrund auf die Straße zu gehen? Wurde überhaupt nach den Jüngern als Genossen des Gekreuzigten gesucht? Jedenfalls hätten seine Mit-

[332] Vgl. M. Köhnlein, Ecce homo I, S. 158–161.

jünger nach dem Geistempfang ganz andere Menschen sein sollen – mutig, bekenntnisfroh.

Acht Tage später ist die Jüngerschar immer noch oder hat sich wieder eingeschlossen (V. 26). Belebte so die Auferstehung? Wirkte so der neue Geist? Kein Wunder, dass Thomas der Nachricht von der Auferstehung keinen Glauben schenken kann, wenn sie mit so wenig „Begeisterung" vorgebracht wird. Andererseits ist die geringe Wirkung der Erscheinungen auch ein Indiz dafür, dass ihnen keine Erwartung vorausging. Die Jüngerschaft musste nach Ostern mehrmals mit Erscheinungen Jesu konfrontiert werden, bis sie von der Einsetzung Jesu zum Christus der Welt überzeugt war. Die wiederholte Erwähnung der „verschlossenen Türen" ist auch ein Stilmittel, um zu demonstrieren, dass nicht einfach der gleiche Jesus, sondern ein neuer Herr „zurückkam" (V. 19,26). Er konnte sprechen, berühren, segnen. Er hatte die Wundmale als Beweis seiner Identität. Er kam nicht ohne Leib, nicht ohne Sichtbarkeit. Aber es war eine andere Gestalt, die sich nicht am Widerstand von Mauern stieß. Die ersten Zeuginnen und Zeugen der Christuserscheinungen tun alles, um den dialektischen Eindruck zu vermitteln: Einerseits war Jesu der alte, andererseits ein anderer. Einmal ging er gleichsam ätherisch durch die Räume, andererseits konnte er berührt werden und brach Brot und Fisch (Lk 24,30; Joh 21,13). Die Auferweckung von den Toten ist eben darin eine neue Schöpfung, dass sie sich aller bisherigen Dimensionen sowohl bedienen wie diese auch sprengen kann. Die Evangelisten wollen mit ihren Erscheinungsberichten jedenfalls festhalten, dass der Personkern des Menschen, die Seele, im Tod und nach dem Tod fortbesteht. Die sich kannten, werden sich wieder erkennen.

Thomas macht es sich nicht leicht. Er will Glaube und Sinne zusammenbringen. Er weiß, wie überzeugt er sein müsste, um auszurufen: „Mein Herr und mein Gott!" (V. 28). Er will ein ganzes und kein gespaltenes Bekenntnis sagen können. Er will „sehen" *und* „berühren". Er will auch im Glauben die *eine* Welt erleben und nicht nur eine „unsichtbare Wirklichkeit" hinter der sichtbaren Realität. Er bestreitet nicht das Wunder, aber er will es „*be*greifen" dürfen mit Kopf, Herz und Hand. Und erstaunlicherweise wird ihm sein Wunsch erfüllt. Der Realist wird ernst genommen und nicht etwa abgewiesen oder gar bestraft. Es wird ihm zugestanden, dass er nicht anders als zweifeln kann. Es sei den, es würde ihm der Glaube als fromme Verdrängung des Verstandes abverlangt. Der Glaube aber schließt die Vernunft nicht aus, sondern ein. Er ist nicht gegen sie, wohl aber manchmal mehr oder höher als sie. Er geht weiter, Gerade dem Evangelisten Johannes ist es wichtig, dass „glauben" und „erkennen" nicht falsch miteinander konkurieren. So hat Petrus einmal bei Johannes Jesus versichert: „Wir haben *geglaubt* und *erkannt*: Du bist der Heilige Gottes" (6,69).

Jesus kommt nach acht Tagen wieder – also am nächsten Sonntag, den die Urchristen Herrentag nannten (20,26). Er fordert Thomas, der dieses Mal dabei ist, sofort auf, die Wundmale in seinen Händen und an seiner Seite zu berühren, als hätte er den Wunsch des Thomas bereits vernommen (V. 25b), als müsste er mit dem Zweifler erst gar nicht lange rechten.[333] Wir dürfen also Zeichen fordern. Ob wir sie allerdings erhalten werden, ist ungewiss. Der „Himmel" ist kein „Programm", das wir mit unseren Wünschen steuern könnten. Wir dürfen wie Thomas „ungläubig" sein, zu unserem Glauben Behauptungen aufstellen oder mit ihm hadern, die göttliche Gnade wird uns trotzdem nicht allein lassen und uns auf ihre Weise helfen, so dass wir am Ende wieder staunen und dankbar sein lernen. Der Auferweckte versteht unsere Zweifel, aber er bindet seine Antworten an keine Logik des Beweises. Keinesfalls jedoch dürfen die Mitjünger ihrem „Bruder" vorschreiben, was er in seinen Zweifeln fordern dürfe. Bei der Suche nach Glaubensgewissheit steht jeder auf seine Weise unvertretbar vor seinem Herrn. Der eine hat Not mit der rationalen Überprüfung, der andere mit der emotionalen Gefühlsseite des Glaubens, der dritte mit der moralischen Konsequenz. Damit die „Elf" keine geschlossene Gesellschaft blieben, trat der Auferweckte unter sie und wandte sich den Fragen des Einzelnen zu und bestätigte ihn in der Eigenart seiner Wahrheitssuche. Denn er selbst, Christus, und nicht die Jüngerschaft, ist allein „Weg, Wahrheit und Leben" (14,6).

Ob Thomas die Berührungsprobe überhaupt noch vollzogen hat, erfahren wir nicht. Möglicherweise spürte er, wie ernst er von Jesus genommen wurde, sodass er auf eine Betastung verzichten konnte. Der Realist Thomas scheint eingesehen zu haben, dass man das Heilige nicht „haben" kann wie eine Sache, ein Ding, das objektiv vorhanden ist, unabhängig von der persönlichen Beziehung. Jedenfalls leistet ausgerechnet er, der Realist und Zweifler, am Ende des Johannesevangeliums das volle Bekenntnis: „Mein Herr und mein Gott!" (V. 28). Mit der Anrede „Herr" drückt er seine Übergabe aus und mit dem Begriff „Gott" seine Ehrfurcht. Er hat nicht nur die Identität des Erhöhten mit dem Irdischen erkannt, sondern ist darüber hinaus gegangen zum Bekenntnis der Gottheit Jesu. Damit hat gerade er, der Zweifler, die altkirchliche Dogmatik eingeleitet, – paradoxerweise aber auch mit diesen hohen Titeln neuen Zweiflern noch mehr Mühe bereitet. Wer in religiösen Fragen viel sehen und viel betasten will, wird im Grunde genommen durch die Berührungen nicht seliger. Der Friedensgruß ist das primäre Kennzeichen des Christen, nicht das Kniebeugen und Verehren heiliger Gegenstände oder Personen. Deshalb endet die Erzählung mit einer Kritik am Rationalismus[334] und Sensualismus: „Weil du mich gesehen hast, Thomas, darum glaubst du. Selig sind, die nicht sehen und doch glauben!" (V. 29). Wer Christus Bedingungen der Begegnung stellt, möchte ihm ein Stück weit sein Geheimnis nehmen und seine Größe in Maßstäbe zwingen. Er ist in Gefahr, selbst zu verhindern, dass

[333] Beiläufig erhalten wir hier einen Beleg dafür, dass Jesus am Kreuz angenagelt gewesen war.
[334] Vgl. auch Hebr 11,1; Röm 10,17.

Christus auch anders als von ihm vorgeschrieben, überraschender, größer befreiender begegnet.

Die Qualität unserer Sinne ist nicht gleich. Das Hören ist in religiösen Dingen offener als das Sehen, das riskiert, Bilder zu fixieren, und freier als das Berühren, das am liebsten festhalten würde. Deshalb wird Thomas auch am Ende der Erzählung als wenig „selig" im Sinne von froh und glücklich kritisiert (V. 29). Wollte Thomas wirklich glauben können oder nur sein intellektuelles Recht bekommen? Glauben ist im Wesentlichen ein immer wieder neues Hoffen, Ahnen, Vertrauen und erst aus ihm heraus ein Festhalten von Sachverhalten, die sonst kalt bleiben und fremd.

„Berühr mich nicht!" – Maria Magdalena

Eine weitere Vision des Auferweckten gegenüber einer Einzelperson wird im Sondergut des Johannesevangeliums von der Jüngerin Maria Magdalena vermeldet. Ihr Verhältnis zu Jesus von Nazaret hat Dichter und Künstler immer wieder zu romanhaften Bearbeitungen gereizt. So wurde sie in dem Popmusical „Jesus Christ Superstar" zur Geliebten Jesu stilisiert. M. Magdalena führt die Liste der Frauen an, die „ihm nachgefolgt waren, und für ihn gesorgt hatten" (Mk 15,40f.). In der Gruppe der „Jüngerinnen" um Jesus scheint M. Magdalena eine Führungsrolle ausgeübt haben, die etwa der Stellung des Petrus als Sprecher der Jünger entsprach. Jedenfalls soll sie Jesus besonders nahe gestanden haben, weil er ihr Therapeut gewesen sei und sie in sieben Sitzungen von schlimmen Depressionen (griech. Dämonen) geheilt habe (Lk 8,2f.). Die „sieben bösen Geister" wurden in der Auslegungsgeschichte sehr bald als sieben sexuelle „Sünden" verstanden und M. Magdalena mit der bei Lukas im vorausgegangenen Kapitel beschriebenen namenlosen, aber stadtbekannten Sünderin identifiziert, die Jesus mit einer Salbung seiner Füße überrascht hatte (Lk 7,37–39). Bei den mittelalterlichen Golgathadarstellungen kniet sie deshalb unter dem Kreuz in Trauer erstarrt mit langen, aufgelösten Haaren und orangefarbenem Kleid als den Attributen einer „schweren Sünderin".

Joh 20,11–18

11 Maria aber stand draußen vor dem Grab und weinte, Als sie nun weinte, schaute sie in das Grab 12 und sieht zwei Engel in weißen Gewändern sitzen, einen zu Häupten und den andern zu den Füßen, wo sie den Leichnam Jesu hingelegt hatten. 13 Und sie sprachen zu ihr: Frau, was weinst du? Sie spricht zu ihnen:Sie haben meinen Herrn weggenommen, und ich weiß nicht, wo sie ihn hingelegt haben.

14 Und als sie das sagte, wandte sie sich um und sieht Jesus stehen, und weiß nicht, dass es Jesus ist. 15 Spricht Jesus zu ihr: Frau, was weinst du? Wen suchst du? Sie meint, es sei der Gärtner, und spricht zu ihm: Herr, hast du ihn weggetragen, so sage mir, wo du ihn hingelegt hast; dann will ich ihn holen. 16 Spricht Jesus zu ihr: Maria! Da wandte sie sich um und spricht zu ihm auf hebräisch: Rabbuni!, das heißt: (Mein) Meister!

17 Spricht Jesus zu ihr: Rühr mich nicht an! denn ich bin noch nicht aufgefahren zum Vater. Geh aber zu meinen Brüdern und sage ihnen: Ich fahre auf zu meinem Vater und zu eurem Vater, zu meinem Gott und zu eurem Gott. 18 Maria von Magdala geht und verkündigt den Jüngern: Ich habe den Herrn gesehen, und das hat er zu mir gesagt.

Maria aus dem nordwestgaliläischen Garnisonsstädtchen Magdala, und darum Maria Magdalena genannt, und ihre Freundinnen haben die drei letzten Lebensstationen Jesu von Nazaret begleitet: „gekreuzigt – gestorben – begraben". Dass ein „auferstanden von den Toten" nachfolgen und Jesu Leben in anderen Dimensionen weitergehen könnte, lag zunächst nicht innerhalb ihres Horizonts. Die Frauen um M. Magdalena dachten auch nicht an eine Reanimation des Verstorbenen als Rückkehr ins „normale" Leben. Hatten sie doch den für sie endgültigen Einschluss des Leichnams Jesu in das versiegelte Felsengrab miterlebt (Mt 27,61; Mk 15,47). Als sie dann am Tag nach dem Sabbat frühmorgens mit „wohlriechenden Ölen" zum Grab gingen, bewegte sie laut Markus die bedrückende Frage: „Wer wälzt uns den Stein von des Grabes Tür?" (16,1–3). Bei Johannes allerdings besucht M. Magdalena in aller „Herrgottsfrühe" das Grab Jesu allein (20,1.11); ein Vermerk, der schon als weiteres Indiz für ihre besondere Nähe zu ihrem „Therapeuten" gedeutet wurde.

Nun steht M. Magdalena vor dem geöffneten Grab und „weint" (V. 16). Sie erleidet wieder, wie früher, einen ihrer Nervenzusammenbrüche. Es ist ihr alles zu viel geworden. Sie kann sich nur vorstellen, dass die Bestattung Jesu im Felsengrab des Josef von Arimathäa ein Provisorium war, um den hereinbrechenden Sabbat nicht zu verletzen, und dann den Leichnam Jesu sofort nach Ende des Sabbats im allerersten Morgenlicht irgendwo andershin umzubetten. Es war jedoch niemand da, der ihr hätte sagen können, wohin. Sie konnte also auch keine weitere Totenwache oder Grabpflege vornehmen. Da sieht sie in der offenen Grabeshöhle zwei Engel in „weißen Gewändern" sitzen, die sie überraschend ansprechen: „Frau, was weinst du?" (V. 13). Die beiden himmlischen Figuren erklären der völlig überraschten Jüngerin: Hier lag sein Kopf, da waren seine Füße (V. 12). Anders als Petrus und der „andere Jünger", die dem Evangelisten Johannes zufolge nur die abgewickelten Leinenbinden und das Schweißtuch des Verstorbenen sehen durften, darf M. Magdalena Engel sehen und mit ihnen einen Dialog führen (V. 13). Sie erschrickt auch nicht vor den Engeln, sondern klagt sich bei ihnen aus wie bei Freundinnen (V. 13). Das ist eine weitere Bevorzugung gegenüber Petrus, die noch dadurch gesteigert wird, dass M. Magdalena die Auferstehungsbotschaft nicht von den Engeln vermittelt, sondern vom Auferstandenen selbst verkündigt erhält (V. 17). Die Engel allein überzeugen sie nicht. Sie dreht sich um, wohl um tief traurig „heimzugehen", wie zuvor die beiden Jünger auch (20,10).

Da versperrt ihr der Auferweckte selbst den Rückweg in die Frustration und

Trauer (V. 15). Er spricht sie mit denselben Worten an, wie zuvor die Engel: „Frau, was weinst du? Wen suchst du?“ (V. 15). Tränenverschleiert und befangen innerhalb der Grenzen der menschlichen Denkwelt hält sie die Gestalt für den Gärtner. Auch seine Stimme ruft bei ihr zunächst kein Erkennen hervor, obwohl sie den vermeintlichen Gärtner durchaus schon mit dem richtigen Titel anspricht: „Kyrios“ (Herr), – aber es ist die gesellschaftlich übliche Anrede „Herr“ und nicht schon der höhere Gebrauch des Wortes im Sinne des Weltenherrschers „HERR“. Erst als der Auferweckte sie mit ihrem Namen anredet: „Maria!“, vernimmt sie den vertrauten Klang und merkt, wer vor ihr steht. Es entfährt ihr spontan der Ruf „Rabbbuni! (mein Meister)“ (V. 16), die vertraute Anrede, mit der sie sich zu Jesu irdischen „Lebzeiten“ immer an ihn wenden durfte. Einige Exegeten haben diese intimere Fassung des Titels „Rabbi“ im Sinne von „*Mein* Lehrer!“ bereits für den Beweis einer Liebesbeziehung zwischen beiden gehalten, aber diese These nicht weiter absichern können. Die Situation ist paradox. M. Magdalena sieht auf einmal mehr als vorher und „erkennt“ doch weniger. Sie identifiziert die Gestalt eindeutig als *ihren* Jesus, aber ihr Bewusstsein versteht weniger als zuvor ihr Unterbewusstsein als sie „Herr!“ sagte, auch wenn sie damit zunächst nur die normale Umgangsanrede meinte, wie sie jedem erwachsenen Mann gebührte. „Rabbi“ ist der Titel, mit dem sie und die anderen Jünger und Jüngerinnen den irdischen Jesus seit ihrer Nachfolge von Galiläa aus angeredet hatten. „KYRIOS“ hat einen zweiten, höheren, mit Großbuchstaben zu schreibenden Sinn. Es ist der Titel, der dem erhöhten Christus nach seiner Auferweckung gebührt. M. Magdalena will also Jesus, wenn sie „Rabbuni!“ ruft, nicht als den Auferweckten, sondern als den Irdischen wiederhaben, als seien sein Leiden und sein Sterben nicht geschehen. Sie will ihre alte Beziehung zu ihm wieder hergestellt sehen. Vermutlich ist sie ihm zu Füßen gefallen, nicht um ihn als Heiligen zu verehren, sondern um ihn nicht wieder gehen zu lassen. Das wird ihr jedoch vom Auferstanden verwehrt. Er wehrt sie ab mit dem berühmten: „Noli me tangere!“: „Berühr mich nicht! Greif nicht nach mir!“ (V. 17). So wie manche Ausleger in der persönlichen Anrede „Maria!“ einen intimen Klang herauszuhören meinten, wagten sie auch, aus der Abwehr „Greif nicht nach mir!“ ein zweites Mal auf eine frühere Liebesfreundschaft zwischen Jesus und M. Magdalena schließen zu können. Sie habe ihn sogar, wie gewohnt, umarmen wollen, um ihn nie wieder gehen zu lassen. Er aber habe sich dagegen gesträubt.

Der Text gibt jedoch solche erotischen Vermutungen auch in seiner griechischen Urfassung nicht her. Gewiss wäre bei einem über dreißigjährigen Rabbi nichts dagegen einzuwenden gewesen, dass er in einer Liebesbeziehung lebte, zumal damals alle Gesetzeslehrer der Sitte nach verheiratet waren. Andererseits kann Jesus seine besonderen Gründe für eine Ehelosigkeit gehabt haben. Das Berührungstabu will M. Magdalena lehren, dass sie als Trauernde das Loslassen-Können lernen muss. Sie kann nicht immer nur etwas von ihrem

„Therapeuten“ erwarten. Sie muss jetzt selbst für ihn an die Arbeit gehen: „Geh aber hin zu meinen Brüdern und sage ihnen ...“ (V. 17). Jesus ernennt M. Magdalena ausdrücklich zu seiner Gesandten, zur „Apostelin“ – und zwar bei den „Brüdern“, also gerade innerhalb der Gemeinde und nicht nur in einem diakonischen Dienst außerhalb ihrer. Was allerdings die Begründung des Berührungstabus anbetrifft: „... denn ich bin noch nicht aufgefahren zum Vater“ (V. 17), so bleibt sie mysteriös. Sie wird doch nicht andeuten wollen, dass sich die von den Toten Auferstandenen im Himmel eher wieder frei von allen Misstönen umarmen können, als es ihnen auf Erden möglich war? M. Magdalena ist die Erste, die anderen die Botschaft von der Auferweckung (Mt 28,7) wie von der Himmelfahrt Jesu verkündigen soll (Joh 20,17). Allerdings scheint selbst Johannes noch einen feinen Unterschied zwischen männlichem und weiblichem Gemeindedienst eingebaut zu haben, denn es heißt immer noch: „Geh aber hin zu *meinen* Brüdern ...“ und noch nicht „... zu *deinen* (Amts-)brüdern“ (V. 17).[335]

Wieder hat Jesus einen „Rollenwechsel“ vollzogen[336]: Aus dem Prediger ist der Gekreuzigte, aus dem Verstorbenen der Auferweckte, aus dem Rabbi der Kyrios, aus Jesus der Christus geworden. Er handelt jetzt auf einer höheren Ebene: Er geht „hinauf“ zu „meinem Vater und zu eurem Vater“. Jesus Christus hat einerseits mit „den Seinen“ zusammen denselben, aber nicht den gleichen Vater. Er lebt in einer anderen Nähe zu IHM. Er schaut Gott unverhüllt in seiner Heiligkeit. M. Magdalena hat zugehört und dieses letzte Lehrgespräch mit Jesus in sich aufgenommen. Es hat ihr geholfen. Sie ist nicht in weitere Depressionen abgestürzt. Die Trauer ist in Freude und Begeisterung, das Wiedererkennen Jesu in die Erkenntnis Christi übergegangen. „Und sie verkündete den Jüngern: Ich habe den Kyrios gesehen, und das hat er zu mir gesagt“ (V. 18). Die erste Frau hat in der Gemeinde ihr Apostelamt angetreten. Aber noch wollte der Auferweckte sich laut Johannesevangelium noch einmal vor seiner „Himmelfahrt“ den Jüngern zeigen und ihren Glauben an seine Auferstehung festigen, damit sie vor den Menschen dafür einstehen konnten.

Der Auferstandene am See Tiberias

Offensichtlich waren die Jünger wenige Tage nach der Hinrichtung Jesu wieder in ihre alte Heimat Galiläa und in ihren früheren Beruf der Fischer heimgekehrt. Die Situation in Jerusalem war ihnen zu gefährlich geworden. Außerdem hatten ihre Familie sich lange genug selbst notdürftig geholfen und von Tag zu Tage mehr auf ihre Ernährer gewartet.

---

[335] In Fragen der Kritik an der kirchlichen Hierarchie ist eine Überinterpretation immer verlockend.

[336] Vgl. oben S. 144.

Joh 21,1–14 (Lk 24,36–43)
1 Danach offenbarte sich Jesus abermals den Jüngern am See Tiberias. Er offenbarte sich aber so: 2 Es waren beieinander Simon Petrus und Thomas, der Zwilling genannt wird, und Nathanael aus Kana in Galiläa und die Söhne des Zebedäus und zwei andere seiner Jünger. 3 Spricht Simon Petrus zu ihnen: Ich will fischen gehen. Sie sprechen zu ihm: So wollen wir mit dir gehen. Sie gingen hinaus und stiegen in das Boot, und in dieser Nacht fingen sie nichts.
4 Als es aber schon Morgen war, stand Jesus am Ufer. aber die Jünger wussten nicht, dass es Jesus war. 5 Spricht Jesus zu ihnen: Kinder, habt ihr nichts zu essen? Sie antworteten ihm: Nein. 6 Er aber sprach zu ihnen: Werft das Netz aus zur Rechten des Bootes, so werdet ihr finden. Da warfen sie es aus und konnten 's nicht mehr ziehen wegen der Menge der Fische. 7 Da spricht der Jünger, den Jesus lieb hatte, zu Petrus: Es ist der Herr! Als Simon Petrus hörte, dass es der Herr war, gürtete er sich das Obergewand um, denn er war nackt, und warf sich ins Wasser. 8 Die andern Jünger aber kamen mit dem Boot, denn sie waren nicht fern vom Land, nur etwa zweihundert Ellen, und zogen das Netz mit den Fischen.
9 Als sie nun ans Land stiegen, sahen sie ein Kohlenfeuer und Fische darauf und Brot. 10 Spricht Jesus zu ihnen: Bringt von den Fischen, die ihr jetzt gefangen habt! 11 Simon Petrus stieg hinein und zog das Netz an Land, voll großer Fische, hundertdreiundfünfzig. Und obwohl es so viele waren, zerriss doch das Netz nicht. 12 Spricht Jesus zu ihnen: Kommt und haltet das Mahl! Niemand aber unter den Jüngern wagte, ihn zu fragen: Wer bist du? Denn sie wussten, dass es der Herr war. 13 Da kommt Jesus und nimmt das Brot und gibt's ihnen, desgleichen auch die Fische. 14 Das ist nun das dritte Mal, dass Jesus den Jüngern offenbart wurde, nachdem er von den Toten auferstanden war.

Mit zunehmendem zeitlichen Abstand zum ersten Ostersonntag scheint in den frühen Gemeinden auch die Frage drängender geworden zu sein, in welcher Gestalt denn Jesus nach seiner Auferweckung seinen Anhängern erschienen sei. Vermutlich haben mit den Jahrzehnten auch Spott und Skepsis im Umfeld der Evangelisten zugenommen. So schließt der jüngste Evangelist Johannes sein Jesusbuch gleich mit fünf hintereinander geschalteten Erscheinungsgeschichten (Joh 20,11–21,25), die in ihrer Unterschiedlichkeit noch die Fragen ahnen lassen, die an Johannes herangetragen wurden: *Wo* geschahen die Erscheinungen? Drei noch in Jerusalem, zwei in Galiläa. *Wer* erlebte die Erscheinungen? Einzelne Jüngerinnen und Jünger (20,11–18), etliche ausgewählte Jünger gemeinsam (21,1–14), die geschlossene Gruppe der Zehn bzw. Elf (20,19–31). *Wie* erschien ihnen der Auferweckte? Er kam ätherisch durch verschlossene Türen (20,19); er reichte ihnen leiblich real Brot und Fisch (21,13); er wollte unberührt bleiben (20,17); sie hätten ihn berühren können (20,27). Offensichtlich ringt der Autor der Erscheinungserzählungen mit allen geistigen und sprachlichen Vorstellungskategorien, um das Unvorstellbare vorstellbar zu machen; es einerseits zu beglaubigen und doch dann wiederum der rationalen Zugänglichkeit nicht auszuliefern. Wenn der „Berichterstatter" überhaupt noch der Evangelist Johannes war und nicht ein noch späterer Schreiber, denn zumindest das Kapitel 21 wirkt „nachgeklappt", wie auch das Ende des 20. Kapitels als der eigentliche Schluss des Johannesevangeliums: „*V. 30: Noch viele andere Zeichen tat Jesus vor seinen Jüngern, die nicht geschrieben sind in diesem Buch. V. 31: Diese aber sind geschrieben, damit ihr glaubt, dass Jesus der Christus ist, der Sohn Gottes, und damit ihr durch den Glauben das Leben habt in seinem Namen.*“ Letztlich wollen die „johanneischen“ Erscheinungstexte zusammengefasst ausdrücken: Jesus war noch derselbe und doch wiederum ein ganz anderer. Jeder Versuch, ein Weiterleben nach dem Tod sprachlich zu fassen, scheitert allein schon daran, dass mit dem Tod auch die Gebrauchswörter unserer Sprache enden und unsere Vorstellungskraft vor Grenzen steht, an denen sie nur noch paradox reden kann.

Die ersten drei Erscheinungen, die in Jerusalem spielen, könnten von dem Evangelisten Johannes selbst festgehalten worden sein (20,11–31), die nachfolgenden zwei Erscheinungen, die am See Gennesaret geschehen sein sollen, von einem Schüler des Evangelisten (21,1–25). Für diese Zuweisung spricht auch, dass der vorliegende Text zur Erscheinung bei den Fischern am See eine spätere, weitgehend abgeschriebene Variante des „wunderbaren Fischzugs“ des Petrus von Lukas 5,1–11 zu sein scheint.[337] Zudem wird der See mit dem späten römischen Namen „See Tiberias“ und nicht mehr mit den früheren Bezeichnung aus den synoptischen Evangelien „See Gennesaret“ (Mt 4,18; Lk 5,1) oder gar aus der Hebräischen Bibel „See Kinneret“ genannt (Num 34,11). Auch trägt der Auferweckte den neuen Hoheitstitel „der Offenbarer“ (Joh 21,1) und an die Stelle des Jüngers Bartholomäus ist inzwischen der aus unerfindlichem Grund nur im Johannesevangelium erwähnte „Nathanael aus Kana“ (V. 2), der „Jünger ohne Falsch“ (1,47), getreten. Vor allem wird die Stellung des Petrus, der schon zu „Lebzeiten“ Jesu der Sprecher der Jünger war (Mt 16,16f.), jetzt nachösterlich noch mehr hervorgehoben. Er wirft sich „nackt“[338], das meint wohl in völliger, risikobereiter Übergabe, ins Wasser, Jesus entgegen. Die „andern Jünger“ ziehen zwar das Netz mit den Fischen im See (V. 8), aber Petrus allein zieht es vollends an Land, „voll großer Fische“ (V. 11). Er ist also in der Sicht dieses Schreibers das führende und erfolgreiche Haupt der Mission geworden, der „Netze voll mit Menschen“ zu Christus führt und die Gemeinden zusammenhält, ohne dass „das Netz zerreißt“ (V. 11). Petrus schafft es auf das Wort Jesu hin, die Fische im Netz zu halten, obwohl eigentlich „der Jünger, den Jesus lieb hatte“ (V. 7), also Johannes, nach diesem Epilog der Hauptzeuge ist, der den Auferstandenen als Erster als „kyrios“ (HERRN) erkennt (V. 7). Petrus hört erst von Johannes, „dass es der HERR“ war (V. 7), aber er ist als Erster bei dem Erschienenen (V. 7). Wieder wird deutlich, dass in der frühen Zeit der urchristlichen Gemeinden ein Ringen zwischen Petrusanhängern und Johannesschülern geherrscht hat, Petrus dann sein Primat durchsetzte und Johannes hinter ihm zurückstehen musste

337 Vgl. M. Köhnlein, Ecce homo I, S. 85–88.

338 Nach R. Bultmann, Das Evangelium des Johannes, 1959, S. 549, kann der griechische Ausdruck „gymnos“ - nackt, auch nur mit „im Untergewand“ übersetzt werden.

und sein Evangelium erst in den Kanon der neutestamentlichen Schriften aufgenommen wurde, nachdem es ein „kirchliches“ Imprimatur mit entsprechenden Korrekturen erhalten hatte. Petrus wurde der „Fels“ der Gemeinde, Johannes blieb „der Jünger, den Jesus lieb hatte“ (V. 7). Bei diesem Streit um die Position Einzelner blieb dann mehr oder weniger außer Acht, dass Jesus alle Jünger gleichermaßen als seine „Kinder“ angesprochen hatte (V. 5) und sich auch sonst bei Anordnungen immer wieder im Plural an sie wendet (V. 6.10.12), wie der unbekannte Schreiber des Epilogs von Joh 21 betont. Was die genaue Zahlenangabe der gefangenen Fische „hunderdreiundfünfzig“ bedeuten soll, lässt sich heute nicht mehr erschließen; ebenso wenig auch die genaue Abmessung, wie weit die anderen Fischer hinausgefahren waren, nämlich „etwa zweihundert Ellen“ (V. 8). Möglicherweise soll einfach nur die Präzision der Angaben der Erzählung eine beweisende Realität verleihen, wie auch das von Christus selbst vorbereitete „Kohlenfeuer“ (V. 9). Der Autor will sagen: Der Auferstandene war wirklich und wahrhaftig zugegen, auch wenn seine Jünger enttäuscht und erschüttert von Jerusalem nach Galiläa in ihre frühere Berufswelt zurückgekehrt waren. Sie meinten, ihren „Meister“ verloren zu haben. Er ist aber mit ihnen als „HERR“ zurückgekehrt.

Der didaktische Sinn der Erzählung für die damaligen Leser war wohl der moralische Hinweis: Nur wenn ihr gemeinsam am Netz zieht, ist der Missionserfolg, den euch Jesus Christus schenkt, erstaunlich groß, und zwar auch in widriger Situation, denn von der Berufserfahrung der Fischer her, war es eigentlich sinnlos, nach erfolgloser Nachtschicht, „als es aber schon Morgen war“ (V. 4), noch einmal hinaus aufs Wasser zu ziehen und auf einen guten Fang zu hoffen. Die theologische Absicht der Erzählung mag auf einer einfachen existenziellen Ebene des Glaubens darin bestehen, dass wir nicht verzweifeln sollen, wenn wir nichts zu essen haben, sondern dass der HERR uns wie durch ein Wunder durchbringen wird (V. 5f.). Auf einer höheren dogmatischen Ebene versichert uns die Geschichte: Da, wo Brot und Fisch der Gemeinschaft der Jünger zugeteilt werden, ist Christus, der HERR, gegenwärtig. Die Aufforderung „Kommt und haltet das Mahl!“ (V. 12) erinnert stark an die heutige Einladung zum Tisch des Herrn „Kommt, denn es ist alles bereit!“ Im Kloster Tabgha am See Gennesaret ist genau vor dem Altar ein altes byzantinisches Bodenmosaik aus dem 5. Jh. n. Chr. zu betrachten, das einen gefüllten Brotkorb und zwei Fische darstellt. Es soll an die „Speisung der Fünftausend“ erinnern (Mt 14,13–21), könnte aber auch auf diesen nachösterlichen Fischfang bezogen werden. Die Beziehung zwischen beiden Erzählungen wäre jedes Mal das überraschende, wunderhafte Sattwerden mit Hilfe des HERRN.

Petrus wird rehabilitiert

Petrus warf sich ins offene Wasser, dem HERRN entgegen (V. 7). Er brachte all seinen Mut auf und scheute nicht die Untiefe des Sees, anders als im Hof des Kaiphas, wo er Jesus verleugnete und sich davon schlich (Mt 26,69–75).[339] Er tat von seiner Seite aus alles, um sich anders als zuvor zu Jesus Christus zu bekennen. Die Frage ist nur, ob ihm auch der Herr die Verleugnung verzeihen und ihn wieder annehmen konnte? Die Urgemeinden haben es wohl auf die Dauer nicht ertragen, dass die Verleugnung Jesu durch Petrus unaufgearbeitet blieb. Der Ruf des Hauptjüngers verlangte seine ausdrückliche Rehabilitierung. Petrus konnte ohne die Erneuerung seiner Berufung nicht zum tragenden Zeugen der Auferstehungsbotschaft werden. Das aber war der Auftrag der Engel an die Frauen gewesen: „Geht aber hin und sagt seinen Jüngern und Petrus, dass er vor euch hingehen wird nach Galiläa; dort werdet ihr ihn sehen, wie er euch gesagt hat" (Mk 16,7 par.). Der Blick des Petrus ins leere Grab allein genügte nicht, um Apostel der Auferstehung zu sein (Joh 20,3–9; Lk 24,12). „Simon" musste persönlich von seinem „Herrn" wieder angenommen und noch einmal als „Petrus" eingesetzt werden in sein Sprecheramt, wie es der noch einmal erfolgte Namenwechsel andeutet (V. 15f.17; Mt 16,17f.). Der „gefallene" Jünger musste mit Jesus wieder „auferstehen".

Joh 21,15–17

15 Als sie nun das Mahl gehalten hatten, spricht Jesus zu Simon Petrus: Simon, Sohn des Johannes, hast du mich lieber, als mich diese haben? Er spricht zu ihm: Ja, Herr, du weißt, dass ich dich lieb habe. Spricht Jesus zu ihm: Weide meine Lämmer! 16 Spricht er zum zweiten Mal zu ihm: Simon, Sohn des Johannes, hast du mich lieb? Er spricht zu ihm: Ja, Herr, du weißt, dass ich dich lieb habe. Spricht Jesus zu ihm: Weide meine Schafe! 17 Spricht er zum dritten Mal zu ihm: Simon, Sohn des Johannes, hast du mich lieb? Petrus wurde traurig, weil er zum dritten Mal zu ihm sagte: Hast du mich lieb?, und sprach zu ihm: Herr, du weißt alle Dinge, du weißt, dass ich dich lieb habe. Spricht Jesus zu ihm: Weide meine Schafe!

Als Jesus mit den Jüngern auf dem Weg nach Gethsemane war, hatte ihm Petrus geschworen, ihn niemals im Stich zu lassen, selbst wenn er mit ihm sterben müsste (Joh 13,37). Jesus hatte Petrus geweisssagt, dass er ihn „in dieser Nacht, ehe der Hahn kräht, *dreimal* verleugnen" werde (Mt 26,34). Die Prophezeihung hatte sich dann nur allzu rasch erfüllt (Joh 18,27). Petrus stand auch auf Golgatha nicht unter dem Kreuz, sondern gehörte schon in Gethsemane dazu, als „alle Jünger Jesus verließen und flohen" (Mt 26,56), auch wenn er es dann zunächst wagte, seinem verhafteten Herrn bis in den Hof des Gerichtspalastes zu folgen (Mt 26,69). Er hatte sich selbst sein „Amt" als Sprecher der Jünger verscherzt, wobei er wohl zurückgefragt hätte, was er denn

[339] Vgl. oben S. 100–102; siehe auch M. Köhnlein, Vergeben ohne Vorhaltungen, in: Ecce homo I, S. 135–137.

hätte gegen die übermächtige polizeiliche Gewalt tun können, zumal Jesus ihn getadelt hatte, als er im Getümmel von dessen Verhaftung mit dem Schwert nach einem der Häscher schlug (Joh 18,10f.). Dreimal soll Petrus seine Jüngerschaft verleugnet haben (Joh 18,17.25–27), *dreimal* prüft nun der Auferweckte seine Verlässlichkeit. Diesmal bekennt Petrus nicht gleich aus eigener Kraft „felsenfest": „Ich habe dich lieb", sondern lässt es seinen Herrn selbst abwägen, ob er ihm vertrauen will: „Du weißt, dass ich dich lieb habe" (V. 15.16.17).

„Als sie nun das Mahl gehalten hatten ..." (21,15). Die seelsorgerliche Weisheit dieses johanneischen Nachtrags ist, wie man mit einem „Freund", der versagt hat und es bereut, umgehen sollte. Der auferweckte Jesus beginnt das resozialisierende Gespräch, das er mit seinem früheren Hauptvertrauten führen will, nicht mit deprimierenden Vorhaltungen, sondern schenkt ihm zuerst seine erneuerte Zuneigung. Er lässt an erster Stelle die Dinge sprechen. Pestalozzi hat sich später aus dieser Beobachtung die Regel gemacht „Endlich und zuletzt komme ... mit den Wörtern"[340]. Jesus Christus beschert Simon Petrus ein volles Netz und bereitet ihm und seinen Kameraden ein Mahl. Wer miteinander isst und das Brot im Kreis weiterreicht, kann sich nicht ausgrenzen. Die Versöhnung geht der Vergebung, das Zeichen dem Wort der Wiederannahme voraus. Nach Johannes hat Petrus Jesus zweimal verleugnet, dreimal wird er jetzt vom Auferweckten wieder eingesetzt (V. 15–17). Damit will Johannes sagen, die Vergebung übersteigt die Verleugnung. Die Gnade gleicht die Schuld nicht nur aus, sie macht neu. „Liebst du mich mehr als diese?" (V. 15). Jesus will wissen, ob Petrus gleich wieder vorprescht und seine Mitjünger „übersteigen" will. Nur indirekt spielt der HERR auf den überheblichen Schwur des Petrus beim Gang nach Gethsemane an[341], bei dem Petrus sich selbst auf Kosten der anderen überhöhte: „Wenn sie auch alle Ärgernis nehmen, so will ich doch niemals Ärgernis nehmen an dir" (Mt 26,33). Er hatte seine Aussage bewusst zum kategorischen „niemals" gesteigert, aber doch nicht mutiger durchgehalten, nicht tapferer bekannt als die anderen. Jesus stellt ihm deshalb die Gewissensfrage ebenfalls im Komparativ: „Hast du mich *lieber*, als mich diese haben?" Petrus antwortet jetzt mit einem klaren, einfachen Ja, so wie Jesus Tage zuvor „drinnen" im Palast, als Petrus „draußen" im Hof war, dem Hohenpriester auf dessen Frage, ob er der Messias sei, ungewunden geantwortet hatte: „Ich bin's!" (Mk 14,62). Petrus hat inzwischen gelernt, seine Bekenntniskraft nicht zu überschätzen. „Du weißt, dass ich dich lieb habe" (V. 16), entgegnet er bescheiden. Er schwört nicht mehr großspurig. Er „gürtet" sich nicht mehr selbst (V. 18). Er hat gelernt – und wird noch mehr und mehr lernen müssen, „die Hände auszustrecken" und sich

---

[340] Johann Heinrich Pestalozzi, Stanser Brief, 1799.
[341] Vgl. oben S. 96; 101.

dorthin führen zu lassen, wo der HERR, und nicht er selbst, das Ziel gesetzt hat (a. a. O.).

Dreimal redet Jesus Petrus mit „Simon, Sohn des Johannes“ an, als stünde Petrus offiziell vor Gericht (V. 15.16.17). Es ist der alte Name des Jüngers, bevor er einst, ebenfalls am See Genezaret, berufen wurde, mit Jesus zu ziehen. Simon Petrus war durch seine Verleugnung zurückgefallen auf seinen „vorchristlichen“ Status. Erst durch den neuen Auftrag: „Weide meine Lämmer!“ wird er, wie damals durch die Verheißung: „Von nun an wirst du Menschen fangen!“ (Lk 5,10), wieder zum Missionar gemacht. Der unterschiedliche Wortgebrauch von „Lämmer“ (V. 15) und „Schafe“ (V. 16.17) ist unbedeutend. Entscheidend ist das Bild vom Hirten als dem verantwortlichen und fürsorglichen Hüter seiner Herde. Ohne dass Petrus ausdrücklich seine Reue aussprechen muss, wird er wieder eingesetzt. Ein ähnliche seelsorgerliche Weisheit empfiehlt uns das Gleichnis vom „Verlorenen Sohn“ (Lk 15,11ff.), in dem der Vater den heimgekehrten, erschöpften Sohn zu sich hochhebt und ihm ein demütigendes Bußbekenntnis erspart. Jesus Christus arbeitet bei der Annahme der „Sünder“ nicht mit Beschämung. Er verlangt keine schonungslose Bloßlegung des schlechten Gewissens. Das gemeinsame Mahl ist die Versöhnung, der neue Auftrag spricht für das wiedergeschenkte Vertrauen. Petrus kann nach Jerusalem zurückkehren und in der jüdischen Hauptstadt den Aufbau der ersten Urgemeinde übernehmen. Wird er dort noch Anhänger Jesu vorfinden? Sind nicht alle Freunde längst geflüchtet und wird ihm der auferweckte HERR beim Sammeln der ersten kleinen „Herde“ beistehen?

20 Die „Auferweckung“ der ersten Christen

Die Anhänger Jesu waren nach der „Katastrophe“ des Todes Jesu in tiefe Trauer gefallen. Ihre Hoffnung, dass Jesus sich öffentlich als Messias bekennen und das Reich Gottes auf Erden sichtbar einrichten würde, war bitter enttäuscht worden. Zumindest die Männer und Frauen des engeren Kreises um Jesus, die ihm von Galiläa aus nachgefolgt waren, hatten in endzeitlicher Erwartung ihre alltäglichen sozialen und beruflichen Bindungen aufgegeben. Sie litten jetzt nicht nur unter dem Verlust ihres „Meisters“, sondern auch unter der Frage „Was nun?“ Die Furcht, auch selbst von der „Geheimpolizei“ entweder der Römer oder des Hohen Rates aufgespürt und der „Mitgliedschaft in einer terroristischen Vereinigung“ verdächtigt zu werden, trieb sie zunächst teils in den Jerusalemer „Untergrund“ hinter „verschlossene Türen“ (Joh 20,19), teils verließen sie Jerusalem so rasch als möglich, um sich in ihre Heimatorte zurückzuziehen. So dürfte vor allem der „Elferkreis“ nach Galiläa zurückgeeilt sein, wo ihnen die Wiedereingliederung in ihre alte Existenz am wenigsten gefährdet zu sein schien, zumal ihnen die Frauen, die das Grab Jesu geöffnet gesehen hatten, die Engelsbotschaft ausgerichtet hatten: „... sagt seinen Jüngern ... er wird vor euch hingehen nach Galiläa; dort werdet ihr ihn sehen“ (Mt 28,7). Nach Markus unterdrückten die Frauen allerdings diesen Auftrag und richteten ihn den Jüngern nicht aus – aus Furcht und Entsetzen über das Unfassbare des Gesehenen und Gehörten (Mk 16,8), vielleicht auch weil sie fürchteten, dass ihre Botschaft von den Aposteln „als Weibergeschwätz“ verlacht werden würde, was nach Lukas dann auch tatsächlich eintrat (Lk 24,11). Vermutlich überredeten sich die Jünger dann doch gegenseitig, dass es besser sei, sofort nach Galiläa heimzukehren, zumal sie auch mit dem, was ihnen die Frauen über die Weisung der Engel erzählt hatten, ihre ängstliche Flucht aus Jerusalem vor sich selbst entschuldigen konnten. Wie verschieden und wenig harmonisierbar auch die Schlusskapitel der vier Evangelien den heutigen Lesern vorkommen mögen, die Mehrheit der theologischen Forscher ist überzeugt, dass nicht das „leere Grab“, sondern die „Erscheinungen Jesu“ den enttäuschten und verängstigten Anhängern Jesu neue Hoffnung und neuen Mut gaben, die „Auferweckung Jesu von den Toten“ in aller Öffentlichkeit selbst um den Preis des Martyriums zu verkünden und erste Christusgemeinden zu gründen.

Der Gang nach Emmaus

So hat der dritte Evangelist Lukas seinem Bericht über die Auferstehung Jesu (24,1–12) eine „Nachgeschichte“ folgen lassen, in der er beschreibt, wie sich die versprengten Anhänger nach der Kreuzigung Jesu erneut sammelten, nachdem der Auferstandene ihnen persönlich erschienen war und sich ihnen durch „Wort und Zeichen“ zu erkennen gab.

Lk 24,13–24
13 Und siehe, zwei von ihnen gingen an demselben Tag in ein Dorf, das war von Jerusalem etwa zwei Wegstunden entfernt; dessen Name ist Emmaus. 14 Und sie redeten miteinander von allen diesen Geschichten. 15 Und es geschah, als sie so redeten und sich miteinander besprachen, da nahte sich Jesus selbst und ging mit ihnen. 16 Aber ihre Augen wurden gehalten, dass sie ihn nicht erkannten.
17 Er sprach aber zu ihnen: Was sind das für Dinge, die ihr miteinander verhandelt unterwegs? Da blieben sie traurig stehen. 18 Und der eine, mit Namen Kleopas, antwortete und sprach zu ihm: Bist du der einzige unter den Fremden in Jerusalem, der nicht weiß, was in diesen Tagen dort geschehen ist? 19 Und er sprach zu ihnen: Was denn? Sie aber sprachen zu ihm: Das mit Jesus von Nazaret, der ein Prophet war, mächtig in Taten und Worten vor Gott und allem Volk; 20 wie ihn unsere Hohenpriester und Oberen zur Todesstrafe überantwortet und gekreuzigt haben. 21 Wir aber hofften, er sei es, der Israel erlösen werde. Und über das alles ist heute der dritte Tag, dass dies geschehen ist.
22 Auch haben uns erschreckt einige Frauen aus unserer Mitte, die sind früh bei dem Grab gewesen, 23 haben seinen Leib nicht gefunden, kommen und sagen, sie haben eine Erscheinung

von Engeln gesehen, die sagten, er lebe. 24 Und einige von uns gingen hin zum Grab und fanden's so, wie die Frauen sagten; aber ihn sahen sie nicht.

Lukas hat diese Erzählung als Beweis dafür gebracht, dass die Jünger sich keinesfalls die Auferweckung Jesu von den Toten selbst eingebildet haben konnten. Hatte sie doch die Kreuzigung Jesu so deprimiert, dass ihnen ein Fortleben Jesu gar nicht in den Sinn gekommen wäre. Vielleicht dass es am Weltende eine Öffnung der Gräber geben würde. Es war ja schon der „dritte Tag" (V. 21). Der „dritte" Tag war nach antiker Auffassung der Zeitpunkt, an dem die Seele eines Verstorbenen endgültig nicht mehr in der Nähe seines Leichnams weilte. Es war der Tag des Aus und Vorbei jeder lebendigen Beziehung. Erloschen war bei den Anhängern Jesu auch die Hoffnung, Jesus, den sie zunächst nur für einen „mächtigen Propheten" gehalten hatten (V. 19), würde sich als der Messias erweisen, „der Israel erlösen" und die Römer mit militärischer Gewalt aus dem Land jagen werde (V. 21). Als Thronprätendent ja, aber als „Sohn Gottes" hatten sie Jesus noch nicht geglaubt. Dass er aber dann, anstatt sich in voller messianischer Macht zu zeigen, zum „Verbrecher" erniedrigt wurde und den schimpflichsten Tod starb, darunter litten die Freunde Jesu sehr. Sie mussten sich erst wieder „sammeln", – im doppelten Sinn des Wortes als Gruppe und als Glaubende. Das geschah nach dem Bericht des Lukas jedoch bemerkenswert rasch, weil der Auferweckte selbst eingriff und sie wieder zusammenführte. Dies zeigt Lukas am Beispiel zweier Anhänger.

Bei dieser als „Gang nach Emmaus" in christlichen Kreisen sehr beliebten Erzählung des Lukas ist jedoch zu bedenken, dass er sie erst um ca. 90 n. Chr. verfasst hat, also mindestens zwei Generationen nach Jesu Auferweckung. Dabei scheint er zwar theologisch noch mit dem Glauben und Leben der Urgemeinden vertraut gewesen zu sein, sich jedoch nicht besonders gut mit den örtlichen Verhältnissen in Palästina ausgekannt zu haben, obwohl er sich sehr bemühte, Fakten vorzubringen So gibt der Evangelist „Emmaus", den Ort der „heißen Quellen", als konkretes Ziel der beiden Wanderer an – eine Siedlung, die heute aufgrund antiker Fundstücke nordwestlich von Jerusalem bei Latrun lokalisierbar ist. Allerdings hätte eine Fußwanderung von Jerusalem nach Emmaus nicht nur „zwei Wegstunden" gebraucht (V. 13), wie Lukas angibt, sondern mindestens fünf. Auch über die Identität der beiden „Heimkehrer" scheint der Evangelist nicht besonders gut im Bilde gewesen zu sein. „Und siehe, zwei von ihnen ..." (V. 13). Welche zwei? Waren es Jünger aus dem Zwölferkreis, Verwandte oder einfach nur Sympathisanten Jesu? Für Lukas spielte das keine Rolle. Die beiden Männer dienten ihm vor allem als allgemeine Typen der ersten Christen, die nach der Auferstehung Jesu eine persönliche „Auferweckung" aus ihrer tiefen Trauer über die Kreuzigung Jesu erfuhren.

Es könnte aber auch sein, dass in der Erzählung „Der Gang nach Emmaus" neben den anderen Erscheinungen des Auferstandenen vor den Jüngern und den Frauen eine dritte Gattung von Ostergeschichten vorliegt: eine Erscheinung Jesu vor seiner Familie. Einen der beiden Wanderer meint der Evangelist nämlich als „Kleopas“ benennen zu dürfen (V. 18). Und vielleicht hat es diesen Mann auch, bei aller Skepsis gegenüber den Angaben des Lukas, tatsächlich als Verwandten Jesu gegeben. Er könnte sogar mit dem Joh 19,25 erwähnten „Klopas“ identisch gewesen sein, dessen Frau eine Tante Jesu war, die mit Maria, der Mutter Jesu, auf Golgatha „bei dem Kreuz Jesu gestanden“ haben soll. Klopas wäre dann zugleich auch ein Bruder Josefs, des Vaters Jesu, gewesen, und selbst wiederum der Vater eines Simeon, welcher später der Nachfolger des Herrenbruders Jakobus in der Leitung der Jerusalemer Urgemeinde wurde.[342] Die Identifizierung des „Kleopas“ als „Klopas“ wäre insofern bedeutend, als dies dafür sprechen könnte, dass die Familie Jesu entgegen früherer Spannung zwischen ihr und Jesus (Mk 3,31 par), schon bald nach Ostern zum „Urbestand der Jerusalemer Gemeinde gehörte (Apg 1,13f.) und unter Umständen mit den Zwölfen in Konkurrenz um den Vorrang stand“ (a. a. O.)[343].

„Da nahte sich Jesus selbst und ging mit ihnen“ (V. 15). Wer immer dies liest, wird sofort neugierig, wie der Auferstandene denn wohl ausgesehen hat. Lukas gibt sich jedoch keiner genauen Beschreibung hin. Er betont nur, dass es wirklich Jesus „selbst“ war (V. 15) und dass er real mitwandern und mit ihnen sprechen und essen konnte. Zur Auferstehung gehört also auch eine neue Leiblichkeit, die gestalthaft ist, uns aber „fremd“ wäre (V. 18), wenn die Verstorbenen wiederkämen. Denn wer sonst, wenn nicht ein Verwandter, hätte den „Meister“ sofort wieder erkennen müssen? Lukas möchte sich auf keinerlei Debatte über den neuen Auferstehungsleib einlassen, geht es ihm doch in dieser Erzählung vor allem darum, mit ihr die psychische Verarbeitung der Kreuzigung Jesu bei seinen Anhängern und die Charakteristika des urchristlichen Gemeindelebens herauszuarbeiten. Erst mussten sich die „Hinterbliebenen“ Jesu einer Art von Trauerarbeit (V. 17) stellen, dann entdeckten sie beim Schriftstudium religiöse Antworten (24,13–29), und fanden schließlich zur Kommunion mit Christus im Abendmahl durch (24,30f.).

Genauer betrachtet beschreibt Lukas seiner Gemeinde und seinen Lesern am Beispiel der beiden Wanderer die für ihn entscheidenden sozialen Merkmale eines typischen Glaubensweges: „Sie gingen (miteinander) ...“ (V. 13), „sie besprachen sich“ (V. 15), „sie ließen sich die Augen öffnen“ (V. 31). Zugleich drückt der Evangelist mit diesen kommunikationstheoretischen Elementen eine dogmatische Symbolik aus. Glauben heißt für ihn aufbrechen, einen Weg gehen, auf einer gemeinsamen Sinnsuche miteinander wandern,

---

[342] Vgl. W. Grundmann, Das Evangelium nach Lukas, Theol. Handkommentar, [9]1981, S. 443f., aufgrund einer Notiz bei Euseb, hist. eccl. III/II.

[343] Vgl. unten S. 276.

von brennenden Fragen zu Antworten kommen, die die geblendeten Augen öffnen; und dabei immer schon von Jesus Christus begleitet werden, der schon früh von den Urchristen Immanuel, „Gott mit uns", „mitwandernder Gott" genannt wurde (Mt 1,23 gemäß Jes 7,14). Vor allem sollten sich mindestens „zwei oder drei versammeln in seinem Namen", wenn Jesus „mitten unter ihnen" sein soll (Mt 18,20). Christ sein ist für Lukas keine rein private Angelegenheit der für sich allein glaubenden Seele. Der Glaube braucht den Dialog mit mitfragenden und mitsuchenden Brüdern und Schwestern. Seine Hauptelemente sind das Hören auf die Schrift (V. 27), das Brotbrechen (V. 30) und die Verkündigung der Auferstehung (V. 35). Sie ereignen sich in der Gemeinde als sachlicher Prozess und nicht in enthusiastischer Verzückung. Den Glauben finden heißt nämlich auch mit dem Zweifel ringen und manche Enttäuschungen verschmerzen. Jesus begleitet unser Leben auch schon, während unsere Augen noch „gehalten" sind (V. 16). Obwohl wir schon viel von ihm gehört haben, erkennen wir ihn doch nicht ohne weiteres neben uns. Er bleibt uns zunächst „fremd" (V. 18) oder ist für uns nicht mehr als nur eine historische Figur der Kultur. Die beiden Männer mussten einen langen Weg gehen, bis sie ihn endlich „als es Abend wurde" als „kyrios", als ihren „Herrn" erkannten. Der Glaube an Jesus Christus ist ein Widerfahrnis und kein eigenes Werk. Es kann einen langen Lebensweg dauern, bis der Auferstandene uns eines Tages in irgendeiner existenziellen Erfahrung persönlich anspricht: „Um was geht es euch eigentlich?" (V. 19), „was sind das für Dinge, die ihr miteinander verhandelt unterwegs?" (V. 17).

Doch der Glaube ist nicht nur Emotion und Kommunikation. Er braucht auch Information. Das Material des Glaubens sind außer unseren persönlichen Erfahrungen auch die Weltnachrichten und die Schicksale der Mitmenschen um uns herum. Vor allem aber sind es die „Taten und Worte" Jesu, wie er den Menschen Gott als „Abba" vermittelte und das Volk zu Gerechtigkeit und Frieden aufrief (V. 19). Dabei sollte die Überlieferung von Jesus nicht bedenkenlos übernommen, sondern auch kritisch bedacht werden. So waren es nicht die „Hohenpriester und Obersten", die Jesus „gekreuzigt" haben, wie Lukas ungenau schreibt (V. 20). Sie haben ihn des Aufruhrs bezichtigt und den Römern ausgeliefert, aber hingerichtet haben sie ihn nicht selbst. Lukas bemüht sich dann auch, den hinzugekommenen „Fremden" (V. 18), also Jesus selbst die Schuld an seinem Tod auf eine höhere Stufe heben zu lassen. Es war zu wenig, dass sich die beiden enttäuschten Wanderer nur an dem Faktum aufhielten, dass die Hinrichtung Jesu für ganz Jerusalem ein Aufsehen erregendes Ereignis war (V. 18). Sie durften der harten Theodizeefrage, warum Gott Vater das schreckliche Leiden seines Sohnes zuließ, nicht ausweichen. Doch wo hätten sie dazu Antworten finden können?

Gelitten gemäß der Schrift

Lk 24,25–27
25 Und er sprach zu ihnen: O ihr Toren, zu trägen Herzens, all dem zu glauben, was die Propheten geredet haben! 26 Musste nicht Christus dies erleiden und in seine Herrlichkeit eingehen? 27 Und er fing an bei Mose und allen Propheten und legte ihnen aus, was in der ganzen Schrift von ihm gesagt war.

Der „Fremde“ geht mit den beiden tief traurigen Heimkehrern real zu Fuß einen Weg, nimmt sie aber auch mit auf eine geistige Wanderung durch die „Schrift“. Dies kann alles nur in mündlicher Erinnerung und Zitierung gewichtiger Schriftstellen gewesen sein, denn gewiss hatte der „Fremde“ keine Schriftrollen zum Vorlesen mit dabei. Darum wird aus diesem Erzählteil erkenntlich, dass Lukas hier eigentlich den Umgang mit der „Schrift“ in den frühchristlichen Gottesdiensten spiegelt. Der „Fremde“ „legt“ ihnen die Schrift „aus“ (V. 27) und „bringt“ sie ihnen zum „Verstehen“: „Musste nicht Christus dies erleiden ...?“ (V. 26). Der „Schrift“ Fragen entnehmen und sie zu Antworten bringen, „auslegen“ und „verstehen“, das ist seit Beginn der Gemeindebildung im Christentum der Grundablauf der Verkündigung. Im griechischen Text findet sich an dieser Stelle der Begriff „(di)ermeneuo“ (V. 27)[344] und in der Tat beschreibt Lukas hier nichts weniger als die Entdeckung der „Hermeneutik“, der akademischen Disziplin der Verstehensprüfung.

Er tadelt sie als „unverständig“ im Sinne von kenntnisarm, sowie als „träge“, weil in falsche Erwartungen versponnen (V. 25). Sie hätten sich sonst an die Weissagungen der „ganzen Schrift“ erinnern können. In allen ihren drei Hauptteilen Gesetz, Propheten und Poesie (sprich: Tora, Jesaja, Psalmen) ist vom Leiden als einem Durchgang zur „Herrlichkeit“ die Rede (V. 26). Wenn das Leiden aber nur die Vorstufe zu einer strahlenden Ewigkeit ist, „musste“ dann nicht auch der „Meister“ vor seiner Auferweckung diesen „Weg“ gehen? Die „Katastrophe“ der Kreuzigung war zwar vordergründig durch Menschenhand geschehen. Im Hintergrund verlief jedoch alles prädestiniert nach Gottes Heilsplan mit seinem Sohn. Im lukanischen „Protokoll“ des theologischen Gesprächs auf dem Weg nach Emmaus lässt sich verfolgen, wie Jesus christologisch Stufe um Stufe höher gebracht wird. Erst wird er mit dem bloßen Vornamen „Jesus“ benannt (V. 15). Dann erhält er seine erste titelgleiche Kennzeichnung „Jesus von Nazaret“ (V. 19). Ihr folgt die höhere Bezeichnung „Prophet“ (V. 19), die dann von der Erwartung, er hätte der streitbare königliche „Messias“ sein können (V. 21), übertroffen wird. Die Vorstellung des kriegerischen Messias wird hernach im Rückgriff auf Jesaja 53 zum „leidenden Messias“ umgewandelt (V. 26), bis Gott dann den verstorbenen „Christus“ (V. 26.46) zum „Auferstandenen“ erweckt (V. 34) und schließlich zum Sün-

[344] Siehe hierzu auch Apg 8,30f. in der Perikope vom „Kämmerer aus Äthiopien“.

den vergebenden Weltenrichter erhöht (V. 47). Man spürt der Emmauserzählung noch an, wie sehr die Urchristen um das rechte Verständnis von Person und Werk Christi gerungen haben, und sich dabei von dem kleinen Wörtchen „musste“ (griech. „edei“), leiten ließen, bis sie schließlich gemeinsam bekennen konnten: Nichts geschah beliebig; das Schicksal Jesu war von Gott gewollt und vorhergeplant. Alles kam, wie es kommen „musste“. Die „Hohenpriester und Oberen“ (V. 20) waren nur irdische Werkzeuge Gottes, so selbstherrlich sie sich auch gaben.

In der erstaunlich kurzen Zeit von höchstens zwei bis drei Generationen wandelten also die Urchristen das Einzelschicksal Jesu in ein gewaltiges, weltbewegendes Erlösungswerk Gottes um, das alle „Völker“ betraf (V. 47). Sie sahen, angetrieben vom Geist Christi, im Kreuz das Heil. Aus dem schändlich Hingerichteten wurde der „Kyrios“. Die Umwandlung eines Schreckens zum Heilswillen Gottes ist bis in unsere moderne Zeit hinein eine religiöse Kunst des Judentums geblieben. Und nur so konnten jüdische Opfer im Laufe der Jahrhunderte hasserfüllten Tätern wenigstens geistig das Gesetz des Handelns aus der Hand nehmen. So versuchten orthodoxe Juden selbst noch in den todbringenden Konzentrationslagern der Nazizeit das Leiden aus Ehrfurcht vor Gott als dessen Willen und Vorherbestimmung anzunehmen, weil Adonaj schon immer mit seinem Volk gelitten habe und sie durch das Martyrium hindurch einer herrlichen „Endzeit“ zuführe, auch wenn andere Leidende in Auschwitz und Treblinka ihren Glauben an einen gerechten und barmherzigen Gott – wie auch an den Menschen und seine Menschlichkeit – angesichts der rauchenden Öfen für immer verloren haben. Auch das Christentum kennt eine mysteriöse Verwandlung im Sakrament des Herrenmahls: lutherisch die Konsubstantiation als das Mit und Unter von Leib und Blut Christi in Brot und Wein, katholisch die Transsubstantiation als das irreversible Aufgehen von Brot und Wein in Leib und Blut Christi. Beide Aktionen oder auch nur Deklarationen sind weit entfernt von der Agape in Emmaus, dem schlichten Brotbrechen bei der Abendmahlzeit des Auferstandenen mit seinen beiden Weggenossen.

Erkannt am Brotbrechen

Lk 24,28–35

28 Und sie kamen nahe an das Dorf, wo sie hingingen. Und er stellte sich, als wollte er weitergehen. 29 Und sie nötigten ihn und sprachen: Bleibe bei uns; denn es will Abend werden, und der Tag hat sich geneigt. Und er ging hinein, bei ihnen zu bleiben. 30 Und es geschah, als er mit ihnen zu Tisch saß, nahm er das Brot, dankte, brach's und gab's ihnen. 31 Da wurden ihre Augen geöffnet, und sie erkannten ihn. Und er verschwand vor ihnen.

32 Und sie sprachen untereinander: Brannte nicht unser Herz in uns, als er mit uns redete auf dem Wege und uns die Schrift öffnete? 33 Und sie standen auf zu derselben Stunde, kehrten zurück nach Jerusalem und fanden die Elf versammelt und die bei ihnen waren; 34 die spra-

chen: Der Herr ist wahrhaftig auferstanden und Simon erschienen. 35 Und sie erzählten ihnen, was auf dem Wege geschehen war und wie er von ihnen erkannt wurde, als er das Brot brach.

Nach stundenlangem Lehrgespräch gelangen die drei Wanderer an ihren Zielort Emmaus. Der Unbekannte macht Anstalten, allein weiterzugehen (V. 28). Die beiden Heimgekehrten aber „dringen auf ihn ein", ihr Gast zu werden (V. 29), auch wenn sie noch nicht einmal den Namen des „Fremden" erfahren haben. Im Orient ist die Gastfreundschaft eine hohe Ehre und eine geradezu heilige Pflicht gegenüber Freunden und Fremden. Bezeichnenderweise kann deshalb auch der griechische Ausdruck „xenos" zugleich mit „Fremder", wie auch mit „Gastgeber" übersetzt werden.[345] Es ist im Orient auch ein konventionelles Spiel, eine Einladung mehrfach abzulehnen, um sie dann doch – nach erwarteter „Nötigung" – bereitwillig anzunehmen (V. 29c). Die Gastfreundschaft erlaubt im Orient keinem Hausherrn, einen Wanderer bei hereinbrechender Nacht draußen ungesichert weiterwandern zu lassen, zumal sich die Dunkelheit im Orient auch nicht allmählich einstellt, sondern tatsächlich sehr rasch hereinbricht. Die beiden Männer begründen jedoch merkwürdigerweise ihre Einladung nicht mit dem Dank für den Schriftunterricht, den ihnen der „Fremde" unterwegs gegeben hat, sondern mit dem inzwischen heraufgezogenen Abend (V. 29). Dabei fällt nun in der Erzählung der berühmte Spruch, der als Abendkanon vertont, heute noch gern in christlichen Kreisen gesungen wird: „(Herr), bleibe bei uns, denn es will Abend werden und der Tag hat sich geneigt" (V. 29). Der Anruf „Herr" muss noch eingeklammert bleiben, weil die Männer den „Fremden" zu diesem Zeitpunkt noch nicht als Jesus erkannt hatten.

Das Abendessen ist im Orient die größte Mahlzeit des Tages. „Und als er nun mit ihnen (und wohl auch noch mit weiteren Familienmitgliedern) zu Tisch saß, nahm er das Brot, dankte, brach 's und gab's ihnen" (V. 30). Jeder Christ erinnert sich bei diesem Wortlaut sofort an die Sprache des Abendsmahls (Mk 14,22 par.), für die Martin Luther in seiner Bibelübersetzung aus dem Griechischen ins Deutsche bewusst die a-Vokale häufte, weil sie, beim Sprechen lang gezogen, der Ausdruck des Sattwerdens sind. Wieder spiegelt Lukas einen Kern des urgemeindlichen Zusammenseins in diesem noch dogmenfreien „Abendmahl" in Emmaus. Er will seinen Lesern sagen: Jesus Christus ist gegenwärtig in der Schriftauslegung und im Abendmahl (V. 27.30). Er wird vor allem an diesen Zeichen erkannt (V. 31). Seine körperliche Erscheinung hatte den Männern noch nicht die Augen geöffnet (V. 16). Aber die Art, wie er nun, als wäre er der Hausherr, das Essen mit dem Dankgebet einleitete und dazu ein Stück Brot brach, ließ ihnen „die Augen aufgehen" (V. 16). Gewiss hatten sie als Begleiter Jesu schon mehrmals erlebt, wie er das Tischgebet gesprochen hatte (Mt 14,19). In unnachahmlicher Hoheit hatte er

[345] Siehe hierzu Art. „xenos" in: EWNT II, ^{2}1992, Sp. 1189.

jedes Mal zuerst zum Himmel aufgeschaut und damit ihnen zu verstehen gegeben, dass Brot geschenktes Brot und kein selbstverständliches Essensmaterial ist: „Unser täglich Brot gib uns heute“ (Mt 6,11), „schenk uns das Brot für den jeweils nächsten Tag“.[346] Jesu besondere Art, ein Dankgebet für das Essen zu sprechen, wird auch in der Erzählung „Die Speisung der Fünftausend“ dokumentiert (Mk 6,41par). In Klöstern und in manchen bäuerlichen Familien wird heute noch vor dem Essen den Teilnehmenden ein Stückchen Brot gereicht und dazu vom Abt oder Familienoberhaupt der Brotsegen gesprochen und an Festen ein freier Stuhl an den Esstisch gestellt. Es könnte ja sein, Christus nähme auf ihm in Gestalt eines „fremden Gastes“ Platz.

An diesem feierlichen Umgang mit Brot erkannten nun die Männer den Auferstandenen (V. 31). Doch genau in diesem Moment verschwand er auch. Er wollte nicht, dass sie ihn festhielten und wie eine heilige Reliquie verehrten. Er hatte genug für sie getan. Sie sollten nun etwas für ihn tun. Gewiss hat dieses Wiederauftauchen und Wiederverschwinden des Auferstandenen seitdem zu allen Zeiten Skepsis und Spott hervorgerufen, denn es liest sich, als wäre er ein Geist gewesen. Doch die Männer wollten für die Realität seiner Erscheinung zeugen und kehrten noch in der Nacht zum Ostermontag nach Jerusalem zurück (V. 33). Es muss ein großer Enthusiasmus gewesen sein, der sie die lange Wegstrecke, die sie doch erst vor wenigen Stunden zurückgelegt hatten, so schnell wieder zurücktrieb. Und sie sollen tatsächlich die Elf noch an deren geheimem Ort versammelt vorgefunden haben. Wer aber nun das erste klassische Osterbekenntnis „Der Herr ist wahrhaftig auferstanden“ bei ihrer Rückkehr wem gegenüber zuerst aussprach – die Männer aus Emmaus dem Elferkreis und weiteren Anhängern Jesu gegenüber, die in Jerusalem geblieben waren, oder ob umgekehrt die Elf (V. 33) Kleopas und seinen Gefährten der Auferstehung Jesu vergewisserten –, lässt sich nicht klären, denn die einzige sprachliche Verbindungsbrücke zwischen beiden Gruppen ist in V. 34 das blasse Relativpronomen „die“, das beide Gruppen vertreten kann. Auf jeden Fall war dieser begeisterte Osterruf „Der Herr ist wahrhaftig auferstanden“ (V. 34) das erste fundamentale Bekenntnis der Urchristen. Es wird heute noch von den Gläubigen der orthodoxen Kirche in der Feier der Osternacht einander jubelnd zugerufen, wobei sich das Adverb „wahrhaftig“ von vornherein gegen jeden Zweifel wendet. Lukas setzt dann noch ausdrücklich den Zusatz „... und Simon erschienen“ hinzu (V. 34b), was wieder als ein früher Beleg für die Hegemonie des Petrus in der Leitung der urchristlichen Gemeinden gelesen werden kann. Kleopas und sein Gefährte erzählten dann den Jerusalemer Anhängern Jesu alles, was ihnen an diesem ersten Sonntag der Christenheit geschehen war (V. 35), und das klingt dann doch wiederum so, als hätten erst die Verwandten Jesu seine Jünger „missioniert“. Die Anfänge des Christentums werden sich wohl nie eindeutig klären lassen. Es soll

[346] Vgl. M. Köhnlein. Die Bergpredigt, ^{2}2011, S. 136–139.

ja auch vor allem um die heutige Gegenwart Christi und weniger um Ruhm und Ehre seiner ersten Anhänger gehen.

Gesichert ist, dass mit dem Ostergeschehen die Dialektik zu einem wichtigen Sprachmittel des Christentums wurde. In den Ostererzählungen stehen sich immer wieder unterschiedliche und teils sich widersprechende Angaben gegenüber. So übernimmt einerseits das leere Grab die Funktion des Auferstehungsbeweises, andererseits sind es die Erscheinungen des Auferstandenen, welche die Zweifler überzeugen wollen. Genauso stehen die Hauptorte der Erscheinungen zueinander in Konkurrenz. Jesus selbst und der Grabesengel weisen die Frauen und die Jünger an, nach Galiläa zu gehen, um dort als Zeugen gestärkt zu werden (Mt 28,7.9f.; Mk 16,7; u. a.); ein anderes Mal wiederum empfiehlt Jesus den Jüngern in Jerusalem zu bleiben, bis zu ihnen „die Kraft aus der Höhe kommt“ (Lk 24,49). Einmal soll das „ihn sehen“ den Glauben an seine Auferweckung festigen (Mt 28,9); mehrmals aber wird der Schriftbeweis dem „Augenschein“ vorgezogen (Lk 24,27; 24,44f.). In den einen Texten wird die neue Leiblichkeit des Auferstandenen äußerst massiv mit Mitwandern, Betasten und Essen verfochten; in den anderen taucht er so mysteriös auf und verschwindet genauso plötzlich vor aller Augen, dass die Zeugen versucht sind, ihn für einen „Geist“ zu halten (24,37). Massivität der Erscheinung und reine Spiritualität des neuen „Auferstehungsleibes“ können sogar in zwei Versen unverbunden nebeneinander stehen (Joh 20,26f.). Es ist eben schwer, etwas wunderhaft Außergewöhnliches eindeutig und objektiv zu vermitteln, ohne zu spekulativen Begriffen wie etwa der Rede vom „Astralleib“ zu greifen. Eine letzte Ostergeschichte aus den Evangelien soll noch einmal zeigen, wie in den frühen Gemeinden Skepsis und Enthusiasmus miteinander kämpften. Gemein ist aber allen Osterberichten der Evangelisten, dass es ihnen um die reale Identität des Gekreuzigten mit dem Auferstandenen geht, welche Belege sie auch immer dafür anführen.

An seinen Wunden identifiziert

Lk 24,36–49 (Mk 16,14–19; Joh 20,19,23)

36 Als sie aber davon redeten, trat er selbst, Jesus, mitten unter sie und sprach zu ihnen: Friede sei mit euch! 37 Sie erschraken aber und fürchteten sich und meinten, sie sähen einen Geist. 38 Und er sprach zu ihnen: Was seid ihr so erschrocken, und warum kommen solche Gedanken in euer Herz? 39 Seht meine Hände und meine Füße, ich bin's selber. Fasst mich an und seht; denn ein Geist hat nicht Fleisch und Knochen, wie ihr seht, dass ich sie habe. 40 Und als er das gesagt hatte, zeigte er ihnen die Hände und Füße. Als sie aber noch nicht glaubten vor Freude und sich verwunderten, sprach er zu ihnen: Habt ihr hier etwas zu essen? 42 Und sie legten ihm ein Stück gebratenen Fisch vor. 43 Und er nahm's und aß vor ihnen.

44 Er aber sprach zu ihnen: „... Es muss alles erfüllt werden, was von mir geschrieben steht im Gesetz des Mose, in den Propheten und in den Psalmen. 45 Da öffnete er ihnen das Verständnis, so dass sie die Schrift verstanden, und sprach zu ihnen: So steht's geschrieben, dass Christus leiden wird und auferstehen von den Toten am dritten Tage (Hos 6,2); und dass gepredigt wird in seinem Namen Buße zur Vergebung der Sünden unter allen Völkern. Fangt an in Jerusalem, 48 und seid dafür Zeugen. 49 Und siehe, ich will auf euch herabsenden, was mein Vater verheißen hat. Ihr aber sollt in der Stadt bleiben, bis ihr ausgerüstet werdet mit Kraft aus der Höhe.

Nun fasst Lukas zum Abschluss seiner Emmausgeschichte noch einmal die für ihn wichtigsten „Auferstehungsbeweise" zusammen. Er vergisst auch nicht, die Einwände gegen sie mit einzubinden. Jesus war nicht gleich für immer ungreifbar ins Unendliche fort gegangen, sondern „trat mitten unter sie" (V. 36). Der HERR will weiterhin der Mittelpunkt seiner Jünger sein. Er spricht sie mit „schalom!" an, dem alltäglichen Friedensgruß, um der Begegnung das Flair der Normalität zu geben (V. 36). Trotzdem erschrecken die Versammelten und meinen, sie sähen einen „Geist" (giech. pneuma). Einige spätere Textzeugen reden anstelle von „Geist" lieber von „Phantom" (griech. phantasma),[347] wohl um nicht hier nicht denselben Begriff wie für den „Heiligen Geist" zu verwenden. Mit dem Gespensterverdacht (V. 37) und der Behauptung, die Jünger könnten den Leichnam Christi gestohlen haben (Mt 27,64), kursierten also bereits in den ersten Tagen nach Ostern Gerüchte, die dann auch immer wieder durch die lange Auslegungsgeschichte der Evangelien geisterten, wie etwa bei Reimarus zur Zeit der Aufklärung. „Er selbst" betont Lukas, trat plötzlich in ihre Mitte, und keinesfalls nur sein bloßer Schatten (V. 36). Lukas geht es unbedingt um die Festhaltung der Leiblichkeit des zum Christus Erhöhten und um dessen Identität mit dem irdischen Jesu, wie es auch schon Paulus an vielen Stellen seiner Briefe im Gebrauch der Formel „Jesus Christus" oder „Christus Jesus" ausdrückt.[348] Der Erhöhte ist seinem Wesenskern nach derselbe wie der Irdische. Lukas vertritt eine entschieden antidoketische Theologie, die nicht zulassen kann, dass der Auferstandene nur einen Scheinleib gehabt habe. Darum lässt er auch Jesus die Jünger auffordern: „Fasst mich an und seht, denn ein Geist hat nicht Fleisch und Knochen, wie ihr seht, dass ich sie habe." (V. 39). Doch noch immer konnten nicht alle Anwesenden glauben, dass sie Jesus persönlich vor sich hatten und nicht nur sein Trugbild. Es bleibt im Text offen, ob die Jünger es dann gewagt haben, Jesu Wunden zu berühren, zumindest konnten sie diese betrachtet haben. Hernach schaltet Lukas noch einen zweiten massiveren Beweis nach: „Habt ihr (mir) etwas zu essen?" (V. 41). Wer vor ihren Augen ein Stück gebratenen Fisch essen konnte (V. 42f.), war wahrhaftig keine bloße Einbildung.

Zum Berührungs- und Nahrungsbeweis – wobei der Begriff „Beweis" nicht streng naturwissenschaftlich verstanden werden sollte, sondern eher nur eine Milderung der Skepsis der Jünger war –, trat nun noch drittens der „Schrift-

[347] Vgl. W. Grundmann, a. a. O., S. 451.
[348] Vgl. oben S. 90; 173; 214; 230.

beweis“. Nicht nur die Leiblichkeit, auch die Geistigkeit Jesu sollte überzeugen. Der Auferstandene wies seine Jünger auf die Auslegungsmethode von „Verheißung und Erfüllung“ hin. Er wiederholte vor den Elfen und den anderen in Jerusalem gebliebenen Sympathisanten, was er bereits den beiden Männern auf dem Weg nach Emmaus erklärt hatte (V. 27), nämlich dass sich in mehreren Schriften der hebräischen Bibel Vorhersagen seines Leidens und seiner Auferweckung (V. 44) finden lassen. Dabei lässt Lukas den auferstandenen Jesus noch einmal wiederholen, dass die „Bibel“ nicht einfach nur von jedermann aufgeschlagen und sofort verstanden werden kann, sondern auch dem Verstehen verschlossen bleiben kann und darum in vielen Teilen von geschulten Auslegern erst „geöffnet“, das heißt ausgelegt, werden muss (V. 45). Zugleich käme es aber nicht nur darauf an, die ganze „Schrift“ zu lesen, sondern auch ihr kerygmatisches Zentrum in einem klaren, leicht lernbaren Bekenntnis zusammenzufassen, sowohl für die Katechese innerhalb der Gemeinde, wie auch für die Missionierung von Außenstehenden. Dazu legt der Kyrios seinen Freunden ein zweites Glaubensbekenntnis vor (V. 46). Er lässt dem ersten, kurzen „Kernbekenntnis“: „Der Herr ist wahrhaftig auferstanden und Simon erschienen“ (V. 34),[349] das ausführlichere, dogmatisch gestaltete „Glaubensbekenntnis“ folgen: „So steht’s geschrieben, dass Christus leiden wird und auferstehen am dritten Tage; und dass gepredigt wird in seinem Namen Buße zur Vergebung der Sünden unter allen Völkern“ (V. 46f.). Der Evangelist legt mit dieser Zusammenfassung am Ende seines Evangeliums den Impuls zu seiner nachfolgenden Apostelgeschichte an, indem er Jesus anordnen lässt: „... unter allen Völkern. Fangt an in Jerusalem!“ (V. 47). Lukas wird dann auch seine Apostelgeschichte „heilsgeographisch“ in drei konzentrischen Kreisen aufbauen: Von der Stadtmission über die Landmission zur Weltmission.[350] Der vom „Propheten aus Nazaret“ über den „leidenden Gottessohn“ zum „auferweckten Christus“ gewordene Jesus ist für ihn durch seinen Opfertod zum „HERRN“ der Welt geworden, der das Anrecht hat, dass sein Name und sein Evangelium allen Menschen vertraut werde, mit dem Anspruch, Buße zu bewirken und aus Beschwernissen durch Vergebung zu befreien (V. 47). Dazu, verspricht der Auferstandene, werde Gott seinen Missionaren seinen „Geist“, seine Energie, geben (V. 49). Solange sollten seine Getreuen in Jerusalem bleiben. Damit ist auch das kommende Pfingstwunder schon angekündigt.

---

[349] Vgl. oben S. 259.

[350] Siehe Apg 1–8,3; 8,4–11,18; 11,19–28,31.

21 Die Sache Jesu geht weiter

Die „irdischen" Obrigkeiten dachten, Jesus und die Bewegung, die er entfacht hatte, für immer zum Verstummen gebracht zu haben, indem sie sein Grab versiegeln ließen. Doch wo Menschen meinen, etwas endgültig abgeschlossen zu haben, kann der Schöpfer immer noch etwas wieder öffnen und ausbreiten. Gerade der frühe Tod Jesu machte aus seiner regionalen Wirkung in einer Ecke des Römischen Reiches eine der stärksten Weltreligionen, die sich sowohl als Buchreligion, wie auch als Jahrtausende alte Kette der Zeugen durchsetzte. Auch wenn charismatische „Propheten" getötet werden, leben ihre Ideen, Botschaften, Aufträge nicht selten weiter. So war der Münsteraner Exeget W. Marxsen in historischer Sicht überzeugt davon, dass die Apostel tatsächlich davon sprachen, dass sie den Auferstandenen gesehen hätten; entscheidend für die Anfänge der Mission sei aber die Botschaft gewesen, die Jesus den Menschen seiner Zeit verkündet habe. Sie konnte auch nach dem Tod Jesu nicht verschwiegen werden. Darum prägte Marxsen die theologische Formel, der Begriff Auferstehung Jesu bedeute: „Die Sache Jesu geht weiter".[351] Niemand sei direkt bei der Auferweckung Jesu dabei gewesen, aber viele hätten seine Worte und Taten bewahrt und weitergegeben. Die „Auferstehung Jesu" sage also etwas über die Urchristen aus, die aus ihrer Trauer über die Kreuzigung Jesu „auferweckt" wurden, aber nichts „Wissenschaftliches" über ihren Ablauf im Felsengrab zu Jerusalem und die „Stofflichkeit" des Auferstandenen.

Der Missionsauftrag

Mt 28,16–20

10 Aber die elf Jünger gingen nach Galiläa auf den Berg, wohin Jesus sie beschieden hatte. 17 Und als sie ihn sahen, fielen sie vor ihm nieder; einige aber zweifelten. 18 Und Jesus trat herzu und sprach zu ihnen: Mir ist gegeben alle Gewalt im Himmel und auf Erden. 19 Darum gehet hin und machet zu Jüngern alle Völker: Taufet sie auf den Namen des Vaters und des Sohnes und des heiligen Geistes 20 und lehret sie halten alles, was ich euch befohlen habe. Und siehe, ich bin euch alle Tage bis an der Welt Ende.

Zuerst sollte die gängige Lutherübersetzung des griechischen Textes, die noch im Wesentlichen durch die Mentalität des 19. Jahrhunderts geprägt ist, von ihrem militärischen Unterton befreit werden. Der griechische Text redet nicht von einem „Missions*befehl*", sondern weniger autoritär von einem „Lehr*auftrag*" (V. 20). Entsprechend findet sich auch nirgends der Begriff des „*Gehorsams*" gegenüber den Geboten Jesu, wohl aber die Freiheit lassende Einladung,

---

[351] Vgl. W. Marxsen, Die Auferstehung Jesu als historisches und theologisches Problem, 1964; ders., Die Sache Jesu geht weiter, GTB 112, 1976.

auf Jesus Christus zu „hören" und seine Lehre „festzuhalten" (V. 20). Christus verfügt auch nicht über „alle *Gewalt* im Himmel und auf Erden" (V. 18), sondern über die „höchste Macht, letzte Entscheidung" (griech. exousia) in allen Dingen der Völker (V. 19). Es gibt keine weltlichen Bereiche, keine Räume, keine Zeiten, in denen sein Evangelium nicht wirksam werden könnte. Der irdische Jesus hat dies mit seinen vielen Stellungnahmen zu Gerechtigkeit und Frieden vorgelebt. Darum sollten sich auch die heutigen Kirchen konsequent für die Fragen der Zeit öffnen. Matthäus hat Jesus in seinem Jesusbuch bewusst das letzte Wort gegeben hat und nicht sich selbst als Jünger und Schreiber. Er lässt zum Ausklang noch einmal Vieles anklingen, was die Leser bei ihrer Lektüre miterlebt haben. So erinnert die Bereichsangabe „... im Himmel und auf Erden" (V. 18) sofort an die dritte Bitte des Vaterunsers (Mt 6,10) und weil der Evangelist nur noch „elf Jünger" dabei sein lässt, werden sich die Leser bzw. Hörer sofort an das Schicksal des Judas erinnern.

Der auferweckte Jesus hält sein Schlusswort nicht in Jerusalem, wo er angeklagt und hingerichtet wurde, sondern in „Galiläa", wo sein Wirken einst den Anfang nahm, wo er seine Jünger fand und sie zur Nachfolge einlud. Matthäus, der nur ein Jahrzehnt nach der Zerstörung Jerusalems schreibt, hält die ehemalige Hauptstadt des jüdischen Volkes für einen verfluchten Ort. Darum schließt er den Kreis des Lebens Jesu lieber in Galiläa. Galiläa ist auch der passende Ort für den in die Zukunft blickenden Missionsauftrag. In Galiläa lebten „Juden und Heiden" zur Zeit Jesu relativ friedlich neben- und miteinander (Jes 8,23). Dort ist auch der Berg, auf dem Jesus, der nun zu Jesus Christus wurde, seine „Bergpredigt" (besser: „Berglehre") verkündigt hat (Mt 5–7), in der „alles" steht, was die Jünger nun „halten" sollen (V. 20). Und wieder wird der „Berg" von Matthäus nicht namentlich identifiziert, weil er ihn eher als Symbol, denn als geographische Lokalität versteht, wie ja der „Berg" seit Urzeiten in vielen Völkern als ein „der Gottheit" näherer Ort gilt. Wer auf dem „Berg" und vom „Berg" herab spricht, hat eine höhere Autorität. Ein „Berg" ist darum im Verlauf des matthäischen Evangeliums schon mehrmals zur Unterstreichung der Bedeutsamkeit Jesu ins Spiel gebracht worden. Auf einem „hohen Berg" hat Jesus den Versuchungen des Satans widerstanden: der unermüdlichen Brotbesorgung (dem Materialismus), der Selbstdemonstration (dem Narzissmus), der Welteroberung (dem Imperialismus) – Mt 4,8–11. Nach seiner „Berglehre" hielt ihn das Volk für den zweiten Mose (7,29). Auf dem „Berg der Verklärung" wurde den engsten drei Freunden Jesu die Herrlichkeit Jesu als „Sohn Gottes" enthüllt (Mt 17,1–9). Dort fielen sie Jesus zu Füßen, um ihn zu verehren. Nun beugten sie wieder die Knie vor ihm, „als sie ihn sahen" (28,17). Während aber Matthäus es damals in seiner Erzählung der Verklärung Jesu wagte, von einem „wie die Sonne leuchtenden Angesicht" Jesu und seinen „wie das Licht weißen Kleidern" zu reden (V. 2), beschreibt er jetzt das Aussehen des Auferstandenen mit keinem Wort. Er weicht jeder Spekulation über die Art der Leiblichkeit Jesu aus und lässt ihn nur „herzutreten“ und „sprechen“. Ehrlicherweise räumt Matthäus auch ein: „Einige aber zweifelten“ (V. 17). Die Vermittlung des Glaubens sollte jede Überrumpelungstaktik vermeiden. Es darf und wird immer in den Gemeinden Zweifel an der Form des Glaubens und an der Wahrhaftigkeit der Verkündigung geben.

„Darum gehet hin und machet zu Jüngern alle Völker“ (V. 19). Die Kirchen Christi sollten nicht nur für Herbeikommende „offene Gemeinden“ sein, sondern auch zu den Menschen „hingehende“, aufsuchende Gemeinschaften. Von „Völkern“ ist die Rede, nicht etwa nur von Rassen, Klassen, Erdteilen (Gal 3,28; Eph 2,14). Dem Kyrios der weiten Welt entspricht auch die übergreifende Weite seiner Kirchen (Mt 10,27). Sie ist im Ideal eine der Wurzeln der Demokratie. Ihre Supranationalität hat sich schon bei den großen Versammlungen Jesu in Galiläa gezeigt (Mt 4,25; 14,13). Aus der Ortsgemeinde darf die Landeskirche, aus der Nationalkirche die Weltkirche, aus der Kirche der Wohlhabenden die Kirche der Armen werden. Nichts ist so gefährlich für die Existenz der Kirchen, als wenn sie statische, um sich selbst kreisende Traditionshüterinnen werden. „Taufet sie auf den Namen des Vaters und des Sohnes und des heiligen Geistes (V. 19b) und lehret sie halten alles, was ich euch befohlen habe“ (V. 20a). In dieser Aufforderung geht die Taufe dem Unterricht voraus, so dass man hier mit einem gewissen Recht eine Begründung der Kindertaufe hineinlesen könnte. Jesus selbst hat sich zwar einst im Jordan taufen lassen (3,13–17), aber den Synoptikern zufolge selbst nie Andere getauft; nur der Evangelist Johannes will von Taufhandlungen Jesu wissen (Joh 3,22), nimmt diese Erinnerung aber ein halbes Kapitel später sofort wieder zurück: „... obwohl Jesus nicht selber taufte, sondern seine Jünger ...“ (Joh 4,2). Ein merkwürdiger Gegensatz der Informationen! Entweder ist die erste oder die zweite Behauptung die spätere Korrektur einer fremden Hand. Interessanter hingegen ist die Begründung im Matthäusevangelium, warum sich Jesus von Johannes, dem Täufer, taufen ließ, nämlich „... um alle Gerechtigkeit zu erfüllen“ (3,15). „Gerecht“ könnte ausdrücken, dass Jesus nicht bloß pro forma „Mensch“ sein wollte, sondern wirklich und wahrhaftig. Er wollte als Mann aus Nazaret unter den Menschen als ihr Bruder und nicht über ihnen als ihr HERR leben und auf keinen Fall von vornherein als „sündlos“ dogmatisiert werden. Wie hätte er uns sonst als ständig der Vergebung Bedürftige verstehen können, wenn er uns nicht in der Anfälligkeit für Verfehlungen gleich geworden wäre – wenn auch nicht in deren Vollzug? Der Hinweis auf die Erfüllung der Gerechtigkeit kann aber auch bedeuten, dass das Getauftsein uns erinnern will, immer wieder umzukehren und uns von Jesus aufs Neue auf den „Weg der Gerechtigkeit“, und nicht des Unfriedens führen zu lassen (Spr 12,28).

Die Taufe als Aufnahme in die Gemeinschaft der Christen soll auf den triadischen (dreifachen) Namen Gottes erfolgen (V. 19b). Das ist zwar noch kein volles trinitarisches Bekenntnis, aber ein erster Ansatz dazu. Die triadische Formel drückt zunächst nur aus, dass wir als Christen drei Charismen, drei geistige Geschenke brauchen: von Gott Vater die Gnade, von Jesus Christus die Liebe und vom Heiligen Geist die Kraft des Glaubens. Alle drei Hilfen zusammen sind der Segen, der erbeten werden soll. Wir laufen ja nicht allein gelassen und hilflos durch das Leben, sondern werden begleitet von dem festen Bleibeversprechen Jesu: „Siehe, ich bin euch alle Tage ..." (V. 20a). Matthäus legt so sehr Wert auf die unsichtbare, aber fest zugesicherte Gegenwart Jesu Christi an unserer Seite, dass er keine Behütung „von oben her" braucht und darum auch anders als der etwa ein Jahrzehnt später schreibende Lukas eine „Himmelfahrt Jesu" nicht erwähnt und sie vermutlich auch noch gar nicht gekannt hat.

Die biblische Sprache kommt ohne Dialektik nicht aus. Jesus hat sich von uns entfernt und ist doch zugleich bei uns geblieben: „... bis an der Welt Ende" (V. 20b). Direkt übersetzt lautet das Versprechen: „bis zur Vollendung des Äons". Die Zusage seiner täglichen Gegenwart ist Jesu Testament. Man könnte zur Not das letzte Wort Jesu auch geographisch verstehen und dabei an den Lauf der Mission zu „allen Völkern" denken (V. 19a). Dann würde er bei uns bleiben, bis die Mission in den letzten Winkel der Erde gekommen ist. Doch Matthäus denkt eher zeitlich als räumlich, eher eschatologisch als geographisch. Die Heilsgeschichte läuft für ihn von Abraham, dem Gründervater Israels, an, auf einem linearen Zeitstrahl bis zum Ende des gegenwärtigen Äons, der zeitlichen Grenze, die Gott seiner Schöpfung gesetzt hat (1,1f.). Und dieses Ende wird das Weltgericht sein, wie Matthäus es Jesus in seinen Jerusalemer Endzeitreden verkünden ließ (Kap. 24f.). Bis Jesus Christus als „himmlischer Menschensohn" wieder erscheinen wird, um die Menschheit zu richten (24,29–31), solange wird Jesus unsichtbar bei uns sein als der „Immanuel", der mitgehende „Gott mit uns" (1,24). Bis zu diesem „Jüngsten Tag" sind die Zeugen zum Dienst aufgerufen. Aus dem selbst verkündigenden Jesus soll der verkündigte Christus der Apostel werden. Die Mission nimmt mit dem Ende des Matthäusevangeliums ihren Lauf. Wie dann Jesus auf dem „Berg" aus dem Gesichtskreis der Jünger wieder verschwand, berichtet Matthäus nicht. Der Zuspruch, dass Jesus als Immanuel bei uns bleibt, wie sich ihn auch die Emmausjünger erbeten haben (Lk 24,29), muss uns genügen. Die Auferstehung von den Toten ist ein Bekenntnis der Hoffnung, jedoch kein Thema für Spekulationen und Phantasien.

Die Kette der Zeugen

1 Kor 15,3–8

3 Denn als erstes habe ich euch weitergegeben, was ich auch empfangen habe: Dass Christus gestorben ist für unsere Sünden nach der Schrift; und dass er begraben worden ist; und dass er auferstanden ist am dritten Tage nach der Schrift; 5 und dass er gesehen worden ist von Kephas, danach von den Zwölfen.

6 Danach ist er gesehen worden von mehr als fünfhundert Brüdern auf einmal, von denen die meisten heute noch leben, einige aber sind entschlafen. 7 Danach ist er gesehen worden von Jakobus, danach von allen Aposteln. 8 Zuletzt von allen ist er auch von mir als einer unzeitigen Geburt gesehen worden ...

Die vier Evangelisten verbürgen sich in ihren Jesusbüchern, von Erscheinungen des Auferstandenen vor den Jüngern und den Frauen gehört zu haben, die schon in den ersten Tagen nach der Bestattung Jesu geschehen seien. Sie sind jedoch nicht die einzigen Quellen für diese Überlieferungen. Es bietet sich die Chance, noch frühere, historisch klingende Aussagen zu finden, die schon einige Jahrzehnte vor den Evangelien schriftlich festgehalten wurden. Zum Beispiel im ersten Brief des Apostels Paulus an die Korinther, der auf den Zeitraum 49–52 n. Chr. angesetzt werden kann.[352] Die junge Gemeinde in Korinth war eine der am wenigsten ausgewogenen Urgemeinden. Die sozialen Differenzen war groß. Hausbesitzer und Hafenarbeiter, Enthusiasten und Nörgler stritten dort um das Gemeinderegiment. So bezweifelten einige Gemeindeglieder die Botschaft der Auferstehung von den Toten, insbesondere auch die von Jesus (1 Kor 15,12–16). Als Paulus davon in der Ferne hört, schreibt er zu dieser und auch zu anderen Fragen mindestens zwei energische Briefe. Er fordert die Korinther auf, die Verkündigung (griech. kerygma) nicht zu entleeren, sonst wäre alles Predigen „vergeblich" gewesen (15,14). Er habe dereinst den „Grund gelegt" für ihre Gemeinde (3,10), mahnt er die aufgeregten Streithähne in Korinth an, nun sollten sie ihm nicht nachträglich alle seine Bemühungen zunichte machen. Er wehrt sich gegen gnostische Strömungen in Korinth, festigt die Abendmahlslehre, fordert alle auf, in *einem* Geist die verschiedenen Charismen der Gemeindeglieder anzuerkennen und widmet sich dann in seinem letzten Kapitel besonders eindringlich der Frage der Auferstehung. Er betont, die Botschaft der leiblichen Auferstehung sei keinesfalls ein von ihm erfundenes Gerücht, sondern eine fest geformte Überlieferung, die auf ihn zugekommen sei und die er ihnen ohne Änderung weitergegeben habe: „Ich habe euch weitergegeben, was ich auch empfangen habe ..." (V. 4).

Paulus beruft sich, um das Bekenntnis zu Jesu Auferweckung abzusichern, auf zwei verschiedene Reihen von Zeugen. Die erste Reihe ist die Kette der „Jünger" Jesu. Sie expandiert gewissermaßen, wird von Petrus angeführt und dann auf die „Zwölf" ausgedehnt (V. 5), wobei unklar ist, ob der zwölfte Platz nach dem Tod des Judas bereits von dem nachgewählten Matthias eingenommen worden war (Apg 1,26). Die zweite Reihe ist die Kette der größeren Schar der teils leiblich, teils geistlich verwandten Anhänger Jesu. Sie geht in die umgekehrte Richtung der Sammlung, indem sie mehr und mehr reduziert wird. Sie beginnt mit „fünfhundert Brüdern" der „Urgemeinde" und be-

[352] H. Conzelmann, Der erste Brief an die Korinther, 1969, S. 27.

schränkt sich dann auf die „Apostel" unter Anführung durch den Herrenbruder Jakobus (V. 6f.). Es muss also in der Jerusalemer Urgemeinde sofort nach Ostern ein Enthusiasmus aufgekommen sein, der auszuufern drohte. Mehr und mehr neue Freunde der Botschaft Jesu behaupteten, Jesus in einer visionären Erscheinung wieder gesehen zu haben, was die älteren Autoritäten erschrecken ließ. Deshalb wird in der zweiten Reihe der wahren, teils auch nur angeblichen Zeugen die große Menge der „Beglaubiger" zurückgefahren auf Jakobus und die Apostel (V. 7). Die Botschaft der Auferstehung Jesu erhält ihre erste „kirchenamtliche" Fassung. Das Urchristentum kann sich so der Gefahr erwehren, gleich in seinen Anfängen in sektiererische Schwärmerei auszuarten. Und als hätte es noch eines weiteren „amtlichen" Stempels unter die Auflistung der zulässigen Zeugen gebraucht, setzt sich Paulus mit seiner persönlichen Auferstehungsvision (Apg 9,1–9) als endgültigen Abschluss unter die Listen (V. 8). Paulus weiß zwar, dass er nur eine „unzeitige Geburt" ist (besser: „Fehlgeburt").[353] Er entschließt sich die Frage der „Auferstehung des Leibes" selbst fest in die Hand zu nehmen und sich in mehreren Briefen, auch an andere Gemeinden dazu zu äußern. Ohne eine gewisse autoritative Beschneidung des Enthusiasmus wäre die Christenheit wohl schon früh zur Sekte abgesunken. Die Visionen wurden beschränkt, nur einige Mythen, wie etwa die Himmelfahrt Jesu und die Jungfrauengeburt konnten sich noch durchsetzen.

22 Der oberste Platz ist besetzt

Alle vier Evangelisten bemühen sich, ihrem Jesusbuch einen programmatischen Abschluss zu geben. *Markus*, der am Frühesten schreibt, endet mit den Frauen, die am Ostermorgen das Grab geöffnet vorfinden und von einem Engel beauftragt werden, die Jünger nach Galiläa zu weisen, wo sie den Auferstandenen sehen werden (16,1–8). Die Frauen aber fliehen von dem Grab und verschweigen den Auftrag, „von Zittern und Entsetzen ergriffen" (V. 8). Zu unheimlich war ihnen das Wunder der Auferstehung. Zu sehr fürchteten sie, verspottet zu werden. Ihre Reaktion ist nicht selten geblieben. Auch heute kann man wieder Beerdigungen erleben, bei denen den Predigern der Mut fehlt, sich zur biblischen Verheißung der Auferweckung zu bekennen. Mit dem Verschweigen der Auferstehungsbotschaft fällt dann auch jedes Bekenntnis zur Himmelfahrt Jesu weg, obwohl bei ihr eine symbolische Deutung viel näher liegt als bei der Auferstehung. Und weil beide hohen kirchlichen Feste, Ostern als Auferstehung Jesu von den Toten und Himmelfahrt als Jesu Heimkehr zum Vater kaum noch inhaltlich gelehrt werden, konnten sie leicht

---

353 Vgl. Art. ektroma, in: EWNT I, ^{2}1992, Sp. 1031.

säkular besetzt werden. Ostern ist zum Frühlingsfest und Christi Himmelfahrt zum Vatertag geworden. Ein Kirchgang erübrigt sich; wozu auch die alten barocken Gesangbuchlieder singen, wenn es mehr Vergnügen bereitet, den Osterhasen zu verstecken? Die Himmelfahrt Christi als „Vatertag" wäre an sich eine gar nicht so falsche Parole, bedeutet dieser Feiertag doch, dass Jesus zu Gott Vater emporgehoben wurde und als Gottes „rechte Hand" zum HERRN aller Herren eingesetzt wurde, so dass künftig kein Diktator auf Erden, kein Kriegsherr, kein „irdischer Chef" irgendwelcher Art sich anmaßen darf, über Leben und Tod seiner Bürger oder Feinde zu entscheiden. Die Feier der Himmelfahrt Christi ist eigentlich ein Freiheitsfest im Sinne von „der oberste Platz ist besetzt". Niemand soll mehr für „Kaiser und Vaterland", für den „Führer" oder für sonst einen Imperialisten sein Leben geben müssen, denn der oberste HERR ist ein Verkünder des Friedens und der Gerechtigkeit, die sich im Ringen langer Jahrhunderte als unveräußerliche Menschenrechte erwiesen haben. Gewiss ist „oben" nicht mehr so ohne Weiteres „oben". Zum Verständnis der „Himmelfahrt" als Metapher sollte man sich von jeder raumzeitlichen Vorstellung lösen. Das mythische Weltbild der Antike hat sich von der Vorstellung der drei übereinander gelagerten statischen Stockwerke „Himmel – Erde – Hölle" zur wissenschaftlichen Vorstellung eines unendlichen Universums verschoben, indem die Erde nicht mehr als „Zwischendeck" von „oben" und „unten" Mittelpunkt der Schöpfung ist, sondern nur ein kleiner Gliedkörper in einem der unermesslich vielen Sternensysteme. Doch die symbolische Sprache vom „Aufschauen zum Vater" (Mt 14,19; Lk 21,28) kann immer noch Rückenstärkung geben. Die Himmelfahrt Christi als seine Einsetzung zum HERRN will sagen, dass wir als Christen niemandes Knechte mehr sind, weder die anderer Herren, noch die der eigenen Süchte und Bosheiten. Doch wie eindeutig ist die „Himmelfahrt Christi" biblisch bezeugt, auch wenn wir sie heute nur in symbolischer Sprache fassen können? Daraufhin sind die Ausgänge der vier Evangelien nunmehr zu untersuchen.

Warum Markus sein Evangelium mit „Zittern und Entsetzen" abschließt, ist unerklärbar geblieben. Eine spätere urkirchliche „Hand" hat dieses Schweigen nicht ertragen und es durch einen so genannten „unechten Markusschluss" kanonisch aufgebessert (16,9–20), worüber sich heute die Exegeten beider Großkirchen einig sind. Es lässt sich Vers für Vers nachweisen, dass die jeweiligen Angaben meist wortwörtlich „aus dem lukanischen Doppelwerk und Joh 20" entnommen[354] und zu einem summarischen Rückblick „zusammengebaut" worden sind. Ohne Berichte von persönlichen Erscheinungen des Auferstandenen bestand dann auch für Markus kein Anlass, im Original seines Evangeliums noch von einer Himmelfahrt Jesu zu reden. *Matthäus* lässt dann die elf Jünger doch nach Galiläa eilen, wo ihnen der Auferstandene in direk-

[354] Vgl. Joachim Gnilka, Das Evangelium nach Markus, EKK II/2, 1972, S. 352–254.

ter Erscheinung den weltweiten Missionsauftrag gibt.[355] Da ihnen Jesus Christus dort „auf einem Berg" mit aller Entscheidungskraft über „Himmel und Erde" gegenübertritt (28,18), entsteht der Eindruck, er sei in der Osternacht gleich nach seiner Auferweckung von Gott Vater zum Kyrios eingesetzt worden und nur noch zur Erteilung des Missionsauftrages noch einmal vom Himmel herabgekommen (28,16–20).[356] Bei *Johannes* tritt der Auferstandene drei Mal sichtbar unter seine Jünger (21,14), wird nach einigem Zögern selbst von dem skeptischen Thomas als „Mein Herr und mein Gott" anerkannt (20,28) und muss allein schon deshalb nicht mehr im Himmel zur Rechten Gottes eingesetzt werden. *Lukas* legt im Unterschied zu seinen anderen drei „Amtsbrüdern" am Ende seines Evangeliums Wert auf eine quasi gottesdienstliche Segnung der Jünger, die wie eine Versiegelung gedacht ist (24,49). Zuvor hatte der Auferstandene seinen „Hinterbliebenen" in großer Geduld die „ganze Schrift" mit ihren prophetischen Vorhersagen zum Leiden des erwarteten Messias „geöffnet" (24,27.32). Dazu musste der auferweckte Jesus noch eine Weile länger als bei den anderen drei Evangelisten unter den „Seinen" bleiben, bis er dann „gen Himmel auffahren" und als HERR der Herren den obersten Platz besetzen konnte (24,31).

Die Himmelfahrt Christi (Lk 24,50–53; Apg 1,1–4.8–11)

Lk 24,50–53

50 Er führte sie aber hinaus bis nach Betanien und hob die Hände auf uns segnete sie. 51 Und es geschah, als er sie segnete, schied er von ihnen und fuhr auf gen Himmel. 52 Sie aber beteten ihn an und kehrten zurück nach Jerusalem mit großer Freude 53 und waren allezeit im Tempel und priesen Gott.

Der Auferstandene „führt" die Elf aus Jerusalem hinaus „in Richtung" Betanien – wie es im griechischen Text genauer heißt (V. 50). Betanien, „Haus der Feigen", wurde das kleine, von der Tempelstadt nur etwa drei Kilometer entfernte Dorf am Ölberg auf Hebräisch genannt. Heute trägt es den arabischen Namen Al-Azariyya, Ort des Lazarus, weil Jesus hier am Heimatort der beiden Schwestern Marta und Maria deren Bruder Lazarus vom Tode auferweckt haben soll (Joh 11). Lukas hat diesen Ort mit Bedacht für den Abschied von seinen Jüngern gewählt, weil gerade bei Betanien die Demonstration seiner Auferstehung in die Ewigkeit die Reanimation des Lazarus als Rückkehr ins irdische Leben bei weitem übersteigen sollte. Jesus, der unter freiem Himmel vor seinen Jüngern stand, hob dann Lukas zufolge die Arme mit ausgebreiteten Handflächen hoch zum alten, aaronitischen Priestersegen, der heute noch den Abschluss unserer Gottesdienste bildet: „Der HERR segne dich und be-

[355] Vgl. oben S. 248.
[356] Vgl. oben S. 281.

hüte dich; der HERR lasse sein Angesicht leuchten über dir ..." (Num 6,23-26). Mit hochgestreckten Armen soll Jesus dann „gen Himmel aufgefahren" sein (V. 51). Himmelfahrten der Gründerfiguren oder heiligen Männer und Frauen werden in vielen Religionen im Aktiv als Aufstiege oder im Passiv als Entrückungen, aber auch als nächtliche Traumvisionen mit Rückkehr der Seelen beim Aufwachen erzählt.[357] Besonders bekannt ist im Juden- und Christentum die Entrückung des Elia in einem „feurigen Wagen" (2 Kön 2,1.11). Hier bei Lukas „fährt" der Auferstandene (grammatikalisch im Aktiv) aus eigener Kraft nach oben (V. 51). Auch Lukas schreibt Jesus seit der Osternacht göttliche Kraft zu. Er ist schon zum Kyrios geworden und muss nur noch gemäß dem antiken Weltbild „oben" Platz nehmen. Die Jünger sind von der Segnung bewegt und fallen nieder in die „Proskynese"[358], die demütige Verehrung des HERRN, durchaus in der Art, wie sich heute noch Muslime zum Gebet niederwerfen. Eigentlich ist die Lutherübersetzung „Sie aber beteten ihn an ..." (V. 52a) zu stark. Im Griechischen steht nur etwas von einer „Eulogie", einem dankenden Lobpreis. Das Gebet zu Christus mussten die Jünger erst noch lernen. Zunächst hatte sie der irdische Jesus erst das „Unser Vater im Himmel ..." als Gebet zu Gott gelehrt (Mt 6,9ff.).

Jedenfalls fühlten sich die Jünger vom Abschied Jesu gerade nicht verloren und verlassen, sondern durch die feierliche Segnung gestärkt. Lukas möchte, dass sein Evangelium ein gutes Ende nimmt. Er lässt die Jünger deshalb „mit großer Freude" nach Jerusalem zurückkehren (V. 12). Dass sie dort sofort zum Tempel gingen und „Gott priesen" (V. 53), ist ein Beleg dafür, dass sie sich keinesfalls schon als Anhänger einer neuen Religion, sondern immer noch als fromme Juden fühlten, die allerdings davon überzeugt waren, dass der Messias schon da gewesen war. Wenn sie aber „allezeit im Tempel waren", kann das auch heißen, dass sie in enthusiastischer Naherwartung überzeugt waren, Jesus Christus könne bald wiederkommen und sich auf dem Tempelberg allem Volk als Kyrios zeigen. Ob ihnen dann nachträglich durch bittere Erlebnisse Zweifel an der Weltherrschaft Christi gekommen waren, berichtet Lukas in seinem Evangelium nicht mehr, wohl aber erzählt er zu Beginn seines zweiten Buches, der Apostelgeschichte, die Himmelfahrt Jesu noch einmal ausführlicher.

Apg 1,1–4.8–11

1 Den ersten Bericht habe ich gegeben, lieber Theophilus, von all dem, was Jesus von Anfang an tat und lehrte 2 bis zu dem Tag, an dem er aufgenommen wurde, nachdem er den Aposteln, die er erwählt hatte, durch den heiligen Geist Weisung gegeben hatte. 3 Ihnen zeigte er sich nach seinem Leiden durch viele Beweise als der Lebendige und ließ sich sehen unter ihnen vierzig Tage lang und redete mit ihnen vom Reich Gottes. 4 Und als er mit ihnen zusammen war,

[357] Vgl. RGG^4, Band 3, Sp. 1746–1748. Siehe auch J. Roloff, Die Apostelgeschichte, NTD 5, 1981, S. 25f.

[358] (griech.) proskyneo – huldigen, anbeten.

befahl er ihnen, Jerusalem nicht zu verlassen, sondern zu warten auf die Verheißung des Vaters, die ihr, so sprach er, von mir gehört habt ...
... 8 aber ihr werdet die Kraft des heiligen Geistes empfangen, der auf euch kommen wird, und werdet meine Zeugen sein in Jerusalem und in ganz Judäa und Samarien und bis an das Ende der Erde. 9 Und als er das gesagt hatte, wurde er zusehends aufgehoben, und eine Wolke nahm ihn auf vor ihren Augen weg. 10 Und als sie ihm nachsahen, wie er gen Himmel fuhr, da standen bei ihnen zwei Männer in weißen Gewändern. 11 Die sagten: Ihr Männer von Galiläa, was steht ihr da und seht zum Himmel? Dieser Jesus, der von euch gen Himmel aufgenommen wurde, wird so wieder kommen, wie ihr ihn habt gen Himmel fahren sehen ...

„Den ersten Bericht habe ich gegeben, lieber Theophilus ..." (V. 1). Heute würden wir nicht „Bericht", sondern „Buch" übersetzen. Von „Theophilus" vermutet die Forschung, dass er ein reicher Gönner war und zur Gemeinde gehörte. Lukas hat ihm bereits sein erstes Buch, sein Evangelium, gewidmet und ihn dort in einer ersten Widmung „hochgeehrt" genannt (Lk 1,3). Schon da hat er ihm versprochen, alles, was er über Jesus von Nazaret erfahren hatte, „in guter Ordnung" aufzuschreiben (a. a. O.). Er hält nun in seiner Apostelgeschichte noch einmal eine Rückschau auf sein „Evangelium" und verzahnt durch eine Wiederholung der Himmelfahrtserzählung sein zweites Buch mit seinem ersten Werk. Inhaltlich macht er damit die Himmelfahrt Christi zu einem Scharnier zwischen der „Zeit Jesu" und der „Zeit der Kirche". Lukas erinnert noch einmal an das Leiden Jesu (V. 3) und wie sich Jesus durch „viele Beweise" – der griechische Text redet von „glaubhaften Tatsachen"[359] – nach seinem Tod als der „Lebendige" gezeigt habe (V. 3). So habe er sich „vierzig Tage" lang „sehen lassen" (V. 39) und seine zwölf Jünger, die er damals selbst erwählt habe, und die Lukas jetzt „Apostel" nennt (V. 2), noch einmal über das Reich Gottes unterrichtet (V. 3). Als weiteren „Beweis" erwähnt Lukas, dass der Auferstandene mit seinen Jüngern gemeinsam Mahlzeiten eingenommen habe Die Lutherübersetzung redet leider nur blass von einem bloßen „Zusammensein" (V. 4). Lukas war aber der Hinweis auf das Essen mit den Aposteln zum Nachweis der Leiblichkeit des Auferstandenen sehr wichtig. Überraschenderweise präzisiert Lukas auch die Zeit der Erscheinungen Christi als genau „vierzig Tage" (V. 3), was sich sonst bei keinem der anderen Evangelisten so finden lässt. Ausgehend von der symbolischen Sprache zu der Lukas trotz seiner angeblichen historischen Zuverlässigkeit (Lk 1,3f.) neigt, lässt sich ein Zeitraum von 40 Tagen als Erinnerung an den vierzigtägigen Aufenthalt Moses auf dem Gottesberg Sinai deuten (Ex 24,18). Dann hätte Lukas wie Matthäus Jesus als Lehrer unter anderem für den zweiten, aber höheren Mose gehalten (Mt 2,15). Die Eingrenzung auf 40 Tage mag auch davon herrühren, dass Lukas wie Paulus über die zweifelhafte Anhäufung der vielen angeblichen Zeugen von Erscheinungen erschrocken war und darüber

[359] Siehe Art. „tekmerion", in: EWNT III, ²1992, Sp. 816.

nachdachte, wie denn der Auferstandene wieder „aus der Welt" zu bringen war, um einem ausufernden Enthusiasmus Einhalt zu gebieten.

Der lukanische Rückblick auf die Mosezeit als Heilszeit Israels erhält noch einen zweiten Beleg durch die „Wolke", die Jesus plötzlich vor den Augen seiner Jünger „wegnahm" (V. 9). Auch die Bemerkung „Und als sie ihm nachsahen ..." ist eine zu schwache Übersetzung (V. 10a). Sorgfältiger wäre zu übersetzen „und als sie ihm gespannt nachstarrten", als müssten sie genau entdecken, wie denn eine solche Entrückung geschehe. Die Wolke war schon während der Wanderung Israels unter Mose durch die Wüste ein Symbol für die verhüllte, aber unmittelbare Gegenwart Gottes (Ex 13,21; 16,10). Sie soll jetzt signalisieren, Gott hat selbst seinen Sohn zu sich emporgeführt. Auch jetzt soll die Wolke wieder den für Jesus geöffneten Himmel verhüllen und die Jünger vom Genießen eines vermeintlichen Spektakels abhalten. „... da standen bei ihnen zwei Männer in weißen Gewändern" (V. 10b). Lukas greift mit dieser unvermittelten Erscheinung von zwei Engeln als Repräsentanten Gottes auf die Ostererzählung in seinem Evangelium zurück. Auch den Frauen „aus Galiläa" waren „zwei Männer mit glänzenden Kleidern" im offenen Grab erschienen (24,4). Und so wie die Engel damals mahnten: „Was sucht ihr den Lebenden bei den Toten?" (a. a. O.), so fragen sie auch jetzt mit leichtem Tadel: „Ihr Männer von Galiläa, was steht ihr da und seht zum Himmel?" (V. 11a). Die doppelte Erwähnung von „Galiläa" deutet an, dass Lukas einerseits eine Tradition vorlag, die sich die „Auffahrt Christi"[360] in Galiläa als dem Ursprung des öffentlichen Wirkens Jesu geschehen vorstellt. Andererseits erinnert der Rückgriff auf die „beiden Männer in weißen Gewändern" daran, dass dem Evangelisten noch eine ältere „Jerusalemtradition" zur Himmelfahrt Jesu vorlag, für welche die Auferweckung Jesu im Grab zugleich schon die Entrückung zum „Vater im Himmel" war. Gemäß dieser Tradition mussten die Jünger vom Ölberg nun nach Jerusalem zurückkehren (1,12). Wo sich auch immer Lukas den Ort der Erhöhung Jesu zu Gott Vater vorgestellt haben mag, die Mahnung der Engel auf dem „Berg" sollte bedeuten: „Hört auf mit dem Starren nach oben! Jesus hat lange genug etwas für euch getan. Jetzt ist es Zeit für euch, etwas für Christus zu tun."

Nach diesen vielen direkten und indirekten Rückverweisen auf sein Evangelium blickt Lukas dann noch mit zwei Hinweisen nach vorne auf seine soeben aufgeblätterte „Geschichte der Apostel." Die Jünger sollen nach Jerusalem auf den Ölberg zurückkehren (V. 4.12) und in Jerusalem den Empfang des heiligen Geistes erwarten (V. 8). Zugleich schaut Lukas noch weit über Pfingsten und die kommende Zeit der Weltmission hinaus auf die Wiederkunft Jesu Christi als zu seiner „Auffahrt" analogen Herabkunft vom Himmel (V. 11c). Es fällt auf, dass Lukas, der in Jesus im Wesentlichen den Heiler der Kranken und den Anwalt der Armen sah, anders als Matthäus, die Wiederkunft Christi

[360] So nennen die reformierten Christen der Schweiz heute noch Christi Himmelfahrt.

nicht mit dem Gerichtsgedanken verbindet. Ihn interessiert vielmehr, wie der Kyrios Jesus Christus vom Himmel her seine Gemeinden auf Erden durch die Zeiten führt. War Galiläa der Ursprung der Jesusbewegung, so lässt Lukas nun die Kirche der Apostel in Jerusalem beginnen.

23 Das ideale Urchristentum

Lukas, der nach frühkirchlicher Überlieferung Arzt war und Paulus zeitweise auf dessen Missionsreisen begleitete[361], hat manche Harmonie, aber auch einige Konflikte in den verschiedensten jungen Gemeinden erlebt. Er wollte wohl am Beispiel der Jerusalemer „Brüder und Schwestern" als der noch ganz vom Heiligen Geist bewegten Urgemeinde zeigen, dass Lehre und Leben, Glaube und Glaubwürdigkeit in den Gemeinden Jesu Christi übereinstimmen sollten. Dazu idealisierte er die Anfänge der „Christenheit" in Jerusalem nach der Himmelfahrt Jesu und der Ausgießung des Heiligen Geistes an Pfingsten. Es sollte ihm aber deshalb keine Geschichtsfälschung vorgeworfen werden, denn ohne ein Idealbild ihrer Anfänge und ohne das Verlangen, „Wohlwollen beim Volk" zu finden (V. 47), empfindet keine Organisation einen Druck zu Reformen – auch nicht die Kirche.

Die Jerusalemer Urgemeinde

Apg 1,12–14 (2,41–47)
12 Da kehrten sie nach Jerusalem zurück von dem Berg, der heißt Ölberg und liegt nahe bei Jerusalem, einen Sabbatweg entfernt. 13 Und als sie hineinkamen, stiegen sie hinauf in das Obergemach des Hauses, wo sie sich aufzuhalten pflegten: Petrus, Johannes, Jakobus und Andreas, Philippus und Thomas, Bartholomäus und Matthäus, Jakobus, der Sohn des Alphäus, und Simon der Zelot und Judas, der Sohn des Jakobus. 14 Diese alle waren stets beieinander einmütig im Gebet samt den Frauen und Maria, der Mutter Jesu, und seinen Brüdern.

Wann und wie die Jünger, die bei der Gefangennahme Jesu in alle Richtungen geflohen waren, sich wieder nach der Kunde von der Auferweckung Jesu in Jerusalem heimlich trafen (Lk 24,33), erzählt Lukas nicht. Ihm war am Schluss seines Evangeliums wichtig, dass Jesus sie zu seinem Abschied wieder aus Jerusalem heraus auf das freie Feld des Ölbergs herausgeführt hatte (24,50). Der „Ölberg" ist für das Judentum schon immer ein heiliger Ort gewesen. „Nach Sach 14,4 (LXX) wird am Ölberg der Messias dereinst vom

[361] Kol 4,14; Phlm 24; 2 Tim 4,11.

Himmel herabkommen".[362] Die frühen Christen drehten nun diese Zeitangabe gewissermaßen aus der Zukunft in die Vergangenheit um, indem sie überzeugt waren: Der Messias wird nicht erst kommen, sondern ist schon da gewesen und vom Ölberg aus in die Weltherrschaft eingesetzt worden. Diese Gewissheit, den „kyrios" als ständigen, unsichtbaren Begleiter bei sich zu haben, nahm ihnen die Angst, in Jerusalem ebenfalls verhaftet zu werden. Sie scheuten sich nicht, den „Sabbatweg" von nicht einmal ganz 1 Kilometer nach Jerusalem zurückzukehren (V. 12) und sich dort nicht mehr heimlich im Untergeschoss, sondern auf der offenen Dachterrasse ihrer gewohnten Herberge zu versammeln (V. 13), um dort auf den Empfang des heiligen Geistes zu warten (Lk 1,4.8). Die Versammelten werden von Lukas namentlich aufgeführt (V. 13) mit kleineren Veränderungen gegenüber der Jüngerliste seines Evangeliums (Lk 6,13ff.). Petrus steht dabei wieder unbestritten mit seiner Dienstbezeichnung „Fels" an erster Stelle, sein Bruder Andreas ist vom 2. auf den 4. Platz zurückgesetzt und Thomas vom 8. auf den 6. Platz vorgerückt. Die Hierarchie der „Jünger", die schon im Evangelium des Lukas die Bezeichnung „Apostel" erhielten (6,13), war also in der Urgemeinde je nach den inneren und äußeren Ereignissen noch offen. Sogar „Simon, der Zelot" ist dabei geblieben, obwohl ihm als Widerstandskämpfer die größte Gefährdung durch die Jerusalemer Polizei drohte. (V. 13) Nach den „Frauen" nennt Lukas in seiner Apostelgeschichte noch die Verwandten Jesu (V. 14) mit Maria, der Mutter Jesu, an der Spitze und seinen leiblichen Brüdern. Sie müssen inzwischen nach Jerusalem nachgekommen sein und eine ehrenvolle Position in der dortigen Urgemeinde erhalten haben. Bislang war Maria nur im Johannesevangelium und nicht auch von den drei Synoptikern als Zeugin des Martyriums Jesu angeführt worden, während die Brüder Jesu[363] in den Passionstagen Jesu überhaupt unerwähnt blieben. Doch wer auch immer die Gründung der ersten Gemeinde Jesu Christi in Judäa mitbestimmte, bedeutsam ist für Lukas, dass alle die Genannten stets beieinander blieben und „einmütig" im Gebet ausharrten (V. 14). Diese besondere Betonung der „Einmütigkeit" in geistlichen Dingen klingt ein wenig so, als hätte es zumindest in weltlichen Fragen durchaus auch Auseinandersetzungen in der Urgemeinde gegeben (Apg 5,1–11; 15,1f.). Lukas liebte es, vor allem die Anfänge der Kirche schön zu schreiben, wohl um sie dem römischen Staat als ungefährlich zu erklären und den Christen seiner eigenen Zeit als Ideal vor Augen zu halten.

Apg 2,41–47

41 Die nun sein Wort annahmen, ließen sich taufen; und an diesem Tage wurden hinzugefügt etwa dreitausend Menschen. 42 Sie blieben aber beständig in der Lehre der Apostel und in der Gemeinschaft und im Brotbrechen und im Gebet. 43 Es kam aber Furcht über alle Seelen, und es geschahen auch viele Wunder und Zeichen durch die Apostel.

---

[362] J. Roloff, Die Apostelgeschichte, NTD 5, 1981, S. 25.

[363] Vgl. oben S. 271.

44 Alle aber, die gläubig geworden waren, waren beieinander und hatten alle Dinge gemeinsam. 45 Sie verkauften Güter und Habe und teilten sie aus unter alle, je nach dem es einer nötig hatte. 46 Und sie waren täglich einmütig beieinander im Tempel und brachen das Brot hier und dort in den Häusern, hielten die Mahlzeiten mit Freude und lauterem Herzen 47 und lobten Gott und fanden Wohlwollen beim ganzen Volk. Der Herr aber fügte täglich zur Gemeinde hinzu, die gerettet wurden.

Diese Zustandsschilderung der Jerusalemer Urgemeinde ist durchzogen von Begriffen, die man heute als typisch pietistisch bezeichnen könnte. „Sein Wort annehmen" (V. 41), „in der Gemeinschaft bleiben" (V. 42), die Gemeindeglieder als „Seelen" (V. 43), „gläubig geworden sein" (V. 44), „in den Häusern" zusammenkommen (V. 46) und vor allem „gerettet werden" (V. 47). Nur dieser reine „Kommunismus" in Fragen des Eigentums, nämlich „alle Habe gemeinsam haben", dürfte frommen Kreisen heute nicht geheuer sein (V. 45), und er scheint sich auch schon damals nicht lange bewährt zu haben, wenn wir die Erzählung von „Hananias und Saphira" lesen (Apg 5,1–11), und auch wenn Abweichler mit einem tödlichen „Gottesurteil" bestraft wurden. Immerhin ist es bemerkenswert, dass, bevor es den proletarischen Kommunismus der Neuzeit gab, schon ein urchristlicher idealer Liebeskommunismus versucht wurde.

„... an diesem Tag wurden hinzugefügt etwa dreitausend Menschen" (V. 41). Zahlangaben sind bei Lukas meist symbolisch zu verstehen. Dass sich nach der öffentlichen und mutigen Pfingstpredigt des Petrus (2,14–37) eine so große, unübersehbare Menschenmenge spontan taufen ließ, ist mehr als unwahrscheinlich, zumal Jerusalem „zur Zeit Jesu kaum mehr als 30 000 Einwohner" gehabt haben dürfte, und selbst alle 12 Apostel einer solchen Massenmenge als Täufer nicht nachgekommen wären, und schon die früheste christliche Taufpraxis einen Taufunterricht voraussetzte.[364] Ohne vorausgegangene „Annahme des Wortes" (V. 41) in einem ausführlichen Katechumenat oder wenigstens nach einem „Taufgespräch" (Apg 8,30ff.) wurde nicht getauft. Lukas ersetzt diese Voraussetzung des Hörens auf das Wort Gottes wenigstens durch die auffallend lange Pfingstpredigt des Petrus (2,14–36). Mit der irrealen Zahl „etwa 3000" will er nur eindrücklich machen, wie rasch und umfassend das wunderhafte „Herabströmen" des heiligen Geistes auch weitere Menschen als nur die wenigen Zeugen des Lebens Jesu ergriff. In der kirchlichen Tradition wird Pfingsten seitdem allgemein als „Geburtsstunde der Kirche" bezeichnet, obwohl Lukas, wenn überhaupt, in seiner Apostelgeschichte erst von „Scharen", die sich ansprechen ließen und noch nicht einmal von „Gemeinden", geschweige denn von der „Kirche" spricht. Der Plural „die Gemeinden" ist biblisch wesentlich älter als der Singular „die Kirche". Eindeutig aber ist die Taufe hier in der Urgemeinde als Aufnahmeritus in die Gemeinden gemeint,

[364] Vgl. J. Roloff, a. a. O., S. 63f.

auch wenn sie dann später mehr und mehr mit vielerlei dogmatischen Sinngebungen wie der Sündenvergebung (2,38), der „voraus laufenden Gnade Gottes“, der Versiegelung gegenüber dem Zugriff des Satans, etc., versehen wurde (V. 41). Wenn Lukas hier vom „gerettet werden“ durch den Eintritt in die Gemeinde redet (V. 47), benützt er bereits eine „fromme“ Sprache, die unterstellt, dass die „Heiden“ an sich verloren seien, was sich nicht mit seiner sonstigen Achtung vor den Glaubensversuchen der hellenistischen Gebildeten deckt, die er zum Beispiel in Athen vorfand (Apg 17,23). Ebenso intolerant meinte schon der unbekannte Autor des „unechten Markusschlusses“, das Bekenntnis „Wer da glaubt und getauft wird, der wird selig werden“ (Mk 16,16a) unbedingt noch in einem Nachsatz umdrehen zu müssen: „... wer aber nicht glaubt, der wird verdammt werden“ (16,16b). Der Gedanke, dass nichtgläubige Mitmenschen „verloren“ sein werden, verträgt sich nicht mit der sonstigen Agape, der brüderlichen Liebe, die Lukas in der Jerusalemer Urgemeinde verwirklicht sah, wenn er die Einmütigkeit betont, mit der sich die ersten Christen „täglich im Tempel“ und „in den Häusern“ trafen, gemeinsame Mahlzeiten feierten und Gott mit „lauterem Herzen“ lobten (V. 16). Wenn es zutraf, dass die ersten Jerusalemer Christen auch täglich den Tempel zum Gebet aufsuchten (V. 46), mussten sie sich anfangs keinesfalls als neue, sondern eher nur als erneuerte jüdische Religion verstanden haben. Sie fühlten sich nach wie vor als Mitglieder des jüdischen Volkes und drückten das auch dadurch aus, dass sie die Tora mit ihren Propheten und die Psalmen schätzten, wie es sich an ihren „Schriftbeweisen“ zeigt. Die Abspaltung der Christen vom Judentum, beziehungsweise deren Ausgrenzung aus dem Judentum, trat erst nach der zunehmenden christologischen Bekenntnisbildung der Apostel und ihrer Missionstätigkeit ein. Doch trotz der Trennung, und teilweise auch der Verfolgung der christlich gewordenen Juden, gab es anfangs noch versöhnliche Töne zwischen beiden Religionen und das Bewusstsein eines gemeinsamen organischen, religionsgeschichtlichen Zusammenhangs, wenn Paulus zum Beispiel in seinem Römerbrief das berühmt gewordene Ölbaumgleichnis schreibt, mit dem er das Christentum als einen Ölzweig bezeichnet, der in das Judentum als dem Ölbaum eingepfropft wurde und teilbekommen hat „an der Wurzel und dem Saft des Ölbaums“, und dann den Christen in Rom sogar noch vorhält: „dass nicht du die Wurzel trägst, sondern die Wurzel trägt dich (11,17f.)“.

Teil III Symbole der Hoffnung

Das christliche Symbol des Leidens ist das Kreuz (Mk 15,21), das Symbol der Hoffnung die aufgehende Sonne (Mk 16,2). Es könnte auch das offene Felsengrab sein oder der aus einer Mauerritze sprießende grüne Halm. Künstler verschiedener Zeiten haben Leiden und Hoffnung, Tod und Auferstehung Jesu zusammengebracht, indem sie an den Enden der Kreuzesbalken Blüten ausschlagen ließen.[365] Ohne Symbole lässt sich das Unfassbare nicht ausdrücken. Ohne Symbole bliebe manche Kommunikation anregungslos blass. So spricht die Blume für die Liebe, das Juwel für die Hochschätzung, der gedeckte Tisch für die Gastfreundschaft, die Fahne für die Nation, die Waage für die Justiz, das Messer für die Gewalt. Das Wort „Symbol" stammt ursprünglich aus dem Griechischen und bedeutet wörtlich übersetzt „das Zusammengeworfene", das in seinen beiden Hälften aber doch deutlich unterschieden bleibt. Ein Vordergründiges weist auf ein Hintergründiges hin, ein Bild auf eine Stimmung, ein Zeichen auf einen ideellen oder realen Inhalt, den es repräsentiert. Das Symbol kann auf die Vergangenheit zurückgehen oder nach vorne in die Zukunft weisen. Es ruht in sich selbst und bedarf kaum noch der Erklärung, wenn es sich einmal kulturell oder politisch durchgesetzt hat. Seine Bedeutung ist meist so bekannt, dass sofort eine, wenn auch manchmal nur oberflächliche Verständigung über das Gemeinte eintreten kann. Das Symbol ist aber auch in vielen Fällen dem Missbrauch ausgeliefert. So kann es als Markenzeichen verflacht für einen Kaufanreiz stehen, als Brustabzeichen für eine radikale Gruppierung, als Geste für die autoritäre Anweisung eines Stärkeren, als Schriftzeichen wie die Hieroglyphe für eine vergangene Kultur. Symbole auf Todesanzeigen können die Haltung von Angehörigen wiedergeben, falls sie persönlich überlegt wurden und nicht einfach nur als Schablone dem allgemeinen Brauch entnommen worden sind. Der christliche Glaube verfügt über eine ganze Anzahl von Symbolen der Trauer und der Hoffnung, die meist, als kleine Gleichnisse gestaltet, der Natur, den Mythen oder der Lebenserfahrung entnommen worden sind. Symbole auf Todesanzeigen der Zeitungen wie das Kreuz, der Palmzweig, die Sterne in der Ferne, die fallenden Blätter drücken Leid oder Erleichterung, Schmerz oder Dank aus. Auch einzelne Worte oder Sätze wirken wie Symbole der Hoffnung oder der Trauer, des Einverständnisses oder des Aufbegehrens wie zum Beispiel „er ist *heim*gegangen", „ist entschlafen", „hat uns verlassen", „wurde er*löst*", „ein *Kämpfer*herz hat aufgehört zu schlagen", „nach einem *arbeitsreichen* Leben", „im blühenden Alter", „hat uns verlassen", „unerwartet", „unfassbar", u. v. a. Je nach Gefühlslage der „Hinterbliebenen" wird der Tod als Schlaf ohne Erwachen,

---

[365] Siehe oben S. 294.

als Abschied für immer, als Heimkehr in die Ewigkeit, als unersetzlicher Verlust, als grausame Wegnahme, als befreiende Erlösung, als Eingang in die Ewigkeit verstanden.

24 Der Tod als „Tor"

Der Begriff „Tor" ist im Deutschen doppeldeutig. Er bezeichnet zum einen den Eintritt in einen neuen Raum, zum anderen den Tölpel oder auch nur den Akteur, der sich täuscht (1 Kor 15,54f.). Das biologische Aus ist als Feind des Lebens für die Gefühle unerträglich. Die Menschen versuchten deshalb zu allen Zeiten, die Endgültigkeit des Abschieds durch geistige Vorstellungen von einem Weiterleben nach dem Tod abzumildern und dem Tod Formen des Weiterlebens entgegenzusetzen; und sei es auch nur mit den Versprechen „Wir werden die Verstorbene, den Verstorbenen nie vergessen" oder „Er/sie lebt in unserem Herzen weiter", beziehungsweise „Er/sie lebt in seinem/ihrem Werk fort". Merkwürdigerweise sind mit diesen säkularen „Ewigkeitsversprechen", die in den meisten Fällen aufgrund der Schnelllebigkeit der Zeit und der Verdrängungskunst der Hinterbliebenen doch nur eine kurze „Lebensdauer" haben, uralte Vorstellungen wiedergekehrt, die schon in den Schriften des Alten Testamentes, oder wie wir heute sagen der Hebräischen Bibel, stehen. Wir finden dort Aussagen von der Verdrängung des „aus und vorbei" bis hin zur Erweckung der Verstorbenen am Tag des Jüngsten Gerichts.

Todesvorstellungen im Alten Testament

Jes 26,14.19

14 Tote werden nicht lebendig, Schatten stehen nicht auf; darum hast du sie heimgesucht und vertilgt und jedes Gedenken an sie zunichte gemacht ...

19 Aber deine Toten werden leben, deine Leichname werden auferstehen.

Israel kennt keine Totenverehrung. Tote sind „Schatten" (V. 14). Ihre Lebendigkeit hält solange an, wie ihre Namen bleiben. Ein Mensch überlebt nur in seinen Nachkommen, im Gedächtnis anderer, im zurückgelassenen Werk. Für sich selber haben Verstorbene kein neues, kein ewiges Leben. Der Mensch ist aus Staub (Gen 2,7; Pred 3,20). Wichtig ist nur die Kontinuität der Generationen. Die Familie muss bleiben, der Stamm, das Volk. Tote werden außerhalb der Wohnsiedlungen bestattet. Das Interesse liegt ganz beim diesseitigen Glück. Viele Kinder haben, große Herden und keine Feinde – das ist das Lebensideal. Alt werden und lebenssatt, das ist Segen. Hoch betagt stirbt einer gern. Das klingt, als wäre es in unserer heutigen Gegenwart geschrieben.

Aber warum zeigt sich dann der Segen so selten? Warum sterben die meisten Menschen so früh an Krankheit, Hunger, Krieg wurde gefragt. Weil das Leben nicht in eigener Verfügung steht. Es ist Leihgabe Gottes, nicht Eigentum. Adonaj ist der Schöpfer des Lebens und als Schöpfer ist er unbegrenzt frei zu geben, was ER will. Doch je machtvoller der Schöpfergedanke wird, umso weniger aushaltbar wird die Todesschranke. Wenn Gott am Anfang die Welt aus dem Nichts erschaffen hat, muss er auch am Ende neues Leben aus den Gräbern hervorbringen können. Außerdem ist Gott nur Einer. Der strenge Monotheismus Israels erlaubt nicht, dass sich der Tod wie ein Gegengott aufführt: „... bettete ich mich bei den Toten, siehe, so bist du auch da" (Ps 139,8). Die Macht des Todes kann nicht größer als die des Schöpfers sein. War der Tod im frühen Israel nur ein beklagenswerter Vorfall, so ringt das mittlere Israel mit der Vorstellung des Todes als einer mythischen Person. Neben dem Schöpfergedanken drängt auch das Gerechtigkeitsempfinden der Israeliten mehr und mehr nach der Hoffnung auf eine besseres Leben nach dem Tod. Selbst die Frommen unter den Israeliten beginnen sich zu fragen: Warum müssen so viele Kinder schon früh sterben? Die Sterblichkeitsrate der ersten Lebensjahre war hoch. Warum geht es den Gottlosen so gut und den Guten, die sich an die Tora halten, oft so schlecht? Es muss doch wenigstens nach dem Tod eine ausgleichende Gerechtigkeit geben.

Eine erste Lösung sieht der jüdische Glaube darin, die Erfahrung des Todes durch Entrückung zu umgehen. Gott holt einzelne große Gerechte, bevor sie noch mehr Leid erleben müssen, durch geheimnisvolle Himmelfahrten noch zu ihren Lebzeiten zu sich. Doch die gelegentliche Rettung Einzelner befriedigt auf die Dauer nicht. Je mehr Israel durch seine Feinde in Bedrängnis gerät, je größer die Zahl der unschuldigen Opfer wird, desto mehr verkündigen die Propheten Gott als einen Gott der Lebenden und nicht der Toten, der darum auch die Toten weiterführt in ein anderes Reich des neuen Lebens. Der Glaube an die Entrückung Einzelner setzt sich nach und nach durch als Glaube an die Auferweckung Vieler (Ez 37). Der Prophet Daniel lehrt schließlich die so genannte doppelte Totenerweckung, eine Auferstehung mit dem zweifachen Ausgang zur Strafe oder zum Heil: „Viele von denen, die im Staub der Erde schlafen, werden aufwachen, die einen zum ewigen Leben, die anderen zur ewigen Schmach" (Dan 12,2) – viele, aber nicht alle. Der Auferstehungsglaube bleibt in Israel umstritten. Die Zweifel bleiben stark. So konnten im selben Kapitel 26 des Jesajabuches die Zweifel hart aufeinander prallen: „Tote werden nicht lebendig ..." (V. 14), „... aber deine Leichname werden auferstehen" (V. 19). Die erste Aussage bleibt auf dem Boden der anthropologischen Tatsache. Sie drückt aus, was man als Lebender hier und heute sieht, wenn man vor Särgen oder Urnen steht: „Tote". Die zweite Aussage beginnt religiös mit dem besitzanzeigenden Fürwort: „Deine Toten". Sie vertraut auf die Macht des Schöpfergottes, dem selbst der Tod kein Gegengott sein kann. Der HERR, der am Anfang die Menschen aus dem Ackerboden geformt hat, wird auch am Ende die Verstorbenen aus der Erde oder dem Staub in seine Ewigkeit zurückholen. Zur Zeit Jesu machte dann die Bürgerpartei der Pharisäer die Auferweckung aller Toten zu einem entscheidenden Glaubenssatz (Ez 37,1–14). Und so war auch Jesus, der bei seiner Taufe zum „Sohn Gottes“ berufen den „Himmel geöffnet“ sah, überzeugt, dass Gott die „Gräber öffnet“. Die Herrenpartei der Sadduzäer sprach sich hingegen entschieden gegen ein Fortleben nach dem Tod aus.

Im Neuen Testament hat besonders der Apostel Paulus in der Auseinandersetzung mit korinthischen Zweiflern um überzeugen wollende Bilder und Gleichnisse für den Wechsel vom irdischen zum ewigen Leben gerungen. Er hat der frivolen Stimmung einiger Korinther „Lasst uns essen und trinken, denn morgen sind wir tot“[366] seinen energischen Widerspruch „Ist Christus nicht auferstanden, ... so sind auch die, die in Christus entschlafen sind, verloren“ (1 Kor 15,18), und „wenn wir allein in diesem Leben (gemeint ist wohl: ‚für‘ dieses Leben) auf Christus hoffen, so sind wir die Elendesten unter allen Menschen“ (1 Kor 15,19). Für Paulus hängt der ganze christliche Glaube an der Verkündigung der Auferstehung als dem Durchgang vom jetzigen in das ewige Leben, aber auch als „Überlistung“ des Todes. Paulus steht also für beide Bedeutungen des Begriffes „Tor“.

Die Auferstehung als Kern des christlichen Glaubens

Es ist für manche Bibelleser verwirrend, dass im Neuen Testament ausgerechnet das Zentrum des christlichen Glaubens wechselweise in zwei verschiedenen Begriffen ausgedrückt wird. Das eine Mal ist von der „Auferstehung“ (z. B. Röm 1,4), das andere Mal von der „Auferweckung“ Jesu (z. B. 1 Thess 1,10) die Rede.[367] Mehrheitlich dominiert der Begriff „Auferstehung“ als aktive Eigentat Jesu, obwohl theologisch die passive Bezeichnung „Auferweckung“ als wunderhafte Schöpfungstat Gottes angemessener wäre. In dem fundamentalen Kapitel 15 seines ersten Briefes an die Gemeinde zu Korinth, das der Apostel der Frage einer Fortexistenz nach dem Tod widmet, gebraucht Paulus jedenfalls durchweg den Begriff „Auferstehung“, um die Korinther an das, was er ihnen schon bei der Gründung ihrer Gemeinde gepredigt hat, nachdrücklich zu erinnern.

1 Kor 15,12–21
12 Wenn aber Christus gepredigt wird, dass er von den Toten auferstanden ist, wie sagen dann einige unter euch: Es gibt keine Auferstehung der Toten? 13 Gibt es keine Auferstehung der

[366] Eigentlich ein Aphorismus aus Jes 22,13.

[367] Der sprachliche Unterschied und der theologische Hintergrund hinzu wurde bereits oben S. 245 erläutert. Wir haben uns entschieden, jeweils den Ausdruck zu verwenden, den die zur Interpretation vorgegebene Bibelstelle verwendet.

Toten, so ist auch Christus nicht auferstanden. 14 Ist aber Christus nicht auferstanden, so ist unsre Predigt vergeblich, so ist auch euer Glaube vergeblich. 15 Wir würden dann auch als falsche Zeugen Gottes befunden, weil wir gegen Gott bezeugt hätten, er habe Christus auferweckt, den er nicht auferweckt hätte, wenn doch die Toten nicht auferstehen. 16 Denn wenn die Toten nicht auferstehen, so ist Christus auch nicht auferstanden.
17 Ist Christus aber nicht auferstanden, so ist euer Glaube nichtig, so seid ihr noch in euren Sünden; 18 so sind auch die, die in Christus entschlafen sind, verloren. 19 Hoffen wir allein in diesem Leben auf Christus, so sind wir die elendesten unter allen Menschen.
20 Nun aber ist Christus auferstanden von den Toten als Erstling unter denen, die entschlafen sind. 21 Denn da durch einen Menschen der Tod gekommen ist, so kommt auch durch einen Menschen die Auferstehung der Toten.

Paulus, der früheste Briefeschreiber im Neuen Testament, bindet in diesem zentralen Abschnitt den Glauben an eine Fortexistenz nach dem Tod ganz an die Auferstehung Jesu (V. 12). Auffallenderweise setzt er dabei die beiden unterschiedlichen Vorstellungen vom Vorgang des Weiterlebens Jesu hintereinander. In den Versen 12–14 und 16f. spricht er von der „Auferstehung Jesu“, im Vers 15 von dessen „Auferweckung“. Möglicherweise stellt sich Paulus beide Vorgänge in einer Abfolge vor: Zuerst handelt Gott an den Toten, indem er sie „auferweckt“ und in eine neue Leiblichkeit verwandelt, wodurch sie sich dann als neue Wesen selbst erheben und „auferstehen“ können. Wie auch immer das Geschehen eines Durchschreitens durch das „Tunnel“ des Sterbens ablaufen mag, beide Vorgänge zu bestreiten, hält der Apostel für den katastrophalen „Tod“ der christlichen Verkündigung. Offensichtlich gab es jedoch schon in den frühen Gemeinden, wie hier in Korinth, Skeptiker, die an beides, an die Auferweckung wie an die Auferstehung von den Toten, nicht zu glauben vermochten: „... wie sagen dann einige unter euch: Es gibt keine Auferstehung der Toten?“ (V. 12). Über die „letzten Dinge“ gab und gibt es eben selbst unter Christen einen Meinungsstreit (V. 12). Paulus, dem der auferstandene Jesus in einer Vision bei Damaskus begegnete (Apg 9,1–9), will den Streit nicht allgemein anthropologisch entscheiden. Er geht die Frage nach einem Fortleben nach dem Tod streng christologisch an. Es ist nicht so, dass Jesus auferstanden ist, weil Menschen grundsätzlich vom Tod auferstehen können. Das Phänomen läuft umgekehrt ab: Weil Gott Christus auferweckte (V. 15), werden auch wir nicht im Tod bleiben (V. 20–22). Er ist „der Erstling unter denen, die entschlafen sind“ (V. 20). Er wird uns nach sich ziehen. Unser Schicksal hängt an ihm.

Auch für Paulus war die Auferstehung Jesu überraschend gekommen (Apg 8,3ff.), obwohl er eigentlich zuvor als strenger Pharisäer an eine Auferstehung der Toten geglaubt hatte (Apg 23,6; 26,5; Phil 3,5). Der Apostel berichtet: Der Auferstandene ist auch „von mir ... gesehen worden“ (15,8), präziser übersetzt: „Er erschien mir! Er trat mir gegenüber“. Grammatikalisch benützt Paulus dabei den im Griechischen seltenen medialen Aorist „ophthän“, abgeleitet von „horao - sehen“ (1 Kor 15,5–8).[368] Dieses „ophthän“ drückt eindeutig kein eigenes visuelles selber Sehen, sondern ein überraschend von außen her in die Augen fallendes optisches Ereignis aus. Eine selbst erzeugte Einbildung ist also ausgeschlossen. Am ehesten trifft das deutsche, wenn auch altmodische Wort „Widerfahrnis“ den Sachverhalt. Paulus wehrt sich entschieden gegen die Erklärung, die Visionen eines auferstandenen Jesus seien eine subjektive Konstruktion der Jünger und Jüngerinnen Jesu ohne objektiven Anhalt gewesen. Auch von sich selbst behauptet er strikt, der Auferstandene sei ihm plötzlich vor Damaskus „in einem Licht vom Himmel her“ erschienen und zwar völlig unerwartet, da er doch bislang den vermeintlich häretischen Glauben an Jesus Christus verurteilt und seine Anhänger/innen unbarmherzig verfolgt hatte (Apg 9,1.21). Er sei sogar vor Schreck zu Boden gestürzt (Apg 26,14). Es liegt also zur Frage der „Auferstehung Jesu“ kein objektiver Tatsachenbeweis vor, wohl aber gibt es schon sehr früh erfolgte „Zeugenbekenntnisse“ zu überraschenden Erscheinungen Jesu, für welche die Betroffenen psychisch überhaupt nicht disponiert waren; entweder weil ihre Augen tief traurig „gehalten“ (Lk 24,16) oder weil sie entschlossene Gegner der neuen vermeintlichen „Sekte“ waren (Apg 9,4; 22,7; 24,14).

Paulus wurde von der Erscheinung des Auferstandenen so getroffen, dass er erst wieder „aufstehen“ lernen musste (Apg 9,6). Nach einer längeren Lehrzeit bei dem weisen Christen Hananias in Damaskus (9,10ff.) war er so vom christlichen Glauben überzeugt, dass er später in seinem ersten Korintherbrief Jesus als den zweiten „Adam“ beschrieb, mit dem Gott Adonaj eine neue Menschheit begann (V. 21). Als „Erstling“ der vom Tode Auferweckten und in den Himmel Erhöhten ließ Gott mit Christus nach der Überzeugung des Paulus einen neuen Äon anbrechen. Wenn es aber beim Wunder der Auferstehung einen Erstling gab, folgert Paulus, muss es auch Nachfolgende geben, die Christus als der Anführer nach sich zieht. Wenn er diese zentrale Hoffnung nicht hätte verkündigen dürfen, hätte er gleich von Anfang an seine Missionsarbeit erst gar nicht begonnen, schreibt Paulus. Sie wäre nämlich dann „umsonst“ (V. 14) und sein Glaube „nichtig“ gewesen (V. 17).

Paulus suchte sein ganzes Apostelleben lang Gleichnisse und Symbole, um seine Hoffnung auf ein neues, ewiges Leben nach dem Tod anschaulich verkündigen zu können. Dabei machte er im Laufe seines Glaubenslebens einen interessanten Vorstellungswandel durch, den er in seinen „Apostelbriefen“ dokumentierte. Er führte ihn von der Apokalyptik über die Metaphorik bis hin zur existentialen Symbolik.

[368] Siehe J. Kremer, Art. horao, in: EWNT II, ^{2}1992, Sp. 1291f.

Das apokalyptische Drama der Totenauferstehung

1 Thess 4,13–18
13 Wir wollen euch aber, liebe Brüder, nicht im Ungewissen lassen über die, die entschlafen sind, damit ihr nicht traurig seid wie die andern, die keine Hoffnung haben.
14 Denn wenn wir glauben, dass Jesus gestorben und auferstanden ist, so wird Gott auch die, die entschlafen sind, durch Jesus mit ihm einherführen. 15 Denn das sagen wir euch mit einem Wort des Herrn, dass wir, die wir leben und übrigbleiben bis zur Ankunft des Herrn, denen nicht zuvorkommen werden, die entschlafen sind.
16 Denn er selbst, der Herr, wird, wenn der Befehl ertönt, wenn die Stimme des Erzengels und die Posaune Gottes erschallen, herabkommen vom Himmel, und zuerst werden die Toten, die in Christus gestorben sind, auferstehen. 17 Danach werden wir, die wir leben und übrigbleiben, zugleich mit ihnen entrückt werden auf den Wolken in die Luft, dem Herrn entgegen; und so werden wir bei dem Herrn sein allezeit.
18 So tröstet euch mit diesen Worten untereinander.

Der 1. Thessalonicherbrief „dürfte das älteste noch vorhandene christliche Schriftstück sein“, von Paulus von Korinth aus um das Jahr 50 n. Chr. an die „lieben Brüder“ der römisch geprägten makedonischen Hauptstadt geschrieben (V. 13). Die Gemeindeglieder in Thessalonich waren keine Judenchristen,[369] sondern von Paulus bei einem früheren Aufenthalt bekehrte Heidenchristen, die sich von den „Abgöttern“ abgewandt hatten, um dem einen „lebendigen und wahren Gott zu dienen und zu warten auf seinen Sohn vom Himmel, den er auferweckt hat von den Toten, der uns vom dem zukünftigen Zorn errettet“ (1 Thess 1,9f.). Paulus hatte also bei seinen Bußpredigten auch mit der Angst vor dem „Jüngsten Gericht“ operiert, die dann bei den getauften Thessalonichern im Zusammenhang mit dem Auferstehungsglauben noch auf eine andere Sorge übersprang.

Es gab nämlich in dieser nordgriechischen Stadt „... die andern, die keine Hoffnung haben“ (V. 13). Sie zweifelten allerdings nicht wie etliche Gemeindeglieder in Korinth (1 Kor 15,12), ob es überhaupt eine Auferstehung der Toten geben würde. Sie waren nur „traurig“, dass ihre bereits verstorbenen und ungetauft gebliebenen Angehörigen beim Kommen des Herrn wohl nicht in die Auferstehung miteinbezogen würden. So sollen sich sogar einige Witwen in ihrer Seelenangst um das Heil ihrer „heidnisch“ gebliebenen Männer auf deren Grab gestellt und sich stellvertretend für sie haben taufen lassen. Das Taufwasser war dann an ihnen herab in die Erde zu den Begrabenen geflossen, für die sie nachträglich das Taufversprechen abgaben. Paulus war bestürzt von diesem Aberglauben und erkannte, das „Dass“ der Auferstehung war seinen nordgriechischen Mitchristen nicht so sehr ein Problem wie das „Wie?“ und „Wer ?“ auferweckt werden würde Dabei ist mitzubedenken, dass der Apostel in den ersten Jahren seiner Missionstätigkeit noch fest die so ge-

369 M. M. Mitchell, Art. Thessalonicherbriefe, in: RGG[4], Bd. 8, Sp. 369f.

nannte Naherwartung predigte. Er und die von ihm Getauften nahmen an, in der letzten Phase der Endzeit zu leben, die dann in vielleicht fünf bis zehn Jahren durch die Wiederkunft Christi zum Weltgericht abgeschlossen werden würde.

Paulus wollte nun die besorgten Gemüter in Thessalonich trösten und schrieb ihnen unter anderem auch darum diesen Brief, in dem er sie im vierten Kapitel noch einmal über seine eschatologischen Erwartungen aufklärte. „Wir wollen euch aber, liebe Brüder, nicht im Ungewissen lassen ...“ (V. 13). Der Apostel wollte den Korinthern vor allem sagen, dass im Blick auf die Auferstehung die am „Jüngsten Tag“ noch Lebenden den Verstorbenen nichts voraus hätten und dass alles nach einem von Gott längst erstellten Plan ablaufen werde. Um dies zu veranschaulichen griff Paulus teils zu griechisch-hellenistischem, vor allem aber zu spätjüdisch-apokalyptischem[370] Vorstellungsmaterial. Griechisch-hellenistischem Denken entsprach, von den Toten als von „Entschlafenen“ zu reden (V. 14), wie ja die griechische Mythologie immer schon vom Schlaf als dem Zwilling beziehungsweise dem kleinen Bruder des Todes sprach. Paulus wagte anfänglich, nach griechischer Art vom Tod als einem besonderen Schlaf zu reden, solange er meinte, an eine bald bevorstehende Wiederkunft des HERRN glauben zu dürfen. Wenige Jahre konnten die Gebeine in den Gräbern sehr wohl auf ihre Neubelebung warten. Aber die Naherwartung dehnte sich mit der Zeit aus. Die Wiederkunft blieb aus und die Gräber füllten sich. Hatten dann wirklich nur die Lebenden zur Begrüßung des wiederkehrenden Christus eine Chance? Keinesfalls, antwortete Paulus den besorgten Fragern in seinem Brief, und nahm das spätjüdisch-apokalyptische Weltbild zur Hilfe.

Dieses apokalyptische Weltbild, das auch mit persischen Einflüssen versehen war, verknüpfte das Schicksal der Toten mit dem Schicksal der ganzen Welt. Es stellte sich den Ablauf des „Jüngsten Tages“ als ein von Gott geplantes, kosmisches Drama mit hintereinander geschalteten Akten vor (V. 16f.) Angekündigt wird der „Jüngste Tag“ in diesem Denken mit dem Präludium katastrophenartiger „messianischer Wehen“, die dann im *ersten Akt* des Weltdramas in die „Stimme des Erzengels“ und dem „Erschallen der Posaune Gottes“ übergehen (V. 16a).[371] Für den *zweiten* Akt „christologisiert“ Paulus das endzeitliche Schauspiel, indem er Kyrios Jesus Christus „vom Himmel herabkommen“ sieht (V. 16b). Christus wird dann in diesem „letzten“ Drama der Weltgeschichte die Hauptrolle übernehmen. Gott selbst wird im *dritten Akt* zuerst die Verstorbenen aufwecken und „durch Christus einher führen“, im Sinne von „versammeln lassen“ (V. 14).

Nach dieser Angabe des Apostels möchte man annehmen, dass sich die Auferweckung der Toten generell auf die Verstorbenen aller Zeiten und Kul-

370 griech. apokalypto – (Verborgenes bzw. Geheimes) enthüllen, offenbar machen.
371 Vgl. auch 1 Kor 15,51–53.

turen bezieht und damit auch auf die „Ungläubigen" und überhaupt auf die, welchen nie das Evangelium begegnet ist. Diese Vermutung entfällt aber bei weiterem Lesen und wird auf die, „die in Christus gestorben sind", eingeschränkt (V. 16c). Diese begrenzte Auferstehung wäre dann zwar ein Welt-, jedoch kein Menschheitsereignis. Sie würde auch die Sorge der Witwen in Thessalonich um ihre ungetauft verstorbenen Angehörigen eher verstärken als besänftigen. Und so exklusiv verstanden hätte der Kirchenvater Cyprian von Karthago Recht gehabt, als er im 3. Jahrhundert n. Chr. behauptete: „Extra ecclesiam nulla salus est" („außerhalb der Kirche gibt es kein Heil"), was die Römisch-Katholische Kirche dann im 15. Jahrhundert als Dogma festschrieb. Für die Thessalonicher entscheidend war aber, dass Paulus ihnen verkündete, ihre Toten dürften zuerst auferstehen Hernach würden sie in einem *vierten Akt* mit den noch Lebenden zusammengebracht werden (V. 17a), um dann „zugleich mit ihnen entrückt zu werden auf den Wolken in die Luft, dem Herrn entgegen" (V. 17b). In einem *fünften* und letzten Akt „werden wir bei dem Herrn sein allezeit" (17c). Unbeschadet der vielen Bilder, die Paulus für sein esoterisches Drama benützt, ist dieser existenzielle Schlusssatz sein oberstes seelsorgerliches Ziel für ihn selbst wie für seine Gemeinden. Es ist aber leider kein missionarisch offenes Weltbild, dazu ist es für alle Nichtchristen zu exklusiv und zunächst nur an die korinthischen Christen adressiert: So „tröstet euch mit diesen Worten untereinander" (V. 18). Es sind interne, kirchliche Worte, auch wenn der Apostel sie feierlich als „ein Wort des Herrn" deklariert (V. 15). Ein Menschheitsdrama für einige Wenige ist im Grunde genommen paradox! Heute wäre allerdings ein solches Weltende wieder denkbar, das nach globalen „Wehen" wie einer atomaren Explosion oder als Klimakatastrophe abrupt hereinbräche, wenn auch nicht so wohlgeordnet wie im paulinischen Fahrplan. Die von Paulus missionierten frühen „Heidenchristen" entstammten jedoch meist der griechisch-hellenistischen Kultur und als solche waren sie mehr am eigenen Ergehen als am Schicksal der ganzen Welt interessiert. In den Gräbern auf das Weltende warten zu müssen, war nicht ihre Sache. Ihnen ging es mehr darum, was im Sterben mit dem einzelnen Individuum geschehen würde. Um sie auf die „letzten Dinge" anzusprechen, musste Paulus in seinen Argumentationen von der Apokalyptik auf die Metaphorik[372] übergehen.

Das Gleichnis vom Haus- und Kleiderwechsel

Paulus hat vermutlich mehrere Briefe an die Korinther schreiben müssen, weil ihm diese beachtlich große Gemeinde in der weltoffenen, griechischen Hafenstadt mit ihrem religiösen Enthusiasmus und ihren sozialen Spannungen im-

372 metaphero (griech.) – herüberbringen; etw. auf etw. übertragen.

mer wieder neue Probleme bereitete. Von seinen mehreren Korintherbriefen sind aber nur zwei im Wortlaut erhalten geblieben und in den neutestamentlichen Kanon aufgenommen worden. In diesen beiden Briefen beantwortet Paulus neben anderen Themen auch brennende Fragen zu Tod und Auferstehung. So hatte es offenbar neue Unsicherheit, wenn nicht gar Streit gegeben über die Frage, was im Sterben geschieht.[373]

2 Kor 5,1–4

1 Denn wir wissen: wenn unser irdisches Haus, diese Hütte, abgebrochen wird, so haben wir einen Bau, von Gott erbaut, ein Haus, nicht mit Händen gemacht, das ewig ist im Himmel. 2 Denn darum seufzen wir auch und sehnen uns danach, dass wir mit unserer Behausung, die vom Himmel ist, überkleidet werden, 3 weil wir dann bekleidet und nicht nackt befunden werden. 4 Denn solange wir in dieser Hülle sind, seufzen wir und sind beschwert, weil wir lieber nicht entkleidet, sondern überkleidet werden wollen, damit das Sterbliche verschlungen werde vom Leben.

„... wenn unser irdisches Haus, diese Hütte, abgebrochen wird ..." (V. 1). Jedermann in Korinth, der einigermaßen gebildet war, kannte die platonische Lehre von der Unsterblichkeit der Seele und ihrem angeblichen Gefangensein im Leib des Menschen. Nach Platon (427–347 v. Chr.) löst sich im Tod die Seele aus dem Gefängnis des Leibes, der dann zerfällt, während sie befreit und durch den Tod unverletzt in höhere Regionen aufsteigt. Paulus, jüdisch erzogen und von Rabbinern unterrichtet, kann diese Geringschätzung des Körpers als einer abbruchfälligen „Hütte" nicht akzeptieren und vor allem ist es ihm unvorstellbar, dass seine Seele nach dem Tod vor Adonaj, dem Ewigen und Heiligen, „nackt" dastehen könnte (V. 3). Auch die Seele wird im Sterben „umgeschmolzen" werden, wie Silber aus dem Gestein heraus „geläutert" werden muss (Ps 66,10), um dann einen neuen „himmlischen" Körper zu erhalten. In der evangelischen Theologie wird deshalb von einem „Ganztod" geredet, der Leib und Seele ergreifen wird, aber nicht im Sinne von Vernichtung, sondern von Umwandlung. Die katholische Dogmatik hingegen hat die platonische Lehre von der Unsterblichkeit der Seele kanonisiert. Sie bestimmt auch heute noch die volkstümlichen Ansichten über das bloße Abgelöstwerden der Seele aus dem Körper und ihren Aufstieg in den Himmel. Paulus versucht nun, die kritischen Korinther zu gewinnen, indem er ihre platonische Lehre nicht einfach nur abqualifiziert, sondern sie durch die vermutlich selbst erdachten metaphorischen Bilder vom Wohnungs- und Kleiderwechsel modifiziert.

Paulus vergleicht den Körper mit einem Haus, indem ein Bewohner lebt. Er nennt den Insassen dieses Hauses nicht wie Platon die „Seele", sondern wählt nur die griechischen Personalpronomina „wir" oder „ich". Mit ihnen meint er

[373] Vgl. oben S. 303.

alles Geistige, Individuelle, einmalig Erschaffene am Menschen, das unverwechselbar eigen denken, fühlen, sich verfehlen oder sich verantworten kann. Das Ich bleibt nach dem Tod trotz aller „Läuterung" im Sterben erhalten, aber nicht ätherisch, nicht unplastisch. Es erfährt eine neue Einkörperung. Es erhält ein neues, unvergängliches Haus, „nicht mit Händen gemacht", das „ewig ist im Himmel" (V. 1). „Im Himmel" ist für einen Gläubigen, der als geborener Jude gelernt hat, den Gottesnamen nicht auszusprechen, eine Ersatzformel, die so viel bedeutet wie „bei Gott". Mit dem „Himmel" kommt Paulus der platonischen Denkweise entgegen, mit dem „Haus" oder „Kleid" behält er seine eigene jüdische Denkweise bei, nicht unbehaust zu bleiben oder unbekleidet vor Gott zu stehen. Er meint, den Begriff der Auferstehung „religionspädagogisch" so plastisch wie nur möglich erläutert zu haben. Eine Wohnung, die zu klein, und eine Kleidung, die zu eng geworden ist, hat vermutlich jeder schon einmal erlebt. Selbst heutigen Kindern kann man mit den Metaphern des Wohnungsumzugs oder des Kleiderwechsels einiges verdeutlichen, wenn sie fragen, was mit dem Großvater oder der geliebten Tante geschehen sei. Bei jähem Unfalltod oder dem Tod eines Geschwisterchens werden beide Gleichnisse nicht viel helfen. Die meist überraschend rational denkenden Kinder werden nicht einsehen wollen, dass man einen noch vor kurzem gesunden Körper auf einmal gegen einen himmlischen eintauschen soll, der sich nie wieder berühren lässt. Selbst wenn kreative Lehrerinnen zum analogen Bild vom farbenprächtigen Schmetterling greifen, der aus einer unscheinbaren, verpuppten Raupe entschlüpft, werden trauernde Kinder nicht wollen, dass ihre verlorenen Angehörigen oder Freunde im Himmel „herumfliegen", anstatt hier auf Erden erreichbar geblieben zu sein. Im Grunde genommen steht uns nur das „Dass-Bekenntnis" zu der von Gott versprochenen und an Christus vollzogenen Auferstehung zu. Das „Wie, Wo und Wann?" zu wissen, würde nur die alleinige Verfügungsmacht unseres Schöpfers über Leben und Tod schmälern. So scheint auch Paulus mit seinen metaphorischen Bildern zur Erklärung und Bewahrheitung der Auferstehung von den Toten nicht zufrieden gewesen zu sein, sonst hätte er nicht immer wieder neue kleine Gleichnisse zu diesem Thema entworfen.

Die Verwandlung des Samens zur Pflanze

Auch bei den Gleichnissen vom Wohnungsumzug und Kleiderwechsel bleibt nach Paulus immer noch ein Teil des Menschen – das Ich als der Kern der Person – vom Vergehen unberührt. Dieser Kern geht „unbehaust" – beziehungsweise „entkleidet" – durch das Todestor hindurch. Dabei hatte Paulus bereits in seinem ersten Brief an die Korinther einen Erklärungsversuch niedergeschrieben, der mehr überzeugt als der neue Ansatz in seinem zweiten Korintherbrief, auch wenn er sprachlich komplizierter abgefasst ist und Paulus sich mit ihm durchaus noch auf die Wie-Frage eingelassen hat.

1 Kor 15,35–40; 42–44
35 Es könnte aber jemand fragen: Wie werden die Toten auferstehen, und mit was für einem Leib werden sie kommen? 36 Du Narr, was du säst, wird nicht lebendig, wenn es nicht stirbt. 37 Und was du säst, ist ja nicht der Leib, der werden soll, sondern ein bloßes Korn, sei es von Weizen oder etwas anderem. 38 Gott aber gibt ihm einen Leib, wie er will, einem jeden Samen seinen eigenen Leib. 39 Nicht alles Fleisch ist das gleiche Fleisch, sondern ein anderes Fleisch haben die Menschen, ein anderes das Vieh, ein anderes die Vögel, ein anderes die Fische. 40 Und es gibt himmlische Körper und irdische Körper, aber eine andere Herrlichkeit haben die himmlischen und eine andere die irdischen …
42 So auch die Auferstehung der Toten. Es wird gesät verweslich und wird auferstehen unverweslich. 43 Es wird gesät in Niedrigkeit und wird auferstehen in Herrlichkeit. Es wird gesät in Armseligkeit und wird auferstehen in Kraft. 44 Es wird gesät ein natürlicher Leib und wird auferstehen ein geistlicher Leib …

Eine Pflanze wächst aus einem Samen heraus auf. Zwischen beiden Organismen besteht immer eine gewisse Kontinuität. Auch die persönliche Individualität bleibt. Die *eine* Pflanze ist unverwechselbar aus dem *einen* Samen und aus keinem anderen hervorgegangen. Zugleich zeigt sich aber in der Erscheinung der beiden Organismen eine völlige Diskontinuität. Die Gestalt der Pflanze hat mit der Form des Samenkorns nichts mehr gemein. Es kann aus einem kleinen Samenkorn eine große Pflanze hervorgehen und aus einem größeren Samen eine unscheinbare, kleine Pflanze. Wer immer nur die Samenkörner sieht, so wie wir nur die Toten sehen, kann sich nie die dazugehörigen Pflanzen bzw. die auferweckten Geschöpfe vorstellen. Vor allem werden in diesem Gleichnis alle Elemente verwandelt und nicht nur ein Teil. Das Samen-Pflanzenbild ist dialektisch. Es lehr den Ganztod und die Ganzauferstehung. Es ist nie nichts, sondern immer ist eine Umwandlung im Gange. Schon Kinder verstehen dieses Gleichnis ohne Mühe und ohne Einschränkung. Sie haben fast alle schon an irgendeinem Beispiel das Säen und Aufkeimen erlebt. Es nimmt ihnen zwar bei einem Trauerfall nicht den Schmerz, aber es lässt sie auch nicht mit der quälenden Frage allein, was denn jetzt mit dem/der Verstorbenen geschehe. Das Samen-Pflanzen-Gleichnis kann auf jeden Trauerfall angewandt werden; mit der Kremation kommt es allerdings nicht zurecht. Im seelsorgerlichen wie im religionspädagogischen Gespräch sollte jedoch dieses Gleichnis nicht allein stehen bleiben. Es müssen die biblischen Ostererzählungen hinzukommen. Der Glaube an eine Auferstehung der Toten ist nicht biologisch, sondern nur christologisch verbürgt. Wenn die ältesten Erscheinungsgeschichten nicht eingebracht werden, hat auch Hoffnung, die auf „natürliche" Bilder baut, keine Rückendeckung. Emotional am tiefsten jedoch sickern kurz gefasste Metaphern und Symbole der Hoffnung in das Bildungswissen der Gläubigen wie in das „geschmerzte" Herz von Trauernden ein. So wie es Paulus in seinem letzten Gemeindebrief geschah, als er unter dem Druck stand, womöglich bald sein Leben verlieren zu müssen.

Die existenziale Metapher „Sein bei Christus“

Phil 1,21–23

21 Denn Christus ist mein Leben, und Sterben ist mein Gewinn. 22 Wenn ich aber weiterleben soll im Fleisch, so dient mir dies dazu, mehr Frucht zu schaffen; und so weiß ich nicht, was ich wählen soll. 23 Denn es setzt mir beides hart zu: ich habe Lust aus der Welt zu scheiden und bei Christus zu sein, was auch viel besser wäre, aber es ist nötiger im Fleisch zu bleiben, um euretwillen.

Die Christengemeinde in der ostmakedonischen Stadt Philippi war die Lieblingsgemeinde des Paulus. Mit ihr hatte er die wenigsten theologischen Probleme. Ihr galt auch sein letzter Brief, der auf uns zukam. Paulus schrieb ihn in hoher Wahrscheinlichkeit aus dem Gefängnis von Ephesus, wo er auf dem Weg zu seinem Prozess in Rom vorübergehend stationiert wurde (1,12–26). Er hat das wahrscheinliche Martyrium vor Augen und schreibt nun an seine Freunde diesen Abschiedsbrief, der sich auch zugleich als sein Altersbrief bezeichnen lässt. Es ist eine Art von persönlichem Testament, in dem er sich mit der Frage von Tod und Auferstehung seiner selbst wegen und nicht wegen eines Gemeindekonflikts beschäftigt. Entsprechend schwankt auch die Stimmung dieses Briefes zwischen Getrost- und Traurigsein. Paulus kann und will seine Hoffnung auf eine Auferstehung aus dem Tod nicht mehr weiter erklären. Es geht ihm nur noch darum, sie fest auszudrücken. Paulus redet jetzt weniger mythologisch als in seinen früheren Briefen. Er drückt seinen Glauben nur in *einem* einfachen Satz aus: „Ich habe Lust aus der Welt zu scheiden und bei Christus zu sein“ (V. 23b). Damit bekennt er schlicht: Nach dem Durchgang durch das Tor des Todes sind wir „bei Christus“ (V. 23). Die Formel „bei Christus sein“ oder auch „bei Gott sein“ ist eine vertrauensvolle Chiffre für Heil, Erlösung, Geborgenheit. Sie sucht sich zu jeder Zeit neue Bilder. Es kann dann die Arche sein, die das „Geborgensein“ symbolisiert, die Burg, das Haus oder einfach die schützende Hand.

Paulus ist von der Apokalypse über die Metaphorik zur Symbolik weiter geschritten. Er hat zunehmend Vorstellungsballast abgeworfen und seine Erwartungen „existenzialisiert“. Zuerst ließ er die Toten in den Gräbern auf das Weltende warten. Dann ließ er sie ihr individuelles Verwandlungsschicksal haben. Schließlich genügte ihm das reine Vertrauen auf die unvergängliche Liebe Christi, beziehungsweise Gottes. Aber auch dieses religiöse Grundvertrauen wurde noch beherrscht von der Dialektik des christlichen Denkens. Paulus war einerseits überzeugt, sein Sterben wird ein Gewinn sein, weil er dann unmittelbar „bei Christus leben“ werde (V. 21a). Zugleich aber wird er bis zu seinem letzten Atemzug hoffen „im Fleisch weiterleben“ zu dürfen (V. 21b). Er feilscht sogar um das Weiterleben, denn er bietet Christus dafür indirekt einen Preis an, den er zu bezahlen bereit wäre. Er verspricht, noch „mehr Frucht zu schaffen“, wenn er noch weiterleben dürfte (V. 22a). Er setzt gewissermaßen zwei Komparative gegeneinander an: „*besser*" wäre es, aus der Welt „abzureisen"[374] (V. 23b), „*nötiger*" aber scheint ihm „im Fleisch zu bleiben, um euretwillen" (V. 23c). Er gelobt also, für eine weitere Gnadenzeit seinen Brüdern und Schwestern in Philippi noch mehr zu dienen.[375] Der Apostel lässt damit anklingen, dass allein seine starke Auferstehungshoffnung – und nicht etwa die Angst vor dem Martyrium in Rom – der Grund ist, (lieber vorher) „aus der Welt zu scheiden und bei Christus zu sein" (V. 23b). Paulus ist nicht „todessehnsüchtig", aber „auferstehungsgewiss". So lässt sich auch heute an Krankenbetten, Gräbern und Beileidsbesuchen Trauernden eigentlich nur die elementare Hoffnung vermitteln, die Paulus in seinem vorausgegangenen Brief an die Römer geäußert hatte: „Leben wir, so leben wir dem Herrn; sterben wir, so sterben wir dem Herrn. Darum: wir leben oder sterben, so sind wir des Herrn" (Röm 14,8f.).

Das emotionale Symbol: Geborgen in Gottes Hand

Ps 31,6.16
6 In deine Hände befehle ich meinen Geist; du hast mich erlöst, HERR, du treuer Gott ...
16 Meine Zeit steht in deinen Händen. Errette mich vor der Hand meiner Feinde ...

Die ausgestreckte, schenkende oder bergende Hand ist in der christlichen Gebrauchskunst sowohl im Singular „die Hand" als auch im Plural „die Hände" ein beliebtes Symbol für Gottes Nähe und Beistand. Die Lieder „Ich steh in meines Herren Hand" (EG 374) oder „Ich sitze oder stehe, ich liege oder gehe, du hältst deine Hand über mir" (nach Ps 139,2f.5.10) werden in christlichen Kreisen gern gesungen. Es sind Zeilen des Vertrauens, Melodien der Beruhigung, angeregt durch Psalmverse. Von Kind an gelernt, bleiben sie ein „geistliches Geländer", an dem sich der Strauchelnde festhalten kann (V. 16). Ins Unterbewusstsein eingesickert, erreichen sie selbst noch den Sterbenden (V. 6). Sie setzen auf Gottes Allgegenwart und Treue. Sie widersprechen dem deprimierenden Gefühl „von Gott und der Welt verlassen zu sein". „In deine Hände befehle ich meinen Geist" (V. 6a, Ps 31,6)) erinnert uns an den letzten Ruf des sterbenden Jesus zum „Vater" (Lk 23,6), in den auch Stephanus bei seiner Steinigung ausgebrochen sein soll (Apg 7,59). „Du hast mich erlöst, HERR, du treuer Gott" (V. 6b) – *weg*erlöst von der Qual des Martyriums und *hinein*erlöst in den „offenen Himmel" der Herrlichkeit Gottes (Apg 7,55f.), denn ob „... wir leben oder sterben" (Röm 14,8c), steht „meine Zeit in deinen Händen" ... (V. 6); genauer übersetzt: „... in deiner Hand steht mein Geschick, stehen meine Zeiten": Es gibt sie nicht die Zeit im Singular, die Zeit an sich.

---

[374] Wie der Luthertext „scheiden" eigentlich übersetzt werden sollte.

[375] Diesen Vorgang des Feilschens oder Verhandelns hat auch E. Kübler-Ross in mehreren Auflagen ihrer „Interviews mit Sterbenden" als „dritte Phase" des Abschiednehmens nachgewiesen.

Sie ist nur eine fiktive Konstruktion; wohl aber erleben wir den Flug der Zeiten, die Zeiten im Plural: die Kinderzeit, die Jugendzeit, die Lehrzeit, die Familienzeit, die Dienstzeit, die Alterszeit, etc. Gott hält alle unsere Zeiten in seinen Händen. Er bestimmt ihre Anzahl wie ihre Dauer. Nur weil seine schenkenden Hände segensreich sind, sind auch unsere Zeiten gut, auch wenn sie durch die „Fäuste unserer Feinde“ aufgehalten, gestört oder auch scheinbar für immer beendet werden (V. 16b). Den vergehenden Zeiten steht die zeitlose Ewigkeit gegenüber. Sie allein bleibt. In sie hinein werden wir auferstehen, um neu zu werden.

25 „Siehe, ich mache alles neu!“

Am Ende des Neuen Testamentes, in der Offenbarung des Johannes verspricht der Seher, dass nichts so bleiben muss, wie es ist, sondern alles eines Tages verwandelt werden wird. Und in der Tat setzt der christliche Glaube mehr auf die Zukunft als auf die Vergangenheit. Der erniedrigte „Menschensohn“ ist als Repräsentant Gottes bei den Menschen schon da gewesen, verkündigen die Apostel und Evangelisten, und wird eines plötzlichen Tages auf den Wolken des Himmels wiederkehren, um sich als Herr des Universums zu offenbaren. Insgesamt ist das Christentum von seinem Wesen her eine dynamische, eine nach vorn strebende, keine verharrende Religion. Das Aufbrechen und Weiterziehen ist seine Kraft. Es ist ein nicht wegzubringendes Missverständnis, dass Christsein mit Konservativsein gleichzusetzen sei. So ist die Mutter des Christentums, das Judentum, in der Wüste auf der Suche nach dem „gelobten Land“ entstanden, zuvor aber musste der Auszug aus Ägypten, das Verlassen der „Fleischtöpfe“ der Knechtschaft (Ex 16,3) um des einfacheren „Manna“ der Freiheit willen unternommen werden (Ex 16,15). Jesus hat seine Botschaft der Nächsten- und Feindesliebe als Wanderprophet entwickelt. Er wusste oft nicht, „wo er sein Haupt hinlege“ (Mt 8,20). Er war bestrebt, die Menschen zu lehren, über die bestehenden Verhältnisse hinaus nach dem „Reich Gottes und nach seiner Gerechtigkeit zu trachten“ (Mt 6,33). Noch bevor er der Erlöser aus den Fesseln des Todes wurde, befreite er die ihm nachfolgten, aus den Gefängnissen von Angst und Schuld.

In der Taufe den „alten Menschen“ ablegen und ein „neuer Mensch“ werden, hat auch Paulus beschäftigt (Röm 6,3f.). Doch der christliche Glaube endet nicht bei der Verbesserung der irdischen Realitäten. Er strebt über Tod und Auferstehung, über einen „neuen Bund Gottes“ mit den Menschen (Jer 31,31), hinaus auf einen neuen „Äon“ zu, einen „neuen Himmel und eine neue Erde“ (Jes 65,17; Offb 21,1).

Wie gestaltet sich jedoch nach dem Durchschreiten des Todestores das neue „Sein bei Gott und Christus“? Wird unser „geläutertes“ Ich in der Ewigkeit wieder ein irgendwie individuelles Leben führen? Wird es ein Wiedersehen mit unseren Lieben, ein neues Zusammensein geben? Solche Fragen haben die Apostel stets als unerlaubte Neugier abgewehrt, und aus dem „Himmel" selbst ist noch kein Verstorbener zurückgekehrt, der sie hätte beantworten können, wie der Volksmund argumentiert. Wie aber darf dann trotzdem der Spruch Jesu aus dem Johannesevangelium verstanden werden: „In meines Vaters Hause sind viele Wohnungen ... Ich gehe hin, euch die Stätte zu bereiten" (14,2)? Ist der Hinweis auf die „vielen Wohnungen" nur eine Metapher für die unendliche Ewigkeit?

Der Tod als Erlösung

Jes 43,1
1 Und nun spricht der HERR, der dich geschaffen hat: Fürchte dich nicht, denn ich habe dich erlöst; ich habe dich bei deinem Namen gerufen; du bist mein!

Jesaja, der große Prophet der Hebräischen Bibel, und der Johannes genannte „Seher" des Neuen Testaments (Offb 21,1f.) verkünden als Höhepunkte ihrer Schriften Trostworte des HERRN für die, die „da sitzen in der Finsternis" (Jes 42,6) und „im Schatten des Todes" (Mt 4,16). Sie sollen sich nicht fürchten, denn der Schöpfer, der sie geschaffen hat, als er sie dereinst bei ihrem Eintritt ins Leben persönlich „bei ihrem Namen gerufen" hat, hat sie schon befreit. Er hat ihnen, wenn ihr irdisches Leben zu Ende geht, nicht die Auslöschung, sondern die „Erlösung" versprochen, die Loslösung aus den Fesseln der Krankheiten, die ihre Körper niederdrücken, die Beendigung ihres Leidens und ihrer Schmerzen, wie der Seher den Propheten ergänzt (Offb 21,4). „Du bist mein" ist eine Eigentumserklärung Gottes (Jes 43,1c), die er schon den Lebenden unsichtbar an die Stirn geschrieben hat, nicht erst den Toten. Niemand darf die Geschöpfe Gottes gewaltsam „aus seiner Hand reißen" (Joh 10,28). Das ist ein kategorisches Wort, das Christen heute schon verbietet – mit welchen Entschuldigungsgründen auch immer –, Vernichtungswaffen herzustellen, in Konfliktsländer zu verkaufen, unschuldige Zivilisten bei so genannten „Militärschlägen" mitzutöten, Länder einzunehmen, die ihnen nicht gehören, „unwertes Leben" medizinisch zu beseitigen, Todesstrafen auszusprechen, etc. Die Hoffnung auf einen „neuen Himmel und eine neue Erde" (Offb 21,1) eilt in den prophetischen Verheißungen dem vielfältigen Leiden in aller Welt voraus, indem sie leidenden Menschen und Völkern die Möglichkeit „himmlischen Friedens" vor Augen halten und damit auf die Wirklichkeit des Unfriedens Druck ausüben. Es sind nicht nur sanfte *Trostworte*, die wir vom „Thron Gottes" her hören (Offb 21,3), sondern zugleich auch ernste *Drohworte* an die, welche meinen, mit dem Leben ihrer Mitmenschen nach Belieben umgehen zu können oder es gar gewaltsam beenden zu dürfen – Mahnworte an alle, die „sein wollen wie Gott" spielen (Gen 3,5).

Im „Reich Gottes auf Erden“ soll es jetzt schon nicht mehr finster zugehen dürfen und in der „Ewigkeit“ wird das Böse keinen Platz mehr haben, verheißen die beiden biblischen Schreiber. Der mit dem Namen Jesaja benannte Prediger und Tröster ist eigentlich der so genannte Deuterojesaja, der zweite Jesaja, der unter dem Namen seines Lehrers, des ersten Jesaja, während der babylonischen Gefangenschaft der „Kinder Israel“ im 6. Jh. v. Chr. die Hoffnung auf Befreiung festhält. Er weiß, wie groß die Sehnsucht nach Erlösung auf Erden sein kann, bekennt er doch von sich und seinen Volksgenossen: „An den Wassern zu Babel saßen wir und weinten, wenn wir an Zion gedachten“ (Ps 137,1–4) – von ihren Zwingherren verhöhnt wegen ihres monotheistischen Jahweglaubens, gehalten als Arbeitssklaven, gefangen auf unbestimmte Zeit.

Werden wir uns wiedersehen?

Offb 21,3–5

3 Und ich hörte eine große Stimme von dem Thron her, die sprach: „... Er wird bei ihnen wohnen, und sie werden sein Volk sein, und er selbst, Gott mit ihnen, wird ihr Gott sein; 4 und Gott wird abwischen alle Tränen von ihren Augen, und der Tod wird nicht mehr sein, noch Leid noch Geschrei noch Schmerz wird mehr sein; denn das Erste ist vergangen. 5 ... Siehe, ich mache alles neu!“

Auch der sich selbst als „Johannes“ bezeichnende Autor der „Offenbarung“, der bis heute noch nicht persönlich identifiziert werden konnte, weiß um die Härte des Lebens und die Bedrohung des Glaubens. Der „Seher“ verfasst seine Apokalypse um ca. 95 n. Chr. gegen Ende der Christenverfolgungen unter Kaiser Domitian.[376] Johannes kann „Geschrei, Tränen, Schmerzen, Tod“ der frühchristlichenMärtyrer und ihrer Angehörigen nicht vergessen. Er versucht, die übrig gebliebenen Gläubigen der sieben christlichen Gemeinden der Provinz Asien (1,4) in ihrem großen Leid mit einem Ausblick auf den erhofften Frieden in der Ewigkeit zu trösten, weil Gott dann, wenn sie einmal vor seinem Thron stehen werden, ihre „Tränen abwischen“ und alles Leid und Leiden beenden wird (V. 4). Gewiss werden die Hinterbliebenen in Kleinasien dem Seher in ihrer Trauer auch die unabweisbare Frage gestellt haben: „Werden wir in der Ewigkeit unsere verstorbenen Angehörigen wiedersehen?“ Diese Frage bekommen Seelsorger heute noch bei Trauerbesuchen von Hinterbliebenen gestellt, wenn auch erst nach einigen behutsamen Gesprächen und sehr verhalten, weil die Frager ahnen, selbst bei einem Pfarrer auf Unsicherheit oder Abwehr zu stoßen. Denn in welcher Gestalt, im Aussehen welchen Alters, mit welchen Erinnerungen sollte das Wiedersehen über-

[376] Fachwissenschaftlich „Johannesapokalypse“ genannt. Zu ihrem Autor vgl. RGG^4, Band 4, Sp. 540–543.

haupt geschehen?[377] Sollen unsere Beziehungsprobleme selbst „im Himmel“ noch fortgesetzt oder gar aufgearbeitet werden? Ein Wiedersehen nach dem Tod könnte genauso ein seliges Glück, wie eine schlimme Enttäuschung sein.

Wir können uns nur allgemein wünschen, dass es jenseits unseres hiesigen Lebens eine Dimension gibt, in der es keine Kämpfe mehr zwischen „gut“ und „böse“ geben wird und eine wohltuende Ruhe herrscht, die kein Werden und Vergehen – und vor allem kein Leid und keine Tränen mehr kennt. Wir werden uns „dort“ nach keinen Weggefährten mehr sehnen und keine Angehörigen mehr als Dialogpartner und Bestätiger unseres Eigenwertes brauchen. Wir werden nicht mehr altern und keine Stillung unseres Glücksbedürfnisses mehr benötigen. Aber alles nur „via negationis“, d. h. auf dem Weg der Verneinung unseres bisherigen „irdischen“ Lebens. Darum sollte spätestens jetzt die Warntafel aufgestellt werden, dass der Glaube sich hüten muss, in unfassbare Spekulationen abzustürzen, auch wenn manche Trauernden hoffen, es könnte nach dem Tod zwischen „zwei Auferstandenen“ im himmlischen Frieden noch einmal ein letztes Gespräch geben über eine Sache, die noch nicht ausgeräumt war. Aber wie sollten sich unsere Seelen dann gegenseitig in verklärten Körpern an ihren Stimmen, Gesichtern, an ihrer Mimik oder Gestik wiedererkennen können?

Wir ahnen, dass die Bejahung eines Wiedersehens illusionär ist und bei vermeintlich „aufgeklärten“ Zeitgenossen nur Spott hervorruft. Trotzdem sollten wir die Sehnsucht nach einem postmortalen Wiedersehen nicht gleich belächeln, weil nicht zuletzt unsere Kinder nach einem Todesfall hartnäckig unsere Meinung dazu hören wollen. Gewiss können wir die Frage nach einem „Sein nach dem Tod“ einfach nur verdrängen – vielleicht weil wir uns einem Verstorbenen schon zu Lebzeiten so entfremdet haben, dass wir geradezu erleichtert sind, dass er sich mit seinem Tod endlich von uns getrennt hat. Andererseits können sich Hinterbliebene aber auch in die Hoffnung eines Wiedersehens so hineinsteigern, dass sie Scheingespräche mit einem Toten führen, einen fast krankhaften „Grabkult“ entwickeln, neue Sozialbeziehungen ablehnen oder versäumen und ihr eigenes Weiterleben nur noch als eine Zwischenzeit betrachten, bis sie mit dem verlorenen, geliebten Menschen wieder vereint sein werden. In diesen Fällen kann die Hoffnung auf ein Wiedersehen das neue Weiterleben eines Hinterbliebenen in der Gegenwart blockieren. Andererseits kann es manchen bitter Leidenden eine letzte Kraft des Ausharrens geben, indem sie sich an die Hoffnung halten, dass es vielleicht doch nach dem Tod einen gerechten Ausgleich für das so schmerzlich Erlittene geben wird in einer ganz anderen, „neuen Welt“, in der man sich nicht einmal mehr daran erinnern muss, wie sehr das „auf Erden“ Erlebte schmerzte.

---

[377] Berühmt geworden ist hierzu die Kalendergeschichte „Unverhofftes Wiedersehen“ von Johann Peter Hebel, in: Rheinländischer Hausfreund, 1811.

Der Traum vom „himmlischen" Jerusalem

Offb 21,1–5.10.18.25
1 Und ich sah einen neuen Himmel und eine neue Erde; denn der erste Himmel und die erste Erde sind vergangen, und das Meer ist nicht mehr. 2 Und ich sah die heilige Stadt, das neue Jerusalem, von Gott aus dem Himmel herabkommen, bereitet wie eine geschmückte Braut für ihren Mann. 3 Und ich hörte eine große Stimme von dem Throne her, die sprach: Siehe da, die Hütte Gottes bei den Menschen! Und er wird bei ihnen wohnen … 4 Und Gott wird abwischen alle Tränen von ihren Augen, und der Tod wird nicht mehr sein, noch Leid noch Geschrei noch Schmerz wird mehr sein; denn das Erste ist vergangen. 5 Und der auf dem Thron saß, sprach: Siehe. ich mache ales neu … 10 Und er führte mich hin im Geist auf einen großen und hohen Berg und zeigte mir die heilige Stadt Jerusalem herniederkommen aus dem Himmel von Gott … 18 Und ihr Mauerwerk war aus Jaspis und die Stadt aus reinem Gold, gleich reinem Glas … 25 Und ihre Tore werden nicht verschlossen sein am Tage, denn da wird keine Nacht sein.

Bislang haben die von uns ausgewählten biblischen Texte der Hoffung den Blick über diese Welt hinaus ins „Jenseits" gerichtet. Die Auferweckung wurde verstanden als Heraus-gerufen-werden aus Gräbern und Urnen. Ihr schloss sich dann der Glaube an ein *Empor*-gehoben-werden der unversehrt gebliebenen und neu eingekörperten Seelen an. Dabei war die Perspektive immer *nach oben* in die unermessliche Weite des „Himmels" gerichtet. Nun beschließt der Seher Johannes die Bibel mit der Umkehrung dieser Erwartung. In einer grandiosen Schlussvision seiner Apokalypse sieht er das „neue Jerusalem" zu den Auferweckten „von Gott aus dem Himmel *herab*kommen" (21,10), um den Platz des alten Jerusalems als „Hütte Gottes" bei den Menschen einzunehmen (V. 3). Er „schaut" den endgültigen Ort der Erlösung hier „unten" auf der Erde, die umgeformt wird zu einer „neuen Welt", nachdem der alte Himmel und die alte Erde vergangen sind (V. 1). Er hat die Vision eines gelungenen „Reich Gottes auf Erden". Gott und die Menschen werden nicht mehr durch eine unfassbar weite Transzendenz von einander getrennt sein, sondern in Harmonie beieinander „wohnen". Es muss nicht mehr bei „Leid, Geschrei und Schmerz" verzweifelt „verrechnet" werden (V. 5), was nun Gottes Wille und des Menschen eigene Verantwortung ist. Gott selbst wird die vielen „Tränen abwischen" (V. 4). Wie oft schon sind diese dichterisch klingenden Verse an Särgen, Gräbern, Urnen verlesen worden, um Hoffnung zu verleihen, und zu verhindern, dass Trauernde in Wehmut erstarren! Alle Zeitlichkeit wird zu Ende kommen und alles Stückwerk zu seiner Vollendung. Die frühen Christen glaubten noch fest an zwei Äonen, an zwei Zeitalter des Universums (Mt 12,32), an eines des Vergänglichkeit und eines der Ewigkeit und für den Durchgang zwischen beiden hielten sie den Tod (1 Kor 15,26). Heute haben sich Besorgung und Genuss der nahen Gegenwart im Denken der Menschen so breit gemacht, dass die Bilder für die Zeit nach dem individuellen Tod, wie auch nach einem Weltende mehr und mehr verblassen.

Der Seher greift zum Bild der „himmlischen Stadt“, deren Tore offen stehen (V. 25) und deren Mauern durchsichtig sind, wobei „himmlisch“ nicht „jenseitig“ meint, sondern „klar, rein, strahlend“, so dass zum Beispiel der Eiferer H. Savanarola dieses Modell zur Zeit der Renaissance in Florenz und die Täufer es in den Wirren der Reformation in Münster/i. W. praktisch aufrichten wollten, auch wenn ihnen die Verwirklichung nicht gelang. Johannes chiffriert seine Vision in biblischen Bildern und Symbolen, die in seiner Zeit der domitianischen Christenverfolgung gegen Ende des 1. Jahrhunderts n. Chr. in ihrem allegorischen Stil der „heidnischen“ kaiserlichen Sicherheitspolizei wenig gesagt haben werden, aber seiner eigenen apokalyptisch gesinnten Gemeinde wohl vertraut waren. Er schaut also voraus, dass nach dem Untergang Babels, worunter er wohl das Römische Reich verstand (Offb 18), nach dem anschließenden „Tausendjährigen Reich“ (Offb 20,1–6) und dem Weltgericht (Offb 20,11–15) das „neue Jerusalem“ (V. 2) vom Himmel herniederkommen werde (V. 16). Er fand sich wohl im Traum oder in Trance auf einen hohen Berg geführt und wurde vorwegeilend Zeuge dieser Herabkunft (V. 16b). Dabei „sah“ er, dass die neue Heilige Stadt keinen Tempel mehr kannte, von dem aus der Rauch der Opfer zu Gott emposteigen musste, denn der Heilige wohnte jetzt selbst unmittelbar in der neuen diesseitigen Welt unter seinem Volk der Auferweckten (V. 3). Es gab keine verschiedenen Religionen mehr, sondern nur noch die eine Religion der „Gläubigen“. Die einfache „Hütte Gottes“ war nun wieder bei den Menschen (V. 3a), in der Gott unmittelbar unter ihnen wohnte, ohne dass er einer Vermittlung durch Altäre oder einer Abbildung in Statuen bedurft hätte – eine Anspielung auf das polytheistische Kultwesen der Römer. Diese Tempel- und Opferkritik dürfte den Römern, wenn sie je das Buch der Apokalypse des Johannes entschlüsseln konnten, genauso wenig gefallen haben, wie die Verheißung des „Untergangs Babels“ oder des „Weltgerichts Gottes“. Die christlichen Leser der „Offenbarung“ hingegen werden die Erinnerung an die „Stiftshütte“ Adonajs[378] jenes rasch auf- und abschlagbaren Andachtszeltes während der Wüstenwanderung Israels als Sehnsucht nach einer geläuterten Frömmigkeit verstanden haben (Ex 33,7.9.11), nachdem das „Volk Gottes“ aus der ägyptischen (gemeint ist „römischen“) Sklaverei befreit worden war.

Der anonym gebliebene „Seher“ Johannes dürfte ein Judenchrist gewesen sein, weil er Jerusalem als heiligen Ort von Kreuz und Auferstehung Jesu zum Modell für das kommende Friedensreich wählte, an den Auszug aus Ägypten als Neuwerdung Israels erinnerte, mit dem „hohen Berg“ auf den Ölberg anspielte (V. 16), und mit dem Bild der geschmückten Braut (V. 2) eine Vereinigung Gottes mit den Auferweckten andeutete, die einer Hochzeit gleichkam.

[378] Vor allem nach dem Zweiten Weltkrieg hat man deshalb an manchen Orten Neubauten von Kirchen und Gemeindehäusern in Erinnerung an die „Stiftshütte“ der Wüstenzeit Israels die Form eines Zeltes gegeben.

Dass die Tore des neuen Jerusalems unverschlossen sein werden (V. 25), deutet eine neue Offenheit des Zusammenlebens an, bei dem das „Mauerwerk", das heißt die Abgrenzung der Menschen gegeneinander, der Privatismus und der Egoismus, aufgehoben sein werden. Eine wohl wünschenswerte, aber kaum realisierbare Utopie des Lebens in einer gläsernen Stadt, in der alle Geheimnisse durchsichtig geworden sind![379] Nachdenkenswert ist vor allem, dass die biblische Hoffnung auf eine friedliche Zukunft der Menschheit nicht mit der Warnung vor dem sittenlosen Leben in Großstädten schließt, sondern im Gegenteil das Modell einer „reinen" *Stadt* für das befreite „Sein mit Gott" wählt, während in unserem kirchlichen Denken immer noch die individuelle Erlösung der Seele den ersten eschatologischen Platz einnimmt und ein erlöstes, kollektives Zusammensein der Menschen „vor dem Thron Gottes" kein Zukunftsbild mehr ist. Vielleicht müsste man einmal unsere barocken, wenn auch wegen ihrer schwingenden Melodien beliebten eschatologischen Gesangbuchlieder mit neuen Texten versehen, der sie von ihrer Weltflucht befreit und vom Himmel auf die Erde holt, wie etwa:

Jerusalem, du hochgebaute Stadt,
wollt Gott, ich wär' in dir.
Mein sehnend Herz
so groß Verlangen hat
und ist nicht mehr bei mir.

Weit über Berg und Tale,
weit über Flur und Feld
schwingt es sich über alle
und eilt aus dieser Welt.
(Johann Matthäus Meyfart, 1626, EG 150)

Wie sich nun auch der Einzelne die letzten Momente seines Lebens vorstellen mag: als harten Atemkampf, als sanftes „Einschlafen" mit allmählichem Verlust des Bewusstseins, als *Weg*-erlösung vom Leiden und *Hinein*-erlösung des Ichs in eine andere Welt des Friedens und des Lichts, als Transformation der Seele in eine neue ätherische Gestalt, als Eingehen ins Nirwana, als Warten der sterblichen Überreste auf die Wiederkunft Christi im Grab, als sanftes Hinuntergleiten der Urne in die Tiefe des Meeres, als Umkommen bei einem plötzlichen, apokalyptischen Weltende, als Schau Gottes von Angesicht zu Angesicht ... Wir sollten uns von allen materiellen, raumzeitlichen Vorstellungen über ein „Jenseits" des Todes lösen und uns auf das Grundgefühl der

---

379 Zur pietistisch-erwecklichen Vorstellung des himmlischen Jerusalems siehe die Auslegung des Zwei-Wege-Bildes von M. Köhnlein, „Der breite und der schmale Weg", in: G. Büttner / J. Thierfelder (Hg.), Religionspädagogische Grenzgänge, 1988, S. 127–149. Auch F. G. Lang, Charlotte Reihlen, 2014, S. 67ff.

Geborgenheit bei Christus zu allen Zeiten und in allen Erfahrungen konzentrieren, wie es Rudolf Alexander Schröder als eine Art von „Reisesegen“ verfasst hat:

> *Was dir auch immer begegnet*
> *mitten im Abgrund der Welt,*
> *es ist Seine Hand, die dich segnet,*
> *es ist Sein Arm, der dich hält“,*
>
> R. A. Schröder[380].

[380] Aus: „Die geistlichen Gedichte“, 1949.